2001 年杨志玖先生在家中

杨志玖与杨翼骧、范曾、王玉哲先生在一起(自左至右)

1991 年 10 月杨志玖先生在北京与马可波罗后代合影

20 世纪 90 年代初杨志玖先生访问日本

南开百年史学名家文库

南开大学历史学科学术委员会　主编

杨 志 玖 文 集

王晓欣　魏亦乐　编

南开大学出版社

天　津

图书在版编目(CIP)数据

杨志玖文集 / 王晓欣，魏亦乐编. —天津：南开
大学出版社，2019.9
  （南开百年史学名家文库）
  ISBN 978-7-310-05850-1

Ⅰ.①杨… Ⅱ.①王… ②魏… Ⅲ.①中国历史－古
代史－文集 Ⅳ.①K220.7－53

中国版本图书馆 CIP 数据核字(2019)第 162872 号

南开大学出版社出版发行
出版人：刘运峰
地址：天津市南开区卫津路 94 号　　邮政编码：300071
营销部电话：(022)23508339　23500755
营销部传真：(022)23508542　　邮购部电话：(022)23502200
*
河北鹏润印刷有限公司印刷
全国各地新华书店经销
*
2019 年 9 月第 1 版　　2019 年 9 月第 1 次印刷
240×170 毫米　16 开本　24.75 印张　6 插页　429 千字
定价：100.00 元

如遇图书印装质量问题，请与本社营销部联系调换，电话：(022)23507125

"南开百年史学名家文库"编委会名单

江　沛　赵桂敏　李治安　陈志强

杨栋梁　常建华　王先明　王利华

刘　毅　赵学功　李金铮　余新忠

陈　絜　付成双　刘岳兵

总　序

为庆祝南开大学建校一百周年，南开大学统筹策划一系列庆典活动和工作。其中，借机整理人文社会科学学科百年历程，特别将各学科著名学者文集的编辑和出版列为代表性成果之一予以确定。2017年底，时任南开大学副校长朱光磊教授主持部署此项工作，将历史学科相关著名学者的选择及成果汇集工作交予了历史学院。

2018年11月，历史学科学术委员会集体商定入选原则后，确定1923年建系以来已去世的、具有代表性的十位著名学者入选"南开百年史学名家文库"，他们是：1923年历史系创系主任蒋廷黻，20世纪20年代在文学院任教的范文澜，明清史专家郑天挺，世界上古史专家雷海宗，先秦史专家王玉哲，亚洲史暨日本史专家吴廷璆，唐元史专家杨志玖，美国史专家杨生茂，史学史与史学理论专家杨翼骧，北洋史、方志学家暨图书文献学专家来新夏。

随即，历史学科学术委员会委托江沛教授主持此事，并邀请退休和在岗的十位学者（依主持各卷顺序为：邓丽兰、王凛然、孙卫国、江沛、朱彦民、杨栋梁与郑昭辉、王晓欣、杨令侠、乔治忠、焦静宜）参与此项工作，分别主持一卷。此后，各位编辑者按照统一要求展开编辑工作，克服重重困难，并于2019年1月提交了各卷全部稿件。南开大学出版社莫建来等编辑，精心编校，使"文库"得以在百年校庆前印刷问世，这是对南开史学九十六年风雨历程的一个小结，是对南开史学学科建设的一个有益贡献，更是对南开大学百年校庆奉上的厚重贺礼。

十位入选学人，均为中国史、世界史学科的著名学者，创系系主任蒋廷黻，是中国近代外交史领域和世界史学科的开拓者之一；范文澜是中国较早的马克思主义史学家；郑天挺、雷海宗先生是南开史学公认的奠基人，是学界公认的史学大家，其影响力无远弗届；王玉哲（先秦史）、吴廷璆（亚洲史暨日本史）、杨志玖（唐元史）、杨生茂（美国史）、杨翼骧（史学史）、来新夏（北洋史、方志学、图书文献学）在各自学术领域辛勤耕耘、学识深厚、育人精良，誉满海内外。他们几十年前的论著，至今读来仍不过时，仍具有启示意义；他们所开创的领域仍是南开史学最为重要的学术方向，他们的学术成就及言传身教，引领了南开史学的持续辉煌，他们是南开史学的标志性人物。

学术传承，一要承继，二要创新。九十六年来，在这些史学大家引导下，逐渐凝聚出南开史学的重要特征：惟真惟新、求通致用。近四十年，已发展出"中国社会史""王权主义学派"等具有重要引导作用的学术方向。在当今历史学国际化、跨学科、复合型的发展潮流中，南开史学更是迎难而上，把发展方向定位在服务国家战略及社会需求上，定位在文理交叉、多方融合上，承旧纳新，必将带来南开史学新的辉煌。

值此"南开百年史学名家文库"即将付梓之际，特做此文，以为说明。

魏晋嵇康有诗曰："人生寿促，天地长久。百年之期，孰云其寿？"衷心祝福母校在第二个百年发展顺利、迈进世界一流大学的行列，恭迎南开史学百年盛典！

南开大学历史学科学术委员会主任：江沛

2019 年 8 月 26 日

前　言

　　杨志玖教授（1915—2002）。字佩之，回族。山东淄博周村人。幼年丧父，家境贫寒，靠亲友接济读书，学习刻苦，成绩优异。1934年同时考取清华大学和北京大学，是年9月，入北京大学史学系，受郑天挺、钱穆、傅斯年等教授的指导。卢沟桥事变后，随校南迁，在西南联合大学继续学习。1938年8月大学毕业，被推荐到当时的中央研究院历史语言研究所作所外研究生。1939年9月，考入北京大学文科研究所，师从姚从吾、向达，并接受陈寅恪、罗常培、汤用彤等指导。1941年北京大学文科研究所研究生毕业，留西南联合大学暨南开大学历史系任教。曾借调中央研究院历史语言研究所两年。抗战后回天津南开大学历史系任教。

　　在南开大学期间，先后任副教授、教授，中国古代史专业博士生导师，兼任国家《中国历史大辞典》主编、《历史教学》编辑委员会主任、中国元史研究会名誉会长、中国蒙古史学会理事、中国海外交通史学会顾问、中国民族史学会顾问、中国唐史学会顾问等。曾任天津市第六、七、八届政治协商会议委员和常务委员。

　　杨志玖是蜚声海内外的历史学家，在元史、隋唐史、中国回族史、中国土地制度史等专业领域颇有造诣，著述丰富。主要著作有《隋唐五代史纲要》《元史三论》《马可波罗在中国》《陋室文存》《元代回族史稿》等，均有独特价值。特别是关于马可·波罗的研究成果为世界所公认。1941年，杨志玖在读研究生期间，依据《永乐大典》卷19418所录元代《经世大典·站赤》的一段史料，发表了《关于马可·波罗离华的一段汉文记载》的论文，考证出马可·波罗在其《游记》中所述他伴随蒙古公主从泉州返波斯等事是真实的。马可·波罗确实到过中国。还订正马可波罗离华时间是在1291年初，而不是以前西方人所考订的1292年初。这一揭示是迄今所知汉文记载中唯一能见到的马可·波罗活动的考证和研究，得到了向达、顾颉刚、汤用彤、傅斯年等专家很高的评价，也得到西方史家的相关研究成果的印证。

　　杨志玖在南开大学执教长达 61 年，为南开历史系的发展作出了重要贡献。他先后开设了"中国通史""元史""宋辽金元史""蒙古史专题""隋唐史""史学名著选读""中国历史文选""中国土地制度史""中国回族史""中西交通史"等课程，孜孜不倦地培养了一批批优秀的史学人才。

　　为纪念 2019 年南开大学建校 100 周年，南开大学、南开大学历史学院和南开大学出版社决定出版一批南开大学历史学院著名老学者的文集。考虑到杨志玖教授的全集（包括专著、教材、讲义和论文）之前已由中华书局在 2015 年出版，本次出版的文集以杨志玖教授已经公开发表过的主要论文为主，在此基础上进行了一些补充、整理和校正，并补入"杨志玖先生学术年谱"。整理和校正工作由王晓欣和魏亦乐完成。

目 录

关于中国封建社会土地所有制的理论和史实问题的一般考察 ……………… 1

论均田制的实施及其相关问题 ………………………………………… 21

关于中国封建社会土地买卖的实质 …………………………………… 32

关于唐代除陌钱的几个问题 …………………………………………… 39

释"台参"并论韩愈和李绅的争论 …………………………………… 48

试论唐代藩镇割据的社会基础 ………………………………………… 57

藩镇研究的新成果——《唐代藩镇研究》序 ………………………… 65

唐史三题 ………………………………………………………………… 75

唐代史馆移置中书省的年代 …………………………………………… 80

"考竟"和"结竟" …………………………………………………… 82

"加役流"解 …………………………………………………………… 86

"六赃"与《福惠全书》 ……………………………………………… 90

唐代的景教 ……………………………………………………………… 93

"开元通宝"还是"开通元宝" ……………………………………… 97

一行发起测量子午线长度的问题 ……………………………………… 100

《魏文贞公故事》与《魏郑公谏录》非一书辨 ……………………… 102

李贤的悲剧——关于李贤非武后所生的传闻 ………………………… 110

《马嵬坡》诗及其作者 ………………………………………………… 115

关于渔阳、范阳、蓟县的方位问题——并论《重修蓟县志》的错误 … 120

安禄山、史思明生年考辨 ……………………………………………… 124

令狐绹的生卒年 ………………………………………………………… 127

沈括与历法改革 ………………………………………………………… 129

方腊起义提出过"平等"口号吗 ……………………………………… 131

再论方腊起义没有提出"平等"口号 ………………………………… 134

金朝皇位继承问题探讨 ………………………………………………… 140

从《四郎探母》谈到我国历史上的民族关系 ⋯⋯⋯⋯⋯⋯ 145

关于元史研究中的几个问题 ⋯⋯⋯⋯⋯⋯⋯⋯⋯⋯⋯⋯ 148

元代的探马赤军 ⋯⋯⋯⋯⋯⋯⋯⋯⋯⋯⋯⋯⋯⋯⋯⋯⋯ 157

探马赤军问题再探 ⋯⋯⋯⋯⋯⋯⋯⋯⋯⋯⋯⋯⋯⋯⋯⋯ 177

探马赤军问题三探 ⋯⋯⋯⋯⋯⋯⋯⋯⋯⋯⋯⋯⋯⋯⋯⋯ 189

定宗征拔都 ⋯⋯⋯⋯⋯⋯⋯⋯⋯⋯⋯⋯⋯⋯⋯⋯⋯⋯⋯ 200

陈垣先生对元史研究的贡献——纪念陈垣先生诞生 110 周年 ⋯ 208

陈垣先生关于《元典章校补》的一封信 ⋯⋯⋯⋯⋯⋯⋯⋯ 217

《新元史·阿剌浅传》证误 ⋯⋯⋯⋯⋯⋯⋯⋯⋯⋯⋯⋯⋯ 219

关于马可波罗离华的一段汉文记载 ⋯⋯⋯⋯⋯⋯⋯⋯⋯⋯ 225

马可波罗到过中国——对《马可波罗到过中国吗?》一书的回答 ⋯ 232

马可波罗描述的忽必烈大汗 ⋯⋯⋯⋯⋯⋯⋯⋯⋯⋯⋯⋯⋯ 252

关于元代回族史的几个问题 ⋯⋯⋯⋯⋯⋯⋯⋯⋯⋯⋯⋯⋯ 259

啰哩回回——元代的吉普赛人 ⋯⋯⋯⋯⋯⋯⋯⋯⋯⋯⋯⋯ 269

古速鲁氏非回回辨 ⋯⋯⋯⋯⋯⋯⋯⋯⋯⋯⋯⋯⋯⋯⋯⋯ 278

刺桐与缎子 ⋯⋯⋯⋯⋯⋯⋯⋯⋯⋯⋯⋯⋯⋯⋯⋯⋯⋯⋯ 280

山东的蒙古族村落和元朝石碑——一个古老蒙古氏族的新生 ⋯ 283

"以色列""犹太""希伯来"的由来 ⋯⋯⋯⋯⋯⋯⋯⋯⋯⋯ 288

元代西域人的华化与儒学 ⋯⋯⋯⋯⋯⋯⋯⋯⋯⋯⋯⋯⋯⋯ 290

海瑞是否回族 ⋯⋯⋯⋯⋯⋯⋯⋯⋯⋯⋯⋯⋯⋯⋯⋯⋯⋯ 302

寒食禁火与介之推 ⋯⋯⋯⋯⋯⋯⋯⋯⋯⋯⋯⋯⋯⋯⋯⋯ 305

公冶长懂鸟语吗? ⋯⋯⋯⋯⋯⋯⋯⋯⋯⋯⋯⋯⋯⋯⋯⋯ 310

"宰予画寝"说 ⋯⋯⋯⋯⋯⋯⋯⋯⋯⋯⋯⋯⋯⋯⋯⋯⋯⋯ 312

不知老之将至的孔夫子 ⋯⋯⋯⋯⋯⋯⋯⋯⋯⋯⋯⋯⋯⋯⋯ 317

我国最早的技术转让 ⋯⋯⋯⋯⋯⋯⋯⋯⋯⋯⋯⋯⋯⋯⋯⋯ 319

论秦末"六国称王"问题 ⋯⋯⋯⋯⋯⋯⋯⋯⋯⋯⋯⋯⋯⋯ 320

"专地盗土"解 ⋯⋯⋯⋯⋯⋯⋯⋯⋯⋯⋯⋯⋯⋯⋯⋯⋯⋯ 325

甘露尚未建寺何来刘备招亲——兼谈孙刘联姻 ⋯⋯⋯⋯⋯⋯ 327

大乔、小乔和铜雀台 ⋯⋯⋯⋯⋯⋯⋯⋯⋯⋯⋯⋯⋯⋯⋯⋯ 331

赵云空营破曹兵及其为人 ⋯⋯⋯⋯⋯⋯⋯⋯⋯⋯⋯⋯⋯⋯ 333

老当益壮说马援 ⋯⋯⋯⋯⋯⋯⋯⋯⋯⋯⋯⋯⋯⋯⋯⋯⋯ 335

娘子关与娘子军 ⋯⋯⋯⋯⋯⋯⋯⋯⋯⋯⋯⋯⋯⋯⋯⋯⋯ 338

关于陈圆圆的一桩公案 …………………………………… 340

哪吒是印度人 …………………………………………… 342

历史上的地道战 ………………………………………… 344

历史上的空城计 ………………………………………… 347

古代的人体特异功能 …………………………………… 349

释"龙水" ……………………………………………… 351

苏轼论"八面受敌"法 ………………………………… 354

因势利导二例 …………………………………………… 356

"三不欺"说 …………………………………………… 357

"学贵自得"解 ………………………………………… 359

从传统的观点解脱出来 ………………………………… 361

交代与交待　不齿与不耻 ……………………………… 363

我怎样学元史 …………………………………………… 365

与历史系同学谈怎样写论文 …………………………… 369

附录：杨志玖先生学术年谱 …………………………… 374

关于中国封建社会土地所有制的
理论和史实问题的一般考察

我国封建社会的土地所有制究竟是国有制为主，还是私有制（即地主的土地所有制）为主？这还是史学界争论的一个问题。自从侯外庐先生先后发表了《中国封建社会土地所有制形式的问题》和《关于封建主义生产关系的一些普遍原理》两文后，曾引起了一些不同的看法。这个问题牵涉到对经典著作的体会和对具体史料的解释，个人在这两方面的修养和能力都很欠缺，在此愿发表一些不成熟的意见，就正于侯先生和其他同志们。

本文打算从两方面谈：首先就有关土地制度的理论问题谈一谈个人的体会，其次就中国历史上的土地制度的有关史实作一些考察。当然，这两方面是密切关联不能分割的，不过为了处理问题方便起见，不能不有所侧重。

一、对有关土地制度的理论的认识

1. 关于东方没有土地私有制的问题

马克思、恩格斯关于"东方"或"亚细亚"没有土地私有制的指示，常被引用来作为中国封建社会土地国有制的理论根据。我们应该怎样正确体会这些经典指示呢？

马克思在 1853 年 6 月 2 日给恩格斯的信上说：

> 百涅正确发现东方——他是说土耳其、波斯、印度斯坦——一切现象的基本形态，是没有私人土地所有制存在。这是真正的关键所在，甚至东方的天堂也是如此。[①]

[①]《马克思恩格斯通信集》卷一，三联书店 1957 年版，第 543 页。

恩格斯在四天以后回信中说：

> 没有土地所有制，在实际上是整个东方的关键。政治和宗教的历史即根源于此。①

经典著作的这一指示，是否适用于中国封建社会的土地制度？换言之，这里的"东方"是否包括中国在内？

我的体会是：一方面，就字面上，或就马克思、恩格斯当时心目中所指的国家来说，这里的东方并不包括中国。但另一方面，这一经典指示，对了解中国古代（春秋以前）的土地制度，则有理论的指导意义。偏重任何一方面，都是片面的理解。

百涅（或译伯尔尼）在其游记中曾泛论十七世纪后半期的巴勒斯坦、埃及、土耳其、波斯、印度和缅甸等国家的政治与经济情况；指出水利灌溉事业在这些国家中的重要性。认为东方国家衰落的根本原因，在于私有财产制的不存在。②百涅没有到过中国，书中也没有提到中国。马克思、恩格斯既然根据百涅的游记谈东方，当然也不应包括中国。其实在马克思的信中，已经明确地指出，他的所谓"东方"是就土耳其、波斯、印度斯坦而言，这已经把东方的地理范围划得很清楚了。

上引恩格斯的一段话后面，恩格斯分析为什么东方没有土地私有制，他说："我以为主要的在气候，和地势有关；特别是和那个由撒哈拉横贯阿剌伯、波斯、印度、鞑靼直至亚洲最高高地的大沙漠地带有关。"③这里所指的地理范围，也很难把中国包括进去。

再看前引马克思给恩格斯信中的几句话，更可以了解东方究何所指。马克思在提及希伯来人和阿剌伯人以后，提出了三点，其中有一点说："东方史何以表现为各种宗教的历史？"④很明显，这里的东方是指阿剌伯、波斯、印度一带，也就是犹太教、伊斯兰教和佛教的国家，不能包括中国，因为中国的历史并不表现为宗教的历史。

所以，从马克思、恩格斯当时所指的地理范围而言，东方确实不包括中国在内。

---

① 《马克思恩格斯通信集》卷一，第 546 页。
② 参看张荫桐《伯尔尼游记的再评价》，《历史研究》1957 年 7 月号，第 73 页。
③ 《马克思恩格斯通信集》卷一，第 546 页。
④ 《马克思恩格斯通信集》卷一，第 542 页。

但另一方面，我们却不应仅仅从地理概念上因马克思、恩格斯指的东方不包括中国而忽视了马克思、恩格斯这一指示的理论指导意义。

上引马克思、恩格斯的话是在 1853 年 6 月写的。在 1857—1858 年间马克思的著作《资本主义生产以前各形态》手稿中，马克思又将此意加以发挥，予以理论的概括，称它为东方的或亚细亚的所有制形态，以与古典的所有制相比较，认为后者是自由土地所有制，前者则是以东方公社为基础的集体土地所有制，而高居在集体之上的结合的统一体，或集体之父的专制君主，则以最高所有者或唯一的所有者的资格而出现，实际的公社则作为承袭的占有者而出现①。这即是马克思在引用伯尔尼关于东方的记载中所说的"君主是中国全部土地的唯一所有人"②的进一步的理论发挥。

中国在春秋以前的土地制度，正是如此。在那时，"溥天之下，莫非王土"，井田制则作为公社的基本组织形式。因此，马克思关于东方公社土地制度的理论，对了解春秋以前的土地制度，实具有指导的意义，需要我们好好学习。

在《资本论》中，马克思曾明确地指出中国曾有过土地共有的公社形态。他说："在中国和印度，生产方式的广大基础就是小农业与家庭工业合成一体，而且在印度还有那种建立在土地所有制上面的农村公社的形式，这种形式过去在中国也是一种原始的形式。"③这一指示，是我们研究中国古代历史也就是春秋以前的历史所应遵循的理论。但我们应该很好地体会它的意义，这里明说是原始的形式，因此，不能把这一指示无限制地应用于中国封建社会中。

现在大家都已经明确，马克思、恩格斯所指的东方的土地制度，是古代东方奴隶制的特点，是属于奴隶制范畴之内的。中国的奴隶制也有这个特点。但封建的土地制度却不具有这一特点。前引恩格斯在回答了马克思东方没有土地私有制的问题后，紧接着说："但东方人没有达到土地所有制，甚至没有达到封建的土地所有制，原因何在？"④这就是说，在恩格斯看来，封建社会是有土地私有制的。在《反杜林论》中，恩格斯又说：

> 在整个东方，公社或国家是土地的所有者，在那里的语言中，甚至没有"地主"这个名词。关于这点，杜林先生尽可以就教于英国法律家。他

---

① 《资本主义生产以前各形态》，人民出版社 1956 年版，第 15 页。

② 《马克思恩格斯通信集》卷一，第 542 页。

③ 《马克思恩格斯论中国》，人民出版社 1957 年版，第 1 页。参看《资本论》卷三，人民出版社 1955 年版，第 412 页。

④ 《马克思恩格斯通信集》卷一，第 546 页。

们曾在印度无效地苦思过这个问题："这里谁是土地的所有者？"……只有土耳其人方才在其所征服的东方国家里，第一次推行一种类似地主封建制度的东西。①

这里至少有三点值得注意：

（1）文中虽然提到整个东方，但紧接着却以印度为例，这可以更进一步使我们了解经典作家心目中的东方究何所指。

（2）在公社或国家是土地的所有者的国家里，就没有"地主"这个名词，也就是说，没有土地私有制；在中国封建社会里，不仅有地主这个名词，而且地主还是一个主要阶级，这不可以说明土地国有制不是中国封建社会的支配形式吗？

（3）在恩格斯看来，土耳其人所推行的地主封建制是和东方的土地制，也就是土地国有制不同的。因此，封建社会的土地制度应以私有制为主。

另外，马克思在资本论中关于劳动地租的论述里，曾提到亚细亚的土地所有形态，主张中国土地国有制的同志常拿它来作为理论依据，因此有必要把这一段指示好好体会。马克思说：

> 假设相对出现的，不是私有土地的地主，却像在亚细亚一样，是那种对于他们是地主同时又是主权者的国家，地租和课税就会合并在一起，或不如说，不会再有什么和这个地租形态不同的课税。在这各种情况下，依赖关系在政治方面和经济方面，除了普通的对于国家的臣属关系，不会在此之外，再需要有什么更加苛刻的形态。在这里，国家是最高的地主。在这里，主权就是在全国范围内集中 的土地所有权，但在这里，因此也就没有土地私有权，虽然对于土地，即有私人的也有共同的占有权和使用权。②

我对于这段文字有三点认识：

第一，这里的"亚细亚"，和前边所说的"东方"一样，在马克思心目中所指的，是波斯、印度诸东方国家，并不包括中国。这可以从马克思其他的话里得到证明。

马克思论到自由的私有权的法律观念时说："在亚细亚，那不过间或由欧洲

---

① 《反杜林论》，人民出版社 1956 年版，第 181 页。
② 《资本论》卷三，第 1032 页。

人输入。"①这里的亚细亚，应该和前面所提及的亚细亚是一个地方。在另一处，马克思曾明确地指出那是印度。马克思说：

> 在亚细亚社会里初次采行而主要是由印度人和欧洲人的共同子孙所领导的自由报刊，乃是进行改造的新的和强有力的因素。甚至彻明达尔制和流特瓦尔制，虽然是可恶极了，也是私人土地所有权，即亚细亚社会所渴望的那种土地所有权的两种不同形式。②

这一段正好可作《资本论》中所说"由欧洲人输入"的注释。可见所谓"亚细亚"主要是指印度。

第二，这里的亚细亚是指保有着公社土地制的东方奴隶制国家，和在《资本主义生产以前各形态》中所说的一样，不能拿它来说明中国的封建土地所有制。拿这一段和这一段以前的一段文章统看一下，马克思在此处是以封建的地租为主，即以有人身依赖关系的农奴制为主，来和奴隶经济或殖民地奴隶经济，以及亚细亚的制度作比较。和中国的土地所有制关系并不大。这还可以和《资本论》中其他一处讲到地租和土地所有权的一段文字作比较。在那里，马克思说：

> 土地所有者，可以是代表共同体的个人，在亚洲、埃及等地就是如此；这种土地所有权，也可以只是某些人对直接生产者人身的所有权的附属品，例如在奴隶制度或农奴制度下，就是如此……③

共同体就是公社（Kommune）的另一种译法，在这里，马克思是把亚洲的土地所有形态和奴隶制、农奴制的分别出来了。

第三，在中国封建社会里，地租和课税并不合并在一起。地主向佃农抽取地租，向国家交纳课税（当然这部分课税是地租的再分配），自耕农民向国家也交课税。另外，封建政府所掌握的官田，向佃耕的农民抽取的叫租，而向一般私田所抽取的则叫税。所以《金史·食货志》明白地说："官田曰租，私田曰税。"这些，是不能拿地租课税合一来说明的。即使在均田制度之下，表面上看来地租和课税是合一了，但当时仍有私人大地主存在，他们还是向佃农抽取地租，地租和课税实际上还是分开的。

---

① 《资本论》卷三，第804页。
② 《不列颠在印度统治的未来结果》，《马克思恩格斯文选》两卷集，卷一，中译本，第330页。
③ 《资本论》卷三，第828页。

总之，我觉得，拿马克思关于"东方"或"亚细亚"的土地所有权形态为依据，来证明中国封建社会没有土地私有权，是并不妥当的。

2. 对土地所有权的理解

主张中国封建社会是土地国有制的同志的另一理论根据是：在封建社会里没有自由的土地私有权，因为马克思曾说过：

> 土地所有权的前提是某一些私人独占着地体的一定部分，把它当作他们的私人意志的专有领域，排斥一切其他的人去支配它……这种观念——关于自由的土地私有权的法律观念——在古代世界，只出现在有机的社会秩序解体的时期；在近代世界，只是随资本主义生产的发展而出现。在亚细亚，那不过间或由欧洲人输入。①

这就是说，封建社会没有自由的土地私有权，欧洲和中国都没有例外。

但是，没有自由的土地私有权，并不等于没有土地所有权（即私有权），马克思曾明确地指出："土地所有权有各种不同的历史形态。"②又说在封建社会，有"封建的土地所有权"③。因此，尽管封建社会的土地私有权同资本主义社会的有所不同，但不能因此而否定了封建社会也有土地私有权。我们在上一段曾引恩格斯关于"封建的土地所有权"的提法，可见经典著作中并不否认封建社会中土地私有制的存在。

侯外庐先生曾根据经典作家的指示，详细地比较了封建社会和资本主义社会土地所有权的不同。④这一工作很值得做，他做得也很好。然而侯外庐先生却由于封建社会和资本主义社会土地所有权的性质不同，而把封建社会的土地私有权否定了。有些同志指出，这是"用近代的尺度去衡量中世纪的事物"，是不恰当的⑤，我同意这个意见。但是，侯先生在其论文中也曾明白地引用马克思关于"土地所有权有各种不同的历史形态"的指示，为什么偏偏由于封建社会没有"自由的土地私有权"，而连封建社会有封建式的土地私有权也不愿承认，

---

① 《资本论》卷三，第803、804页。

② 《资本论》卷三，第801页。

③ 《资本论》卷三，第805页。

④ 侯外庐《关于封建主义生产关系的一些普遍原理》，见我与南开大学历史系同仁所编《中国封建社会土地所有制形式问题讨论集》。

⑤ 田泽滨《关于中国封建土地所有制讨论中的几个理论问题》，见我与南开大学历史系同仁所编《中国封建社会土地所有制形式问题讨论集》。

而且得出中世纪的私有财产是国家财产的结论呢？上面所引同志们的指责是一个原因，但未必能使侯先生折服。我仔细体会侯先生文章的意思，觉得他所以这样强调封建社会和资本主义社会土地所有权性质的不同，原来是怕人们把封建社会的土地所有权理解为近代的自由的土地私有权，也就是，叫人们不要用"自由的土地私有权"的标准，去要求封建社会的土地所有权，如他说：

> 资产阶级的历史编纂学又一贯地依据近代资本主义自由的私有权来混淆封建主义财产关系的"特权、例外权的类存在"（见后释），造成了极大的混乱。

资产阶级历史学者把中世纪的历史近代化，固然应该反对，但侯先生在做这一工作的同时，却走到另一个极端，那就是，由于强调这两者（中世纪和近代社会）的不同，而把封建社会本身的土地私有权的历史形态也否定了。因此，不管侯先生的主观愿望怎样，他的文章的客观效果却给人一个印象，就是，他实际是在以近代的"自由的土地私有权"的标准，去要求封建社会，而由于他确切地知道两者的不同，所以便断言封建社会没有土地私有权的存在。

如果以上的推测不错，那么，我们和侯外庐先生的分歧便很显然：即是，我们也承认在封建社会中没有"自由的土地私有权"，但是，我们却不因此而否定了封建社会也有和封建社会历史形态相适应的土地私有权。

封建社会和资本主义社会土地所有权的区别，侯外庐先生在其《关于封建主义生产关系的一些普遍原理》中已引了不少经典著作加以说明。在此，我们不妨再引用马克思在《资本论》中的指示加以比较。

> 马克思说："资本主义生产方式的重大结果之一是：……使土地所有权，完全从统治和服从关系解放出来……土地所有权取得纯经济的形态，不过因为它脱却了以前一切政治的和社会的装饰品和混合物，简单地说，就是脱却了一切传统的附属物。"[①]又说："在封建时代，军事上诉讼上的裁决权，是土地所有权的属性。"[②]

从马克思这个指示中，我们可以体会到，资本主义的土地所有权是纯粹的经济形态，而封建社会的土地所有权则是和政治权力社会地位等等联系在一起的，这一点，侯外庐同志所引的马克思的《经济学—哲学手稿》中译本 46 页的

---

① 《资本论》卷三，第 805、806 页。
② 《资本论》卷一，第 398 页。

一段也可以说明。我们在读了马克思以上的指示后，除了明确两个社会的土地所有权有所不同而外，却并不能得出否定封建社会有土地私有权的结论。

因此，我认为在封建社会存在着土地私有权。

封建社会的土地私有权的主要标志可以从土地买卖方面去看。

3. 对土地买卖的看法

根据经典著作的指示，结合中国封建社会的史实，土地买卖可以作为衡量土地所有权的标尺，这可以从几方面看出来。

（1）土地可以买卖是对土地有所有权的标志：

> 恩格斯说："对土地的完全而自由的所有权，不仅意味着可以毫无阻碍和毫无限制地占有它，而且意味着也可以出售它。"①
>
> 列宁说："这种（小土地）私有制底真正自由，没有土地底买卖自由是不行的。"②

以上的两条指示，一是指氏族社会末期，一是指资本主义社会，我们是否可以把这个标准——土地买卖——适用于封建社会呢？我以为是可以的。因为既然在有自由的土地所有权的古代和近代尚且以土地买卖作为重要的所有权的标志，那么在封建社会，当人们对于财产的自由还是很受限制的时候有这种买卖土地的权利，更可以证明是对土地有所有权了。

在中国封建社会里，人们也是把土地买卖当作对土地有所有权的重要标志。如唐朝的杜佑说：

> 夫春秋之义，诸侯不得专封，大夫不得专地。若使豪人占田过制，富等公侯，是专封也；买卖由己，是专地也。③

南宋的叶适认为唐朝均田制的所以破坏是由于唐政府"立卖田之法"，因而使"公田始变为私田"④。所以，在他看来，土地由国有变为私有的关键在于土地买卖。

---

① 《家庭、私有制和国家的起源》，人民出版社 1954 年版，第 160 页。
② 《社会民主党在一九零五至一九零七年第一次俄国革命中的土地纲领》，莫斯科中文版，第 117 页。
③ 《通典》卷一《食货》一。按后汉荀悦已有此说法，见其所著《汉纪》卷八中。杜氏系袭用其言。
④ 《文献通考》卷二《田赋》二。

（2）土地不得买卖是土地国有的标志：

> 列宁说："土地国有就是全部土地转归国家所有。所谓归国家所有，就是说由国家政权机关享受地租所有权，并由国家政权规定全国通用的土地占有和土地使用原则。……包括有禁止一切中介行为，即禁止转租土地，禁止转让土地等等。"①

当然，这里的土地国有是指在资本主义社会下的民主革命措施，但在禁止买卖土地这一点上，却可以适用于封建社会。

在我国封建社会中，凡是统治阶级的国家实行土地国有时，也一定禁止买卖土地。如春秋以前的"田里不粥"②。王莽在实行"王田"时也不准买卖土地③。荀悦主张限田，其条件也是"人得耕种，不得买卖"④。从北魏到唐的均田制，都限制土地买卖。这些事实都可以证明，土地买卖是和土地国有制冲突的，所以要禁止或限制它。

当然，封建社会的土地买卖，也和封建社会的土地所有权一样，是有别于资本主义社会的土地买卖的。侯外庐先生在其《关于封建主义生产关系的一些普遍原理》文中，对此也作了研究。根据侯外庐先生所引的马克思关于这方面的指示（主要是《经济学—哲学手稿》中的指示），这两者的区别在于：资本主义的土地买卖是商品的交易，而封建社会的则是诡诈买卖即从巧取豪夺而来。但马克思也同时指出两者的土地买卖都是诡诈性的（或译空头买卖），不过资本主义社会的土地买卖较为合理而已。我体会马克思在这里所指的，是土地买卖的性质和意义，但就土地买卖的效果而言，则是一样：对卖者是所有权的丧失，对买者则有了所有权。也就是，通过这一行为，仍然可以作为所有权存在与否的标志。在中国封建社会里，官僚地主利用巧取豪夺的手段，从农民手中买取甚至夺去土地的事并不少见。这说明了农民地位的没有保障，但这不意味着农民没有土地所有权，而对于地主来说，恐怕更能证明其有土地所有权。侯外庐先生在其文章中说：

> 就按董仲舒的后来的说明来讲，所谓"民得买卖"不但不能证明"自由的私有权"的建立，反而意味着在封建社会的农民是以土地所有权的丧

---

① 《社会民主党在一九零五至一九零七年第一次俄国革命中的土地纲领》，第 144 页。

② 《礼记·王制篇》。粥（yù，卖）。

③ 《汉书》卷九九中《王莽传》。

④ 《汉纪》卷八；《通典》卷一。

失而换取使用权为其特征。至于因所谓"民得买卖"使"富者田连阡陌，而贫者无立锥之地"，反而证明恩格斯的历史分析，在中国也是适合的。

以下侯外庐先生引了恩格斯在《家庭、私有制和国家的起源》的两段话作证，其中的一段说：

> 像以前的高卢农民一样，他们须将自己的土地所有权交给保护人，再以种种不同的条件把这块土地向他租来，不过总离不开服役和纳贡。

侯外庐先生上面的分析是正确的。但是，即按这个分析，也应该承认，在封建社会里，农民在出卖土地以前，对其土地是有所有权的，只是在出卖了土地以后，才丧失了其所有权；同时，不言而喻，对于买取农民土地的"富者"，自然也就有了土地所有权。

所以，就按侯外庐先生的上面的论断，我们也很难否认封建社会里土地所有权的存在，更难以得出国家是最高的土地所有者这个结论。

4. 土地所有和专制主义中央集权的关系

中国封建社会专制主义中央集权的经济基础是否建立在土地国有制的基础上？

侯外庐先生在引证了马克思和恩格斯关于东方没有土地私有权的指示后说：

> 既然东方专制帝王的土地所有制形式是了解"全东方"情形的关键，那么，中国就不是例外的了，因而我们就可以知道中国自秦汉以来的中央专制的经济基础了。在欧洲，中央集权是封建主义没落以至资本主义形成时期的产物，在中国早期封建就有了中央专制，这正表明了政治史之依存于经济基础——皇族垄断的土地所有制形式。①

对这一论点，我们有不同的看法。

不错，马克思和恩格斯都曾把没有土地私有制——也就是土地为国家所有——作为东方专制国家的基础，但那是指以公社土地所有制存在为前提的亚洲国家。这些国家，如我们在第一节中所研究过的，并不包括中国在内。如恩

---

① 《中国封建社会土地所有制形式的问题》，见《中国封建社会土地所有制形式问题讨论集》，三联书店1962年版。

格斯说：

> 古代的公社，在其继续存在的地方，于数千年中，曾经是最残暴的国家形式（东方君主统治）的基础，从印度到俄国都如此。①

马克思说：

> 这些田园风光的农村公社……却始终一直是东方专制制度的牢固基础。②

在中国，农村公社在战国时期已经破坏，虽然其残余形式还延续到封建社会中，但作为一个完整的制度，特别是作为一种土地制度，则早不存在了。因此不能用马克思、恩格斯的上述指示解释封建社会的专制主义中央集权制。

我们认为，中国封建社会专制主义中央集权的产生和发展是受许多因素决定的，就作为经济基础的土地制度而论，与其说建立在土地国有制基础土，不如说建立在地主的土地私有制的基础上更合乎历史事实。由于地主经济的发展，引起了地主和农民阶级矛盾的尖锐化，地主阶级为了巩固他们对农民的统治，就需要一个国家机器来为他们服务，专制主义中央集权的国家正是地主阶级镇压农民的专政工具。只有这样，才能解释为什么从秦以后，专制主义中央集权制越来越发展、越加强。因为这是地主土地所有制越来越发展、阶级矛盾越来越尖锐的结果。反之，若把土地国有制作为一条红线来看整个封建社会，则对于封建的中央集权制的发展倒难于理解。因为，主张土地国有制的同志也认为土地国有制是越往后越衰落，到清朝已趋瓦解，但中央集权却是越往后越发展，在清朝更为加强的，这不是很难解释得通吗？毛主席说：

> 在封建国家中，皇帝有至高无上的权力，在各地方分设官职以掌兵、刑、钱、谷等事，并依靠地主绅士作为全部封建统治的基础。③

又说：

> 宗法封建性的土豪劣绅，不法地主阶级，是几千年专制政治的基础，

---

① 《反杜林论》，人民出版社 1956 年版，第 187 页。

② 《马克思恩格斯文选》两卷集，卷一，第 327 页。

③ 《毛泽东选集》卷二，第 618 页。

帝国主义、军阀、贪官污吏的墙脚。①

根据毛主席的指示，地主阶级是封建的专制政治的统治基础；地主阶级是地主土地所有制的产物，因此，说地主的土地所有制是封建的专制主义中央集权的经济基础，不是更恰当吗？

5. 正确体会毛主席关于中国封建社会土地所有制的指示

最后，也是最重要的，必须把毛主席关于中国封建社会土地所有制的指示好好体会，并以之作为解决中国封建社会土地所有制问题的指针。

毛主席关于中国封建社会的特点作过精辟而概括的分析，其中关于土地所有制方面的，毛主席指示说：

> 封建的统治阶级——地主、贵族和皇帝，拥有最大部分的土地，而农民则很少土地，或者完全没有土地。农民用自己的工具去耕种地主、贵族和皇室的土地，并将收获的四成、五成、六成、七成甚至八成以上，奉献给地主、贵族和皇室享用。这种农民，实际上还是农奴。不但地主、贵族和皇室依靠剥削农民的地租过活，而且地主阶级的国家又强迫农民缴纳贡税，并强迫农民从事无偿的劳役，去养活一大群的国家官吏和主要地是为了镇压农民之用的军队。②

根据以上的指示，可以看出：

第一，封建社会的土地，是为地主、贵族和皇帝所有的。皇帝虽然也有土地，但不是唯一的所有者，因此，不能说封建社会的土地是国有的。

第二，地主、贵族和皇室一方面剥削农民的地租，一方面地主阶级的国家又要抽取农民的贡税，这说明了地租和课税的分离。所以如此，即因皇帝或国家，并不是唯一的土地所有者。

这两者都是符合中国封建社会的实际情况的，这是毛主席根据历史唯物主义原理，结合中国具体历史情况所得出的英明论断。

有的同志对主席以上的指示的体会和我们的不同。如韩国磐先生说：

> 毛主席说明封建的统治阶级的土地是"拥有"的。这种"拥有"，自己粗浅的体会，是包含着所有和占有两种情况。如皇帝对皇庄土地即其所

---

① 《毛泽东选集》卷一，第17页。
② 《毛泽东选集》卷二，第618页。

有；而"官田宅私家借得，令人佃食"（《唐律疏议杂律》），这种借官田出租的人，虽然只是占有而非所有，而借官田出租以剥削农民者，必须是地主，则是可以肯定的。①

我觉得毛主席在用"拥有"这个字眼时，未必有这样的区分，因为"地主、贵族和皇帝"这三者是平列的，都是拥有，说明他们的经济地位相同，因而构成了一个阶级——封建的统治阶级。韩国磐先生引用的《唐律疏议》的例子，虽然可以说明借官田宅出租的是占有而非所有，但这只是一个特别律例，并不是一切地主的土地都是从官家借来的，何况下面还有一句："或私田宅有人借得，亦令人佃。"这里有私田宅的，难道不是所有吗？所以，从官家借来的土地，从《唐律疏议》这一条里，我们倒可以明确，凡不是从官家借来的土地，都是为地主所有的，而这种土地则是很多的。这也可以证明封建社会的地主是土地所有者。

韩国磐先生又根据毛主席所指示的，"在封建国家中，皇帝有至高无上的权力"，认为这种至高无上的权力，"不仅包括着政治上的生杀予夺之权，同时也包括着经济上的最高权力，包括着对土地的最高所有权"。不错，皇帝作为封建国家的头脑，在政治上和经济上确实有至高无上的权力，但他这个权力是从哪里来的呢？我认为，是由于封建皇帝是整个地主阶级的代表，是地主阶级利益的维护者，是地主阶级把他捧起来用以镇压农民的。正如毛主席所说："保护这种封建剥削制度的权力机关，是地主阶级的封建国家。"②所以，封建国家、皇帝这一上层建筑，是为地主经济服务的；他对于这一经济基础可以有支配力，但不能根本违背基础的利益，无宁说，皇帝对于土地的支配权，正是为了保护地主土地所有制。因此，把皇帝在经济上的最高权力认为是对土地的最高所有权，可能是把基础和上层建筑的因果关系颠倒了。

当然，对毛主席的深刻的指示，需要深入地学习和体会，我们上面的认识未必正确，为了就正于同志们，还是把它提出来。

① 《关于封建土地所有制的几点意见》，见《中国封建社会土地所有制形式问题讨论集》，三联书店 1962 年版。

② 《毛泽东选集》卷二，第 618 页。

二、从土地制度的发展看哪种所有制是主导的

中国封建社会土地制度的整个发展情况，需要很大的精力和很长的篇幅才说得清楚，本文不可能那样做。此处仅就有关土地所有制的一些带有关键性的历史事实作一些简要的考察，目的在说明土地国有制不是封建社会占支配地位的土地所有形态。

如上节所述，根据马克思、恩格斯关于东方公社土地所有形态的指示，结合中国古代史的具体情况，中国在春秋以前曾有过以公社为基础的国家土地所有制。在那时，"溥天之下，莫非王土"，"田里不粥"。这就是古史上所说的"井田制"。

春秋战国时期，随着生产力的发展，特别是牛耕与铁器的应用，土地开垦了很多，过去土地的疆界（阡陌）破坏了。新垦地为开垦者所有，这是私有土地。随着商业的发展，土地可以买卖，公社贫民被迫卖地。新兴地主出现了。农民以佃农的身份在地主的土地上耕种，井田制破坏了，土地私有制形成了。

商鞅变法就是在这个经济发展的基础上进行的。所谓"除井田，民得卖买，富者田连阡陌，贫者亡立锥之地。……或耕豪民之田，见税什五"①，这就是新的土地制度和新的阶级对立的情况。这种情况"汉兴循而未改"。

当然，秦统一后，曾说过"六合之内，皇帝之土"②，这只表示专制帝王对国家的至高无上的权力，并不牵涉到土地所有制，正像法王路易十四曾说过"朕即国家"并没有改变法国当时的土地私有制性质一样。因为土地私有制是客观的经济形势造成的，多么有权力的皇帝也无法改变它。正如区博对王莽所说："井田虽圣王法，其废久矣。周道既衰，而民不从。秦知顺民之心可以获大利也，故灭庐井而置阡陌，遂王诸夏。"③

同样的，汉高祖得天下后对他父亲所说的"今某之业所就，孰与仲多"④，也只能看作帝王家天下，"天子以四海为家"的同义语，拿这一句帝王一时得意的话，很难断定土地所有制的性质。

当然也要注意，土地国有，"溥下之下，莫非王土"的传统，"井田"的传

---

① 《汉书》卷二四上《食货志》，董仲舒语。
② 《史记》卷六《秦始皇本纪》，琅邪刻石语。
③ 《汉书》卷九九中《王莽传》。
④ 《史记》卷八《高祖本纪》。

统，并未消逝。有些皇帝和官吏还想恢复它，虽然多半是不成功的，而在某些时期和条件下，它还发生过作用。

汉代既"循秦制"，土地兼并的现象也就不能避免，统治阶级的政府和地主之间为争夺土地和人民的斗争有时也很强烈。

董仲舒曾提出限田。他说："古井田法虽难卒行，宜少近古。限民名田，以淡不足。"①从他的话，可知国有制（井田）已行不通。就连限田也没有实行。这说明了地主阶级力量的强大，也反映了土地所有权究竟在谁手里。假设土地所有权在政府手里而地主仅系占有者，问题便比较好办了。

汉武帝不能无缘无故没收地主阶级的财产，但想了些办法。杨可告缗钱便没收了不少田土以为"公田"②。这是用政治和法律的手段，强行剥夺地主和商人的土地。这正证明政府对他们的土地没有实际所有权，不得不用暴力没收。这不是经常的，也不是正常的现象。

在正常的情况下，皇帝对私有土地权是不触动的。所以汉武帝想在长安城南开辟上林苑行猎，因为其中有民田，便叫人计算顷亩，预备偿付地价③。

在汉代，对土地占有数目在法令上是有限制的。汉武帝所置的刺史，以六条问事，其第一条就是"强宗豪右，田宅逾制"④。这说明封建时代土地私有权的不自由则可，但不能因此而断定地主没有土地私有权。这反而说明在法律限制之内，地主可私有土地。而且这个限制，在实际上多半是行不通的。从董仲舒的上书中，可见武帝时土地兼并之激烈；董仲舒的限田议也没有下文，说明在实际上，并没有限制了"强宗豪右"的多占土地。到哀帝时，大臣师丹再次建议限田，政府并制订了土地的最高占有数目，但因权贵们认为不便，也没有实行⑤。这一切都说明了法令上的土地限制和事实上的土地兼并是多么明显地对立，同时更足以证明汉代的土地私有权的存在。

汉代是有不少的"公田"的，但"公田"的存在，正说明其对立面有私田；"公田"为国有地，则公田以外的土地显然为私有。

另外，山林川泽之为国有，这是从氏族社会继承下来的制度。董仲舒说到商鞅时秦国才"颛川泽之利，管山林之饶"⑥，这是不对的。汉朝以及后代都

① 《汉书》卷二四上《食货志》，董仲舒语。
② 《汉书》卷二四下《食货志》。
③ 《汉书》卷六五《东方朔传》。
④ 《汉书》卷一九上《百官公卿表》注。
⑤ 《汉书》卷二四上《食货志》。
⑥ 《汉书》卷二四上《食货志》，董仲舒语。

是如此，不能因此推论整个耕地都为国有。

由于土地兼并问题的严重，王莽遂推行"王田"，"更名天下田曰王田，奴婢曰私属，皆不得卖买"[①]。这是"想百分之百地实行君主土地所有制"[②]，结果失败了。《汉书·食货志》说他"动欲慕古，不度时宜"，区博劝他说："井田虽圣王法，其废久矣……今欲连民心，追复千载绝迹，虽尧舜复起，而五百年之渐，弗能行也。"[③]可见"王田"是不合时宜，违背民（指地主阶级）心的。"王田"的失败，说明了土地国有制是行不通了。说明了当时占统治地位的是土地私有制而非土地国有制。

另一方面，从推行"王田"的企图，也可以说明土地国有制传统的存在。

东汉豪族地主兼并更烈。他们"膏田满野"，"田亩连于方国"[④]，东汉政府无法制止。

仲长统主张实行井田。又主张对于未垦之地，"其地有草者尽曰官田。力堪农事，乃听受之"[⑤]。荒地才收为官田，说明已经开垦的土地之为私田。

荀悦对于井田制有他的看法。他认为并田在田广人寡的时候还可以实行，在人多地少，土地已经为豪强占有，再行井田，他们一定要有"怨心"，很可能发生"纷乱"，所以不能行。他认为在汉高祖初定天下或汉光武"中兴"之后，其时人口稀少，容易实行井田。在平时虽不能行井田，也应当"以口数占田，为之立限。人得耕种，不得卖买，以赡贫弱，以防兼并"[⑥]。从荀悦这番议论里，可见只在地广人稀的条件下，井田制（也就是国有制）才能实行，在平时勉强推行，一定要引起地主阶级的反抗。而在不能实行井田时，最多只能限田，但这种限田在实际上也是行不通的。

和荀悦同时而稍后的司马朗主张在三国初期恢复井田。他说："往者以民各有累世之业，难中夺之，是以至今。今承大乱之后，民人分散，土业无主，皆为公田，宜及此时复之。"[⑦]他的话可以和荀悦的看法互相参证。可注意的是，在土业无主时才有可能实行井田，而在土业有主，民各有累世之业的时候就不好办了。

---

① 《汉书》卷九九中《王莽传》。
② 侯外庐先生在其所著《中国封建社会土地所有制形式的问题》一文中语。
③ 《汉书》卷九九中《王莽传》。
④ 《后汉书》卷七九《仲长统传》。
⑤ 《后汉书》卷七九《仲长统传》。
⑥ 《通典》卷一；参看荀悦《汉纪》卷八。
⑦ 《三国志·魏书》卷一五《司马朗传》。

曹魏的屯田制正是在"大乱之后，土业无主"的情况下实行的。但它也只是在无主的土地上实行的，而对于官僚豪强以及一般地主所占有的土地，则未触动其所有权。这可以从当时有两种不同的剥削办法看出来①。同时，当时三国鼎立，中国并未统一，蜀、吴虽有屯田，但规模不大，大部土地仍为各类地主阶级所有，所以，这也不是一个全国通行的制度。

至于西晋的占田制，那是对各级贵族官僚以及一般地主和自耕农民占有土地数目的限制，实际上是限田，并没有影响到各种地主阶级的土地所有权。对农民说，可能允许他们在政府所控制的官荒地上耕种一定数目的土地，以剥削他们的剩余劳动。只就这一部分土地来讲，可以算作国有土地，但它不能包括整个的土地。至于政府对土地占有数目的限制，在实际能否推行，是大有问题的。依靠豪强大族支持的司马氏政权，不可能对他们采取有效的限制。像王戎那样的"园田水碓，周遍天下"②的大官僚是不会受任何限制的。所以实际上，占田制只是一纸空文，即便承认它有土地国有制的精神，它也是未曾付诸实行的一道法令。

东晋南朝更看不出占田制的痕迹。其时世族地主占有大量土地，政府不能过问，连限制也没有。地主们还进一步占领山林川泽，他们封固山泽，"燔山封水"，使得"贫弱者薪苏无托"，政府才下令禁止。刘宋时，颁布了占山格五条，对已占山泽曾加功修作者不追夺，一般则按官品定占山顷数③。山林川泽本应国家所有，现在也为大地主们占有了，政府不得不禁止，禁令中的妥协性很大，而禁令能否实行又大有问题。这可以从其后又一再颁布禁令一事推知。因此，这些禁令不但不能证明土地（耕地）国有，反而反映了连传统的国有物——山泽，封建政府也保持不住了。

梁武帝要买王骞的八十多顷地。骞说："此田不卖。若是敕取，所不敢言。"武帝还是强迫买下了④。这八十多顷地还是过去东晋时王导的"赐田"，按理皇帝收回也可以，但皇帝仍须要买他的，说明所有权已归王骞所有了，因此王骞可以不卖。王骞说"若是敕取，所不敢言"，即是说，你若凭借政治权力来要我的，我也没有办法。最后皇帝还是用钱把它买下了。假定这些土地的所有权是

① 屯田的剥削率是收获量的百分之六十（用官牛的）或五十（自己有牛的）。见《晋书》卷四七《傅玄传》和卷一零九《慕容皝载记》。一般私田的剥削率是"田租亩粟四升，户绢二匹，绵二斤"。见《三国志·魏书》卷一，建安九年九月注。

②《晋书》卷四三《王戎传》。

③ 以上参看《宋书》卷五四《羊玄保附兄子希传》。

④《梁书》卷七《王皇后传》。

掌握在国家手中，就不需要费这样的周折。

北魏的均田制，从法令上看，确实是国有制。这与北方社会的具体情况，拓跋魏皇权的强大都有关系。这也是土地国有制传统的推行。但撇开法律的观点，就事实来考察它的实际，则情况还是很复杂的。早在北宋时候，刘恕就认为均田制不是三代的井田，而是像宋时的"佃官田及绝户田出租税"①，也就是说，只是在政府掌握的官田上推行的制度。元代的马端临也认为当时的露田"皆荒闲无主之田，必诸远流配谪无子孙及户绝者，墟宅桑榆尽为公田，以供授受。则固非尽夺富者之田以予贫人也。"②他们的说法一方面反映了他们是以土地私有的观点看均田制，另外，也有一定的理由，而为现代一些史学家所接受。据我的看法，均田制在表面上或法律上是在全国的土地上推行的，不过它仍然没有触动原来土地所有者的所有权，而是用桑田、露田、倍田等名义把土地划分了一下，表示其为政府所掌握的土地而已③。即令承认它确是土地国有制，但它是否实行、如何实行都是问题。

唐代的均田制，在法令上对土地的买卖的限制较之前代也放宽了。因此即就法律上说，土地的私有性也越来越大。至于事实上的私有更不必说。

承认均田制之为国有，则均田制的破坏即代表土地国有制的破坏。说明国有制之不适合社会经济发展要求。均田制主要是在和大地主的土地兼并的斗争中破坏的。

马克思说：

> 法律可以使一种生产手段，如土地，永远属于一定的家族。这种法律，只有当大土地所有权适合于社会生产的时候，像在英国那样，才有经济意义。在法国，虽有大土地所有权，但实行的是细小的农作，因而大土地所有权也就被革命摧毁了。但是，譬如说，土地细分的状态是否由法律固定下来了呢？尽管有这种法律，土地所有权却又集中起来了。④

对于用法律来推行和维持的均田制，我们正可以这样看。

均田制破坏后，大土地所有制更为发达。封建政府也拥有不少官田。这可以说是国有地。但与其说是国有，勿宁说政府也以私人地主资格向农民征收地

---

① 《玉海》卷一七六《唐口分世业田》条。
② 《文献通考》卷二《田赋考》二。
③ 说详拙著《关于北魏均田制的几个问题》，发表于《南开大学学报》（人文科学）1957年12月。
④ 《政治经济学批判附录》，人民出版社版，第160、161页。

租。所以《金史·食货志》说："官田曰租，私田曰税。"

从均田制破坏以后，再也没有在全国土地上实行土地国有的事实。土地买卖再也没有限制了。正如陆贽所说"今制度弛紊，疆理隳坏，恣人相吞，勿复畔限"①，只在士大夫思想中还有井田的空想而已。

提到陆贽，主张土地国有制的同志们爱援用上面所引同一文中的这两句话"夫以土地王者之所有，耕稼农夫之所为"，来证明当时的土地还是国家所有的。我认为陆贽这两句话，只是从土地国有的传统上或就法理上而提出来的，事实上并办不到，所以他下边紧接着慨叹："而兼并之徒，居然受利。"下边提到"明制度而谨经界"时又说："斯道浸亡，为日已久，顿欲修整，行之实难。"足见他也知道要恢复过去的老办法是不可能了。他建议"令百官集议参酌古今之宜，凡所占田，约为条限"，最多不过是限制占田无限而已，而这点建议也是没能实行的。因此，仅仅根据陆贽这一句空话，不具体考察当时的实际情况，就断定均田制破坏后土地仍是国有，未必是妥当的。

如果均田制的推行是土地国有制传统的一时见诸实行（这里且不管实行情况如何）的话，那么，均田制的破坏可以看作土地国有制传统的彻底消灭和土地私有制的占绝对支配地位。因此，在下边我们不准备再一一叙述土地私有制的发展情况，只举一些士大夫关于土地制度的言论，作为当时土地占有的实际情况的反映。

> 苏洵说："天下之士争言复井田。既又有言者曰：夺富民之田以与无田之民，则富民不伏，此必生乱。"②

这是说，井田制是不可能恢复的了。

> 叶适说："不得天下之田尽在官，则不可以为井。而臣以为虽得天下之田尽在官，文武周公复出而治天下，亦不必为井。"③

> 又说："齐自河清始有受田之制……周亦有司均，掌田里之政以其时田皆在官故也。今田不在官久矣。往事无复论，然遂以为皆不当在官，必以其民自买者为正，虽官偶有者亦效民卖之，此又偏也。"

> 又说："自古天下之田，无不在官，民未尝得私有之。……唐却容他

---

① 《陆宣公集》卷二二《均节赋税恤百姓》第六条。

② 《嘉祐集》卷五《田制》。

③ 《文献通考》卷一《田赋考》一。

自迁徙并得自卖所分之田……故公田始变为私田，而田终不可改。盖缘他立卖田之法，所以必至此。田制既坏，至于今，官私遂各自立境界。……唐世虽有公田之名，而有私田之实。"①

这是说，在叶适看来，唐以前田还在官，到唐则因准许土地买卖而使公田变为私田。这反映了土地私有制的发达。

马端临不赞成叶适所说的到唐朝才有私田的意见，他举出汉代萧何、贡禹买卖土地的事作例，说明汉代就可以买卖田土。他总结说："盖自秦开阡陌之后，田即为庶人所擅。"②

顾亭林说："官田自汉以来有之。……官田，官之田也；国家之所有，而耕者犹人家之佃户也。民田，民自有之田也。各为一册而征之。犹夫……金史所谓'官田曰租，私田曰税'者，而未尝并也。"③

以上这些看法，都是在均田制度破坏以后的言论。这说明均田制度最低在法律上或名义上还有土地国有的性质，而均田制破坏以后，连名义上的国有制也行不通了。官田虽然还有，但正像叶适所说，官田也当私田出卖，或如顾亭林所说，官田和民田并列，并不是唯一的土地制度。也就是说，官田只是国有土地，而不是土地国有制。作为一个制度，它已无法推行了。南宋的贾似道曾强行收买民田为公田，这是用政治力量对土地所有权的剥夺，但还是要收买，虽然不是等价的买卖。甚至在元朝的统治下，在修治黄河时，为了加宽河道，也不得不"和买民地为河"④。元朝的统治一般被认为很残暴，修黄河又是公共工程，占用点民地还要出钱买，这要不用土地私有的事实去说明，怎样能解释得通呢？

1959 年 10 月初稿
1961 年 4 月修订稿

（原载《中国封建社会土地所有制形式问题讨论集》，三联书店 1962 年）

---

① 《文献通考》卷二《田赋考》二。
② 《文献通考》卷二《田赋考》二。
③ 《日知录》卷一〇《苏松二府田赋之重》条。
④ 《元史》卷六六《河渠志》。

论均田制的实施及其相关问题

一

均田制度，从法令上看来，是一种国家土地所有制。因为它规定了土地的授给和归还，限制或不准土地的买卖，封建政府掌握着对土地的处分权力，而私人则没有所有权。在土地私有制已经很巩固的封建社会里，为什么还能实行土地国有而没有遇到反抗？更具体地说就是：在均田令颁布之前，一些私人地主（也包括自耕农民）已经长期地保有他们的私有土地，为什么一道令文颁布之后，他们便顺从地放弃了土地所有权，而听任封建政府的摆布呢？

这一问题，不少同志会给与答案，此处不必再一一摘引。在这里要说的是：必须把均田制是怎样实行的问题搞清楚，才可能得到比较满意的解答。

我认为，在实行均田制时，并没有触动私人的土地，它是在桑田（永业田）的名义下被原来的业主保有着。仔细推敲一下均田令文，便可明白。

北魏太和九年（公元 485 年）颁布的均田令上说：

> 诸桑田皆为世业，身终不还，恒从见口。有盈者无受无还，不足者受种如法。盈者得卖其盈，不足者得买所不足；不得卖其分，亦不得买过所足。①

这里明确指出桑田是可以永远保有的私有土地；但能不能反过来说，凡是私有土地都可以称为桑田，因而可以永远保有呢？单从令文上这一句话是很难肯定的，因为我们也可以说，这桑田是政府授给的，并不是民间原有的土地，而私人原有的土地可能是要一律收回重新分配的。但再看令文下边说的"有盈者无受无还，不足者受种如法"几句，便可以知道前面的说法有问题了。因为假定这桑田是由政府授给的，那最多不过刚够法定数目（二十亩），绝不会使他

---

① 《魏书》卷一一〇《食货志》。

有盈，更不会让他把盈的卖掉，因此可以断定，这里的桑田就是私人的原有土地。换句话说，就是在实行均田时，原来私人的土地便被称为桑田，不管他有多少，都归原来业主所有，既可永远保有，也可以卖掉，只要保留下他所应得的法定数目。因此，均田制的实行，并没有触动私人的土地，只是换了一下名称而已。

也许有人会说：根据均田令，桑田是种桑、枣、榆等树的，私人的原有土地若都改为桑田，是不是也要强迫他们改种树木不种五谷呢？我认为不可能。当然，私人的土地中有一部分是要种桑枣等树的，但不可能全部都种。即按均田令文的规定，在法定的二十亩桑田上，也不过只"种桑五十树，枣五株、榆三根"，在这个法定限额之外当然可以种五谷，何况这个限额也不一定就能执行呢。所以桑田只是世业田即私有地的别名，正如马端临所说："意桑田必是人户世业，是以栽植桑榆其上。"①栽植桑榆是私有土地的标志，并不是全部都种桑榆，所以到北齐开始便把

桑田称为"永业"，但还保留桑田之名，到唐朝就干脆把桑田的名字取消了。虽然法令上还规定在永业田上种桑榆枣等树，但实际上，像在敦煌发现的唐代户籍所揭出的，有的人只有十八亩地，这十八亩地便作为永业，假定要他全种桑榆等树，那就会没有粮食可吃了，这当然是不可能的。

私人的土地称为桑田，已如上述。另外，根据均田令，一个人还要有露田和倍田，这些田又是从何而来呢？是由政府授给呢，还是由他自己的原有土地中区划出来呢？我以为是后者，这也可以从均田令上得到证明。

均田令上说："诸地狭之处，有进丁受田而不乐迁者，则以其家桑田为正田分。又不足，不给倍田。"②可见桑田是可以作为露田（即正田）的。唐代的均田令上规定"先永业者，通充口分之数"③，也是这个意思。均田令上又说：

> 诸桑田不在还受之限，但通入倍田分。于分虽盈，没则还田，不得以充露田之数，不足者以露田充倍。④

这是说，桑田不受也不还，因为它本来是人的私田。但这桑田却须作为倍田，即是说，一个人的受倍田时，就把他多余的桑田作为倍田。假如他的桑田

---

① 《文献通考》卷二。
② 《魏书》卷一一〇《食货志》。
③ 《通典》卷二。
④ 《魏书》卷一一〇《食货志》。

超过了他应得的数目（二十亩），在他死后还田时仍然保持着这些土地，并不因会作倍田而把它和露田（即应还之田）一样看待。假如把桑田作倍田后而倍田仍不足数，便拿其他露田充作倍田。

应该指出，《通典》所引北魏均田令中，无"没则还田"四字，径作"于分虽盈，不得以充露田之数"；因此，这四个字也许是由于涉上文"老免及身没则还田"一句而衍。果真如此，则应解作"不得将多余的桑田作为露田"了。但这是否和我们在上段所提桑田也可以作为露田的说法相矛盾呢？我以为并不矛盾。因为露田本是官家所掌握的荒闲无主之田，由政府授给没有土地的人来耕种。至于已有土地的人，虽可以把多余的土地当作露田，但这露田究竟和由政府授给的荒地不同，故"不得以充露田之数"，即是说，与到时要收回的露田不同。这样与前面所说 "则以其家桑田为正田分"的意思就符合了。

假如上述解释是正确的话，便可以这样总起来说：在均田令实行之初，对于私人的土地的处理办法是，把其中的一部分，根据当时人口比例（所谓"恒从见口"）划出些桑田来，再从其余数中划出些露田和倍田来。虽然有这些划分，但由于它本来是私有地，故可永远保有，无需归还。这样，私人的土地可以保留着。而均田的法令在表面上也可以"贯彻"了。

当然，这个说法只适用于原来有土地的人，至于没有土地的农民，则可由政府授予桑田和露田，而死后则露田便须收回。

马端临说均田"固非尽夺富者之田以予贫人也"①。根据我们在上面的解释，这个结论是可以肯定的，虽然他对均田制的理解和我们不尽相同。

二

根据以上所述，便可以说明有关均田制实行情况的一些问题。

比如，均田制是实行于全国的一切土地上呢，还是只限于国家所掌握的官荒土地呢？过去有两种不同的答案，但都不能把问题解释得圆满。

马端临就是主张均田制只实行于官荒地的。他说："露田不栽树，则似所种者皆荒闲无主之田，必诸远流配谪无子孙及户绝者，墟宅桑榆尽为公田，以供授受，则固非尽夺富者之田以予贫人也。"②现代许多学者也有同意他的说法的。但我觉得他的说法不够全面。

①《文献通考》卷二。
②《文献通考》卷二。

原来马端临的论断，是根据均田令上这几句话来的："诸远流配谪、无子孙及户绝者，墟宅桑榆，尽为公田，以供授受。授受之次，给其所亲。未给之间，亦借其所亲。"但这只是对遇有远流配谪无子孙及户绝者这一种特殊情况的处理办法，不能因为把他们所留下的土地作为公田以分配给受田者这一特殊情况，便说一切分配的土地都是由此而来，因为这种情况的土地并不多，单依靠这点来源是很难行均田的。均田令把这一条放在最后，也说明它并不占重要地位。何况令文上还说，这些田在分配后有余时，还要给原主的亲属，在未分配前，也要暂借给原主的亲属，可见也并不是毫无条件的分配。拿一个特殊的情况来概括全部，当然是不完全的。

此外，判明均田范围并不限于荒闲无主之地，还有若干证据。太和九年颁行均田的诏书里，明白地提出："遣使者循行州郡，与牧守均给天下之田。"[①]既然是"天下之田"，当然包括一切土地。同样，隋文帝开皇十二年，也"发使四出，均天下之田"[②]。在敦煌发现的唐代户籍中，没有一家的土地不是按均田令文上的永业田、口分田等名目编制的。所以，最低限度从法令上看，均田的范围是包括全国一切土地在内的。

但是主张均田范围包括全国土地的同志却因此而否定了私有土地的存在。如李亚农先生说：

> 在北魏孝文帝太和九年以后，不论贫富，都不得私有耕地。一般的农民固然没有私有耕地，即身为奴隶主的富人亦不得私有耕地。他们所耕种的田地，都是由国家机关来授与的。因而对于耕地只有定期使用权，而没有所有权。[③]

唐长孺先生也说：

> 作为国家所有的土地不仅是现由国家掌握而以之配给农民的土地，而且也包括一切私田。……所以在均田的范围内否定了私有土地的合法存在。[④]

我觉得这样说未免把私有土地的长时存在看得无足轻重，似乎可以用一道

---

① 《魏书》卷七上《高祖纪》上。
② 《隋书》卷二四《食货志》。
③ 《周族的氏族制与拓跋族的前封建制》，华东人民出版社 1954 年版，第 116 页。
④ 《均田制度的产生及其破坏》，见《历史研究》1956 年第 2 期，第 12 页。

命令在一天之内就取消掉。事实上，北魏政权是依靠汉族地主阶级特别是豪族大地主阶级的拥护和支持的，它不可能采取违背他们利益的激烈措施。我们没有看到在均田制实行后豪族反抗（无论是口头上或行动上）的记载，这似乎不能说是史料的阙漏。试看三长制颁布前豪族们尚在宫廷上反复辩论①，均田制若真是把他们的田业也"均"了，岂有不争之理？现在不见有任何异意，也就说明均田制并未触动他们的私有土地，而且，均田制和出自世家大族的李安世的倡议极有关系②，很难想象他会建议实行任何侵犯地主阶级和他本人根本利益的法令。

一方面，均田制要不侵犯豪族地主阶级的利益；一方面，它又要实施之于一切土地上；除了将私人的土地用桑田、露田、倍田等名目加以区分而不触动其所有权外，还有什么更好的办法呢？

在这里，可以再把均田制是否实行的问题谈一谈。过去，否定均田制曾经实行过的是认为它很难执行，只是一纸空文；肯定均田制曾经实行过的则举出许多证据，证明它的实行。在我们看来，均田制是实行过的，因为它既然不触动私有地，实行起来也不会有多大困难；同时，把政府所掌握的官荒地授给农民以剥削其劳动力，对统治者也是合算的事，所以，还不是一纸空文。但另一方面，正因为它没有触动私有地，而仅是把私有地冠以桑田、露田等名称，所以在实际上，它又和一纸空文差不多。不过，我们却不应简单地把它看作一纸空文而不去研究它。

三

均田制既然没有触动私有土地，那么，北魏统治者为什么还要实行均田制，均田制究竟有什么作用呢？

关于均田制实行的背景和原因，史学界已有不少同志做过研究，大家的意见在很多地方也趋一致。以下即以他们的研究为基础，再谈一谈个人的看法。

首先，均田制既然是在北魏开始实行的，它同鲜卑拓跋族的社会性质应该有密切的关系。北魏建国初期的社会性质，虽是一个复杂而尚未完全解决的问题，但可以肯定，它是落后于中原地区的；可能还处在氏族公社解体、国家正在形成的阶段。当时私有制还不发达，土地公有——实际上是统治者的国家所

---

① 参见《魏书》卷五三《李冲传》。

② 参见《魏书》卷五三《李孝伯附安世传》。

有——的制度尚未破坏，因而在拓跋珪（太祖 386—409 年）及拓跋嗣（太宗 409—423 年）时曾经行过"计口授田"制①，这和以后均田制的颁布当然有关系。其次，在北魏统治的中国北部地区，地方豪族占有着大批的劳动人民和土地，成为封建中央政权的一个威胁。当然，在共同镇压和剥削人民方面，他们的利益是一致的；但在对于土地和劳动人手争夺方面，他们却又存在着矛盾。如何限制豪族的势力，使土地和劳动力尽量为封建政府所掌握，便是实行均田制的另一个原因。最后，在北魏均田制颁布之前，广大的北方人民用流亡和另一武装斗争的形式反抗北魏统治者。仅在魏孝文帝颁布均田令以前十五年间，即有十多次的武装起义。因此如何使流亡的劳动力能再从事于生产，如何缓和阶级矛盾，这是北魏统治者所必须解决的问题。均田制的实行和这一问题当然有密切的关系。总之，为了和豪族争夺土地和人口，防止土地兼并；为了使流亡的农民回到土地上来以缓和阶级矛盾，北魏统治者便将他们初期"计口授田"的办法和精神加以改进，以推行之于整个北方统治区域。这就是均田制实行的背景和原因。

以上是史学界几年来研究得出的成果；在这里我只作简单的概括，不再详论。但有些同志却根据上述三点，认为均田制确实也把豪族地主的土地"均"了，否定了他们的土地私有权，这却是我们不能同意的。

如上所述，均田制是在土地私有制已经很发达的北方封建社会内实行的，而且是在豪族地主已有相当势力的区域内实行的，要违背他们的利益而宣布土地国有，必然要遭到他们的反抗，但如上述，事实却并非如此。也许有人要问：既然承认均田制和北魏初期的"计口授田"有关，又承认当时是土地国有，但为什么又说均田制不触动土地私有权，这不是一个矛盾吗？是的，这是一个矛盾，但这个矛盾却是客观存在的。在北魏政府颁行均田制时，其主观意图确也是在把全国土地认为国有以供授受的，这是符合于北魏初期"计口授田"的土地国有精神的；但在真正实行时，却又不能不考虑到土地私有的现实情况的存在，它已不像初期在畿内实行计口授田时的情况那样简单了。所以只有在均田的名义下，采取办法，把私有地包括进去而不影响它的所有权，才能够付诸实施。

因此，可以说均田制是这样一个制度：一方面，它宣布全国土地国有，有授有还，但在实际上，它却照顾到当时的私有土地。这是拓跋氏的土地国有传

---

① 参见《魏书》卷二、卷三。

统和汉族封建社会土地私有的历史实际相结合的一个产物。在这里，法令和现实，形式和内容是不一致的。因为不一致，所以又不免令人迷惑。但仔细地就均田令加以推敲和剖析，这个秘密还是可以揭开的。

就法令而言，或就立法的本意来推论，国家把掌握的土地授给无地或少地的农民，满足他们的土地要求，这样当然可以达到使劳动力和土地相结合的目的。李安世的建议上说，使"细民获资生之利，豪右靡余地之盈"①，太和九年颁行均田令的诏书上说"劝课农桑，兴富民之本"②，可以说是均田制企图达到的目标。

均田制对防止土地兼并，也能起一定的作用。因为它：（1）规定了每人应该占有的土地数量，虽然对已超过数量的土地不予没收，但却限制它的再扩大，这就可以遏止土地兼并的继续发展。（2）限制土地的自由买卖。桑田虽可买卖，但只是"盈者得卖其盈，不足者得买所不足；不得卖其分，亦不得买过所足"，还是有限制的。（3）对无地少地的农民，国家若能分配给他土地，他便成了国家的受田编户。这一方面可以保证他的最低生活，使他不致流入豪族手中，加强豪族的兼并力量；另方面，由于土地受自政府，到时要归还，这就使他不敢变卖，旁人也不敢侵夺他的土地。（4）均田是实施于一切公私土地上的，虽然对私有土地并不取消他的所有权，却也要冠以桑田露田等名。这好像是表面的形式，但通过这一形式，一切土地在法律上便都像是受自政府，不得私有了，而政府的土地，是不能随便兼并的。

以上是从法令上，推论均田制可能起的作用。但在事实上这个作用是要大打折扣的。

均田制颁布于太和九年，到太和十一年（487 年），北魏的京都（今山西大同）大饥，齐州刺史韩麒麟上书说："今京师民庶，不田者多，游食之口，三分居二。……上垂复载之泽，下有冻馁之人。皆由有司不为明制，长吏不恤其本。……故令耕者日少，田有荒芜。"针对这一情况，他提出"制天下男女，计口受田"的建议③。这是在均田令颁布后的二年，在政令最易推行的京师，还有些没有土地或不愿意耕种土地的人民，还有人提出"计口受田"的建议。这不免令人怀疑：均田制到底实行得如何？

太和十四年（490 年）十二月壬午诏："依准丘井之式，遣使与州郡宣行条

---

① 《魏书》卷五三《李孝伯附安世传》。
② 《魏书》卷七上《高祖本纪》上。
③ 《魏书》卷六〇《韩麒麟传》。

制。隐口漏丁，即听附实。若朋附豪势，陵抑孤弱，罪有常刑。"可见在均田令颁布了五年之后，人民还是在逃亡，没有和土地结合。假定确实根据均田令把土地分配给人民，使人民生活有保障，人民何需乎隐漏呢？

太和十六年（492 年）六月甲辰诏："务农重谷，王政所先；劝率田畴，君人常事。……然京师之民，游食者众。不加督劝，或芸褥失时。可遣明使，检察勤惰以闻。"①这也说明，劳动力并没有很好地同土地结合，以致北魏政府要下令督察。太和二十年（496 年）五月和七月也有同样的诏书。假定均田制确实实行了，人民为什么不辛勤地从事劳动呢？

以上说明在魏孝文帝颁布均田令以后，人民的逃亡隐匿并没有根本停止。在宣武帝（500—515 年）时，冀州刺史元晖在河北，"检括丁户，听其归首"；孝明帝（515—528 年）时，元晖又上书说，河北"饥馑连年，户口逃散，生长奸诈，因生隐藏"②。可见终北魏一代，农民逃亡的问题并没有解决。而农民起义火焰终于使它瓦解了。东魏武定（543—549 年）中曾在青州和河北"括浮逃户口"③。北齐时，虽然"比来频有还人之格，欲以招慰逃散"，但其结果却是"假使暂还，即卖所得之地，地尽还走。虽有还名，终不肯住"④。可见在北齐也没能解决农民的逃亡问题。隋文帝、炀帝时期，曾用强力检括户口，很多人被编入户籍中⑤，说明均田制并没有能使农民自动地归于农业，这不是很值得令人思考的问题吗？

唐初一般人认为是均田制推行得较好的时候，但在唐太宗贞观十六年（642年）三月，曾"敕天下括浮游无籍者，限来年末附毕"⑥，说明当时仍有逃户。到武则天时，"天下户口，亡逃过半"⑦，问题已很严重了。在唐玄宗开元九年（721 年）派宇文融到各地括户，其结果是得"户八十余万，田亦称是"⑧，这时均田制已接近尾声了。因此可以说，从均田制的颁布到它破坏之日止，农民的逃亡始终不断，均田制并没有真能完全达到使劳动力和土地相结合的目标。

当然，对这个结论，不应该把它绝对化了，认为似乎整个的农民在任何时

---

① 以上诏书均见《魏书》卷七下《高祖本纪》下。
② 《魏书》卷一五《昭成子孙列传》。
③ 《北齐书》卷一八《孙腾传》及《高隆之传》。
④ 《通典》卷二引宋孝王《关东风俗传》。
⑤ 参见《隋书》卷二四《食货志》；卷五五《乞伏慧传》；卷五六《令狐熙传》；卷六七《裴蕴传》。
⑥ 《资治通鉴》卷一九六。
⑦ 《旧唐书》卷八八《韦嗣立传》。
⑧ 《新唐书》卷一三四《宇文融传》。

期任何地区都是在逃亡中。这只是说，不应把均田制的实行看得能解决一切问题而已。

农民的逃亡是农民对统治阶级斗争的一种手段，这正反映了均田制没有真正实行，统治者只是用均田的名义向人民进行赋役剥削而已。根据法令，农民是在得到他们法定的土地数目才纳法定的税额的。但事实上，土地并不足数，租税却要纳足。如在敦煌发现的西魏大统十三年（547 年）户籍计帐中，有一户主邓延天富与其妻共应受田四十六亩，实际只受二十六亩，却仍要纳两个人的租调，计布一匹，麻二斤，租三石五斗。另一户主刘文成与其妻应受田六十六亩，实际只受三十六亩，却要纳布一匹，麻二斤，租四石[①]。在唐代的户籍中，这类事例更多。如开元年间的户籍里有户主余善意应受田一顷六十一亩，实际只受二十八亩，却要纳租二石（即一丁之租）。甚至有一户主王万寿只受田十亩，却也要纳租二石，这正如马端临所说："因授田之名而重其户赋，田之授否不常，而赋之重者已不可复轻，逐至重为民病，则自魏至唐之中叶是也。"[②]在这种情况之下，农民的逃亡是很自然的。

下面让我们看一看均田制在防止土地兼并方面的实际作用究竟如何。

关于官僚豪族兼并土地的史实，在均田制实行的三百年间，也并不少见。如在孝文帝死后，咸阳王元禧辅政，"昧求货贿，奴埠书数，田业盐铁，遍于远近"[③]。宣武帝（500—515 年）时，夏侯道迁在京城洛阳以西买地，"大起园池"，以后他的儿子夏侯夬又把他的田园"货卖略尽"[④]。北齐的情况是"强弱相凌，恃势侵夺。富有连畛亘陌，贫无立锥之地"[⑤]。在隋文帝时，"京辅及三河地少而人众，衣食不给"[⑥]，苏威建议"以为户口滋多，民田不赡，欲减功臣之地

---

① 此项资料，为英国的斯坦因在敦煌窃骗，藏于"伦敦大英博物馆"，编号 S. 0613，大部残缺。日人山本达郎考订其为西魏大统十三年的计帐户籍。山本氏原文我没见到，但从文件本身也可考知其为大统十三年所造。如中称"邓延天富壬辰生，年叁拾陆"，"刘文成己丑生，年叁拾玖"，以干支纪年推之，壬辰下推三十六，己丑下推三十九，皆为丁卯年，故知此籍系丁卯年造。北魏太和九年初颁均田令，该年为乙丑，太和十一年即丁卯。其时距颁令仅二年，西陲偏远，恐未必即能做到，故不可能系该年所造。由此下推六十年至西魏大统十三年复为丁卯，再推六十年至隋炀帝大业三年又为丁卯，再一丁即为唐高宗乾封二年。该文件格式与唐户籍迥异，与隋制亦不尽合，故只能是西魏时物。又《周书》卷二十三《苏绰传》云："绰始制文案程式，朱出墨入及计帐户籍之法。"又云太祖（字文泰）下令："其牧守令长非通六条及计帐者，不得居官。"绰制法在大统三年前，故此项资料可能即据苏绰"计帐户籍之法"制定。

② 《文献通考》卷三。

③ 《魏书》卷二一上《咸阳王禧传》。

④ 《魏书》卷七一《夏侯道迁传》。

⑤ 《通典》卷二引《关东风俗传》。

⑥ 《隋书》卷二四《食货志》。

以给民"；有人反对说："百官者，历世勋贤，方蒙爵士。一旦削之，未见其可。如臣所虑，正恐朝功德不建，何患人田有不足？"①可见并不是"地少人众"，而是官僚占田太多了。

在唐朝土地兼并的事例也很多。如高宗永徽（650—655 年）中的洛阳"多豪右，占田类逾制"②，唐玄宗开元二十三年（735 年）九月的诏书说："贫人失业，富豪兼并。"③官僚李憕被称为"地癖"④；卢从愿被目为"多田翁"⑤。《通典》的作者杜佑在记录了开元二十五年（737 年）的均田令后加以评语说："虽有此制，开元之季，天宝以来，法令弛坏，兼并之弊，有逾于汉成哀之间。"这可以说是对均田制的一个讽刺和揭露。

均田制推行的目的之一即在于防止土地兼并，但均田制到底也没有能根本把土地兼并的现象防止住，最后终于在土地兼并的侵袭下破坏了。这是不难理解的。因为在均田令颁布之初，就没有把大土地所有者的土地占有情况加以改变，而均田法令的本身，又有许多优待官僚富豪的地方；同时在土地买卖方面，从北魏到唐朝，限制越来越松，这也为土地兼并开了方便之门；最后，均田的法令又是依靠各级官吏和地方上的地主（如唐朝的里正）执行的，他们当然不可能执行对他们本身利益有妨害的法令。

当然，我们也不应说均田制一点也不能限制土地兼并。它的限制土地兼并的作用，不仅像我们前面的推论所说，同时也有事实可证。如前举之《新唐书·贾敦颐传》说："洛多豪右，占田类逾制（《旧唐书》作"籍外占田"），敦颐举没者三千余顷以赋贫民。"因为他们占的土地超过了法令的规定，所以贾敦颐可以没收他们的。这是均田制限制土地兼并的一个生动的例证。另外，还可以从反面来看。陆贽在贞元十年（794 年）的奏议上说："今制度弛紊，疆理隳坏，恣人相吞，无复畔限。富者兼地数万亩，贫者无容足之居。"⑥其时均田制已破坏了，土地兼并因而更为激烈。从陆贽的话来看，可见在均田制即令仅是名义上存在的时候，政府还视兼并土地为非法，并下令禁止⑦，而现在则没有任何限制了。

① 《隋书》卷四〇《王谊传》。
② 《新唐书》卷一九七《贾敦颐传》。
③ 《册府元龟》卷四九五《邦计部·田制》。
④ 《新唐书》卷一九一《李憕传》。
⑤ 《新唐书》卷一二九《卢从愿传》。
⑥ 《陆宣公集》卷二二。
⑦ 参见《册府元龟》卷四九五《邦计部·田制》所载开元二十三年、天宝十一年诏书。

　　总之，我们在估计均田制的作用时，既不应夸大它的作用，认为它解决了一切问题，也不应无视它的作用，把它看作一纸空文。我们应该根据实际的情况，给它以恰当的评价。

　　总结本文的论点，可以概括如下：

　　均田制是在北魏初期土地国有、计口授田的基础上，针对豪族对土地和人口的兼并荫庇，农民的流亡和起义而颁行的一种制度。一方面它要"均天下之田"，另方面它又不可能触犯久已存在的土地私有制度，只得在均田的名义下保有了私有土地。所以看起来它具有土地国有的性质，但实际上却是在承认土地私有的前提下的一种国有制。正因如此，所以它不可能分配给农民以足够的土地，也不可能彻底限制土地兼并，终于在农民反抗和豪族兼并的冲击下破坏了。

（原载《历史教学》1962 年第 4 期）

关于中国封建社会土地买卖的实质

土地买卖是中国封建社会土地制度中所常见的一个现象，早已为当时的人们所注意。汉代董仲舒就曾指出，由于商鞅变法"除井田，民得卖买"的结果，使"富者田连阡陌，贫者亡立锥之地"[①]。此后，很多封建政论家（如荀悦、杜佑、叶适、吴铤等）都曾对此作过论述[②]。但是，土地买卖在封建社会土地制度中究竟占怎样的地位？它的作用究竟如何？它的实质何在？对于这类问题，据我们所知，近年以来，似乎还没有人做过认真的研究。有人还不免因袭旧说，对它的作用给予不恰当的夸大。因此，就这个问题作一些探讨，对了解封建社会，看来不无帮助。

土地买卖是不是占支配地位的土地兼并方式

封建社会的政论家认为，"富者田连阡陌，贫者亡立锥之地"的现象是由于土地买卖而造成的。可是事实是这样的么？我们知道，在中国封建社会里，"封建的统治阶级——地主、贵族和皇帝，拥有最大部分的土地，而农民则很少土地，或者完全没有土地"（《毛泽东选集》第二卷，第 618 页）。这是中国封建社会的一个重要特点。这一特点的出现，事实证明，并不是土地买卖造成的。

首先看看皇帝拥有的土地的来源。皇帝是最大的地主。历代封建王朝都掌握着大量的国有地。这些土地无一不是由于政治权力的垄断而来，与土地买卖毫无关系。而且封建王朝还凭借政治暴力，大量强占民田。金朝的刷地（括地），清朝的圈地，便是最突出的例子。所有王朝，都会程度不等地强占过民间土地。

再看贵族。从亲王、公主、宗室到国戚、勋臣和大官僚，他们的田产，一部分是由皇帝赏赐的。有些王朝对他们占有土地的多少还有明文规定。他们可

---

① 《汉书》卷二四《食货志》。

② 荀悦《汉纪》卷八；杜佑《通典·田制总叙》；《文献通考》卷二，引叶水心论田制；吴铤《因时论十·田制》，《清续经世文编》卷三五。

以根据封建王朝的制度，合"法"地占有大量土地。至于他们非法占夺民间田土的事，更是史不绝书。如：汉朝的淮南王后荼、太子迁及女陵"侵夺民田宅"；衡山王"数侵夺人田宅，坏人冢以为田"①。唐朝的剑南东川节度使严砺"擅没管内将士、官吏、百姓……等八十八户庄宅共一百二十二所"，以致"管内产业，阡陌相连"②。宋朝的王蒙正"恃章献太后亲，多占田嘉州""侵民田几至百家"③。元朝的阿合马"民有附郭美田，辄取为己有"④。类此事例，举不胜举。而明代藩王"占民房屋，夺民田土"的事例则是更多。同时，农民（也包括一部分中小地主）由于种种原因，被迫以土地投献于贵族地主的例子，自宋朝的"诡名挟佃"、明朝的"投献""投靠"到清朝的"带地投充"，散见于史籍中。这种"投献"，使贵族们不费分文便得到大量的土地。

他们取得土地的另一个门径，是占据山泽、湖泊、荒地这些传统上应属国家而一般人民也可利用的公共土地。如东晋南朝士族地主的封固山泽，"燂山封水，保为家利"，以致"贫弱者薪苏无托"⑤；或是"占取公田，贵价俶税以与贫民"⑥。又如唐朝的"借荒"和"置牧"；南宋势官豪强占淮南荒田及占湖为田，都属此类。到了明代，连屯田最后也免不掉被权豪、势家、将领、长官等所侵夺。

最后再看地主。这里指的是不做官的或是只做低级官吏的大、中、小的地主。他们的土地又是怎样得来的呢？

应当承认，这类地主的土地，不少是通过购买而来的。但是除了购买以外，他们同样采取了许多兼并土地的方法。大地主，历史上所谓豪民、豪强、大姓、大户的，他们时常强占农民的土地，造成"强弱相凌，恃势侵夺。富有连畛亘陌，贫无立锥之地"的现象⑦。如北宋仁宗时，衡州大姓尹氏"欺邻翁老子幼，欲窃取其田，乃伪作卖券。及邻翁死，逐夺而有之"。神宗时"有号王豹子者，豪占人田。有欲告者，则杀以灭口"⑧。朱熹曾说："契勘人户互诉婚田争地，多是有力上户之家占据他人物业。"⑨可谓一语破的。

① 《史记》卷一一八《淮南衡山王列传》。
② 《元氏长庆集》卷三七《弹奏剑南东川节度使状》。
③ 《宋史》卷三〇一《高觌传》；《王临川全集》卷九五《郭公墓志铭》。
④ 《元史》卷二〇五《阿合马传》。
⑤ 《宋书》卷五四《羊玄保传》。
⑥ 《梁书》卷三《武帝纪》。
⑦ 《通典》卷二引《关东风俗传》语。
⑧ 《宋史》卷二八五《刘沆传》；卷三四三《元绛传》。
⑨ 《朱子大全集》卷一〇〇《约束榜》；卷二七《与张定叟书》。

其次，上面提到的贵族官僚侵占官荒湖田的事例中，也有豪强地主参加。如唐代"借荒""置牧"的人中，就包括"王公百官及富豪之家"；南宋围湖为田的人，即有"豪民巨室，并缘为奸。加倍围裹"；明代湖北荆、郢一带的沼泽地，也为"大姓与游民强有力者据之"。清代的赵振业曾慨叹说："占田不已，进而占水。豪民之为一方蠹，何其酷也！"①

另外，在封建国家繁重的赋税剥削下或天灾饥荒的威胁下，一些农民被迫离开土地，他们的土地就被地主们占夺了。朱熹叙述南宋福建汀州的情况说："汀州在闽郡最为穷僻……州县官吏无所忌惮，科敷刻剥，民不聊生，以致逃移，抛荒田土。其良田则为富家侵耕冒占。"②为了逃避徭役，这种"弃田与人，以免上等"或是"献其产于巨室以规免役"的事，不只在宋代时常发生，以前有，在后代也不乏其例。且有时并不是真献，而是"诡寄"，但"诡寄"久了，田产也往往为大姓所夺。如清代广东大埔县"小姓苦徭役，每诡附其田于大姓。有某乙田在某甲户下，甲执其粮册姓名，欲夺之"。广西全州也有同样的情况，"年远，豪强者逐夺其田，细民多愚弱，不敢校"③。而用高利贷的方式把农民的产业夺去，更是地主阶级常用的一种手段。宋代寇准指出过："豪民多贷钱贫民，重取其息。岁偿不逮，即平人田产。"④这种事例，在封建社会可以说是司空见惯。

与此同时，僧侣地主也大肆兼并。如北魏洛阳一带，"寺夺民居，三分且一"。又如《元史》记载："江南释教总统杨琏真伽强占土地二万三千亩，白云宗总摄沈明仁强夺民田二万顷。"其兼并掠夺情况，可见一斑。寺院经济在我国封建社会的历史上占有相当的地位，它具有一定的代表性，对于我们分析封建社会土地兼并问题很值得重视。

历史上大量事实足以说明，在封建社会，拥有绝大部分土地的地主、贵族和皇帝，他们的土地是凭借封建的特权，用政治的暴力从农民手中强夺而来的。土地买卖并不是什么占支配地位的土地兼并方式。

土地买卖的实质

既然封建社会地主的土地是靠掠夺得来的，那么，土地买卖存在的作用和

---

① 《吴江占水私议》，《清经世文编》卷三八。
② 《朱子大全集》卷一〇〇《约束榜》；卷二七《与张定叟书》。
③ 二例见《嘉兴府志》与《山阳邱氏文献私记》，俱转引《中国近代农业史资料》第一辑，第65页。
④ 《续资治通鉴长编》卷八六。

实质又是什么呢？

汉朝的开国功臣萧何，是个"多买田宅"的人物。当时的人民曾向汉高祖告状，说他"贱价强买民田宅数千万"①。贱价强买——这句话，我们认为，一针见血地道出了封建社会土地买卖的实质。而且，萧何买田宅还有一个特点，即"必居穷处"，也就是买僻静处的土地。为什么？他说："后世贤，师吾俭；不贤，毋为势家所夺。"可见萧何也认为他的田宅并不可靠，仍会被势家夺去。这个夺，可以是无代价的强夺，也可以像他一样，贱价强买。本质都是一样。东汉大官僚窦宪"以贱直请夺沁水公主园田"，以致汉章帝大怒说："今贵主尚见枉夺，何况小人哉！"②买而称夺，可见在当时人的眼光中，这两者名异而实同。

在史籍中，强买也称"逼买"，如北魏相州刺史李世哲，"斥逐细人，迁徙佛寺，逼买其地"。也称"抑买"，如唐朝大臣褚遂良"抑买中书译语人地"。也称"强市"，如北宋的章惇"强市尼山民田"。也称"夺买"，如明朝大臣严嵩的家人严冬"用强夺买人田产数十处"③。强买、逼买、抑买、夺买这些名称，说的是一个事实，就是用贱价把民田剥夺了。他们有的随便给一点钱，如上述严嵩家人严冬买的田产，"每处价可数千金，卖者价银才是十之四五而已"。有的甚至称买而不给人钱，如南朝的官僚颜延之，"启买人田，不肯还直"④。由此可见，这种土地买卖，并不是经济上的交易行为，而是政治上的讹诈掠夺。所以，我们说，"贱价强买"即"夺买"这个词，是最恰当准确地表明了它的实质。

除了强买以外，地主还乘农民在凶年饥岁无以为生时贱买农民的土地。汉朝的晁错在描述当时农民的困苦境遇时就说过，农民在遭受水旱之灾再加上封建国家的赋敛暴政时，便不得不"卖田宅、鬻子孙以偿债"。这时农民卖的，当然是极低的价钱。我们还可以举出几个清代的例子：如清乾隆时河南连年饥荒，农民被迫卖地，山西等处"豪强富户，越境放债，贱准地亩"。嘉庆时直隶大名等府属三十余州县，因连年荒歉，"民间地亩，多用贱价出售，较丰年所值，减至十倍"。山东栖霞县地主牟二黑就曾经利用当地的三次大灾荒从农民手中贱价

① 《史记》卷五三《萧相国世家》。
② 《后汉书》卷五三《窦宪传》。
③ 《魏书》卷六六《李崇传》；《资治通鉴》卷一九九；《宋史》卷三四五《刘安世传》；邹应龙《贪横荫臣欺君蠹国疏》，见《明经世文编》卷三二九。
④ 《宋书》卷七三《颜延之传》。

夺去了五万多亩土地。[①]清道光时周天爵会说："饥年田亩必贱。民以田易命，安问贵贱。而有力股户，往往以此大富。是小民之心头肉，为彼之饵鱼钩。"[②]

这几句话，可以说是把土地买卖的掠夺性剖析得相当深刻。这种荒年贱买，实质上仍然是强卖，是对农民土地的变相的巧取豪夺'。

马克思在批评土地私有制的拥护者们时说："他们都花了不少精力用'天然权利'来掩盖掠夺这一原始事实。"又说："在历史进程中，掠夺者都认为需要通过他们自己硬性规定的法律，来赋予他们凭暴力得到的原始权利以某种社会稳定性。"（《马克思恩格斯全集》第十八卷，第 64 页）如果马克思讲的还是资本主义社会的土地私有制的话，那么，对封建社会来说，封建地主的土地是凭暴力掠夺而来的这一事实便更为露骨，更为突出。不管是强占来的还是购买来的，其实质都一样。不过购买这一形式，看来好像符合"法律的规定"，因而更具有欺骗性而已。由此可以论证，封建社会土地兼并的根源，不在于土地买卖，而在于封建的政治暴力，在于封建制度本身固有的残暴性、掠夺性。

但是，为什么自汉朝以来，人们总是把土地买卖看成是土地兼并的根源呢？

这是不难理解的。首先，土地买卖是常见的现象。通过它，确实有许多土地被兼并了。人们很容易把这个现象看成事物的本体，而不去追究隐藏在这一现象背后的秘密——它的实质。而更重要的是，封建社会的政论家，由于他们的地主阶级立场的限制，使他们不能从封建制度的掠夺性本质上认清土地买卖的实质，他们看到由于土地兼并而来的阶级矛盾的激化，感到本阶级地位岌岌可危，因而咒骂土地买卖，提出种种限制的、改良的方案。这是可以理解的。可是因为他们不了解这一现象是封建制度必有的产物，因此尽管大声疾呼，指责这一现象的不合理，却找不到造成这一不合理现象的根本原因。也正因为如此，一切限制土地买卖的法令，从来也不会认真地彻底地实行过。王莽的王田政策（它禁止土地买卖）失败了；从北魏到初唐的均田制，法令上虽然限制土地买卖，但土地买卖的现象从未停止。封建统治者掠夺土地的本性不变，作为掠夺手段之一的土地买卖现象就不会绝迹。所以，把土地买卖认为是土地兼并的根源，甚至认为是地主土地所有制产生的土壤，这就自觉地或不自觉地为土地兼并蒙上了一件合于封建法制的外衣，掩盖了地主阶级掠夺土地的罪恶。它的不合乎历史实际，已为伟大的革命实践所否定了的。

---

① 《东华录》卷一〇三；光绪《畿辅通志》卷四；《牟二黑血腥发家录》，见《历史研究》1965 年第 2 期。
② 《周文忠公尺牍》卷上《与刘次白书》。

土地买卖和自耕农的产生问题

有的同志认为，由于我国封建社会有土地买卖的现象，因而使占有土地的自耕农不断大量产生。我们觉得，这是值得商榷的。

如前所述，土地买卖乃是地主兼并掠夺土地的一种手段，通过它，自耕农的土地大量地被剥夺了。没有土地的穷人，怎么能够从这一途径取得土地呢？清朝雍正时，就有人指出："从来置产之家，多系乡绅富户。"[1]乾隆时杨锡绂在《陈明米贵之由疏》中也说过："贫而后卖，既卖无力复买；富而后买，已买不可复卖。"[2]买田的和卖田的是些什么人，不是很清楚吗？

那么，封建社会的自耕农是怎么来的呢？这是一个需要专门探索的问题。我们在这里只能概括地谈一下。

大家知道，自耕农产生的来源是多方面的。最早的一批自耕农，应该是那些在农村公社土地所有制最后被私有制所代替时，渴望把份地转归自己所有的那些劳动者。后来，农民开垦荒地，如秦统一过程中募、迁平民和罪人到新占领区去占用土地，以及历代统治者的募民垦荒等等，也是自耕农产生的一个来源。但是，自耕农大量产生的最主要的来源，应该是阶级斗争。因为，一方面，在每次农民起义和农民战争的阶级斗争的风暴中，地主土地所有制遭到不同程度的摧毁，农民可以从斗争中获得一些土地或夺回被地主霸占的一些土地。如明末农民战争时期，农民军到达荆州，"百姓亦望尘投顺，以为'伪民'，'贼'又给牛种、赈贫困、畜孽牲、务农桑，为久远计"[3]。又如经过太平天国革命的地区，据一八八八年英国驻镇江领事的调查，镇江以南附近，"太平天国革命后，大地主已不复存在，仅剩下自耕农"；"在长江以南，十分之九的土地为耕者所自有"[4]。另一方面，封建地主阶级窃夺农民起义果实而建立起新王朝后，由于不少地主被消灭，出现了许多无主荒地，新王朝为了占有劳动力，"团结"剥削对象，于是把一些土地分配给无地或少地的农民，或归原耕民所有。唐初的均田制，清初的更名田政策，就是在这一情况下实行的。

总之，只有在阶级斗争风暴之中和以后，无地或失地的农民才能重新成为

---

① 《请查田粮影射疏》，见《清经世文编》卷三二。
② 《清经世文编》卷三九。
③ 《明清史料乙编》第十本，第963页。
④ 《中国近代农业史资料》第一辑，第172-173页。

自耕农。而且只有在这个时候，农民才有可能在自己的土地上积极生产，推动社会生产的发展。毛主席指出："在中国封建社会里，只有这种农民的阶级斗争、农民的起义和农民的战争，才是历史发展的真正动力。"（《毛泽东选集》第二卷，第619页）所有的历史事实，都证实了毛主席的论断的科学性。至于在长期的封建社会中，有个别的农民购买一点土地的事实，是不能作为自耕农大量产生的根据的。更重要的是，他们的土地，迟早总是要被地主阶级所吞蚀、兼并。其中也可能有一小部分人，通过种种的机缘和手段，爬到地主阶级的队伍中去，但那只是个别中的个别，不足为据。

在这里，有一点不能忽视的，就是，土地买卖虽不能使自耕农大量产生，却给贫苦的农民带来一种虚无缥缈的幻想：以为只要积累资财，就能购买土地，摆脱贫穷受苦的命运。这就使得农民终岁劳动，做土地的奴隶，安于被剥削的地位，在一定程度上冲淡了阶级反抗的意识。

总起来说，土地买卖对地主和农民起着两种截然不同的作用：对地主，是发家的门径；对一农民，是破产的祸根。它还起这种作用：掩盖地主阶级掠夺土地的罪行；欺骗农民，使他们为创业置产而辛苦挣扎，到头来仍不免于倾家荡产。这一情况，若和封建社会农民的地位联系起来观察，就更易理解。毛主席告诉我们，在封建社会，"农民被束缚于封建制度之下，没有人身的自由。地主对农民有随意打骂甚至处死之权，农民是没有任何政治权利的"（《毛泽东选集》第二卷，第619页）。农民连自己的生命都没有保障，遑论财产；地主连农民的生命都能处分，况其土地。这就是为什么土地买卖对地主和农民会有两种不同的结果。离开对地主和农民不同的阶级地位这一根本前提来看待土地买卖，就会把它同资本主义社会的商品交换一律对待，这是违背历史唯物主义的原则的。

（原载《光明日报》1965年10月6日）

关于唐代除陌钱的几个问题

一、除陌钱始于何时

一般辞书上都认为唐代的除陌钱始于唐德宗建中四年（783 年），根据是下面这段材料：

> 建中四年六月，户部侍郎赵赞……又以军须迫蹙，常平利不时集，乃请税屋间架、算除陌钱……除陌法：天下公私给与货易，率一贯旧算二十，益加算为五十……（《旧唐书》卷四九《食货下》）

《唐会要》卷八四《杂税》，《旧唐书》卷一三五《卢杞传》，《新唐书》卷五二《食货二》以及《册府元龟》卷五一〇《邦计·重敛》所记并同。即，过去公私给与及货易（《新唐书》作公私贸易），每贯（千文）政府抽取二十文，现在则抽取五十文，比过去增加三十文，可见除陌钱不是新创，只是在过去抽税的基础上多抽三十文，因而引人注意而已。

那么，除陌钱始于何时？《唐会要·杂税》首段说：

> 建中元年九月，户部侍郎赵赞请置常平轻重本钱，从之。赞于是条奏诸道津要都会之所皆置吏，阅商人财货，计钱每贯税二十文。天下所出竹木茶漆，皆什一税之，充常平本钱。时军用稍广，常赋不足，所税亦随尽，竟莫得充本储积焉。

似早在建中元年时已抽此税。但《册府元龟》记此事为建中三年九月，据《旧唐书·德宗纪上》，赵赞于建中三年五月乙巳以中书舍人代杜佑为户部侍郎、判度支；同年九月，赵赞请于两都、江陵等处置常平轻重本钱，于诸道津要置吏税商货，每贯税二十文，以充常平之本。可见除陌钱始置于建中三年，倡议者仍是赵赞，其目的是充作常平本钱。不过当时只说"每贯税二十文"，未提除陌之名，因而未引起人们的注意，以致迄今人们都认为除陌钱始于建中四年，相沿不改。其实，仔细推敲建中四年原文，一则曰"旧算二十"，一则曰"军须迫蹙，常平利不时集"，就很清楚。赵赞在建中三年实行的"每贯税钱二十文"，本来是为充常平本钱的，但因军用颇大，所税的钱竟随抽随用，充不了本钱，于是在第二年又再每贯加税钱三十文，成为每贯税钱五十文。所以说，建中四年的除陌钱，只是建中三年税钱的继续。

当然，建中四年的除陌钱和三年的税钱似乎有些不同。建中三年的税钱主要是针对商人的财货的，《旧唐书》《唐会要》《册府元龟》讲得都很清楚；而建中四年的抽税对象却增加上"公私给与"四字。所谓公私给与，大概是指政府支付的办公等费用和支付给民间（如购民间物）的钱或物，一贯扣留五十文；所谓货易，自指民间交易，看下面"市牙各给印纸，人有买卖随自署记，翌日合算之"的记载（俱《旧唐书·食货下》语）自明。《新唐书·食货二》径改为"公私贸易"，似乎很明确，但把"给与"二字取消，却与原意有失，可能作者对"给与"二字的涵义也不甚了然。

因此可以这样说，建中四年的除陌钱，是建中三年抽常平钱的继续和扩大。其扩大之处有二：（1）在抽商人交易税方面，从二十文到五十文，增加了一倍半即百分之一百五十；（2）在公私给与方面也一律每贯抽五十文。

二、除陌钱之名不始于建中四年

前面说建中三年的"每贯税钱二十文"已开除陌钱之端但无除陌之名，是否除陌钱之名始于建中四年？并非如此。《旧唐书》卷四八《食货志上》说：

> 天宝九载（750 年）二月敕：车轴长七尺二寸，面三斤四两，盐斗，量除陌钱每贯二十文。

此段文字意义不甚明确。《唐会要》卷六十六《太府寺》："天宝九载二月十四日敕：自今以后，面皆三斤四两为斗，盐并勒斗量；其车轴长七尺二寸，除陌钱每贯二十文。余面等同。"意义较明，即车轴到一定长度即抽除陌钱每贯二十文。惟"余面等同"尚不明所指，似亦抽除陌钱者。无论如何，这里已出现除陌钱三字，足见这一名称，早在建中四年前三十多年已经出现。不过当时抽税范围只限于车辆或面少数货物，赵赞的除陌钱则扩大到一切商品交易而已。

三、民间流行的除陌钱

赵赞在建中四年抽的除陌钱，主要是一种杂税或交易税，还有"公私给与"时政府所扣的钱。此外，在民间交易用钱之际，也流行一种除陌钱的办法，即每贯扣除若干文，以不足千文或百文的钱当千、百使用，当时称为"陌内欠钱""欠陌钱""垫陌"或"除陌"。这是早在东晋和梁朝时就已流行的一种用钱习惯，不过当时称为"短陌"，尚无"除陌"之名。（参看《日知录》卷十一《短陌》）

《旧唐书·食货上》说：

> 元和四年（809 年）闰三月，京城时用钱，每贯头除二十文，陌内欠钱及有铅锡钱等。准贞元九年（793 年）三月二十六日敕：陌内欠钱，法当禁断……自今以后，有因交关用欠陌钱者，宜但令本行头及居停主人、牙人等检察送官。如有容隐，兼许卖物领钱人纠告。其行头、主人、牙人，重加科罪。（《唐会要》卷八九《泉货》同）十四年六月敕：应属诸军诸使，更有犯时用钱每贯除二十文，足陌内欠钱及有铅锡钱者，宜令京府枷项收禁，牒报本军本使府司，差人就军及看决二十。

《新唐书·食货四》说：

> 民间垫陌有至七十者，铅锡钱益多……穆宗即位，京师鬻金银十两亦垫一两，籴米盐百钱亦垫七八。

这种"欠陌""垫陌"现象的发生，主要因钱荒即货币缺乏或通货紧缩所引起，这是唐代经济史上的一个大问题，终唐一代也未解决。因此，政府虽多方严禁欠陌，亦无法制止。至穆宗时，遂不得不承认此既成事实。《旧唐书·食货上》说：

> 长庆元年（821 年）九月敕：泉货之义，所贵通流。如闻比来用钱，所在除陌不一。与其禁人之必犯，未若从俗之所宜，交易往来，务令可守。其内公私给用钱，从今以后，宜每贯除垫八十，以九百二十文成贯，不得更有加除及陌内欠少。

这一法定的价——一贯除垫八十，即每陌除八文，不但说明了政府承认了除陌钱的既成事实，而且，和元和四年一贯除二十文相比，又增加了三倍，也就是，过去九百八十文为一贯，现在却跌为九百二十文为一贯了。而这个跌的趋势还在继续，以致在昭宗（889—903 年）末年，"京师用钱八百五十为贯，每百才八十五"，而"河南府以八十为百"（《新唐书·食货四》）。贯的跌价说明了钱的缺少和升值。

这种用钱习惯，历五代宋金明清不衰，可参看《日知录》卷十一《短陌》条，今不赘。在抗日战争前（1937 年），我的家乡（山东周村）以五文铜钱为百，当时一铜元当十清制钱，是即以五十文为百。

四、李泌的"户部除陌钱"

建中四年六月的除陌钱，由于税额加重，还有苛烦的"间架税"，很不得人心，"愁怨之声，盈于远近"（《通鉴》），"怨诺之声，嚣然满于天下"（《旧唐书》）。同年十月，泾原节度使军士在长安哗变，即向市民宣称："不税汝间架、除陌矣！"次年（兴元元年）正月，德宗下诏废止："先税除陌、间架等钱，竹木茶漆等税并停。"（《旧唐书·德宗本纪上》）此诏书在陆贽的原稿上是："其垫陌及税间架、竹木茶漆榷铁等诸色名目，悉宜停罢。"（《陆宣公制诰续集》卷一《奉天改元大赦制》）可见除陌也叫垫陌。

但除陌钱的名称并未从此绝迹。《新唐书·食货五》说：

> 李泌为相，又增百官及畿内官月俸……李泌以度支有两税钱，盐铁使有笔榷钱，可以拟经费，中外给用，每贯垫二十，号"户部除陌……皆以给京官"。

《资治通鉴》卷二三三贞元四年（788 年）正月"李泌奏京官俸太薄，请自三师以下悉倍其俸"条记事下的《考异》说：

> 《实录》：辛巳，诏以中外给用除陌钱给文武官俸料，自是京官益重，颇优裕焉。初，除陌钱隶度支，至是令户部别库贮之。给俸之余，以备他用。

司马光引《实录》此段后发表他的看法说：

> 按，兴元元年正月敕，其所加垫陌钱，税间架之类，悉宜停罢，今犹有除陌钱者，盖当时只罢所加之数，或私买卖者官不收垫陌钱，官给钱犹

有除陌在故也。

对照《新唐书》和《考异》引《实录》记事，可知二者讲的是一件事，而且可以互相补充。据此可知，德宗贞元时，仍有除陌钱存在度支司中，而李泌则将之移于户部司作为在京官吏补贴。兴元元年已明令废除除陌钱，何以至此仍有？司马光的推测认为，那次废除的是私人交易的除陌钱，而"公私给与"即政府行用的除陌钱仍旧保存，这是合理的解释。因为民间痛恨的是对私人交易的税钱，至于政府的除陌钱，那是官方之间的经费扣除，与人民关系不大，而对政府的经费收入则颇有影响，故得以保存。

这个"户部除陌钱"到宪宗元和九年（814 年）一度增加五文："户部除陌钱每缗增垫五钱，四时给诸司诸使之餐。"（《新唐书·食货五》）这一多抽的五文钱又称"除陌五文钱"或"户部五文抽贯钱"。《唐会要》卷九三《诸司诸色本钱下》说：

> 元和九年十一月，准八月十五日敕：诸司食利本钱，出放已久，散失颇多，各委本司勘会。其合征钱数，便充食钱。若数少不充，以除陌五文钱，量其所欠，添本出放者。
>
> 太和元年（827 年）十二月，殿中省奏……伏以尚食贫虚，更无羡余添给……敕旨：赐本钱一千贯文，以户部五文抽贯钱充。

以上可知，户部除陌钱是从度支所存的除陌钱挪过来的；那么，度支还有没有除陌钱呢？还有。《唐会要》同卷《诸司诸色本钱上》说：

> 贞元二十一年七月，中书门下奏：敕厘革京百司息利本钱……伏以百司本钱，久无疏理，年岁深远，亡失颇多，食料既亏，公务则废……伏望圣恩，许令准数支给，仍请以左藏库度支除陌钱充。敕旨：宜依。

可见度支的除陌钱是很充裕的，户部挪用的，只是一小部分。这一部分是充作京官俸料补贴和诸司本钱的。

五、皇甫镈与垫钱法

度支除陌钱当系赵赞除陌钱的继续，这一钱法在唐代一直通行，只是抽的钱数常有改变。《唐会要》卷八九《泉货》说：

> 元和十一年九月敕：今后应内外支用钱，宜每贯除垫一佰外，量抽五十文，仍委本道、本司、本使，据数逐季收计，其诸道钱便差纲部送度支收管。时以淮西用兵，从有司之请也。

此处的"垫一佰"应作"垫佰"，衍一"一"字，并不是每贯抽一百文，另加五十文，那就太多了，当时不可能抽这么多。这有几个证据。第一，《册府元龟》卷四八四《邦计部·经费》说：

> 元和十一年九月敕：寇贼未平，国用滋广。若加赋敛，重困黎元。行权取济，自今已（后），应内外支用钱，每贯除垫佰外，量抽五十文，仍于本道、本使据数逐季收计，其诸道钱便差纲部送到度支收管，随贮纳以备军须，贼平后则依常制。从有司之请也。

两处记载相同，而此处作"垫佰"，"垫佰"即"除陌"，这是当时用语，"垫一佰"则不成辞。第二，《新唐书·食货四》说：

> 会吴元济、王承宗连衡拒命，以七道兵讨之，经费屈竭。皇甫镈建议，内外用钱每缗垫二十外，复抽五十送度支以赡军。

吴、王连衡在元和十、十一年间，皇甫镈于元和十一年四月以兼中丞权判度支（《通鉴》卷二三九），故此处所记即元和十一年事，与《会要》《元龟》所记为一事，该二书所指有司当即皇甫镈。此处明言每缗垫二十，复抽五十，也就是每贯共抽七十文。

这一次加抽税是由皇甫镈提出的，因此北宋的沈括说："唐自皇甫镈为垫钱法，至昭宗末乃定八十为陌。"（《梦溪笔谈》卷四）实际上，垫钱并不是皇甫镈所创，他不过把垫钱由每贯二十文加至七十文而已。至于昭宗末定八十为陌（应作八十五为陌）乃沿民间用钱习惯，与皇甫镈的垫钱法并无关系。

到宪宗元和十五年五月（其时宪宗已死，穆宗立，尚未改元），这一垫钱法再度提出来，其用语仍是"并每贯除旧垫佰外，量抽五十文"，不作"垫一佰"，可见元和十一年的"垫佰"，仍是每贯二十，而非一佰。

元和十五年的诏书很长，但很重要，移录如下：

> 元和十五年五月癸卯（初二日）诏：以国用不足，应天下两税、盐利、榷酒、税茶及户部阙官、除陌等钱，兼诸道杂榷税等，应合送上都及留州、留使、诸道支用、诸司使职掌人课料等钱，并每贯除旧垫陌外，量抽五十

文。仍委本道、本司、本使据数逐季收计。其诸道钱便差纲部送付度支收管，待国用稍充，即依旧制。其京百司俸料，文官已抽修国学，不可重有抽取；武官所给校薄，亦不在抽取之限。

此段前面之"户部闻官、除陌等钱"即李泌所创的"户部除陌钱"（户部阙官钱指阙官俸料钱）。此十五年诏与十一年敕用意相同，即在每贯抽二十文外再抽五十文。二者既然相同，何必重申此诏？我揣测这有两种可能：其一是十一年加抽后不久废除，现在又恢复了；其二是这次抽的范围更扩大了，看后段"其京百司俸料"可见已波及官僚的俸钱，不过在京文官的钱已抽取修国子监，武官俸入较薄，不再抽取而已。而在外官吏俸料仍须抽取，这当然引起官员们的不满，因而到同年六月壬辰（二十二日）便下诏取消了。诏书说：

近以每岁经费，量入数少，外官体料，据数收贯。朕再三思度，终所未安。今则岁属丰登，兵方偃息，自宜克己以足用，何得剥下以为谋。临轩载怀，实所增愧。其今年五月敕应给用钱每贯抽五十文，都计一百五十万贯，宜并停抽。

《穆宗纪》在此诏后解释说：

初，宪宗用兵，擢皇甫镈为相，苛敛剥下，人皆咎之，以至谴逐。至是宰臣创抽贯之利，制下，人情不悦，故罢之。

可见皇甫镈增加垫陌的建议可能不久即罢，最迟亦当在宪宗死后穆宗居丧时，随皇甫镈之罢相而废除（事在元和十五年闰正月）。但不久，以国用不足，当政者又恢复之，而以"人情不悦"，再度废罢。

这里的"人皆咎之"和"人情不悦"的"人"，不是人民，而是官吏。裴度在元和十三年八月皇甫镈擢升宰相后，弹幼皇甫镈说："况镈在度支，专以丰取刻与为务，凡中外仰给度支之人，无不思食其肉。"（《通鉴》卷二四〇）同卷又说："镈自知不为众所与，益为巧诣以自固，奏减内外官俸以助国用；给事中崔植封还敕书，极论之，乃止。"可见皇甫镈的垫佰法主要是在官俸上打主意，因而使"中外仰给度支之人"即内外官吏从度支领取费用的人切齿痛恨。元和十五年五月诏书所收垫陌中包括"诸司使职掌人课料等钱"，六月诏书所谓"外官俸料，据数收贯"，所谓"剥下以为谋"，可见其矛头也是针对官僚，尤其是外地官僚。

这里应该指出的是，同样一个除陌或垫陌钱，李泌创行的目的为的是增加官僚的月俸，即把度支司和盐铁使的钱中每贯扣二十文，以此钱供给京官，因而"人以为便"（《册府元龟》卷五〇六《邦计·俸禄》二）。皇甫镈的垫陌钱，则是把内外用钱（包括官僚的俸禄）每贯垫抽七十文交给度支，因而引起官僚的怨愤，终于在宪宗死后不久，他就被贬官崖州。

我们说皇甫镈时的除陌钱本是二十文而非百文，当时不可能抽百文，是否和下面这条材料不符，即穆宗长庆元年（821年）十二月"乙亥，敕诸道除上供外，留州留使钱内每贯割二百文以助军用，贼平后仍旧"（《旧唐书》卷十六《穆宗本纪》）。这里每贯割二百文，不是更多吗？我认为，这是一时之制，出于军事急需，到第二年即下令说："今兵戎已戢，经费有常，其抽钱宜从今年四月十一日已后停。"（《册府元龟》卷四八四《邦计部·经费》）可见他不是常规。到懿宗咸通五年（864年）七月，延资库使夏侯孜奏："当使缘户部积欠数多，先具申奏，请于诸道州府监院所收八十文除陌钱内，割一十五文，属当使自收管。"（《旧唐书》卷十九上《懿宗本纪》）这里收的是八十文，已是最多了。到咸通八年：

> 十月丙寅，户部侍郎、判度支崔彦昭奏：当司应收管江、淮诸道州咸通八年已前两税榷酒及支米价，并二十文除陌诸色属省钱，准旧例逐年商人投状便换。

这里度支收的除陌钱仍是二十文！

六、小结

除陌，南朝时称为"短陌"，唐时除称除陌外，又有"陌内欠钱""欠陌钱""垫陌"等名称。其原义是在百文钱之内扣除若干文，但仍名百文，如以八十为百等。这是民间货币使用时的一种办法。

唐政府采用的除陌钱，可能是受到民间的除陌的启发和影响，但性质则与前者不同。

唐朝的除陌钱早在唐玄宗天宝九年已经开始，但当时的施用范围很窄狭。

赵赞的除陌钱早在建中三年已经开始。当时是为筹集常平本钱向商人抽的交易税，每贯抽税二十文。到建中四年，范围扩大，税钱增加，不仅税商人，对政府的支付也一律除陌。

向商人及民间贸易抽的除陌钱，由于遭到人民的反对，不久就取消了，但赵赞除陌钱的另一内容——公私给与所抽的钱却一直保留，成为唐政府筹集经费的一种办法。李泌的户部除陌钱，皇甫镈的垫钱法都从赵赞的除陌钱沿袭而来。

本文从辞书修纂的角度探讨除陌钱的种类、起源及其演变。至于除陌钱在唐代后期财政史上的地位和作用则未及论列。在这方面，陈明光同志的《唐代"除陌"释论》（《中国史研究》1984 年 4 期）言之甚详，对过去对这一问题认识上的误解匡正补充不少，颇多新义。本文从陈文中借鉴取材不少，但有些说法不尽与之相同。在此谨对陈明光同志致以感谢！

（原载《郑天挺纪念论文集》，中华书局 1990 年版）

释"台参"并论韩愈和李绅的争论

唐穆宗长庆三年（公元823年），京兆尹韩愈和御史中丞李绅为台参事发生了一场争论，台参是什么？过去辞书都无确解①。它不仅是唐代官制、礼制方面的一个问题，而且涉及唐代的牛李党争问题。因此，对它加以研究，还是有其意义的。

台参释义

《新唐书》卷一七六《韩愈传》有一段说：

> 时宰相李逢吉恶李绅，欲逐之。遂以愈为京兆尹、兼御史大夫，特诏不台参，而除绅中丞。绅果劾奏愈，愈以诏自解。其后文刺纷然，宰相以台、府不协，遂罢愈为兵部侍郎，而出绅江西观察使。②

"台参"是什么意思，单就这段文字本身是不好理解的。幸而有关韩愈生平的其他记载，可以对照参证。

李翱《韩吏部行状》说："改京兆尹兼御史大夫，特诏不就御史台谒，后不得引为例。"③

皇甫湜《韩文公神道碑》说："（穆宗）敕曰：朕屈韩愈公为尹，宜令无参御史，不得为故常。"④

由此可知，台参就是到御史台参谒或参见，这是当时的一个仪制。元人胡

---

① 旧《辞源》有《台参》条，仅引《唐书·李绅传》有关原文，无解释。日本诸桥辙次《汉和大辞典》第九册433页《台参》条解作"即参谒台官之府"，下引《唐书·韩愈传》有关原文，亦语焉不详。

② 《旧唐书》卷一六〇《韩愈传》作"以不台参，为御史丞所劾"；《旧唐书》卷一七三《李绅传》作"放台参"；《新唐书》卷一八一《李绅传》作"免台参"。

③ 《李文公集》卷一一。

④ 《皇甫持正文集》卷六。

三省说:"故事京尹新除,皆诣台参。"①就是说按唐代的制度,京兆尹新上任,要到御史台行参谒之礼。

另外,根据现存的记载可知,御史台的御史大夫和御史中丞等官新上任,做京兆尹的也要到御史台参谒他们。《唐会要》卷六十《御史台》条说:

> (太和)九年八月,御史台奏:京兆尹及少尹、两县令台参官等旧例:新除大夫、中丞,府县官自京兆以下,并就台参见。其新除三院御史,并不到台参,亦不于廊下参见,此为缺礼尤甚。请自今以后,应三院有新除御史等,并请敕京兆尹及少尹、两县令,就廊下参见。……敕旨:依奏!

据此可知,京兆尹参见新任御史大夫和中丞,是唐朝旧例。而自文宗太和九年(公元 835 年)以后,三院御史②新上任,京兆尹及其以下属官也要到御史台的廊下参见他们。

据《旧唐书》卷一六《穆宗纪》:"长庆三年六月,敕京兆尹、御史大夫韩愈宜放台参,后不得为例。"《资治通鉴》卷二四三:"长庆三年六月己丑,以吏部侍郎韩愈为京兆尹。"而李绅同时任御史中丞,则史无明文。可以推测,这次纠纷的起因是,韩愈被任命为京兆尹,照旧制应到御史台参见,他却因有诏书特许,不行台参之礼。御史中丞李绅根据旧制,弹劾韩愈失礼。韩愈当然不服,也上疏自辩。二人之间,"文刺纷然","文移往来,辞语不逊",大动肝火。宰相李逢吉便以此为理由,把韩愈降为兵部侍郎,把李绅贬为江西观察使,赶出朝廷。

谁是谁非

韩愈、李绅往返争论的详细情节,因记载未留下来,已不得而知。韩愈文集中有一篇《京尹不台参答友人书》③,是韩愈为他自己辩护的一封信,是一面之辞,但也可供参考。他举出不台参的理由是:

1. "容桂观察使带中丞尚不台参,京尹郡国之首,所管神州赤县,官带大夫,岂得却不如?"

就是说,有人被任为容桂观察使兼御史中丞,就无需去台参;京兆尹是首

---

① 《资治通鉴》卷二四三,长庆三年九月胡三省注。

② 三院为御史台附属机构,一曰台院,有侍御史;二曰殿院,有殿中侍御史;三曰察院,有监察御史。见《新唐书》卷四八《百官志》。

③ 《朱文公校昌黎先生集》(《四部丛刊》本,以下简称《韩昌黎集》或《韩集》)卷一九。

席地方官，管的是国都直辖县，又兼任御史大夫，怎么反不如容桂观察使呢？

2."赤令尚与中丞分道而行，何况京尹？"

这是引用《魏氏春秋》的典故。《魏氏春秋》说："故事：御史中丞与洛阳令相遇，则分路而行。以丞主多逐捕，不欲稽留。"①韩愈的意思是说，京兆尹比洛阳令尊贵，更不用理会御史中丞了。

韩愈举的这两条理由都是很牵强的。

第一，容桂（指容管和桂管，今广西地）观察使带中丞不台参事，不知他举的具体的人和事实是什么。可能实有其事，但那是地方官，与京兆尹之在中央者不同，不能相提并论，京兆尹初任要台参，是有明文规定的。而且，根据一项记载，观察使上任也是要台参的。《唐会要》卷二五《杂录》说：

> （太和）九年八月，御史台奏：应文武朝参官新除授，及诸道节度、观察、经略、防御等使，及入朝赴镇，并合取初朝谢日，先就廊下参见台官，然后赴正衙辞谢。或有于除官之日，及朝觐到城，忽遇连假三日之上，近例便许于宣政门外见谢讫，至假开，亦须特到廊下台官者。请自今以后，如遇连假已见谢讫，至假开，亦须特到廊下参台官。依奏。

是不是这只是在太和九年以后的新规定呢？看来不是。这里的新规定只是对"或有于除官之日"以下几句讲的，说这是"近例"；"请自今以后"以下几句，则是把"近例"变为"常规"。而开始的这一段则是"旧例"。如果这个理解不错，则观察使赴镇，还是要台参，韩愈举的不台参例，可能是一时的例外，或像他一样，是特许。

御史大夫确实比御史中丞官大，但韩愈的正式官是京兆尹，御史大夫是兼职，实际是虚衔，否则李绅也就不会要他台参了，以此为理由而不台参也是站不住脚的。

关于赤令与御史中丞分道问题，如北宋末的洪兴祖所指出，那是魏制，不是唐制②。而且，赤令与御史中丞所以分道而行，如《魏氏春秋》所指出，是由于便于御史中丞工作，与赤令是否要台参是两个问题，不能因前者（分道）而否定后者（台参）。洪兴祖还引韩愈所撰《顺宗实录》的一条记事说："《顺宗

---

① 此处据《初学记》中华刊本卷一二《御史中丞》条引《魏氏春秋》。《太平御览》（中华影印本）卷二二五《御史中丞》所引《魏氏春秋》"丞主多逐捕"，"丞"字作"士"字，《四部丛刊》本韩集洪兴祖注引《魏氏春秋》又作"士"字；国学基本丛书本《韩昌黎集》仍作"士"，疑皆"丞"之误字。

② 《韩昌黎集》卷一九《尹不台参答友人书》洪兴祖注。

实录》云：故事，尹与御史相遇，尹下道避。尹尚避御史，岂有不台参之理？"洪兴祖认为，"当时敕放台参，后不为例，则知故事须台参也"①。这一反驳是有力的。《唐会要》卷六七《京兆尹》条对此事也有评议：

> （长庆）三年四月敕：京兆尹兼御史大夫韩愈，特放台参，以后不得为例。时议以为宪司之临府县，著自甲令，苟害于理，自当革之。暂便一人，不得为例，深非立制垂久之道也。

韩愈为他不台参辩护的两条理由虽然没有力量，但这次是穆宗下诏特许他不台参，所以，他这次还是有理的。他根据这一点争辩而绅不服，说明李绅的固执。至于坚持他致友人书中的观点，那更不能使李绅心服了。

北宋时王禹偁和丁谓就这个问题展开过讨论。丁谓认为韩愈不应当和李绅争台参，王禹偁却根据韩愈的话，认为李绅不对②。南宋的樊汝霖同意王禹偁的意见，还根据韩愈曾经向陆傪推荐过李绅，责备李绅忘恩③。方崧卿则同意洪兴祖的意见，认为韩愈的话是"一时曲辩"④。可见韩李之争在后代还是很引人重视的。

韩李关系

韩愈和李绅在这次台参争论之前，并没有发生过深刻的分歧和对立。德宗贞元十八年（公元802年），韩愈当四门博士时，曾荐文士十人于协助科举考试的祠部员外陆傪，其中就有李绅。他称赞李绅等"武文或行，皆出于群之才"⑤。说明韩愈对李绅的文才和品行都很赏识。据李翱的《韩吏部行状》和皇甫湜的《韩文公神道碑》记载，李绅当御史中丞时，曾押送一个囚犯到京兆府，令府尹用杖刑囚，韩愈却不买他的账，把囚犯送回御史台去。韩愈在《尹不台参答友人书》有几句说："停推巡：缘府中褊迫是实，若别差人，即是妄说，岂有此事。"似为此事辩护。意思似乎说：由于京兆府地方窄狭，所以没有受理。这事关系虽不大，但却很使李绅丢面子，使他觉得丧失御史中丞的威严。这大概也是韩

---

① 《韩昌黎集》卷一九《尹不台参答友人书》洪兴祖注。按洪所引《顺宗实录》见《韩昌黎集》外集卷六《顺宗实录》卷一。

② 王禹偁《小畜集》卷一八《答丁谓书》。

③ 《韩昌黎集》卷一九《尹不台参答友人书》樊汝霖注。

④ 程俱《韩文公历官记》方崧卿按语。《粤雅堂丛书》本。

⑤ 《韩昌黎集》卷一七《与祠部陆员外书》。

李二人争论的一个内容。南宋的方崧卿说："盖公恃其尝有荐绅之恩，且视绅晚辈，每事耻出其下，遂至纷争"①，是接近实际情况的。所以韩、李的争论纯属意气之争。

但是这一意气之争，却为当时的宰相李逢吉所利用了。李逢吉是一个"天与奸回，妒贤伤善"②的人。穆宗长庆二年，他用写黑信告黑状的办法，把当时的宰相元稹和另一著名宰相裴度排挤出去，自己取得宰相权位。李德裕当时是翰林学士，很得穆宗信任，有希望当宰相，李逢吉把他排出做浙西观察使，而引用李德裕的政敌牛僧孺为宰相。李绅也是深受穆宗信任的翰林学士，对李逢吉的奏章，常从中挑剔指责。恰巧御史中丞缺人，李逢吉遂以李绅"清直，宜居风宪之地"这一冠冕堂皇的理由，推荐李绅③，实际上是把他调离皇帝左右，以便寻找岔子，把他驱逐出外④。同时又把韩愈调为京兆尹兼御史大夫，免台参，制造矛盾。韩李二人，一个"劲直"，一个"刚卞"，都是"性皆褊辟"的倔强人，果然"论诘往反，诋评纷然"⑤。李逢吉便以"台（御史台）府（京兆府）不协"为口实，调了他俩的官。韩愈改为兵部侍郎，李绅改为江西观察使。京兆尹是从三品，兵部侍郎是正四品下，韩愈算降了两级，但仍留在中央。御史中丞是正四品下，观察使无品级，与中丞当不相上下⑥，但御史中丞是显要官职，李绅又受穆宗宠信，调到外地，实际上是被放逐了。穆宗不明个中真相，以为李绅愿意出外，派中使"宣劳"李绅，李绅"对中使泣诉其事，言为逢吉所排，恋阙之情无已"⑦。见穆宗时，又当场陈诉。穆宗这才明白过来，改授为户部侍郎（正四品下），韩愈为吏部侍郎（正四品上），这一争论才结束了⑧。

所以韩李之争的幕后导演者是李逢吉，韩愈和李绅都是被利用，不过李逢吉排挤李绅的目的这次并未完全达到而已。

---

① 程俱《韩文公历官记》方崧卿按语。《粤雅堂丛书》本。

②《旧唐书》卷一六七《李逢吉传》。

③《资治通鉴》卷二四三，长庆三年九月，按此处是追叙，不是说李绅在这年九月才当御史中丞。

④《旧唐书》卷一七三《李绅传》："冀离内职，易掎摭而逐之。"

⑤《新唐书》卷一八一《李绅传》。

⑥ 按：唐代诸使官属于临时兼职性质，故无品秩。唐制观察使带中丞者不少，李绅可能即以中丞衔任观察使。

⑦《旧唐书》卷一七三《李绅传》。

⑧《韩集》卷一有《和侯协律咏笋》诗，清人方世举以为是与李绅争台参罢官时作，是讽刺李绅之诗。（引自钱仲联《韩昌黎诗系年集释》卷九。按：此说近于索隐猜谜，无确据，今不取。）

韩愈与牛党

在牛僧孺、李德裕党争中,李绅是公认的李党骨干,李逢吉是牛党的巨头。韩愈一般认为是没有党派的。在韩李台参争论中,有人说他附合李逢吉排挤李绅,这恐怕是冤枉了他①。韩愈死于穆宗长庆四年,当时牛李党争和两派阵营虽已形成,但还不及文、武宗时期的激烈,韩愈对两派的倾向性无从表现出来。不过,从他的交游中却可以看出,他和牛党的一些人是比较接近的。

和李逢吉的关系

宪宗元和十五年,韩愈从袁州回长安时途经襄阳,见到李逢吉。其时穆宗即位,李逢吉从剑南东川节度使改为襄州刺史、山南东道节度使。韩愈写了一首《酒中留上襄阳李相公》(一作《醉中留别襄州李相公》)七律②。从题目看,可知在襄阳李逢吉曾设宴款待韩愈。首联说:"浊水污泥清路尘,还曾同制掌丝纶。"说相见之难,并拉关系,追叙旧日同事之情③。颔联说:"眼穿长讶双鱼断,耳热何辞数爵频。"表示过去盼望李逢吉书信的迫切和此刻参加宴会的欣喜心情。尾联说:"知公不久旧钧轴,应许闲官寄病身。"知道李逢吉曾当过穆宗的侍读,不久会调回朝廷主持国政,希望能允许韩愈做个闲官休养病身。对李逢吉大有巴结、奉承、请托之意。

韩愈又有《奉和李相公题萧家林寺》《和李相公摄事南郊览物兴怀呈一二知旧》④二诗,都是在李逢吉当宰相后同李逢吉的唱和诗,并有颂扬李逢吉的意味。旧日注释韩诗的,因李逢吉奸邪而韩愈正直,把这两首诗解为对李逢吉的讽刺、针贬,或谓后诗为伪作⑤,这种为贤者讳的笔法其实是徒劳的。前诗结句说"岩洞幽深门尽锁,不因丞相几人知",是说萧家林寺因李逢吉题诗而显名,当然是宣扬李逢吉。后诗中有几句说"为仁朝自治,用静兵以销。勿惮吐捉勤,

---

① 《韩昌黎集》卷一九《尹不台参答友人书》洪兴祖注。

② 《韩昌黎集》卷一;钱仲联《韩昌黎诗系年集释》卷一〇、卷一二。

③ 曹植《七哀》诗:"君若清路尘,妾若浊水泥。浮沉各异势,会合何时谐。"言妇女思夫之情。此处指与李逢吉天各一方,相会艰难。李逢吉元和九年曾为中书舍人,韩愈是年十月为考功郎中、知制诰,皆掌草拟制诰。

④ 《韩昌黎集》卷一、卷七;《韩昌黎诗系年集释》卷一二。

⑤ 《韩昌黎诗系年集释》卷一二注引方世举说。胡震亨《唐音癸签》卷二五说:"(元)稹党李逢吉与裴度左,(韩)愈受裴度知,与稹及逢吉左。愈集有刺逢吉诗可考。"按:韩愈虽受知于裴度,但不反李逢吉。说他的诗刺李逢吉,是主观臆想之辞。

可歌风雨调。圣贤相遇少，功德今宣昭"，把李逢吉比作一饭三吐哺，一沐三握发的周公，说他的政绩风调雨顺，这还不是对李逢吉的吹捧阿谀吗①？

和李宗闵的关系

韩愈文集遗文中《迳杜兼题名》有韩愈与洛阳县尉李宗闵、伊阙县尉牛僧孺等题名，时在元和四年（公元 809 年）九月。说明韩愈和牛党党魁李宗闵、牛僧孺相识甚早。元和十二年，宰相裴度讨伐淮西藩镇吴元济时，以李宗闵为彰义军观察判官，以韩愈为行军司马，韩李二人同为裴度幕僚，因而有共事关系。穆宗长庆元年（公元 821 年），礼部侍郎钱徽掌贡举，段文昌、李德裕、李绅等检举其考试不公，钱徽贬官，李宗闵因其婿苏巢考试及第，有请托嫌疑，由中书舍人贬为剑州刺史。朋党之争由此加剧。韩愈的古诗《南山有高树行赠李宗闵》②，一般注释家认为即为此事而作。大意说，南山高树上有凤凰栖止，其下有黄鹄和众鸟。不知从何山来了一只"羽毛有光辉"的鸟也到此择处。最初相安无事，却来了一个"挟丸子"，把这鸟的翅膀打坏。这虽然不是黄鹄和众鸟的指使，但黄鹄却因喜而弄其羽毛，众鸟也乘机搬弄是非。而凤凰却不知原委，任其抱屈。诗人说，你不是没有朋友，却没有肯为你申辩的；你坠落在蒿艾之中，几时才能飞起！你故山住的朋友，夜间想起你来很悲痛，可惜路远翅短，不能把你接回！过去注释家或以凤凰比裴度，挟丸子比李德裕、李绅、元稹；或以凤凰比皇帝，黄鹄比元稹、李绅。虽出自臆测，未足凭信，但有一点是可以肯定而历来也众口一辞的，即羽毛光辉的"何山鸟"指李宗闵，"故山友"则韩愈自比。即令不能确定是为李宗闵贬剑州而作，但李受冤枉而韩为之不平、同情、爱莫能助之情却跃然纸上，肯定无疑。

这里应当顺便提及的是，宋祁的《新唐书·李宗闵传》说，李宗闵"初为裴度引拔，后度荐德裕可为相，宗闵遂与为怨。韩愈为作《南山》《猛虎行》视之。"似乎韩愈是批评甚至鞭挞李宗闵的，这当然是误解或有意曲解。过去注释家也已指出，裴度荐德裕为相，在文宗太和三年（公元 829 年），其时韩愈已去世五年；《猛虎行》诗，诸本题目下虽有"赠李宗闵"四字，但据方崧卿考证，

---

①《韩昌黎集》卷一《和侯协律咏笋》诗题注云："公意专讥时相……大抵言其挟势植党、苞藏奸慝之状如此，岂李逢吉之谓耶？"这和把此诗作为讽刺李绅之作一样，都是出自臆测，未足凭信。

②《韩昌黎集》卷六；《韩昌黎集诗系年集释》卷一二。

这四个字是误植的，不足为据①。看来，宋祁也和为韩愈回护的人一样，总觉得韩愈似乎不应当和李宗闵这样的人有过从，更不应对之表同情。这是把复杂的历史现象看得太简单了。

和牛僧孺的关系

前面已谈到，元和四年，韩愈曾和牛僧孺、李宗闵共同题名。《唐摭言》记载说，德宗贞元中牛僧孺初到长安，先以所业谒韩愈与皇甫湜，二人大称赏之，并为他筹划住处。一天韩、皇甫在牛外出时访牛，在他门上题字说"韩愈皇甫湜同访几官先辈不遇"。次日京城名流争往参观，牛僧孺的名字从此"大振天下"②。可见牛僧孺很早就得到韩愈的赏识，他的成名也和韩愈的称奖有关。其后关系不详。

和皇甫湜的关系

皇甫湜是宪宗元和三年应制举"贤良方正、直言极谏"科的举人。他和牛僧孺、李宗闵等人由于指陈时政，触犯了宰相李吉甫，主考官杨於陵被贬官，皇甫湜等也遭斥逐，未得在中央做官。过去认为这是牛李党争的开端。韩愈和皇甫湜友情甚笃。上引《唐摭言》条说明他二人在长安常在一处。韩愈有《寄皇甫湜》古诗一首③，说他接皇甫信后，感动得涕泪交流。"昏昏还就枕，惘惘梦相值。悲哉无奇术，安得生两翅。"极言相思之情。又有《陆浑山火和皇甫湜用其韵》④，造语险怪，不易理解，但结语说："皇甫作诗止睡昏，辞夸出真遂上焚……"语近戏谑，说明二人交情亲厚，无所顾忌。又有《读皇甫湜公安园池诗书其后二首》⑤，则规劝皇甫及时进德修业，不要流连光景，枉费心思。《新唐书·韩愈传》谈到韩愈的文章造诣时说："至其徒李翱、李汉、皇甫湜从而效之，邈不及远甚。"樊汝霖说："从公（指韩愈）学文者多矣，惟李习之（翱）得公之正，持正（皇甫湜）得公之奇"⑥。说明皇甫曾受业于韩愈，是韩的后辈。韩愈死后，皇甫湜既为韩愈撰墓志铭，又为写神道碑，对韩愈追慕颂扬备

①《韩昌黎集》卷六《猛虎行》方崧卿题注。按：《猛虎行》上篇即《南山有高树行赠李宗闵》；方认为诸本因"赠李宗闵"四字篇目标题在《猛虎行》上，遂误以为《猛虎行》亦赠李宗闵者，其说可从。

②《唐摭言》卷六《公荐》条，又卷七《升沉后进》条略同。又见《全唐诗话》卷三《牛僧孺》条。

③《韩昌黎集》卷五。

④《韩昌黎集》卷四。

⑤《韩昌黎集》卷六。

⑥《韩昌黎诗系年集释》卷六《陆浑山火》诗注引。

至。墓铭开头说,韩愈在死前曾写信给皇甫说:"死能令我躬所以不随世磨来者,惟子以为嘱。"①说明韩愈是把皇甫湜看作知己的。值得注意的是,皇甫湜在《韩文公神道碑》中讲到台参一案时,只说"御史中丞有宠,且夕且相",不提李绅的名字,说明他有忌讳。而在《韩文公墓志铭》中则把这事简单地说成是虇(音压,挫折意)悻臣之铠,即把悻(疑当作倖)臣的威风打下去。称李绅为倖(幸)臣,表明了皇甫湜反对李党的立场。

最后提一提李汉。李汉是韩愈的学生,长于古学,性情之刚直也像韩愈。韩愈很看重他,收他为女婿。韩愈死后,李汉编韩愈的文集,并为之作序,对韩愈备极尊崇。文宗时,李汉为史馆修撰,预修《宪宗实录》,论及当时宰相李吉甫事无所顾忌,为李德裕所恨。李宗闵当国时,升为知制诰,再进为御史中丞、户部侍郎,曾以谗言陷害李德裕,使被贬逐。李宗闵罢相,李汉以宗闵党罪名亦被贬斥。武宗时,李德裕为相,李汉始终沉沦不遇②。李汉可算是韩愈在牛党中最亲近的人了。

从上可知,韩愈和牛党的人十分接近。而台参的争论,也可看作牛李党争的一个侧面。但是,是不是从此得出韩愈属于牛党的结论呢?恐怕不能。从人事关系看,韩愈交游甚广,所交并不尽属牛党人士。例如他和裴度的关系就很不错,而裴度在政治见解和人事关系上是和李德裕最接近的。从政治见解看,韩愈主张削平藩镇,不仅有言论,而且见诸行动,这又和李党的主张相同而和一般认为牛党的政见不一样。因此要给韩愈戴一个党派帽子,看来是不切当的。在牛李党争的局面下,当时确有一些既非牛党也非李党,既与李党有交往,又与牛党有联系的人物;而在牛李两党内部,他们各自的政治见解也不尽一致。过去,我们往往爱一刀切,把问题看得简单化,而历史的现象却总是很复杂的,一个人的经历、思想见解也是多方面的,用一个简单的去衡量、评价古人,往往是滞碍难通,自相矛盾。我们要尊重历史事实,尽可能掌握历史的全面,避免主观片面性。韩愈的一生经历就很曲折复杂,他的思想见解也是多方面。我这里并不想、也不可能对韩愈作全面评价,只是就"台参"这个问题,提出一些有关的事实来,供治唐史的同志们参考。

(原载《社会科学战线》1982 年第 3 期)

---

① 《皇甫持正集》卷六。
② 《旧唐书》卷一七一《李汉传》;《新唐书》卷七八《李汉传》。

试论唐代藩镇割据的社会基础

　　唐代中后期的藩镇割据，是唐代政治史上的一个重大事件。关于它形成的原因和条件，过去已有不少文章加以论述。对于它的社会基础，也就是说，藩镇或节度使是代表哪个阶级的利益的问题，流行的说法多半认为，藩镇代表着本镇大土地私有者的利益，代表着庄园主的利益；或者说，藩镇政权是代表地方豪强大地主的政权。这些说法，我认为有重新考虑的必要。

　　谁都知道，藩镇所以能对抗中央、割据一方，主要靠的是他们手下的军队。因而，这里就有两个问题需要弄清楚，即，第一，这些军队的军士是什么身份？第二，是藩镇支配军士，还是军士支配藩镇？就是说，谁是割据的主动者？当然，这两个问题又是互相联系的。

一

　　首先考察第一个问题。魏博节度使田承嗣在他的管区内，"计户口，重赋敛，厉兵缮甲，使老弱耕，壮者在军，不数年，有众十万"①，掌握了一支强大的武装。他又在这些军队中"选其魁伟强力者万人以自卫，谓之衙兵（或叫牙兵、牙军）"②。这些"衙兵"，后来"父子相袭，亲党胶固"③，成为一支凶悍的、支持割据的核心武装力量。有的同志认为，他们是地方上强宗豪族的子弟兵，代表着本地区庄园主的力量。但是，从"老弱耕，壮者在军"这句话可以看出，田承嗣的十万军士，都是选自农民中身强力壮者，牙兵只不过是其中的更精锐者，说不上是什么庄园主的子弟。还可举出一个证据：田承嗣死后，他的侄子田悦继位。德宗建中（780—783年）初年，唐廷的黜陟使洪经纶到河北，听说田悦有兵七万，想削弱田悦的力量，就下令"停其兵四万，令归农亩"。田悦表

---

① 《新唐书》卷二一〇《田承嗣传》。
② 《旧唐书》卷一四一《田承嗣传》。衙兵，《新唐书·田承嗣传》作牙兵。
③ 《旧唐书》卷一八一《罗威传》。

面装作"顺命",把四万兵罢去,接着又把他们召在一起,挑动说:"尔等久在军戎,各有父母妻子,既为黜陟使所罢,如何得衣食自资?"众军大哭,田悦"乃尽出其家财帛衣服以给之,各令还其部伍"①。这一事例生动地说明,田悦的(也就是田承嗣的)部队不但不是强宗豪族的子弟,而且也不是出自富裕的农民家庭;他们以当兵为职业,借以养活他们的父母妻子。一旦听说要罢归田亩,便号啕大哭。试想,假如有几亩好地可种,谁还乐意为军阀卖命呢?

与此类似的例子,如穆宗即位之初,宰相萧俛和段文昌乘宪宗平定藩镇、局势较为安定的机会,献"太平之策",提出"消兵"的建议。"请密诏天下军镇有兵处,每年百人之中,限八人逃死"。结果"军士落籍者众,皆聚山泽为盗。及朱克融、王庭凑作乱,一呼而亡卒皆集"②,穆宗不得不下诏书承认错误说:"天宝以后,屯兵七十余年,皆成父子之军,不习农桑之业。一朝罢归陇亩,顿绝衣粮,言念饥寒,深用嗟悯!"③这也说明藩镇的军队是没有田产的人,不当兵就无以为生,只有亡命为盗,哪里像强宗豪族的子弟兵呢?

还有一些材料,说明藩镇的军队,多是亡命无赖之徒。如代宗时的成德节度使李宝臣"招集亡命之徒,缮阅兵仗"④;同、华二州节度使周智光"聚亡命不逞之徒,众至数万"⑤。德宗时的淄青节度使李师古"招集亡命,必厚养之"⑥;宪宗时的彰义节度使吴少阳"招四方亡命,以实其军"⑦。这些人很难是出自大土地私有者的家庭。说他们是庄园主的子弟,倒不如说是破产农民、无业流民或游民无产者更为恰当。

当然,不能说节度使的军队中一个地主子弟也没有。如泽潞节度使刘从谏的妻弟裴问驻守邢州,"有募兵五百,号'夜飞将',多豪姓子"⑧。但是,这种事例不多,而且裴问的兵数也很少,他本人也不是节度使。就泽潞镇而言,它的早期节度使李抱真在任内,曾"籍户丁男,三选其一,有材力者免其租徭",令于农隙习射。三年后,这些人都成了射手,因而把他们中的二万人编入军中,成为"雄视山东"的精干队伍⑨。说明这里的基本队伍仍是从一般农民中征来的。

① 《旧唐书》卷一四一《田悦传》。参看同书卷一二七《洪经纶传》。
② 《旧唐书》卷一七二《萧俛传》;《资治通鉴》卷二四二,长庆二年二月甲子纪事。
③ 《唐大诏令集》卷六五《叙用勋旧武臣德音》,长庆二年(822年)三月。
④ 《旧唐书》卷一四二《李宝臣传》。
⑤ 《旧唐书》卷一一四《周智光传》。《资治通鉴》卷二二四,大历元年(766年)条作"聚亡命无赖子弟"。
⑥ 《旧唐书》卷一二四《李师古传》。
⑦ 《新唐书》卷二一四《吴少阳传》。
⑧ 《新唐书》卷二一四《刘稹传》
⑨ 《旧唐书》卷一三二《李抱真传》。

是不是可以说，藩镇的军队虽然不是庄园主子弟，但藩镇仍然可以代表庄园主的利益呢？从原则上抽象地讲，当然也可以。不过，结合当时的历史进行具体分析，就需要考察我们提出的第二个问题了。

二

在考察这一问题之前，首先要说明的是，并不是所有的藩镇都是闹割据的。在唐中叶后将近五十个的藩镇中，搞割据的不过卢龙、成德、魏博、淄青、泽潞、彰义、宣武等几个大镇，其中尤以前三镇（称河朔或河北三镇）割据时间最长。我们所考察的，主要是这几个藩镇。

所谓藩镇割据，主要指节度使的任命不经过唐中央，而是父子、兄弟相传，或由军士拥立，唐中央只有承认既成事实；藩镇地区的赋税、户口由本镇掌握，不入中央；节度使甚至称兵作乱，对抗中央。其中尤以节度使的任命权不归中央，更是藩镇割据的标志。

节度使最初都是唐政府任命的。肃宗乾元元年（758 年），平卢节度使王玄志死，军人推立侯希逸为平卢军使，唐廷即授侯希逸为节度使。这是军士拥立节度使的开始。

侯希逸为节度使后，率军自河北到达山东的青州，因称其军为淄青镇。他"初领淄青，甚著声称，理兵务农，远近美之"。但其后则"渐纵悠，政事怠惰。尤崇奉释教，且好畋游，兴功创寺宇，军州苦之"。永泰元年（765 年）为军士所逐，另立李正己为帅。正己死后，子李纳自立。李纳死，军中立其子李师古；师古死，其弟李师道袭位。元和十四年（819 年）为部将刘悟所杀[1]。计淄青镇传五代，为军士所立者三人，所逐者一人，所杀者一人。

魏博镇自代宗广德元年（763 年）田承嗣当节度使以来，到唐末的罗绍威，历七姓，十六代。其中为军士拥立者八人，为部下所杀者三人，所逐者三人。其父子世袭者，也由于军士支持或不反对[2]。所以史载"德宗中岁，每命节制，必令采访本军为其所归者"[3]。即探听好军士拥护谁，就任命他为节度使，免得为军士所拒，丧失威信。

---

① 以上据（旧唐书）卷一二四《侯希逸》《李正己》等传。

② 据《旧唐书》卷一四一《田承嗣田弘正传》；卷一八一《史宪诚罗威传》；《新唐书》卷二一《藩镇魏博传》。

③《旧唐书》卷一三二《卢从史传》。

其他两镇——卢龙（一称幽州或范阳）、成德（一称镇冀）的节度使也大都是军士拥立或废逐，或父子世袭不由中央任命。这一情况当时称为"河北故事"或"河朔旧事"（见下引）。有些不愿受拥立的甚至弃官而逃。如相卫节度使薛嵩死后，他的军吏"欲用河北故事"胁迫薛嵩的儿子薛平"知留后务"（暂代节度使处理善后），薛平假装同意，把位子让给他叔父薛崿，自己奔往长安[①]。滑州节度使令狐彰死后，滑州三军逼他儿子令狐建行"夺情礼"（即不持父丧而继父位），令狐建则"守死不从，举家归京师"[②]。

有的由于愿行"河朔旧事"，指挥不动他的军队，被迫自杀。如穆宗长庆元年（821 年）成德镇军乱，杀节度使田弘正，唐廷任命田弘正子田布为魏博节度使，率魏博军讨乱。"河朔三镇，素相连衡"，其部将史宪诚"阴有异志"，与幽（幽州）镇（成德）勾结，离间魏军，使无斗志。田布想整军作战，他的将卒却说："尚书（指田布）能行河朔旧事，则死生以之；若使复战，皆不能也。"田布知众军不为所用，又不想割据自立，愤而"抽刀自刺"[③]。

当然，像这样的节度使，为数究竟不多。绝大多数则是竭力结纳军队，博得他们的欢心和拥护，以支持其割据，并使军士拥戴他们的子孙世袭。最初是利用军士，其后则为军士所支配。以魏博的牙军为例：

> 魏之牙中军者，自至德中，田承嗣盗据相、魏、澶、博、卫、贝等六州，召募军中子弟置之部下，遂以为号。皆丰给厚赐，不胜骄宠。年代浸远，父子相袭，亲党胶固。其凶戾者，强买豪夺，逾法犯令，长吏不能禁。变易主帅，有同儿戏，如史宪诚、何进滔、韩君雄、乐彦祯，皆为其所立，优奖小不如意，则举族被害。[④]

徐州的银刀军，其凶骄亦不让魏博牙军：

> 初，王智兴得徐州，召募凶豪之卒二千人，号曰银刀、雕旗、门枪、挟马等军，番宿衙城。自后浸骄，节度使姑息不暇。田牟镇徐日，每与骄卒杂坐，酒酣抚背，时把板为之唱歌。其徒日费万计，每有宾宴，必先厌食饫酒，祈寒暑雨，厄酒盈前，然犹喧噪邀求，动谋逐帅。[⑤]

---

① 《旧唐书》卷一二四《薛嵩令狐彰传》。
② 《旧唐书》卷一二四《薛嵩令狐彰传》。
③ 《旧唐书》卷一四一《田布传》。
④ 《旧唐书》卷一八一《罗威传》。
⑤ 《旧唐书》卷一九上《懿宗纪》咸通三年七月。

真所谓"旬犒月宴，若奉骄子"①。

如前所述，这些骄兵是些贫困破产的农民或游民无产者（上引徐州的"凶豪之卒"也可以为证。）他们以当兵为职业，来养活父母妻子。因为这些人是为求生存而当兵，因而他们最关心的是自己的经济利益。他们支持或废逐某一主帅，或聚众哗变，也是以自己的经济利益是否满足为转移。这种事例太多了。以宣武军（镇汴州）为例，"自李忠臣以来，士卒骄，不能自还，至刘玄佐弥甚。其后杀帅长，大钞劫，狃于利而然也"②。"利"就是他们行动的准则，所以宣武军节度使刘玄佐即以"厚赏将士"的办法结纳部下，他亲自倡导往大相国寺布施金帛，把募来的钱赡养军队。刘玄佐死后，德宗征得汴军同意，以吴凑为节度使。汴行军（司马）卢瑗下令"留什物俟新使"，将士大怒。玄佐子婿及亲兵激怒三军，拥玄佐子刘士宁为留后。刘士宁"乃以财物分赐将士"，请立之为帅。其后刘士宁残暴淫乱，将士不满，大将李万荣用每人赏钱三十贯的代价（共费钱二十万贯）收买军士，逐刘士宁，自为留后。李万荣死后，朝廷以董晋为帅。"晋谦恭简俭，每事因循多可，故乱兵粗安。"董晋死，陆长源为留后，长源好为更张，务从削刻，且不按旧例放散布帛给三军作丧服。军人求之不已，长源等议用盐价折布价，判官孟叔度把盐价提高，降低布价，每人得盐不过三两斤。惹得"军情大变"，有人劝陆长源，过去军有大变，"皆赏三军，三军乃安"。长源却说："不可使我同河北贼，以钱买健儿取旌节。"兵士怨怒已极，把陆长源和孟叔度等逮捕"脔而食之，斯须骨肉糜散"③。这是德宗时事。其后穆宗时，张弘靖为汴帅，"以厚赏安士心"。不久李愿代张弘靖，"赏赉不及弘靖时，而以威刑驭下"，结果"群情聚怨"，牙将李臣则等发动兵变，杀李愿妻弟窦缓，李愿仓皇逃走④。

而同一个张弘靖，当他代替刘总做幽州、卢龙军节度使时，却把刘总留下的赏军钱一百万贯扣下二十万贯充军府杂用，使"蓟人不胜其愤，遂相率以叛，囚弘靖于蓟门馆"。

像这种因赏薄而致军乱，节度使被逐被杀的事例还不少，不一一赘述。总之，节度使已成为他部下军士（包括将官）的工具。能满足他们要求的（即所谓得军心）就得到拥戴，子孙也可以世袭，否则自身也有被逐被杀的危险。有

---

① 《廿二史札记》卷二一《五代诸帝多由军士拥立》条语。

② 《新唐书》卷二一四《刘玄佐传》。

③ 《旧唐书》卷一四五《刘玄佐李万荣陆长源传》。

④ 《旧唐书》卷一三三《李愿传》。

的节度使不愿做傀儡，受挟制，甚至借外力剪除其牙军。如魏博镇最后一个节度使罗绍威即借军阀朱全忠的兵力，把自己的牙军八千家杀戮殆尽。然而，罗绍威失去了他的精兵，势力也就削弱，只能受制于朱全忠了[①]。

藩镇既然受军士的支配，成为执行军士意志的工具，因此，虽然不能否认某些节度使也在割据行动中一定的作用，但藩镇割据的真正主动者却是军士。

军士为什么要割据呢？

前面已经提到，这些军士是破产农民和无业游民，他们以当兵为职业，依靠丰厚的待遇和赏赐来养活家口。他们还依仗武力，强买豪夺，压迫和剥削人民。这些优厚待遇，不法行为，只有在割据一方、中央政令所不及的情况下才能如愿以偿，不受限制。这是他们要搞割据的原因之一。

其次，这些军士都来自本地，被他们拥立的节度使也大部是本地人，因此，他们的乡土观念和地方色彩非常浓厚。他们不愿离开本乡，反对调遣。如宪宗时，河阳节度使乌重胤被调任为横海节度使，他带着河阳精兵三千上任，"河阳兵不乐去乡里，中道溃归"[②]。德宗时因调泾州军士到原州筑城，泾军不愿徙。泾州裨将刘文喜因人怨怒，闭城不奉诏而叛[③]。割据一方，不听唐政府的调遣，符合他们安土重迁的思想习惯和据地自肥的物质利益，这是他们乐于割据的又一重要原因。

因此，我们认为，藩镇割据的社会基础在于割据地区的军士，节度使只有代表他们的利益，执行他们的意志，才能站得住脚。当然，节度使这样干下去，也符合他们本身的利益：既得到政治和经济的权力与利益，又可将权益传之子孙。但这就更需要倾心结纳其军士，满足他们的要求，变成他们利益的维护者和代表者。

这里还要说清楚，即藩镇的军士虽然支持割据，但他们的目的只是为了在割据区内过丰厚安定的生活，不受中央法令的干涉，他们并不愿意同唐政府或其他藩镇作战。如德宗建中三年（782年），卢龙节度使朱滔谋叛唐，他挑动部下说："将士有功者，吾奏求官勋皆不遂（说唐政府不给官勋）。"他要他们到魏州（魏博镇驻地）"击破马燧（唐政府军帅），以取温饱"，将士都不应声。连问三次，将士们说："幽州之人，自安史之反，从而南者，无一人得还。今其遗人，痛入骨髓。况太尉（指朱滔兄朱泚）、司徒（指朱滔）皆受国宠荣，将士亦各蒙

①《新唐书》卷二一〇《罗绍威传》。

②《资治通鉴》卷二四〇，元和十三年十一月。

③《资治通鉴》卷二二六，建中元年二月、四月；《旧唐书》卷一一八《杨炎传》。

官勋。诚且愿保目前，不敢复有侥冀。"朱滔只得"默然而罢"。但朱滔并不死心，过几天，他带领步骑二万五千去救田悦（魏博节度使，叛唐者）。早晨出发时，"吹角（军号）未毕，士卒忽大乱喧噪曰：天子令司徒归幽州，奈何违敕南救田悦？"吓得朱滔躲藏起来。他的亲信连哄带骗说，司徒因为幽州少丝纩，所以和你们血战拿下深州，想得到那里的丝纩，想不到朝廷失信，把深州交给旁人。朝廷赏你们的功，本来每人赐绢十匹，却被马燧夺去。司徒在幽州，已享尽富贵，这次南下，只是为你们好。暂时平息了一场纠纷，又把为首闹事的二百人杀死，才胁迫部队南下①。可见一般军士只是愿意保持现状，并没有多少奢望，更不愿替军阀白白送死，他们和朱滔的抱有个人扩张野心，是不大相同的。

还可提一下本文开头举的魏博节度使田悦的例子。他以"倾财散施，人多附之"，得到兵权；又在唐廷遣散他的四万军队时收买军心，使魏博军士感激他而怨恨唐廷。但他利用将士的拥戴，和唐朝政府军打了三年多的仗，使"士卒死者十六七，其下皆厌苦之"。兴元元年（784 年），他表示归顺，唐廷孔巢父为魏博宣慰使。孔巢父"博辩多智，对田悦之众，陈逆顺利害君臣之道。士众欣悚喜抃曰：不图今日复睹王化"②。这说明，魏博的士兵是不愿意和唐政府打仗的，对唐政府派来的使者是欢迎的。当然，魏博镇的割据状况，除田弘正时短期消除外，终唐之亡也没有取消。这和我们上面所举的几个原因有关，也和军人"愿保目前"，维护既得利益，既不侵犯唐政府，也不愿受唐政府的控制和干涉有关。

三

藩镇割据不是积极的历史因素，但也不是某一个节度使主观愿望的产物，它是唐代社会经济的病态反映。早在安史之乱前，随着均田制的破坏，土地兼并情况越来越严重，逃亡的农民越来越多。安史乱后，唐行两税法，虽然使政府的税收得到保障，但土地兼并更没有限制。所谓"制度弛紊，疆理隳坏，恣人相吞，无复畔限"③；"疆轸相接，半为豪家；流庸无依，悉是编户"④。农

① 《资治通鉴》卷二二七，建中三年四月。
② 《资治通鉴》卷二三〇，兴元元年二月；《旧唐书》卷一五四《孔巢父传》；《旧唐书》卷一四一《田悦传》。
③ 《陆宣公集》卷二二《均节赋税恤百姓》第六条。
④ 《皇甫持正文集》卷三《制策》。

民的逃亡仍然继续不停，反而因为把逃户的赋税均摊给邻居的措施，使逃户的数目成几倍的增加。据宪宗时李渤的调查说，陕西渭南县长源乡原有四百户，只剩百余户；河南阌乡县原有三千户，只剩一千户。其他州县，大约相似[1]。破产流亡农民的出路不外三条：一是做地方的佃农，所谓"依托强豪，以为私属"[2]；二是聚众起义，所谓"所在群盗半是逃户"[3]；而投身军队则是第三条出路。这就是藩镇武力的由来，藩镇割据的社会基础。从某种意义上说，它也可算是对唐朝统治阶级的一种报复和惩罚吧。

（原载《历史教学》1980 年第 6 期）

---

① 《旧唐书》卷一七一《李渤传》。
② 《资治通鉴》卷二三〇，兴元元年二月，《旧唐书》卷一五四《孔巢父传》；《旧唐书》卷一四一《田悦传》。
③ 《资治通鉴》卷二五〇，咸通元年五月。

藩镇研究的新成果

——《唐代藩镇研究》序

唐朝的国势，在唐玄宗统治时期达到了兴盛的顶点。天宝十四年的安史之乱，动摇了她的统治。战乱费了八年的时间虽然平定了，但安史余党仍然盘踞在河朔一带，成为和唐中央对抗的藩镇，而在唐朝中原内地以至江南、岭南地区也设置了许多藩镇。藩镇割据和藩镇林立的局面是唐中后期政治形势的突出点。由于藩镇的割据，统一的帝国元气大伤，唐王朝再恢复不了当年丰腴的英姿。但她并不是奄奄一息，仍然维持了一个半世纪。这一历史现象，引起了人们的重视和沉思。

长期以来，人们把藩镇问题作为唐代中后期的重要的课题加以注意和研究，是很自然的。然而，就个人所知，人们多半把"藩镇割据"作为一个不可分离的凝固的词汇来看待，似乎所有的藩镇都是割据势力，并把藩镇内部的动乱也一概视为和唐中央对抗的割据行为。从这一前提出发，遂把藩镇和唐王朝看作势不两立的敌国，似乎两者只有斗争而无妥协，只有互相对抗而无互相依存和互相制约的关系。对于藩镇割据产生的社会背景，则认为是大土地所有制的产物，把藩帅作为庄园主利益代表者，甚至把和藩镇有过联系的士子文人视为拥护分裂割据的大地主势力。这些看法纵非绝对错误，起码是简单化和绝对化，没有对错综复杂的历史现象作具体的和细致的分析。

张国刚同志的《唐代藩镇研究》，对上面列举的观点给予重新的评价，发表了独立的新颖的见解。看了以后，令人有耳目一新之感。

一

《唐代藩镇的类型分析》一文，首先把藩镇和"割据"区分开来。他把唐代藩镇分为四个类型，其中割据一方的只是以河北三镇为代表的"河朔割据型"（简称河朔型）。除魏、镇、幽三镇外，还有易定、沧景、淮西、淄青四镇。这些镇主要由安史余孽组成。

第二为"中原防遏型"（简称中原型）。其中以宣武、武宁、忠武、泽潞、河阳、义成六镇为典型代表。另有河东、河中、陕虢、山南东、金商等五镇。他们是为防御镇遏河朔藩镇而设，同时也担负保护东南漕运之责。

第三为"边疆御边型"（简称边疆型）。分西北疆和西南疆两部分。西北疆包括凤翔、邠宁等八镇，西南疆包括山南西、西川等九镇。他们是为防御吐蕃和西南少数族而设的。

第四为"东南财源型"（简称东南型）。包括浙东、浙西、淮南及荆南等九镇。他们供给唐廷以财赋，是维持唐朝生存的生命线。

著者在举出四种类型后，还考察了他们的基本状况、特点，他们和唐中央的关系及各类藩镇的相互制约关系。

根据以上分析，可见所谓"藩镇割据"只是藩镇中的一部分。在类型上，它只占四分之一；在绝对数上，它只占六分之一强。而且自宪宗削藩以后，只有河朔三镇还顽强存在，迄于唐末。这就澄清了过去对藩镇割据的笼统的片面的看法。

当然，河朔三镇，数量虽小，能量却很大。它对唐中央的冲击，国势的削弱，政治、经济、军事诸方面的影响都不可等闲视之。但在强调这一点时，人们往往走上极端，认为这一地区已完全脱离了与唐朝政治、军事、财政的隶属关系，甚至在风习文化上也成为形同化外的夷狄之邦。著者不同意这一看法。他根据大量事实指出，唐朝的政策法令（甚至两税法）在河北地区亦曾施行，中央在这一带仍有人事调动之权，三镇士人也有应科举者。他特别对唐廷在藩镇设立的监军院和各镇在长安朝廷设置的进奏院进行了研究（分见（唐代藩镇的宦官监军制度）和《唐代藩镇进奏院制度》），认为，监军院和进奏院不仅是唐廷与骄藩联系的桥 梁，也成为唐廷在割据地区行使自己的统治和骄藩在政治上奉事朝廷的象征。唐廷通过设在藩镇的监军，可以了解方镇情况，监视地方刑政，以至消弭兵乱，稳定军情。即使在割据的藩镇中，监军也是受到重视和礼遇的，因为朝廷的旌节多半通过他们奏请和授与。进奏院则担负了中央和藩帅间转达文件、传递信息、办理杂务、提供住宿等任务，其沟通中央和藩镇联系的作用是明显的。这两个机构的设置，反映了唐代割据藩镇既企图游离于中央政权之外，又不能彻底否定中央统治这一特点。也许可以用"若即若离、藕断丝连"形容他们之间的关系吧。著者引用李德裕这一段话"河朔兵力虽强，然不能自立，须藉朝廷威命以安军情"后说："可见，河朔型藩镇是具有游离性与依附性并存的双重特点的，不能把它们的割据绝对化。"这是很有见地的。

顺便提一下，过去学者多把唐代宦官监军看作挠权干政、贻误戎机的消极事物而加以口诛笔伐，这虽然也有一定根据，但未免片面。张国刚此文则详尽探讨了宦官监军制度产生的时代背景及其历史作用，指出它是在唐代府兵制到募兵制的过程中，中央与方镇的矛盾斗争中发展起来的，是新形势下中央控制地方军政的一种尝试，一项措施。在唐代中后期的政治生活中，它具有重要的政治意义，不能不加分析地认为它是唐王朝政治躯体上多余的赘疣。这是实事求是的历史主义的态度。至于进奏院的一些具体情况及其在唐代中央与藩镇关系上的重要作用，过去学者则多半忽视而缺乏研究，张国刚的论文正填补了这一课题的空白。

二

唐代的藩镇，并不都是割据的，已如上述。但在藩镇活动的历史中，却不断有频繁而激烈的动乱发生。传统的看法总是把这些动乱同藩镇割据搅和在一起而不加分辨，这当然无助于搞清历史的真相。张国刚在《唐代藩镇的动乱特点》中对此作了些分析。

他把藩镇动乱分成四种形式，即：1. 兵士哗变，2. 将校作乱，3. 反叛中央，4. 藩帅杀其部下。其中只有第三种是和唐中央的武装对抗，即割据行为，其他三种都是发生在藩镇内部的动乱。他统计了自广德到乾符间（763—879 年）河朔型的藩镇动乱共 65 起，其中反叛中央的动乱仅 13 起，约占 20%。可见，除了建中、元和时期的一些战争外，河朔藩镇与中央的关系基本上是稳定、宁谧的，并不像一般人想象的那样剑拔弩张，岁无宁日。由于动乱大半在藩镇内部发生，他称这种动乱为"封闭性"；又由于这些动乱大部是由士卒或偏裨小校发动的，他称之为"凌上性"。这是就形式而分，就内容或性质而分，则具有"反暴性"与"嗜利性"。所谓"反暴性"，即指反对节度使的苛虐残暴、不恤士卒的动乱；所谓"嗜利性"，即指士卒或牙兵为争厚赏优奖而发动的变乱。这些动乱，不仅河朔型藩镇有，其他三型亦屡有发生。

这些动乱为什么有这几种特点？张国刚分析说，首先，各类藩镇之间的相互制约关系以及他们各自的力量对比，是出现"封闭性"的主要原因。唐王朝本身虽然没有强大的武装力量，但藩镇间的相互制约及力量对比，却使任何藩镇都不敢轻举妄动。宋人尹源说"弱唐者，诸侯也；既弱而唐不亡者，诸侯维之也"，正说明了此中内情。其次，又与藩镇割据所凭借的骄兵的政治品格有关。他们是雇佣的职业兵，以当兵维持其本人及家属的生计。一旦经济利益受到损害，便会起而反抗（反暴性），或为求得更大的财富而劫帅邀赏（嗜利性）。唯其如此，他们虽有"喧噪邀求"的胆量，却没有开拓疆土或取唐而代之的野心。他们甚至厌恶或反对叛帅的对唐战争，因而限制了骄藩悍将的患意反叛，使藩镇动乱主要表现为内在的封闭形式。同时，因其为雇佣兵，与主帅的关系不像农奴兵那样强的依附性，因而是"士卒得以凌偏裨，偏裨得以凌将帅"的"凌上性"动乱。这从一个侧面反映了唐代农民人身依附关系的减弱。

最后，张国刚还从唐代安史之乱后财政制度上的军费开支地方化，说明了这些特点的由来。他指出，安史乱前的租庸调时期，全国财赋由中央统一调配，安史乱起，中央无力调拨军食，只好给予地方节镇以自调兵食权。两税法制定的上供、留使、留州的财赋三分制把允许藩镇自调兵食的权宜之计进一步制度化，更加强了地方财政的独立地位。这样，藩帅掌握了财权，兵饷由地方开支，因而使兵士与藩帅在财赋的分配上处于对立的状态。兵士为维护本身利益而掀起的动乱，其矛头自然是本镇的节度使而不是中央政府了。

既然割据的和非割据的藩镇的动乱都有共同的特点，为什么只有河朔要求割据呢？过去有的用河朔的民族特点即河朔的"胡化"来说明问题，张国刚不同意这一说法。他认为，安史乱后河北诸镇人口的绝大多数仍是汉族及汉化的少数族；其经济仍然是农业生产而不是游牧经济；其军队的主要来源是破产农民，虽有少数族参加，但这仅表现在军事意义上，许多少数族藩帅不仅本身多已汉化，而且也为其部下骄兵所左右，并未推行民族隔阂的政策，民族问题不是河朔割据的关键所在。他指出，主要原因在于，河朔诸镇只有在政治上游离于中央集权之外，通过拥立节度使来牢牢掌握本镇的财赋支配权，才能实现瓜分王赋而不上供的经济利益。其他类型的藩镇则由于客观形势的需要，唐王朝不得不允许他们拥有重兵，并畀予他们以经济上特权，因此他们不必也不需要游离于中央政权之外。而河朔藩镇的拥重兵则是唐廷所视为腹心之患，必欲消之而后快。然而消兵又引起他们的反抗，加剧他们的割据性。这就形成了一个恶性循环。在唐廷无力消灭他们的情况下，只有不减其兵，不收其财，不触动他们的根本利益，才能相安无事。

三

唐朝为什么不能消灭河朔三镇，或者说，河朔三镇为什么能长期割据，张国刚从三方面对这一问题进行了探讨。

一是河朔方面的原因。除了具有优越的经济条件和物质财富外，他着重从军事力量、联盟策略、政治态度和统治状况几方面进行探索。河朔兵员众多、骑兵骁勇、民风强悍、军事组织严密，使他们抵得住唐朝官兵的讨伐；与邻藩联盟结好，特别是三镇之间结成巩固的政治军事联盟，利害一致，互为声援；在政治态度上，他们不否定唐王朝的最高权威，只要朝廷授予旌节，承认其世袭地位，他们就不反叛，这就避免了与唐廷处于势不两立的地位，而使他们"家业不坠"；河朔的统治状况并非一塌糊涂，一无是处。一些节度使为求稳固其统治，也注意发展生产，均减赋税，努力保持境内稳定局面。

二是唐朝方面的原因。开元天宝间，边疆拥有重兵，中央军备不振，形成外重内轻局面，酿成安史之乱。战后，中原、边疆皆宿重兵，保证了内外局势的平衡。但唐中央仍没有强大的军力，她依靠的防遏叛镇的中原藩镇，多半"倚贼自重""养寇藩身"，并不出死力作战。此其一。中央虽掌握了神策军这一重要的禁军，但此军主要是守卫京西京北地区，控制该区藩镇；加之此军操于宦者之手，中原藩镇不欲与之合作，朝臣也和它有矛盾。如宪宗时以宦官吐突承璀为帅征成德镇，即因中原藩镇的不合作与朝官的反对而失败。此其二。两税法的赋税三分制使中央所能控制的财力有限，平时养兵费用开支已多，一遇用兵，更形支绌。此其三。唐廷中枢机构中朝臣宦官、平叛功臣、皇室之间的错综复杂的矛盾斗争，削弱了自身的力量，影响了讨叛战争的决策和行动。此其四。

三是边疆形势的影响。东北的奚和契丹这"两蕃"，安史乱前经常扰边。河朔藩镇割据期间，由于诸镇（特别是幽州镇）的保卫屏障，使得边境平静，奚、契丹还入朝长安。牛僧孺在幽州军乱时劝文宗说："因而抚之，俾捍奚、契丹不令入寇，朝廷所赖也。假以节旄，必自陈力，不足以逆顺治之。"不是没有道理的。这样唐廷在无力讨叛时采取"姑息"政策，也就可以理解了。西北方面则为了防御吐蕃，需要重兵（西北藩镇兵、中原防秋兵、神策军）驻守和大量财政支出，影响了唐廷对河朔的用兵。唐宣宗以后西南边疆则有南诏的入侵，便使唐廷无力顾及河朔。

以上这些分析，可说是细致而中肯的。

四

藩镇割据产生的社会背景或藩镇割据的社会基础，是唐代藩镇研究中的又一重要课题。长期以来，学者们往往把它和唐代中后期的大土地所有制或庄园制联系起来，认为均田制破坏后，庄园经济发展，藩镇节度使就是大土地所有者或大庄园主。他们为了维持本镇大地主的经济利益不被唐中央或他镇染指而割据一方。这种从经济背景解释问题的方法在方法论上似乎不无可取，但核之事实，却有许多令人费解之处。如上所述，并不是所有藩镇都是割据的；有些据有大片庄园的节度使（如郭子仪）也没有割据行为；在藩镇统治下的庄园主也并不拥护、支持割据；而且，同样是大土地所有制的北宋，当时皇帝还鼓励武人们"择便好田宅市之"，为什么就没有地方割据现象？

由于有这些疑问，本文著者曾提出另一说法，即，藩镇割据的社会基础是投身于割据军阀的破产农民和游民无产者（见《历史教学》1980 年 6 期《试论唐代藩镇割据的社会基础》）。可能由于文中表达不够清楚，说理不够透彻，有些提法不够确切，而且和传统的看法大相径庭，文章发表以后，引起了一些同行的不同意见。这是很正常的，我欢迎不同意见的批评，因为它不仅促使我进一步思考，也会在不同见解的争鸣中推动学术研究的发展。张国刚的《藩镇割据与唐代的封建大土地所有制——再论唐代藩镇割据的社会基础》（见《学术月刊》1982 年 6 期。本书中为《唐代藩镇割据的社会基础》一节），是对不同意见的答复，也是对我那篇拙稿的补充和修订。张国刚首先就大土地所有制与割据现象的联系问题展开讨论。他指出，在中外历史上确有一些割据现象与封建大庄园制紧密地联系在一起，例如中世纪的欧洲和魏晋南北朝时期的中国。那是在封建领主和世族豪强稳固地占有田庄和农奴部曲，商品经济不发达，地产转移的滞缓以及人身依附关系的加强等条件下出现的。唐朝的情况却与此不同。中唐以后，由于商品经济的发展，土地兼并虽然激烈，但土地买卖的频率增大，地产转移迅速、经常。所有权的不稳定性使土地私有者难以长期地保持对大地产的垄断，因而很难形成巩固的地方势力。由于社会经济的发展和人民群众的斗争以及租佃契约的发展，农民人身依附关系也有所削弱，这些特点，都是对地方割据势力的制约因素。用具有这些特点的大土地所有制来解释中唐以后的藩镇割据现象，是很难说清楚的。

　　大土地所有者是否都是藩镇割据的拥护和支持者呢？张国刚举出大量例证，给予否定的回答。

　　他指出，唐代中后期大土地所有制最发达的是两京及江南地区，但这些地区并未形成割据。许多庄园主的著名代表人物如元载、韦宙、司空图等，都不是藩镇割据的支持者。许多节度使虽是有田有地的地主（河北地区也不例外），但他们在为藩帅以前，既不是他们所控制方镇内的土著，也不是田连阡陌的大庄园主。他们是当了节度使后才发财致富的。以此来说明这些大庄园主是割据的社会基础，未免因果倒置了。实际上，他们并不是以大庄园主的身份进行割据，而是以唐朝封疆大吏的资格自擅一方的。其财政基础是封建国家的赋税，不是自给自足的庄园经济；其武力凭借是法律上属于国家的军队——"官健"，不是亦耕亦战的部曲家兵；其政治统治权也不是像欧洲中世纪封建领主那样与土地所有权合二而一。藩镇统治动乱频仍，但和唐中央直接冲突的战争占据的比例很小，绝大部分都发生在藩镇内部。这些动乱，使藩镇内部不得安宁，"民坠涂炭，无所控诉"，也破坏了正常的封建秩序，"纷扰剽掠，莫能禁止"，"虽王公之家，亦所不免"，侵及有产者的利益。田悦曾"悉出府库所有及敛富民财，得百余万以赏士卒"，在这种情况下，很难说富民即地主阶级对藩镇有什么好感。大土地所有者对藩镇抱不支持不合作的态度是很自然的。

　　张国刚最后举出一些例证，揭示藩镇割据区的军士为了自身的经济利益而逐帅杀帅和拥立新帅的实质是"军士控制本镇的赋税支配权和攫取额外赏赐的手段"，认为"军士瓜分王赋而不上供，正是藩镇割据的真谛"，以此证明唐代藩镇割据的社会基础不是大土地所有者，而是充当职业雇佣兵的破产农民和游民无产者这个结论。

　　我在《试论唐代藩镇割据的社会基础》一文中说："藩镇割据的社会基础在于割据地区的军士，节度使只有代表他们的利益，执行了他们的意志，才能站得住脚。"这一结论是综合了大量事实得出来的。也许这个提法太刺眼了：节度使是统治者，破产农民组成的军士是被统治者，统治者会代表被统治者的利益，这不是离经叛道吗？（请读《路易·波拿巴的雾月十八日》）。马克思说："波拿巴是流氓无产者的首领。""波拿巴代表一个阶级，而且是代表法国社会中人数多的一个级——小农。""波拿巴王朝是农民的王朝，即法国人民群众的王朝。"（参见《马克思恩格斯选集》第一卷652、692页）因此而引起惊讶和异议是很自然的。有的同志说："我们认真分析一下有关史料，在广大军士无权的情况下，往 往是军队中一些军官或野心家，利用军士拥立或反对一些藩镇，这不能看作是军士意志的体现,而是成为某些军官或野心家利用的工具。"当然有这种情况,但并不是全部如此。而且,即令有人利用,那一定也是和军士的利益一致符合他们的愿望和要求,也就是说,在执行他们的意志的前提下实现的。又说:"地方割据政权完全失去了人民的支持。"又以魏博牙兵和徐州银刀等军是"军中子弟"和"凶豪之卒"为例,说这些人"似不能作为农民支持藩镇割据的例证"。我完全同意人民不支持藩镇割据的说法,我也没有说"农民支持藩镇割据"。我只是说,军士支持藩镇割据,而这些军士是破产农民和无业游民组成的。而且,一旦他们穿 上军装,他们已脱离了农民,加人了军阀集团了。我不但同意人民不支持藩镇割据,如上所述,我还认为割据地区的地主们也不支持藩镇割据,虽然那些藩帅已经变成大地主。

当然,可能我那些话还有漏洞,有些用辞不当或辞不达意,引起疑窦。这里我引用张国刚这一段话作为弥补吧。他说:

"我们说唐代藩镇割据的社会基础不是大土地所有者,而是充当职业雇佣兵的农民和流氓无产者,是不是可以推论出藩镇不是代表地主阶级的专政机关,而是代表破产农民和流氓无产者的政权呢?回答是否定的。因为这是两个具有严格区别的问题,不能混为一谈。我们说藩镇政权是地主阶级专政,主要是从它的阶级属性,从它维护地主剥削压迫农民的封建生产关系而言的。但是,藩镇政权采取的游离于中央集权之外的特殊的政权形式,既然不是当时封建大土地所有制形态上产生的,必然有一般特殊的社会力量在起作用,必然有它赖以存在下去的社会基础。因此,我们说藩镇割据的社会基础是投身军戎为职业雇佣兵的破产农民和流氓无产者,主要是从割据现象本身的社会属性,从它能为哪些人带来经济实惠因而受到这些人支持来进行考察的。"

张国刚在本文中还回答了另一驳议,即,有的同志把一些不得志的知识分子去藩镇谋求出路,作为大地主势力与藩镇结合的证据。张国刚认为这一说法"似欠细察"。因为这些人或由于举进士不得志而远适燕赵(如董邵南),或由于久不升迁而北游河朔(如李益)。他们既不是割据方镇的大地主,更谈不上有什么大庄园利益需要在割据政权下求得庇护,只因为官场失意才愤而北投。给他们冠以"地主阶级知识分子"帽子,证明他们支持代表大庄园主的藩镇割据,似不合适。

张国刚的《唐代藩镇使府辟署制度》一文更详细地论证了这一问题。他指出,在唐代,节度使聘请知识分子入幕,士子投于藩镇幕下,是经常、频繁地发生的、为唐政府所承认的一项政治制度。不少中央宰臣都是由方镇幕府中选拔而来。他把这一制度的渊源、内容、作用和意义作了详尽的探讨，填补了唐史研究的一项空白。对于使府辟署是否助长了藩镇割据问题，他作了否定的回答。他认为，人们所以产生这种看法，主要原因是对唐代藩镇缺乏正确的认识，未能正确理解唐廷对大多数藩镇既加控制又加利用的关系。他说，对于河朔等割据藩镇而言，辟署只是形式，他们早已擅自署置文武官吏，不必依靠辟署制度。对于绝大多数藩镇来说，辟署幕职究全是中央所认可的。入幕者不仅不会助桀为虐，对抗中央，相反，他们入幕的目的本身就在于以此为跳板、为要津，然后跻身中央。有的文人不愿涉足骄藩，有的幕职还反对藩帅的跋扈行为，并协助中央政府戡乱平叛。当然，确有个别文人由于科举失意，仕途多舛，而到骄藩另谋出路，并为之出谋划策，但这种人为数不多，这只是由于科举和铨选制的某些弊端或不足引起的。如上所述，这些人只是为了个人的出路，并不是为了保护地主庄园主的阶级利益而去想干一番事业的。

当然，历史现象总是复杂的，河朔藩镇割据行为还有其他一些因素，这在前面已有论述，这里只是就社会基础而言，并不否认那些因素的重要性。

五

以上简要地评介了张国刚藩镇研究中的若干重要篇章。书中还有一些篇章也是作者在唐史园地上辛勤耕耘的成果。如《唐代藩镇形成的一般考察》和《肃代之际的政治军事形势与藩镇割据局面形成的关系》，从安史乱前唐代的兵制变化、边疆形势的发展、地方行政机构的沿革及安史乱后唐王朝内部各派政治势力的矛盾、边疆情势的分析、中原藩镇设置的原因等各方面进了考察，揭示了河朔藩镇割据形成的历史背景，纠正了笼统地归之于唐王朝的姑息苟安政策的传统看法。《唐代藩镇财政收入与分配》《唐代藩镇进奉试析》则从财政经济方面分析了唐代藩镇动乱的经济背景，藩镇和中央在财政经济关系上的矛盾等。其中一些统计数字的计算颇见功力，这也是过去忽略的问题。附录中《唐节度使始置年代考定》《武则天废监军制辨误》澄清了过去一些模糊看法。《两件敦煌"进奏院状"文书的研究》正确地著录了这两份文书，考证了文书的年代和作者，解释其内容，纠正了英国及日本学者对文书的错误解释，而且论证了进奏院状的性质，说明它是公文而不是报纸。辨明了所谓"开元杂报"只是作者孙樵加的标题，而孙樵也没有说他所见到的是"邸报"。所谓"邸报"，只是"留邸状报"的简称，它只是唐代进奏 院发回本镇的公函，既不称"邸报"，也不是"报纸",这就推翻了流传已久的邸报是最早的报纸的说法。《人民日报》海外版已于 1986 年 4 月 21 日第 8 版在"新观点"一栏中摘要刊登此文。我想，它定会引起学术界的重视。

总之，张国刚这一系列的关于唐代藩镇研究的论著，涉及藩镇问题的各方面，基本上勾画出唐代藩镇的真实面貌，对过去学术界忽略的或认识模糊的问题做了补充和澄清。到目前为止，可以说是唐代藩镇研究的一个新阶段。当然，学问无止境，前面的道路还很长。他的研究成果，无论从资料和论点方面，都有补充和修订的余地。希望本书出版以后，能引起唐史学界的关注，给他批评和指正，使他在学术竞赛的起跑线上鼓劲加油，永远向前。

（原载《社会科学战线》1987 年 4 期）

唐史三题

唐代是我国封建社会发展的鼎盛时期。她国势强盛，疆域辽阔，以经济、政治、文化等方面都有一定的特点和相当高的成就。明末清初著名学者顾炎武在其名著《日知录》卷一二《馆舍》条说："予见天下州之为唐旧治者，其域郭必皆宽广，街道必皆正直；廨舍之为唐旧创者，其基址必皆宏敞。宋以下所置，时弥近者则弥陋。"这是他实地考察的感受，也从一个侧面说明了唐朝气象的宏伟。

唐史上值得称道的方面和应该研究的问题很多，这里只就以下三题略述管见。这三个问题是：一、唐代社会繁荣昌盛的原因；二、唐代在封建社会发展阶段上的地位；三、唐史的分期。

一

隋朝的建立和南北的统一，结束了将近 400 年的分裂局面，使中国继秦汉之后，又出现了统一的隋唐帝国。在此以前，南方和北方的经济已各有发展，全国统一以后，南北的经济联系加强了，大运河的开凿，适应了南北经济联系的需要，促进了南北经济的交流。从隋朝的建立到唐代安史之乱（755 年）以前的 170 多年间，除隋末几年战乱外，政治局势、社会秩序基本上是稳定的，这就给劳动人民一个休养生息、辛勤劳作以发展生产的机会，出现了历史上艳称的"开元盛世"。这是造成唐代社会经济繁荣的主要原因。

其次，西晋末年，北方少数族匈奴人刘渊、刘曜等灭了西晋，此后，匈奴、羯、鲜卑、氐、羌各族在北方先后建立王朝，最后为鲜卑族的拓跋部所统一。这是少数族和汉族以及少数族之间矛盾斗争激烈的时期，也是各民族逐渐融合的时期。这种对立统一的结果，使以汉族为主体的中华民族增添了新的成分，注入了新鲜血液，扫除了暮气，增加了活力。隋唐继承了这一成果。隋唐的王室都有少数民族的血统，如隋文帝杨坚的皇后独孤氏是鲜卑人，其子杨广（炀帝）即是胡汉混血儿。唐高祖李渊的母亲也是独孤氏，和杨坚的皇后是姊妹。李渊妻窦氏是窦毅之女，窦毅托言自己是东汉窦章之后，说东汉末章子亡奔匈奴，为匈奴部落大人，实际上是匈奴人，最低也是匈奴化的汉人。窦毅妻子宇文氏出自匈奴，她和窦毅所生的儿女当然有匈奴血统，窦氏和李渊所生的李世民（唐太宗）之有胡人血统自不待言。李世民妻长孙氏是鲜卑人，唐高宗李治是她所生，因此，唐初三个皇帝都有少数族的血统。至于文武大臣中出身少数族或胡汉混合血统的人更不可以统计，而一般平民之间的胡汉通婚关系也不少见。前辈史学家陈寅恪先生说："李唐一族之所以崛兴，盖取塞外野蛮精悍之血，注人中原文化颓废之躯，旧染既除，新机重启，遂能创空前之世局。"（《金明馆丛稿二编》，第 303 页）这是很精辟的见解。如果不仅从李唐皇室，还把整个民族融合情况通盘考虑，那就更全面、更符合历史事实了。

最后，是唐朝统治者采取的开放政策。如上所述，在隋唐以前民族融合的基础上，加之唐统治者与少数民族的血缘关系，因此，在民族关系上，他们能够采取一视同仁的开放政策。唐太宗的一段话最为典型，他说："自古皆贵中华，贱夷狄，朕独爱之如一，故其种落皆依朕如父母。"（《通鉴》卷一九八）唐太宗这一思想不能仅看作是他个人的独创，而是他所处时代的产物。对少数民族如此，对与唐为邻的外国如东方的朝鲜、日本，西域的中亚、西亚各国（昭武九姓、波斯、大食、拂菻）以及南亚各国（印度、泥婆罗）也是如此。唐政府不仅和这些国家有政治上的使节往来，与这些国家的人民也有经济和文化上的交流。唐朝国都长安不仅是全国政治、经济和文化的中心，也是我国与各国经济、文化交流的中心。这里汇集着各国的使节、商人、留学生、僧侣、学者和艺术家。他们来向唐朝通好、经商和学习，也带来了本国的物质产品和精神产品，使唐代中国固有的文化更加丰富多彩，在音乐、舞蹈、绘画、文学等方面更绚丽多姿，丰富了中国人民的精神生活。辉煌灿烂的唐代文化的形成固然有对前代文化的继承和发展，但由开放局面引来的外来文化的影响也不容忽视。对此，业师中西交通史专家向达先生的长篇论著《唐代长安与西域文明》论之最详。

唐朝统治者采取对外开放政策，也和唐朝国势强盛、不怕外来势力（包括政治、经济和文化在内）的冲击有关。在安史之乱以前，唐朝无疑是在当时世界上国力强大、经济繁荣、文化发达诸方面居于首列的国家。许多国家及其人民或为谋取政治、经济上的利益，或为文化上的沟通，宗教上的传播，都派人到中国来，使唐朝的国威远播域外，提高了唐朝的国际地位，这当然是唐朝统治者所容许和欢迎的。

二

唐代是中国封建社会繁荣昌盛的时期，也是封建社会由前期向后期发展的时期。从这个角度看，也可以说唐代是封建社会发展阶段上的过渡时期。

从封建社会的基础土地制度看，隋唐前期因袭的北魏以来的均田制，由于社会经济的发展，土地兼并的盛行以及国有土地的日渐枯竭，已渐趋破坏，所谓"虽有此制，开元之际，天宝以来，法令弛坏，兼并之弊，有逾于汉成、哀之间"（《通典》卷二）。也就是说，均田制在唐玄宗，特别是在他统治的后期，已名存实亡了。均田制虽不是平均分配土地，但对土地占有和土地买卖还有所限制，均田制破坏后，土地买卖和土地兼并现象愈来愈严重，大土地所有制或地主田庄制遂代替了带有一定国有性质的均田制。这是一个重大的变化。

与此相应的是两税法代替了租庸调制。租庸调是均田制时期的赋税制度，它以身丁为本，是一种以丁口为纳税对象的制度，意味着封建国家对农民人身的控制。两税法以资产为本，它以土地及其他资产为纳税对象，说明封建国家对农民的人身控制相对削弱了。

随着均田制的破坏，建立在均田制基础上的府兵制也逐渐破坏而为募兵制所代替。从征调到招募，也说明封建国家对农民人身控制的削弱。虽然在某些时期，农民还不免为统治者强拉硬抓去充军士，像杜甫在《石壕吏》诗中描述的那样，但那已不是制度所规定的了。

阶级关系也发生了变化。魏晋南北朝时期，门阀士族占统治地位，农民（自耕农除外）是地主的荫户、佃客和部曲，没有独立的户籍，所谓"客皆注家籍"（《隋书·食货志》），处于依附奴役地位。到唐代，门阀士族的特权已失去了。随着大土地所有制的发展，失去土地的农民在地主田庄上作为佃耕的客户，这种租佃关系下的农民，其身份是国家的良民，其对地主的人身依附关系较之魏晋南北朝时代已大为松弛。唐末王仙芝起义称"天补平均大将军"，朦胧地表现出对财富分配平均的要求，这和前代以反暴政、反徭役为主要目标的农民起义口号已不相同，反映出土地兼并的激烈和人身依附关系的相对减轻。

上层建筑也相应地发生了一些变化，虽然它不是直接地而是曲折地反映经济基础的变化。如官制上的三省六部制自武则天当政时期起逐渐为使职差遣制所代替，安史之乱后，使职更为盛行；科举取士也于此时为盛；文学上的古文运动，传奇小说的兴起，近体诗（律诗）的普遍，词的兴起；哲学思想上韩愈建立儒家统治地位的道统学说等，都是在这个时期孕育、形成和逐渐发展的。这是一个继往开来的时代；继魏晋南北朝的余绪，开宋元明清的先河，是中国封建社会由前期向后期过渡的时代。陈寅恪先生在《论韩愈》一文的结语说："综括言之，唐代之史可分前后两期，前期结束南北朝相承之旧局面，后期开启赵宋以降之新局面，关于政治社会经济者如此，关于文化学术者亦莫不如此。退之（韩愈）者，唐代文化学术史上承先启后转旧新关捩点之人物也。"（《金明馆丛稿初编》，第296页）可谓精辟之概括。

三

如上所述，把唐代历史分成两个时期，这在学术界已是大体一致的看法。但要确定两期的分界线，即具体规定以哪一年为分期断限，却不容易，学术界似乎也没有明确的说法。这是可以理解的，因为一个社会的变动变化，是相当长时期矛盾酝酿积累的结果，不是一朝一夕出现的。不过，为了便于表述，不妨提出两个年代来作为标志：一个是唐玄宗天宝十五年（755年）的安史之乱，一个是唐德宗建中元年（780年）两税法的颁布。

安史之乱是唐朝由盛而衰的关键。在此以前，她国力强盛，政局稳定，是唐朝的鼎盛时期。此后由于长达八年的战乱消耗了国力，河朔藩镇割据形成半独立状态，北方经济遭到破坏，朝廷内部宦官擅权、朋党交争，开（元）天（宝）盛世已一去不返。这是一个划时代的政治事件。

两税法的颁布宣告了均田制租庸调法的彻底废除，此后中国的土地制度和赋税制度基本上沿袭两税法的模式而有所发展演化，奠定了中国封建社会后期的基本面貌，其影响深且巨，是一个划时代的经济措施。

当然，这两件大事都有内在联系，不是孤立的产物，也很难说哪一件更重要。只能说，一件的重要性在政治方面，一件的重要性在经济方面，虽然经济是基础，但政治也是经济的集中表现。我们不妨把这25年作一个整体的转变时期看待。

以上的分期，是就唐代政治社会面貌的变化标准划分的，也是当今唐史学界公认的看法。这可称为二分法。此外，还有四分法和三分法，也应该知道。介绍如下：

四分法是把唐朝分为初、盛、中、晚四期：初唐——高祖至睿宗；盛唐——玄宗至肃宗；中唐——代宗至文宗；晚唐——武宗至哀帝。这是元人杨士宏所著《唐音》一书中的划分法。这是一部唐诗选集，作者把唐代诗人的作品按其生年分别纳入这四个时期。明人胡震亨的《唐音癸签》也这样分。现代讲唐代文学特别是讲唐诗的也是这样。

三分法可举范文澜先生的《中国通史简编》第三编的说法为代表。他的分法是：前期——唐高祖至玄宗开元二十九年（618—741 年）；中期——玄宗天宝元年至宪宗元和十五年（742—820 年）；后期——穆宗长庆元年至昭宣帝（哀帝）天祐四年（821—907 年）。其划分是以"统治阶级内部主要矛盾的存在和发展"为依据的。前期的"主要矛盾是中央统治集团内部腐朽倾向和进步倾向的矛盾，由于进步倾向起主导作用，因而保持长期强盛状态"。中期是"中央集权势力和地方割据势力的矛盾，中央集权势力取得相对的胜利，因而基本上还能够保持国家的统一"。后期是"中央统治集团内部宦官势力和士族势力的矛盾，由于宦官势力占优势，中央集权势力愈趋于衰弱，又由于黄巢所率农民起义被击败，地方割据势力成为唯一的力量，唐朝就此灭亡，中国又出现五代十国的大分裂局面"。这一划分法对于分析唐代政治史特别是统治阶级内部斗争是恰当的，值得重视。

（原载《中学历史教学参考》1993 年 8—9 期）

唐代史馆移置中书省的年代

唐太宗贞观三年（629 年），置史馆于禁中，在门下省北，即隶于门下省。唐玄宗时，又移置于中书省。此次移置年代，《唐会要》及新旧《唐书》记载各不相同，计有开元十五年（727 年）、二十年与二十五年三说。吾人固可笼统称为玄宗时或开元时，但在编写《史馆》词条时，则不应含混过去，而应考订其确切年代。兹先胪列三书所记如下：

（1）《唐会要》卷六十三《史馆上·史馆移置》条说：

开元十五年三月一日，宰臣李林甫监史馆。以中书地切枢密，记事者宜其附近。史官谏议大夫尹愔，遂奏移于中书省北；其地本尚药局内药院。

（2）《新唐书》卷四十七《百官二·史馆》条说：

开元二十年，李林甫以宰相监修国史，建议以为中书切密之地，史官记事隶门下省疏远。于是谏议大夫、史馆修撰尹愔奏徙于中书省。

（3）《旧唐书》卷四十三《职官二·史馆》条说：

开元二十五年三月，右相李林甫以中书地切枢密，记事者官宜附近，史官尹愔奏移史馆中书省北，以旧尚药院充馆也。

经过考证，我认为最后一说，即开元二十五年说是正确的。理由如下：

（一）李林甫为相年代

三书中俱称移馆为李林甫任宰相时事。据《旧唐书·玄宗本纪》及《通鉴》卷二一四，开元二十二年五月，以李林甫为礼部尚书、同中书门下三品（《玄宗本纪》称同中书门下平章事），这是李林甫入相之始。因此，开元十五年和二十年的说法都不能成立。

《通鉴》又载，开元二十四年，由于李林甫的谗害，玄宗罢宰相张九龄政事，以李林甫兼中书令。《旧唐书》卷一百六《李林甫传》补充说："即日林甫代九龄为中书、集贤殿大学士、修国史。"《通鉴》及《旧唐书·玄宗纪》系此事于开元二十四年十一月壬寅（二十七日）。李林甫之移史馆于中书省，一定在这一天之后，而不可能在此日之前，因为，只有在他掌握中书和修史大权之后，才有权力和兴致把史馆移在他的办公处附近。

史馆徙置中书省既必在开元二十四年十一月之后，则二十五年徙置说可能性自当无疑。下面，再举一证，确定其在开元二十五年。

（二）史官尹愔任职年代

三书中一致认为具体奏请移馆者为史官尹愔，因之此人事迹显为确定移馆年代的重要线索。《新唐书》卷二〇〇《儒学传》下有尹愔简传，称其为"秦州天水人……博学，尤通老子书。初为道士，玄宗尚玄言，有荐愔者，召对……拜谏议大夫、集贤院学士，兼修国史，固辞不起。有诏以道士服视事，乃就职，专领集贤、史馆图书。开元末卒"。虽履历简明，惜无年代可考。《旧唐书》虽无专传，但《玄宗本纪》中却有一重要信息："开元二十五年春正月癸卯，道士尹愔为谏议大夫、集贤学士兼知史馆事。"这就告诉我们，史馆移置只能在开元二十五年正月后。《旧唐书·职官志》记其事在是年三月，我想是无可置疑的。

我怀疑，《唐会要》的原文也是开元二十五年，现在所见的版本乃是传抄脱漏所致。因为《会要》所本系国家档案，所记情节系当时发生之事，其年代不会有误，观其于年下详记月日（三月一日），可见其为当时实录。此其一。其二，《通典》卷二十一《职官三·史官》记此事为开元二十五年，其语言与《会要》几全相同，录之以资比较：

> 开元二十五年，宰臣李林甫监史。以中书地切枢密，记事者宜其附近。史馆谏议大父尹愔遂奏移于中书省北，其地本尚药局内药院。

其中除将《会要》"监史馆"略为"监史"，"史官"改为"史馆"外，其他字句完全相同，说明二者同出一源，不过《通典》略其"三月一日"而已。持以与《旧唐书》比较，亦大同小异，可知其取材于上列二书，或其最原始的资料（如《实录》）。总之，史馆移置在开元二十五年说是可靠的。

一九八五年八月

（原载《郑天挺纪念论文集》，中华书局 1990 年）

"考竟"和"结竟"

"考竟",是我国古代的法律术语。六十年前,程树德先生著《九朝律考》,辑录各朝有关"考竟"的记载不少,对理解此词颇有裨益。在《汉律考五》中,他首先引刘熙《释名》之说:

> 狱死曰考竟。考得其情,竟其命于狱也。

但他不同意这一解释。他说:

> 按《唐律·断狱》:"死罪囚辞究竟。"《疏议》曰:"谓犯死罪囚辞状究竟。"《度尚传》:"诏书征尚到廷尉,辞穷受罪。"《急就篇》:"辞穷情得具狱坚。"义与唐律同。然则考竟者,乃考实以竟其事,非谓竟其命于狱中也。《释名》恐误。

程先生的意见我认为很有道理。但据我看到的辞书,如日本的《大汉和辞典》,我国的《中文大辞典》,旧《辞海》(新版无此条),新《辞源》等书,仍沿用《释名》之说,释"考竟"为"死于狱中"或"拷问死于狱中"。看来,这一问题还有重加考释的必要。

诸辞书所以不从程说,可能因程先生所引《唐律》并未直接诠释"考竟"一词,而是程先生间接推比所得结论,不如《释名》之直截了当,而一般受考竟者大都因之而死,因而相信其说。其实,仔细推敲有关"考竟"记载,就会发现,《释名》之说是很可怀疑的。如:

> 1. 永初元年(109年)九月丁丑诏曰:自今长吏被考竟未报,自非父母丧无故辄去职者,剧县十岁、平县五岁以上乃得次用。(《后汉书》卷五《安帝纪》)

李贤注说:"考谓考问其状也,报谓断决也。"据此,这段诏书的意思是,长吏被审查但未结案的(自非父母丧无故辄去职者是另一种人),须待十年后才得在重要的县任职。这说明被考竟并不一定死；被考竟的还要经过断决（报）才算结案，考竟不是最后处置。

2. 阳嘉三年（134 年）春二月己丑，诏以大旱，京师诸狱无轻重皆且勿考竟，须得澍雨。（《后汉书》卷六《顺帝纪》）

可见在东汉时，罪犯不论轻重，都要考竟。考竟并非必死于狱中。

3. 以贾逵为豫州刺史……考竟其二千石以下阿纵不如法者，皆举奏免之。（《三国志·魏书》卷十五《贾逵传》）

既考竟之，又奏免其官，假如考竟已死，则免官就毫无意义了。

4. 旧法，军征士亡，考竟妻子。（《三国志·魏书》卷二十四《高柔传》）

《资治通鉴》卷六十七，建安十九年（214 年）条引此文，胡三省注考竟说："考而穷竟之也。"也就是，仔细审查，追究到底，与《唐律疏议》"辞状穷竟"意义差不多。

5.《世语》曰："（夏侯）玄至廷尉，不肯下辞。廷尉钟毓自临治玄……而狱当竟，（毓）夜为作辞，令与事相附，流涕以示玄。……玄……临斩东市，颜色不变。（《三国志·魏书》卷九《夏侯尚附子玄传》）

"狱当竟"即当考竟〔《通鉴》卷七十六正元元年（259 年）胡注云：竟，结竟也。不确，见后），即犯罪情况（口供）写清，从"不肯下辞"及"为作辞"可以推知。夏侯玄被斩于东市，而非死于狱中，可见"竟"绝非如刘熙所说的"竟其命于狱中"。

所以，考竟只能是考问案情。追究清楚，与竟其命是两回事。不过，既要把案情查明，就难免拷掠追逼，屈打成招，因而被考竟者往往九死一生，很难幸免，这样，考竟也就和拷死差不多了。另外，在东汉末和曹魏时代，被考竟最后总是处死。如蔡邕是被"考竟"死于狱中的；前举《高柔传》中一个逃亡军士的妻子也被杀了。同传还记一事说，魏文帝曹丕因与其治书执法官司鲍勋有"宿嫌"，想枉法杀之，高柔固执不从，文帝怒甚，"遣使者承指至廷尉考竟勋，勋死……"说明考竟和死差不多成了同义语了。特别在曹魏时，"军国多事，用法深重"（《三国志·魏书》卷二十五《高掌隆传》），因犯的处境和命运当比东汉时更为不如，一被考竟，极难生还，《释名》作者刘熙生当此时（见毕沅《释名疏证序》），可能见到受考竟者这种结局而把考竟释为狱死。韦昭曾评《释名》"时有得失"（《三国志·吴书》卷二志十《韦曜传》），《四库提要》谓其"间颇伤于穿凿"（《四库全书总目提要》卷四十）。因此，他对考竟的解释也难免有望文生义之嫌。

何况，即在曹魏时，也有考竟而未死者。前引《夏侯尚传》注引《魏略》记镇北将军许允被告发"擅以厨钱谷乞诸俳及其官司属，故遂收送廷尉。考问竟，减死徙边"。"考问竟"当即"考竟"。可见被考竟者不一定都死，也有"徙边"的，此其一；从"减死"看，可见其罪本应死，不过特予减死而已，此其二。由此可知，考竟只是一种审讯过程，其目的是在把案情查清；查清后如何量刑定罪，则是又一法律行为。二者不应合二为一。这一量刑定罪的行为，在唐律上称为"结竟"。《唐律疏议》卷三十《断狱律·狱结竟取服辩》条说：

> 狱结竟，徒以上各呼囚及其家属具告罪名，仍取囚服辩……《疏议》曰：狱结竟，谓徒以上刑名，长官司同断案已判讫徒流及死罪，各呼囚及其家属具告所断之罪名，仍取囚服辩。（《四部丛刊三编》本）

可知"结竟"即结案或宣判书，是在犯人"辞状穷竟"（《唐律疏议》卷二十九《断狱律·死罪囚辞穷竟》条）之后根据法律条文判以应得的罪名。"辞状穷竟"是审问（考）犯人的罪行，追查清楚（穷竟）；结竟则在此基础上予以判决。两处的"竟"字只能理解为尽头或终结，而不能有"竟其命"之义。据我所知，唐代无"考竟"一词，但"穷竟"则常见。如《唐会要》卷四十一《酷吏》门载陈子昂上书说："顷年已来，伏见诸方告密……皆以扬州为名。及其穷竟，百无一实。"韦嗣立也说："用法之伍，务于穷竟。"作用与考竟相同，唐前似无结竟一词，但前引《后汉书·安帝纪》之"被考竟未报"一词尚有迹可寻。李贤注谓"断决"，正与结竟之义吻合。

关于"结竟"，胡三省有解释。他在《资治通鉴》卷二〇八，中宗神龙二年（706 年）七月"上命法司结竟"句下注说："结竟者，结其罪，竟其狱也。或曰：竟，尽也，尽其命也。"按：胡注第一义项尚近事实，第二义项则不尽然。据上引《唐律》，"结竟"是对徒刑以上罪行的最终判决，可谓"结其罪，竟其狱"。但被结竟者不限于死刑犯人，尚有徒、流刑事犯在内；而且，即令是死刑，也要"要囚服辩"，即准许犯人申辩，"若不服者，听其自理，更为审详"，即还可以复查。而且规定主审官司若不执行此条文要受罚："违者（徒、流罪）笞五十，死罪杖一百。"胡三省对"考竟"一词的解释，不从《释名》而自立界说，很有见地；但对"结竟"的第二个解释则与《释名》犯同样错误。他称为"或曰"，显然不是他自己的见解而是引用他人成说。假若他注意到《唐律疏议》的条文，很可能会不采此说。

又，前引胡注《通鉴》卷七十六之"狱当竟"为"结竟"，恐亦不妥。所谓结竟，乃狱官司的判决书，由狱官司写就向犯人宣布者。而《夏侯玄传》及《通鉴》所载，却是应由夏侯玄写出，不过他"不肯下辞"即拒不认罪而由旁人代为作辞而已。这个"竟"，实在是"考竟"或"穷竟"，而不是"结竟"。

"结竟"一词，据我看到的中外辞书，尚无为之立目者，应补立。又，《大汉和辞典》与《中文大辞典》于"考竟"除采《释名》一义外，另立"审问罪状"与"拷掠"义项。虽大致不差，但于"竟"字则未诠释，仍为未达一间，兹不具论。

（原载《辞书研究》1985 年第 2 期）

"加役流"解

加役流是唐律刑罚名称，也是唐代开始创制的刑罚。唐太宗时，由于旧律刑罚太重，把应处绞刑的罪行五十条免除死罪，改为断右趾。其后蜀王府法曹参军裴弘献上疏，以为古代五刑，刖（断足）居其一。以后肉刑已废，五刑改为死、流、徒、杖、笞。现在恢复刖足，等于六刑。太宗采纳其言，除断趾法，改为流三千里，劳役三年，称"加役流"。

这一词条并不难诠释。但由于史料较多，说法纷歧，在下笔撰稿时还是颇费斟酌。

首先遇到的是，断右趾和加役流设置的年代问题。

《唐律疏议》卷二《名例·应议请减》条说：

> 加役流者，旧是死刑。武德年中，改为断趾。

《唐六典》卷六《刑部·郎中员外郎·流刑三》条说法与之相同。但《通典》卷一六五及卷一七〇《刑典》则将断右趾事系之太宗即位后，新、旧《唐书·刑法志》并同。按理说，《唐律疏议》和《唐六典》成书较早，似更可信。但《通典》作者杜佑留心典章制度，前二书当皆悉心参阅，他不从其说，应当另有根据。按《旧唐书》卷五十《刑法志》说：

> 及太宗即位，又命长孙无忌、房玄龄与学士法官，更加厘改。戴胄、魏征又言旧律令重，于是议绞刑之属五十条，免死罪，断其右趾。

文中提到的这几位臣僚，除魏征外，都是在早期就辅佐唐太宗并受到太宗信任的。由他们建议免死断趾，当然应在太宗即位之后。

唐太宗即位于武德九年（626年）八月，次年始改元贞观。从这一点讲，《唐律疏议》和《唐六典》说"武德年中"或"武德中"似乎也不错。但很容易令人误解为唐高祖时期的事，因为"中"一般理解为统治中期。若改为"武德末"倒可勉强，但总不及"太宗即位"说得明确。

太宗即位可理解为武德九年，但也可说是贞观元年，究竟哪一年，已无可确指，但总不是唐高祖时期的事则可以肯定。《文献通考》卷一六五《刑考五》把断趾法定在贞观二年，虽可能有所依据，但亦不够确切，下面再谈。

至于加役流的年代，《唐律疏议》和《唐六典》都定为贞观六年，而《唐会要》卷三十九《议刑轻重》则系之于贞观元年三月，《通鉴》卷一二九又记于贞观元年正月之内。《通典》在记太宗即位制断右趾法后紧接着说："其后蜀王府法曹参军裴弘献又驳律令不便者四十余事，太宗遂令删改之，除断趾法，加役流三千里，居作二年。""其后"二字，可解释为在除断趾法后不久，但也可理解为在这以后若干年，相当含糊。《通典》卷一七〇《刑八·宽恕》在叙述"加役流"之后，接着是贞观二年三月的记事，则加役流之制定似是发生在贞观元年，如《通鉴》所说。到底哪个说法更准确呢？

在制定加役流的过程中，蜀王府法曹参军裴弘献是一个应当重视的关键人物，因为《唐会要》《通典》、两《唐书·刑法志》都提到，由于他的建议，才使此法得以形成。可惜的是，新、旧《唐书》都没有他的专传，无从知道他是在哪年提出建议的。但，他既然当过蜀王府的法曹参军，我们不妨以蜀王为线索，探寻有关的年代问题。

考唐初皇子封蜀王者共有三人：一个是蜀王愔，太宗第六子，初封梁王，贞观十年改封蜀王（《旧唐书》卷七十六《太宗诸子传》）。时间太晚，不会是裴弘献奉侍的蜀王。再一个是霍王元轨，唐高祖第十四子，武德六年封蜀王，八年徙封吴王（《旧唐书》卷六四《高祖二十二子传》）时间太早，更不会是。最后一个是郁林王（《旧唐书》称吴王）恪，太宗第三子，贞观二年封蜀王，十年改吴王（《新唐书》卷八十《太宗诸子传》）。这个蜀王应该是裴弘献所奉侍的蜀王，因为时间正合适。

如果上述推测不错，则贞观元年创加役流之说便不可能，因为当时没有受封的蜀王。《文献通考》把断趾法定在贞观二年，是否因加役流只能制定在贞观二年即蜀王受封、裴弘献任职（当在蜀王受封之后，不一定在同年）之后，因而定在这一时限之前（即贞观二年）呢？

现在再回头看《唐律疏议》和《唐六典》贞观六年说，就可以看出他们的说法是有根据的。因为裴弘献任蜀王法曹参军只能在贞观二年到十年之间，加役流也只能在此期出现。两书一定是根据当时的档案纪录而把它确定为六年的。最低限度，贞观六年应是加役流正式颁布的时期。至于两书把断趾法定为武德年中，也可解释为武德九年太宗即位之后，这样就和《通典》及两《唐书》的说法不抵牾，保持了第一手资料的可靠性。

解决了年代问题后，再一个问题就是加役流的服役年限。

这个问题，在《唐律疏议》（卷三）和《唐六典》中讲得很明确。《唐六典》解释说：

> 常流唯役一年，此流役三年，故以加役名焉。（卷六《刑部》）

但《通典》《唐会要》及新、旧《唐书·刑法志》却都说：

> 改为加役流三千里，居作二年。

《通鉴》在贞观元年"徙三千里，居作三年"条下的《考异》说：

> 新、旧《刑法志》皆云"居作二年"，今从王溥《会要》。

但我们现在看到《唐会要》却仍作二年。证以《通典》（宋刊本）及《册府元龟·刑法部》俱作二年，似非刊刻之误。应该怎样认识呢？

我觉得两者并无矛盾，只是提法角度不同。所谓"加役流三千里，居作二年"，应理解为在常流（即一般的流刑）居作（即服劳役）一年之外，再加役二年，一共是居作三年。流的里数三千里并未增加，但役的年数增加了，因而称为加役流，即增加劳役二年的流刑。《通典》的提法可简化为"加役居作二年"，或再简化为"加役二年"。假如作"加役……居作三年"反倒成为一共居作四年了。至于《唐六典》的"此流役三年"和《唐律疏议》的"居役三年"（卷三《流犯应配》条），是直接说出服役总年数，并没有像《通典》和《唐会要》那种"加役……居作"的提法。因此我怀疑，不是司马光的理解有误，便是他所看到的《唐会要》与今本提法不同。他在《通鉴》上这样说：

> 请改为加役流，徙三千里，居作三年。

虽然他的意思是指一共劳役三年，但更动了几个字，尤其是改"二"为"三"，已经和原来提议人的以及唐人杜佑的原意和理解颇有即离了。

根据上述考订和理解，编为词条如下：

加役流 增加劳役年限的流刑。唐太宗即位初，令大臣修订刑律，将五十条应处绞刑的死罪减轻，改为断右趾，太宗认为此刑仍太苦重。其后蜀王府法曹参军裴弘献上疏，驳律令不便者四十条，遂与房玄龄等建议废除此刖足的肉刑。于是除断趾法，改为流三千里，服劳役三年。于贞观六年（632 年）颁行之。

一般流刑服役一年，此则加役二年，故名。

我对史料的理解以及词条的编写是否有当，希望同志们批评指正。

（原载《郑天挺纪念论文集》，中华书局 1990 年版）

"六赃"与《福惠全书》

"六赃"是中国古代刑律的一个术语，一般辞书未见收。台湾出版的《中文大辞典》有本条释文，全文如下：

> 六赃不义之财凡有六种，谓监守盗、常人盗、枉法赃、不枉法赃、窃盗赃、坐赃也。[福惠全书·刑名部·杂犯·释六赃]一曰监守盗：监者监临，谓经管之人也；守者主守，谓经收之人也。凡经管、经收及临时差遣管领提调人员并佐贰首领官同署文案者，私用所收所管之物，皆是监守盗。一曰常人盗：原系官物，非监临主守之人取受、侵欺、借货及擅取官造什物、珠池内珠、官山内树木皆是，不必专于偷盗也。一曰枉法赃：受人财物而为之曲法是也。一曰不枉法赃：受人财物，不曾违法是也。一曰窃盗赃：潜形隐面，盗人财物，无分白日与黑夜皆是也。一曰坐赃：除正条之外，如新任新役，受所部所属拜见银两；及诸色人员无故受人馈送；如受伤医药之外，偷损财物；赔偿之外，多有所取；或因公科敛，赃非入己；或造作虚费，皆是也。

按：《福惠全书》是清朝康熙时人黄六鸿所撰。《辞典》既引此书作证，在编者心目中当然认为"六赃"为清代刑律名词，此前未见，读者自必信其所言。但，实际上这一词早在唐代已经出现了。

《唐律疏议》卷四《名例律·以赃入罪》条疏议说：

> 在律，正赃唯有六色：强盗、窃盗、枉法、不枉法、受所监临及坐赃。自外诸条，皆约此六赃为罪。

同书卷二十六《杂律·坐赃致罪》条疏议说：

赃罪正名，其数有六，谓：受财枉法、不枉法、受所监临、强盗、窃盗并坐赃。

同书中在有关律文中并对六赃各条内容做了解释，兹不具引。

可见，"六赃"之名，肇始于唐（唐以前是否有，因无完整律书可稽，不得而知），早于《福惠全书》一千多年，清朝不过沿用而已。而且，我们还可以推测，这个词自唐开始，一直流传到后代各朝，不过在正式律书上，它不一定出现。检《明律》和《清律》条文，未发现"六赃"一词，但《福惠全书》上所指的六赃具体罪名，都载在明、清律中。在《大清律例增修通纂集成》卷三十一《刑律·受赃·坐赃致罪》条的《辑注》上说：

> 按：监守、常人、窃盗赃曰"并赃论罪"，枉法、不枉法赃曰"计赃科断"，近条曰"坐赃致罪"……六赃中惟此最轻。

在《官吏受财》的《辑注》上说：

> 六赃内惟枉法赃罪最重。

《辑注》是清朝道光、同治时姚涧、任则珊等就前此沈之奇的注辑补而成，可见六赃一词是有清一代司法界的流行术语。清律沿袭明律而来，因此，见于《福惠全书》上六赃的各条罪名，明律上都有。同时，我们还可看出，唐律和明、清律虽然都有六赃之名，但二者具体条文并不一致。此点清末法学家薛允升早已指出：在其所编《唐明律合编》卷十一《明律·坐赃致罪》条说：

> 唐之六赃与明律不同。明无受所监临及强盗赃，而有监守及常人盗二项。

因此，我们在编断代史词条时，可以二者分说；将来编综合词条时，则须说明二者的联系和区别。

《辞典》既然提到《福惠全书》，读者当然想了解这是一本什么样的书。《中文大辞典》收有此条，它的释文说：

> 福惠全书书名，三十三卷。清黄六鸿撰。汇集一时地方施政者之心得之作。见《四库提要·子部·杂家类存目》。

但是，我们在《四库全书总目提要》中却找不到这一部书，有之，则是在《子部·杂家类存目九》上题名为《福寿全书》者。此书无卷数，是明朝陈继儒所撰，乃记前贤格言遗事者，与《福惠全书》毫不相干。《辞典》编者盖误"寿"为"惠"，又未亲读提要内容，可谓粗心之至！再一查对，原来这两条都是一字不漏地抄译自日本的《大汉和辞典》。利用前人成果编工具书，事属正常，情有可原，但应是对其参考借鉴，取其所长，弃其所短，正其谬误，补其不足，重要的是要核对原始资料，不要一味抄袭。假如翻一下《福惠全书》或《四库提要》，就不会犯上面的失误，而且还可以纠正前人的疏漏。这一点，对我们编辞书的，也是一个教训。

《福惠全书》是作者对地方行政的情况、阅历、经验和体会的记录，分十四部，三十二卷。书中对州县的钱谷、刑名、户口徭役编审、土地清丈、保甲、教育、荒政、邮政等言之甚详，对地方弊端内幕亦有所揭露，是了解清初地方社会情况的第一手资料。作者黄六鸿，字思湖，江西新昌人（自称宜丰人，系用三国时旧名。宋改新昌，1914 年改宜丰，今江西宜丰县）。康熙九年（1670年）以举人为山东郯城县令，改河北东光县令。后入朝为谏官，寻致仕。《福惠全书》撰于康熙三十三年，刻于康熙三十八年。《清史稿》无黄六鸿传，王植《崇德堂稿》卷四有《郯城尹黄思湖传》，除简略述其经历外，即以大部篇幅述其断狱之警敏，无重要信息。《福惠全书》卷首有作者自序，亦仅略述其生平梗概。前面的简介即根据此二文编成。

《大汉和辞典》和《中文大辞典》以及《中国人名大辞典》俱无"黄六鸿"词条，这段简介聊作补阙之用吧。

（原载《郑天挺纪念论文集》，中华书局 1990 年版）

唐代的景教

景教是唐代从西域传来的基督教的一个教派。他的创始人是聂斯脱利（Nestorius，约 380—451 年），因称聂斯脱利派（Nestorian）。聂斯脱利出生于叙利亚境内一波斯人家庭，曾在安提阿（今土耳其安塔基亚）学习进修。公元428 年，东罗马皇帝狄奥多西二世任命他为国都君士坦丁堡的主教。他认为，基督（即耶稣）的神性和人性不是一个统一的本体，只是神性附在人性而已，因此玛利亚只是耶稣之母而非上帝之母，这就是"二性二位说"，而与主张基督的神性和人性统一的一派（正统派）恰相对立。公元431 年，狄奥多西二世在小亚细亚的以弗所召开会议，想解决这一问题。聂斯脱利拒绝出席，正统派、埃及亚历山大城的主教西里尔主持会议，判处聂斯脱利派为异端，开除聂的教籍，并收买皇帝的 权贵官吏，将其流放到非洲。其众多信徒则东逃到伊拉克、波斯等地，在波斯受到国王的宽容和保护，颇为兴盛，此后又经中亚传到中国。

唐太宗贞观九年（635 年），大秦国（古指罗马帝国，唐代指东罗马帝国及叙利亚）主教阿罗本携带一些经卷到达长安，受到唐太宗的礼遇，令其翻译经卷，有时还咨询他宗教问题。这是景教传入中国的开始。景教这一名称是他们为适应中国人的习俗使之容易通晓和接受而自己命名的。他们说："真常之道，妙而难名，功能昭章，强称景教。"[①]前辈学者陈垣先生解释说："景字，大也，光明也。"又说，敦煌发现的景教经文中有"景通法王"四字；他又在一经本上发现记有"景通法王乃拿撒拉人"文字。拿撒拉又译写为拿撒勒，《新约圣经》认为是耶稣的故乡。陈先生断定"景通法王"就是耶稣，因而假定"景通即基督之不同翻法，景教即基教"[②]。这一说法值得重视。看来，景字可能是音、义兼备的译法，而且可能有汉人文士参与其事。

贞观十二年七月，唐太宗下诏说："波斯僧阿罗本远将经教，来献上京，详其教旨，玄妙无为，生成立要，济物利人，宜行天下。所司即于义宁坊建寺一

---

① 见《大秦景教流行中国碑》。
② 见《基督教入华史》，刊于《陈垣学术论文集》第一集，第 94-95 页。

所，度僧二十一人。"①称阿罗本为波斯人，因名其寺为波斯寺，称他为僧，是沿用佛教称呼。所度的这 21 人，应是陪同阿罗本来的门徒。所谓"度"，不过是承认他们的教徒地位而已。由于景教源自大秦而非波斯，称其寺为波斯寺，其人为波斯人，他们大概不乐意接受。因而，在此后他们撰写的《大秦景教流行中国碑》中，阿罗本被称为"大秦国大德阿罗本"，不称"僧"而称"大德"，寺则称"于京师义宁坊造大秦寺一所"，但仍称"度僧二十一人"。实际上，直到唐玄宗天宝四年（745 年）九月后，政府才下诏："波斯经教，出自大秦，传习而来，久行中国。爰初建寺，因以为名，将欲示人，必修其本。其两京波斯寺，宜改为大秦寺。天下诸府郡置者，亦准此。"②可见在长安建寺后不久，洛阳即建一寺，而各地亦陆续建寺。碑中有"法流十道""寺满百城"等语，虽不免有所夸饰，但大致可信。

《大秦景教流行中国碑》是记录景教在唐代流行的重要文献。它介绍了基督教的教义后即叙述景教自入唐后到唐德宗建中二年（781 年）的历史。在述说唐太宗对其优遇后，唐高宗在诸州"各置景寺"，并封阿罗本为"镇国大法主"，只是在武则天当政时才受到冷遇，仍勉力维持（文中委婉地用两列骈语道出衷曲）。玄宗继位后恢复了太宗、高宗的优遇传统，曾令大太监高力士将唐高祖、太宗、高宗、中宗、睿宗"五圣"画像送大秦寺内供奉；请新来的教士佶和与在长安的教士十七人在兴庆宫内"修功德"，并亲笔题写寺名。此后肃宗、代宗、德宗都对景教徒优礼有加。肃宗曾令"于灵武等五郡重立景寺"③。安史之乱时，又令教士伊斯（按，此名可能即耶稣）在中书令、元帅郭子仪军中，"为公爪牙，作军耳目"，为之参赞军事。代宗则在自己的诞辰时，赐大秦寺以"天香"（香火）和"御馔"犒赏教徒。总之，写的都是景教的光辉史、荣耀事。这从一个侧面反映了唐朝的开放政策和对外来宗教的宽容态度。

---

① 《唐会要》卷四九《大秦寺》。

② 《唐会要》卷四九《大秦寺》。

③ 业师向达先生在《唐代长安与西域文明》中，引用日本学者佐伯好郎《大秦寺所在地考》所说，认为"五郡"在陕西周至县，是地名，大秦寺即在其地，故"于灵武等五郡重立景寺"之"等"字应作"类于"或"同于"解，即在灵武地方亦仿"五郡"重立景寺，这正符合碑文"每岁集四寺僧徒"之语，亦可推知唐德宗建中年间立碑时之寺为长安、洛阳、灵武、五郡四处。向师并亲往其地验证（原书第 93-94、110-115 页）。

笔者按：十三世纪马可波罗一家赴华途中行经今宁夏回族自治区时，即指出西夏国都贺兰山（实际是西夏的夏宫）有三座美观的基督教堂。法国学者伯希和即据《景教碑》"于灵武等五郡重立景寺"之文认为，灵武治所在宁夏灵武县一带，辖境甚广，不仅唐代，元代当有聂斯脱里派更多的教徒（见其《马可波罗注》第 132-137 页 Calacian 条）。此说可从。马可波罗书中关于元代塞外及内地的基督教徒及教堂处的记述为数颇多，可以参看。

此碑立于唐德宗建中二年正月初七（公元 781 年 2 月 4 日），全文 1780 字，署名为"大秦寺僧景净述"。一般认为景净即碑文撰者，但碑文四六骈体，文词典雅，景净虽在唐居住较久，通晓汉文，是否能撰此流畅古雅的文字，颇可怀疑。从"述"字看，似是由他口述或起草，而由一汉人文士修饰而成。碑末有"朝议郎前行台州司士参军吕秀岩书"，书法挺拔规正。碑底及两侧有古叙利亚文，记载 70 余名教士的名字及职务。其中在"景净述"之下是叙利亚文"中国教父、区主教兼长老亚当（Ad-am）"，这是景净的原教名。其他人原名下多有叙利亚文拼写汉字音者，如原名马·萨吉思（Mar Sargis）则拼为 yüan-tsung 即汉名元宗等。

此碑于明熹宗天启三年（1623 年）在陕西周至县出土，当时来中国的天主教徒对此甚为重视，不久即译为拉丁文，引起了他们极大的重视和兴趣。这是基督教入华的最早实物见证，中外学者对它都做过研究。现藏西安陕西省博物馆。

除此碑外，还有一些用汉文译写的景教经卷，如《景教三威蒙度赞》，系用七言韵语对基督的赞颂词。三威指圣父、圣子、圣灵三位一体的威严，蒙度为得蒙救度之意。《尊经》对 22 位"法王"（圣徒）的礼赞，列举了他们著作的 35 种经名，并注明皆阿罗本带来，共 530 部，其中 30 部卷已由景净译出。其中《宣元至本经》《志玄安乐经》已在敦煌发现。另两种发现的有《一神论》和《序听迷诗所经》，不在《尊经》目录之内。最后这一种标题原为《移鼠迷诗经》，经考订，"移鼠"即"耶稣"的对音，"迷诗"即"弥赛亚"（Messiah，救世主）的对音。最早把耶稣的名写为移鼠，实属不敬。日本羽田亨教授推测："这是一个外国人的作品，此人对中文无深刻研究，他用来抄写经文的中国助手也未受过教育。"[1]可能如此。

景教经书既然译为中文，很可能是这些外国教士要在中国传教。从"法流十道"的碑文一语看，似乎景教在各地已广泛传布，似乎有些中国人已皈依此教，但在中国文献中尚未找到明确证据，供上层人士浏览则有可能。穆宗长庆四年（924 年），舒元舆在《唐鄂州永兴县重岩寺碑铭序》文中谈到当时的寺庙说："有摩尼焉，大秦焉，祆神焉。合天下三夷寺，不足当吾释寺一小邑之数也。"[2]可见大秦寺相当出名，但规模不及佛寺在一个小县的数目，可能与中国信之者少，香火不盛有关。

景教自贞观九年（635 年）传入至唐武宗会昌五年（845 年），历时 200 余

① 转引自阿·克·穆尔著，郝镇华译：《一五五〇年前的中国基督教史》，中华书局 1984 年版，第 65 页。
②《全唐文》卷七二七。

年，一般都受到政府的宽容、优遇和保护。但在会昌五年，却受到打击和劫难。起因是，由于佛教势力的膨胀，引起政府的嫉视；武宗又崇信道教，遂于这年七月下令废佛：勒令僧尼还俗，没收寺院田产，只留少数寺庙和僧侣……史称"会昌法难"。景教及火祆教亦遭殃及（摩尼教在会昌三年已遭禁断）。诏令说："其大秦、穆护（祆教士）等祠，释（佛）教既已厘革，邪法不可独存。其人并勒还俗，逆归本贯充税户。如外国人，送还本处收管。"①即对中国信徒勒令还俗，对外国信徒则遣送回国。据《新唐书》卷五二《食货志》，大秦、穆护祆只有 2000 余人②，人数不多。祆教入华较早（北魏时），其信徒应多于景教，故景教徒最多不过千人，如有中国信徒，则外国人更少。因此，"送还本处"也未必能彻底执行。但景教至此一蹶不振则是事实。据阿拉伯人阿布·赛义德·哈桑说，黄巢起义军打到广州时，由于城内居民和外国商人的顽抗，城破后不少的伊斯兰教徒、犹太教徒、基督教徒、拜火教徒被杀掉③，可见在广州仍有基督教徒，此基督徒当为景教徒。是广州有大秦寺，还是景教徒为避会昌之难而逃亡广州，或被遣送到广州的景教徒，不得而知，但三者必居其一。

在北方，终唐一代虽不见景教徒活动记载，但在辽、金特别是元代，景教徒又大为活跃。不仅有两个塞外民族——汪古部和克烈部信奉此教，在中国内地信徒也不少，还有不少人据有较高的政治地位。元代来华的外国人（如马可波罗等）仍称他们为聂斯脱利派，官方和社会上则称之为也里可温（也用以称来华的天主教徒）。除了有新来的景教徒外，很可能有一部分是唐代的景教徒在会昌劫难后逃亡塞外在那里扎下根的。从唐肃宗时"于灵武等五郡重立景寺"一事可以推知。灵武郡，隋大业三年（607 年）以灵州置郡，唐武德元年（618 年）复为灵州。玄宗天宝元年（742 年）又改为郡。治所在回乐县（今宁夏灵武县西南），辖境相当今贺兰山东麓，宁夏中卫、中宁县以北、盐池县以西地区。其地东北与内蒙古相邻，景教士由此至汪古族聚居地（净州，今内蒙古四子王旗一带）传布其宗教颇有可能。

至于被武宗禁断的摩尼教、火祆教，在宋、元时代都有寺庙和活动。摩尼教徒还在五代、北宋、南宋时扮演过重要的角色。可见，单凭政治力量的强制，并不能消灭宗教。

（原载《历史教学》1997 年第 4 期）

---

① 《全唐文》卷七二七。
② 《旧唐书》卷一八《武宗纪》。
③ 《唐会要》卷四七作 3000 余人。

"开元通宝"还是"开通元宝"

公元 621 年，是唐朝开国皇帝唐高祖李渊武德四年，这年七月唐朝废除了隋文帝开皇年间所铸的五铢钱，重造新币。此钱每枚重二点四铢，十枚二十四铢为一两，以后人们便把这一钱的重量称为一钱，积十钱为一两，钱遂成为重量的计算单位。此钱不仅在武德年铸，以后唐朝也屡有铸造，是唐近三百年间流通的主要货币。唐以后仍继续流通了七百多年，直到明朝末年才被废止。并且钱的大小与轻重都成为后来铸钱的范例，对后世货币的铸造影响很大。特别有趣的是，关于此钱的读法，名曰"开元通宝"抑或"开通元宝"历来各执一词，说法不一，成为一件历史的"悬案"。

据《通典》《唐会要》和新、旧《唐书》记载，此钱名"开元通宝"，这是它的正式名称，但是，《旧唐书》和《唐会要》却又说："其词先上后下，次左后右读之；自上及左，回环读之，其意亦通。流俗谓之开通元宝钱。"（中华书局版《唐会要》作"流俗谓之开元通宝钱"，显误。据《旧唐书》和《文献通考》改正。）这就是说，当时就有两种读法：既可读作"开元通宝"，也可读作"开通元宝"，而社会上则多通称之为"开通元宝"钱。这里还应注意，所谓左右，是从钱面本身的方向说的。

果然，在唐玄宗时修的《大唐六典》上就有这样的记载："皇朝武德中，悉除五铢，更铸开通元宝钱。"证明在唐朝的官书上，有的也把它叫作"开通元宝"了。到宋代，这两种叫法也平分秋色，互不相让，且坚持称"开通元宝"的说法似乎还略占上风。这两种读法，究竟哪种正确？

这不是一两句话就能说清楚的，让我们从我国古钱铸造的历史说起吧。

按：我国的圆形方孔钱有字者，最早为秦之半两钱，其次为汉之五铢钱。其第一字在左，第二字在右（按钱本身方向）。如再加两字，只有一在上，一在下，如梁武帝时之直百五铢，和北齐文宣帝的"常平五铢"。这样，自然形成了"自上而下，次左后右"的读法。"开元通宝"的读法即按此模式而来。

但事物总有例外。三国吴主孙权曾铸"大泉当千"钱，这就成为"自上及左，回环读之"了。因此在唐初，人们把"开元通宝"读作"开通元宝"也不是没有先例的。

而且，在"开元通宝"铸造了四十四年之久，即唐高宗乾封元年（666 年）五月，由于民间盗铸私钱滥恶，影响物价，政府遂改铸新钱，名曰"乾封泉宝"。其读法即依流俗的"自上及左，回环读之"之例，这样，若按正统读法，就变成"乾泉封宝"了。

可是"乾泉封宝"是没有意义的不通之词，不久之后，政府人士便发现此问题，所谓"寻悟钱文之误"（《旧唐书·食货志》），就是说，发觉这种钱文排列方法不对；又由于它只有"径一寸，重二铢六分"，却硬要当旧钱十文，行后不久，商贾人不愿使用，米帛价格上涨。政府不得已，在第二年正月下诏书，承认行新钱的错误，明令废止，并宣布："其开元通宝，宜依旧施行，为万代之法。"注意：这里称旧钱为"开元通宝"而不称"开通元宝"，可见，官方对钱的读法是按照"先上后下，次左后右"的老规矩的。

到唐肃宗乾元元年（758 年），又因经费不给，新铸"乾元重宝"，这次是按"先上后下，次左后右"的老模式。

但这一模式并没有从此固定下来。唐代宗大历年间（约为四年，769 年）所铸"大历元宝"又成了"自上及左，回环读之"的模式。到德宗建中元年（780 年）又恢复了老模式。而到五代后唐（"天成元宝"）、后晋（"天福元宝"）、后汉（"汉通元宝"）、后周（"周通元宝"），又一律是"回环读之"了。

到两宋，这两种模式依然交错使用，甚至同一种钱两式并行（如"庆历重宝"等），而"回环读之"式还占绝对优势。无怪宋人多称"开元钱'，为"开通钱"，连许多学者一也不例外了。

辽朝的钱，除穆宗（"应历重宝"）一朝外，其余全是"回环读之"模式。金朝的钱，海陵王（"正隆元宝"）采"回环读之"式；世宗（"大定通宝"）和章宗（"泰和重宝"）又恢复为"先上后下"式。从元朝开始，这一正统模式才固定下来，一直到清朝。

从以上叙述可见，唐初发行的钱，应称"开元通宝"，不应称"开通元宝"，这是按传统的或正统的称呼。可是流行到社会上，人们便不管传统或正统，而按顺时针方向，也即"自上及左，回环读之"了。可能这一读法符合人们的阅读习惯，以致在社会上普遍流行，政府也不便禁止。反正它不妨碍流通，也不违法，于是听之任之，随它叫去，不过把这种读法称为"流俗"，表示它是非官方正式读法而已。正因"流俗"有群众基础，有广泛的知名度，因而影响到官方人士，以致在官方修的《大唐六典》中也不自觉地或无意识地叫成"开通元宝"了。可见习惯势力之强大。不仅如此，在"开元通宝"铸成四十多年后，政府新铸的"乾封泉宝"竟然向"流俗"投降，按"回环读之"的样子排列，虽然发觉这样做不对头，很快纠正了，但如上所述，"回环读之"的模式竟然一直延续到两宋、辽金。

因此，在承认"开元通宝"是正确的称呼同时，也不能一口咬定说读作"开通元宝"是绝对错误，因为它为社会所承认，有深远的影响。这就叫"约定俗成"。

也许读者会问：你们这样说，不是模棱两可吗？我们承认，确有点模棱两可。但这模棱两可的责任却应由唐初铸钱者负。请看："开元通宝"和"开通元宝"的文字本身不就是模棱两可，难以捉摸吗？

在唐朝以前，除了北魏一度铸造"太和五株"外，还没有以帝王年号作钱文的，唐高祖铸的钱也不例外。假若他以年号铸钱，如作"武德通宝"或"武德元宝"，自然不会读错。而"开元通宝"并非年号之名，无怪人们既可读作"开元通宝"，亦可读作"开通元宝"了。

若问，这两种读法哪种更恰当？我们以为，自然是"开元通宝"。"开元"者，开一代历史新纪元也。唐初中国统一，结束了两晋南北朝的分裂局面，这不正是名副其实吗？

（原载《陋室文存》，中华书局 2002 年版）

一行发起测量子午线长度的问题

1955 年 8 月我国邮电部发行的"古代科学家纪念邮票"中，有唐代天文学家僧人一行的一种，像下附着这几句说明：

"僧一行（本名张遂。公元 683—727）天文学家。发起测量子午线的长度。得出子午线一度之长为 351.27 里。"

对这问题，我觉得有加以精确说明的必要。

首先，这一测量工作开始时并不是为测量子午线的长度，而是为了测量日影在同一时间内在各地投影长度的差别（所谓影差）。因为根据《周礼》"大司徒"职"以土圭测土深，正日影以求地中"的郑玄注和《周髀算经》之说，都认为太阳在地上圭表的影子是每千里差一寸。这是不科学的说法，经不起实践的检验。如在南朝刘宋元嘉十九年（442 年）曾派人到交州（今越南河内一带）测影，夏至那天日影在圭表南 3 寸 2 分，而阳城（今河南登封）的日影是 1 尺 5 寸。阳城和交州相距约万里，而影实差 1 尺 8 寸 2 分，这就是 600 里差一寸。到隋朝仁寿四年（604 年）天文学家刘焯上书隋炀帝，根据交州、爱州（交州南部）的日影不在表北的事实，驳斥"千里差一寸"的说法没有根据。他并请求炀帝派人在河南北一带平地上做实际的测量。大业三年（607 年）炀帝下令在各地测影，但不久刘焯死去（在大业六年），这件事情便搁置了[1]。刘焯的建议到唐开元十二年（725 年）终于实现了。开元九年因旧历推算日蚀不效，遂令一行作新历。在他的倡议下，唐政府于十二年派人到 11 个地方去测日影。最南到林邑（越南中部），最北到蔚州（河北蔚县）[2]。实际担任此事的是太史监南宫说和太史官大相元太等[3]。南宫说在河南的滑州（今滑县）、汴州（今开封）、

---

[1] 以上据《隋书》卷一九《天文志》。

[2] 据《唐会要》卷四二"测量"，《旧唐书》卷三五及《新唐书》卷三一《天文志》。陈遵妫《中国古代天文学简史》124 页注（2）设计十三个测候站，数目恐有误。

[3]《唐会要》卷四二：开元十二年四月二十三日，命太史监南宫说及太史官"测景"："大相元太等驰传往安南朗蔡蔚等州测候日影，回日奏闻，数年伺候。及还京，与一行师一时校之"。知此工作非在一年内完成。

扶沟、上蔡四个地方设置了水准绳墨和圭表，测定了四处的距离和夏至的影长，结果得出了大约"五百二十六里二百七十步晷差二寸余"的结论。这就证明了旧说"王畿千里影差一寸"的没有根据。《周髀》的说法从此被推翻了[①]。这在中国天文学史上是一大进步。南宫说的工作还不止于此。他还进一步测定了上列四处的冬至春秋分的影长和北极高度，根据四处的距离，推算出大约"三百五十一里八十步而极差一度"，因此断定："极之远近异，则黄道轨景固随而变矣。"[②]也就是说，各地的极高不同则太阳影长也就不同。

我们知道，一地的北极高度即等于该地的纬度。因此推算出北极一度的里差实际上就等于算出了纬度一度的长度，也就是测量了子午线的长度。因此我们可以说南宫说已经测出了子午线的长度。这当然是一件很重要的成就。

但在当时来说，人们的科学知识还不能知道一地北极的高度即是该地的纬度。也不能知道北极一度的里差即是子午线一度的长度。因此我们只能说南宫说在实际上已测出了子午线一度的长度，但并不是有意识地来从事这一工作，也没有意识到这一工作的实际意义。虽然我们不能因此而忽视这一工作的真正价值。

因此，对于纪念邮票于一行的说明便应当这样理解，即一行并不会发起测量子午线的长度，他只发起测量日影在各处的不同长度。但在工作进程中，另一位天文学家南宫说却因此而推算出了子午线一度的长度。

在科学史上，有许多发明或发现在当时并不知道它的意义和价值，但在实际应用上或后来的科学认识上却会证明了它的真正价值和意义。我们应当承认这些工作的重要成就，并给从事这些工作的人以崇高的敬意和评价。我们对于一行和南宫说的看法也应如此。但研究科学史的人却应当对科学发明的历史情况予以具体的精确的分析，说明其真相，指出它的成就和历史的限制，以便我们有所继承和扬弃，而不致夸大了历史的真实情况。我写这篇的动机就在此。但因不懂天文学，从史料上加以核对，是否有当，尚乞专家教正。

（原载《科学通报》1956年第4期）

---

① 《新唐书》卷三一《天文志》，按此系唐里，小程1里为300步。唐里1里（小程）折合454.363米。
② 《新唐书》卷三一《天文志》，80步折合0.2666……=0.27唐里。

《魏文贞公故事》与《魏郑公谏录》非一书辨

《故事》与《谏录》都是记载唐初大臣魏徵谏诤言行的专集，过去有人认为是一部书。由于后书现存而前书已佚，无从断其是非。据笔者探索，似以认其为二书为宜。申述如下。

一

《新唐书》卷五八《艺文志·史部·故事类》著录有刘祎之《文贞公故事》六卷，张大业《魏文贞故事》八卷，王方庆《文贞公事录》一卷（中华点校本，1475 页）；同卷《杂传记类》又有王方庆《魏文贞故书》十卷（点校本，1484 页）。据此可知，《魏文贞公故事》作者已有二人，而现存《魏郑公谏录》为王方庆作，有其序言可证，则《魏文贞公故事》当非其所撰。是否新唐《艺文志》所录《魏文贞故书》即《魏文贞故事》？其书既不存，难以断定，且二书一在《故事类》，一在《杂传记类》，已足证其非一书；即令二书是一①，但《故书》（十卷）与《魏郑公谏录》（五卷）的卷数也相差一倍。至于《艺文志》所录王方庆《文贞公事录》一卷，则在司马光《资治通鉴考异》贞观六年正月《魏徵谏封禅》条中曾予提及。文云：

> 《实录》《唐书志》及《唐统纪》皆以为太宗自不欲封禅，而《魏文贞公故事》及王方庆《文贞公传录》以为太宗欲封太山，徵谏而止。意颇不同，今两存之。（《四部丛刊》本卷十，又见《资治通鉴》卷一九四，中华点校本 6093 页注）

此处之《文贞公传录》当即前引新唐《艺文志》之《文贞公事录》，而与《魏文贞公故事》同时出现，可见《魏文贞公故事》非王方庆作。

---

① 杨翼骧教授告知，"书（書）""事"形近，《魏文贞故书》可能即《魏文贞故事》，目录书中故事类及传记类无以《故书》为名者。此意见值得重视。本文在写作中得其指教甚多，特表谢意。

成书于北宋仁宗庆历元年（1041 年）的《崇文总目》，著录有王方庆《文正公事录》一卷，又有刘祎之《文正公故事》三卷（《丛书集成》本卷二，108页）。"正"系避仁宗讳（祯）而改。《事录》与新唐《艺文志》卷数同，《故事》则少三卷，或北宋时所见卷数如此。可见在北宋时，尚未承认王方庆为《文贞公故事》作者。

《魏文贞公故事》又名《魏公故事》，见于《旧唐书·魏徵传》末之"史臣曰"。文云：

> 臣尝阅《魏公故事》，与文皇讨论政术，往复应对，凡数十万言。（点校本卷七一，2562 页）

而《玉海》卷六一《艺术·奏疏·唐魏徵谏事·谏录》条引《魏徵传》云：

> 凡二百余奏……累数十余万言。（江苏古籍出版社版，1163 页）

《玉海》所引《魏徵传》当为《新唐书》之传。该传末之"赞曰"云：

> 始，徵之谏，累数十余万言。（点校本卷九七，3885 页）

是魏徵《故事》或《谏事》字数凡数十万或数十余万，此数字可能过多，即以十万字而计，亦不为少。而现存《魏郑公谏录》，据笔者统计，最多不过二万六千余字。二者篇幅相去甚远，亦可证明其非一书。

二

可是，在把《通鉴考异》所引《魏文贞公故事》和现存《魏郑公谏录》两书记事对比时，却发现二者几乎完全一致。笔者统计，《考异》中共有五处引用《故事》，其记事俱可在《谏录》中找到对应的记载。如：

（1）贞观元年十月"遣李公掩慰谕冯盎"条云：

> 《魏文贞公故事》作李公淹，又有前蒲州刺史韦叔谐偕行。今从《实录》。（又见《通鉴》卷一九二，点校本，6039 页注）

按：此条见《魏郑公谏录》卷一《谏讨击冯盎》（《畿辅丛书》初编本，4页）。其中作"令前蒲州刺史韦叔谐，员外散骑侍郎李公淹充使"。

（2）贞观二年"帝责王珪、温彦博，既而悔之"条云：

《魏文贞公故事》:"太宗曰:人皆以祖孝孙为知音,令教声曲,多不谐韵……乃敕所司,令与其罪。公进谏曰……太宗怒乃解"。今从《实录》。(又见《通鉴》卷一九三,6060 页注。惟"与"作"举")

按:此条见《谏录》卷一《谏科祖孝孙罪》(5 页),原文较长。《考异》所引,除个别文字有删节润色外,内容完全与《谏录》一致。

(3)贞观六年正月"魏徵谏封禅"条,此条(前文已引,不具录)见《谏录》卷二《谏封禅》(7 页)。《通鉴》所引有节录,但内容与《谏录》一致。

洪迈《容斋随笔》卷七《魏郑公谏语》条,称赞魏徵谏封禅时所作的患病十年病人初愈、不能负米一石日行百里的比喻为"引喻剀切",谓此语"见于公《谏录》及《旧唐书》,而新史不载,《资治通鉴》记其谏事亦删此一节,可惜也"(《万有文库》本,62 页)。《四库全书总目提要·魏郑公谏录》引洪氏此语,证明《谏录》即王方庆所撰《魏郑公谏录》,有其可能。《通鉴》正文系节录,"删此一节"并无碍主题,其他与太宗问答之语则基本相同。《考异》此处引《魏文贞公故事》及王方庆《文贞公传录》,可以推知,此二书与现存《魏郑公谏录》三者所记,大体一致。

(4)贞观六年三月"徵谏资送公主倍于长主,皇后赏之"条云:

旧《文德皇后传》云:"使赍帛五百匹诣徵第赐之。"《魏文贞公故事》云:"遣中使资钱二十万、绢百匹诣公宅宣命。"今从旧《魏徵传》。(又见《通鉴》卷一九四,6096 页注)

按:此条见《魏郑公谏录》卷一《谏优长乐公主礼数》(8 页),作"遣中使赍钱二十万、绢四百匹诣公宅宣令"。文字同,惟改"命"为"令",钱数同,绢数则多三百匹,与旧《魏徵传》同。不知是否经后人据旧传改。

(5)贞观元年十二月"以孙伏伽为谏议大夫"条。此条《考异》引韩琬《御史台记》,谓孙伏伽在唐高祖武德(618—626 年)中,因"上疏极谏",被太宗"拜为谏议大夫",司马光驳之云:

按《高祖实录》,武德元年,伏伽自万年县法曹上书,高祖诏授治书侍御史,《御史台记》误也。今据《魏徵故事》。(又见《通鉴》卷一九二,6043 页注)

按:《魏徵故事》即《魏文贞公故事》。《考异》引书名,往往不统一,已有人指出①。《通鉴》此处正文为孙伏伽谏太宗骑射，太宗悦，"未几，以伏伽为谏议大夫"。此事与魏徵无关，《谏录》中自无对应记载。但《谏录》卷三《对侍臣全无谏争》条云：

> 太宗谓孙伏伽曰："今以公为谏议大夫，必须献可替否。"又谓侍臣曰："公等全无谏争。"公对曰……（下略。9 页）

可见，《考异》所谓《御史台记》之误，乃辩孙伏伽不能于武德中即拜谏议大夫，其所谏事亦不同。至于具体拜官时间亦不能确定，故系之于贞观元年十二月后，并加"未几"二字。可见温公记事之慎审。两《唐书·孙伏伽传》俱未言其曾任谏议大夫，只有《魏徵故事》提及之，因被引用。今《谏录》既有此记事，可证《故事》与《谏录》的一致性。持二书为一书之异名者，可能即据以上诸点立论。

但如前所举，《故事》与《谏录》之为二书亦有其立论根据。此难题应如何解释？

笔者认为，以魏徵的地位和声望，其事迹在当时朝臣中必应广为人知，在朝史臣及文士中必有记录，当时及其后人据之以作传记、故事、谏录等公私著作者必大有人在。如前所述，以《故事》为名的作者即有刘祎之、张大业二人，王方庆除《谏录》（此书不见新、旧《唐书》）外，尚有《事录》与《故书》两种，此外又有敬播（太宗、高宗时著作郎，曾撰《太宗实录》）所撰《文贞公传事》四卷（《新唐书·艺文志》点校本，1475 页）。是唐代以魏徵为主的著作已有六种，更无论见于《实录》《贞观政要》、野史，以及魏徵本人的《谏事》（详下）了。在此情况下，各家记载之详略互见、大同小异或基本一致之处自不可免。以此解释《故事》与《谏录》的联系与区别，是否有当，还望高明教之。

<h2 style="text-align:center">三</h2>

《魏郑公谏录》未著录于旧、新《唐书·经籍志》与《艺文志》中，新书《艺文志》著录王方庆著作三十四种，独不见《谏录》，甚为可怪！其中有《谏林》二十卷（点校本，1513 页），《谏录》是否在内，甚难断定。前引《容斋随笔》中有《魏郑公谏录》一名，但未标明作者。《容斋随笔》卷十一《册府元龟》条

---

① 见高振铎《通鉴参据书考辨》，载《〈资治通鉴〉丛论》，河南人民出版社 1985 年版，第 201 页。

谓《资治通鉴》叙"魏郑公谏争，用《谏录》"（《万有文库》本，105 页）。按，《通鉴考异》未引《谏录》，洪迈是否以《魏文贞公故事》与《魏郑公谏录》为一书，或因《通鉴》正文记魏徵事与《谏录》文字多同而以为采自《谏录》亦难以取证（可能前者较近）。据笔者所见，最早提出《魏郑公谏录》作者为王方庆者为南宋孝宗时成书的《中兴馆阁书目》，其书已佚，《玉海》中有征引云：

> 《中兴书目》：《唐魏郑公谏录》五卷，吏部郎中王綝撰。（江苏古籍出版社版，卷六十一，1163 页。）《中兴书目》即《中兴馆阁书目》，亦简称《馆阁书目》）

王綝即王方庆正名，多以字行。此书目未言其与《魏文贞公故事》关系。其后陈振孙所著《直斋书录解题》则云：

> 《魏郑公谏录》，唐尚书吏部郎中王綝撰。綝字方庆，以字行。相武后，其为吏部当在高宗时。《馆阁书目》作王琳，误也。（按《玉海》所引不误——笔者）所录魏公进谏奏对之语。又名《魏文贞公故事》。（上海古籍出版社 1987 年点校本，卷五，159 页）

此版附清人卢文弨校注云：

> 末八字疑《通考》所益。《唐志》自有王方庆《文贞公事录》，在故事门。

卢氏以王方庆有《文贞公事录》，与《魏郑公谏录》为二书，诚是。但《文贞公事录》与《魏文贞公故事》非一书，《新唐书·艺文志》各有著录可证。马端临《文献通考》卷二四七《经籍考》引陈氏此条解题，文字全同，惟改"王綝撰"为"王綝集"，或许陈书原文即作"集"。《直斋书录解题》原本早已残缺不全，卢氏盖疑后人从《通考》中辑录此条，故如是说。此事真情已不可考，但认为《谏录》与《故事》非一书，则颇可取。

继《解题》者为清之四库馆臣。《四库全书总目提要·史部·传记类·魏贞公谏录》略云：

> 唐王方庆撰……《唐书·艺文志》以为《魏徵谏事》，司马光《通鉴书目》以为《魏元成故事》，标题互异。惟洪迈《容斋随笔》作《魏郑公谏录》，与此相合。（《万有文库》合订第三本，1256 页）

按：此说多误。《旧唐书·经籍志》（卷四七，2034 页）与《新唐书·艺文志》（卷五九，1512 页）俱标《谏事》五卷为魏徵撰，与王方庆之《谏录》非一书。《通鉴考异（非书目）》中未见《魏元成故事》一书。惟《宋史·艺文志》中有《魏玄成故事》三卷（卷二〇三，5115 页），未标撰人姓名，可能即刘祎之所撰六本本《文贞公故事》（《崇文总目》称《文正公故事》三卷，见前）。四库馆臣盖为避康熙（玄烨）讳而改"玄"为"元"，其书与《谏录》并不相干。《宋史·艺文志》另有王方庆撰《魏玄成传》一卷，应即《新唐书·艺文志》之《文贞公事录》，《通鉴考异》之《文贞公传录》。宋人改"文贞公"为"文正公"，或改用魏徵字"玄成"以讳"贞"字，俱应与避宋仁宗讳有关。（宋亦讳玄改为元字，《宋史》元人修，可能恢复本字。）《提要》所论，贻误后人，故辨及之。

魏徵所撰《谏事》五卷内容如何，与王方庆《谏录》有何异同，其书已佚，无从查考。但应包括现存的魏徵谏疏和已佚的同类著作，其篇幅远胜《谏录》，则可断言。《旧唐书·魏徵传》云：

> 徵又自录前后谏诤言辞往复以示史官起居郎褚遂良，太宗知之愈不悦。（卷七一，2562 页）

可见魏徵确曾将其谏诤录以示人。所谓"言辞往复"，可能指其谏疏及太宗的批答，如此则字数自当繁夥。凡此皆足证《谏事》与《谏录》之绝非一书，不能因两书卷数相同而混为一谈。

四

最后，应提出《通鉴考异》所引《魏文贞公故事》一书的作者问题。据笔者几番寻觅，《考异》引此书时，竟未举出其作者，这与《考异》第一次引书时习惯不同，令人不解，抑或笔者查找工夫不到？据笔者所见，有认为《考异》所引《故事》为张大业所作者，见张煦侯《通鉴学》（安徽人民出版社 1981 年版，57 页。谓为六卷，与《新唐书·艺文志》不同）；有谓为刘祎之者，见《中国历史大辞典·史学史卷·魏文贞公故事》条（上海辞书出版社 1983 年版，508 页。作者赵吕甫）。两说不同，均未举所据。但由此似可推知，《考异》引此书时未标作者，而此书作者恰又为二人，遂有此二说。海内外学者如能赐以高见，解此疑惑，笔者将不胜企盼之至①！

总结本文，可归纳为如下几点：

1.《魏文贞公故事》与《魏郑公谏录》作者非一人，卷数、字数不同，但内容大体一致。过去认其为一书者，可能与此有关。

2. 唐人关于魏徵言行，著述甚多，内容大同小异或基本一致，自不可免。

3.《魏郑公谏录》未见著录于新、旧《唐书》，北宋书目中不见其名，《通鉴考异》亦未引用，而南宋始突然出现。疑窦甚多，值得作进一步的探讨。

4.《通鉴考异》所引《魏文贞公故事》作者何人，笔者未能确定。

已故学者余嘉锡先生《四库提要辨证》对《提要》讹误，详加考订，多所是正，嘉惠士林，其功甚伟，对《魏郑公谏录》提要则未暇顾及。本文之作，若能踵武先哲，略有所补，则幸甚焉。

附论：《旧唐书·魏徵传》点校本的一则失误

前引洪迈《容斋随笔》称赞魏徵谏封禅时所作的"引喻剀切"比喻，《新唐书》不载，只见于《魏郑公谏录》及《旧唐书》中。今中华点校本《旧唐书·魏徵传》中有关文字是：

> 今有人十年长患瘵（三），治且愈，此人应皮骨仅存，便欲使负米一石，日行百里，必不可得。（《旧唐书》卷七一，2560 页）

其中"瘵"下之（三）是注。《校勘记》（三）说：

> 十年长患瘵"瘵"字各本原作"疗"，据《唐会要》卷七改。（同上，2563 页）

按："疗"（简体作"疗"）字形与"瘵"相似。今所见《唐会要》卷七《封禅》引魏徵谏语，此字作"瘵"，校勘者可能因"十年长患疗"于义不通，而"瘵"即病或瘵症，遂据改。笔者认为，仍以用各本原作之"疗"为妥，但应在"患"字断句，"疗"字应连下句。试比较以下三书：

1.《魏郑公谏录》卷二《谏封禅》：

> 今有人长患十年，疼痛不息，医疗且愈，皮骨仅存，便欲负米一石，日行百里，必不可得。（原无标点）

---

① 从《崇文总目》未著录张大业推测，似北宋时其书已不多见，《考异》所引，可能为刘著。

2.《容斋随笔》卷七《魏郑公谏语》：

今有人十年长患，療治且愈，此人应皮骨仅存，便欲使负米一石，日行百里，必不可得。（断句系《万有文库》本原有）

3.《贞观政要》卷二《纳谏》第五：

有人长患疼痛，不能任持，療理且愈，皮骨仅存，便欲负一石米，日行百里，必不可得。（上海古籍出版社 1987 年点校本，70 页）

三书字句不尽相同，但"长患十年，医療且愈"，"十年长患，疗治且愈"，"长患疼痛，療理且愈"则有共同处，即四字一句，下句俱有"療"字，说明诸书来自一源而略有变化。试将《魏徵传》之标点改为"十年长患，療治且愈"，则与《容斋随笔》所引一段字句一字不差，可见《魏徵传》原文本作"療"字，无需多此一改。何况"十年长患療，治且愈"亦与唐人用字简练工整文风不合，今日读来，亦觉拗口。与其据《会要》以改《魏徵传》，宁据《魏徵传》以改《会要》。

《校勘记》所据《唐会要》卷七《封禅》门原阙，今所见各通行本乃清人汪启淑家藏进呈本，收入《四库全书》，《武英殿聚珍版丛书》为之刊刻。魏徵谏诤一段乃据刘肃《大唐新语》补入，其断句更为后人所知，因有"今有人十年长患療，治且愈"之句。但查 1984 年中华书局点校本《大唐新语》196 页，其句却作"十年长患疮，理且愈"；而《丛书集成》据《稗海》本排印另加断句的《大唐新语》则作"十年长患，疮理且愈"，断句虽是，"疮理"却不通。中华点校本亦以《稗海》本为底本，可能以其不通，而将"疮"字移上。更可异者，《四库全书》本《大唐新语》其字亦作"疮"，而四库本《唐会要》此处竟作"療"，下注《大唐新语》！使问题回到原始的起跑线上！1991 年上海古籍出版社标校《唐会要》则仍作"療"。一字不差，掀起几番波澜，为校勘、版本学添一公案，亦趣事也。

（原载《文献》1993 年第 1 期）

李贤的悲剧

——关于李贤非武后所生的传闻

李贤何许人也？他是唐高宗的第六子，著名的章怀太子，《后汉书》注的组织者和主持者。他容止端雅，聪慧好学，读书过目不忘，深得高宗喜爱。他曾做过太子，然而六年以后，却被其母武则天所废，贬为庶人，又谪迁巴州（今四川巴中县），被迫自杀，只活到三十一岁，是一个悲剧人物。

他的悲剧由何而来？

悲剧的制造者是其"母亲"武则天皇后。

唐高宗共有八子，其中武则天生四子，即李弘、李贤、李显（中宗）、李旦（睿宗）。高宗的原配王皇后无子，初立后宫刘氏所生子李忠为皇太子。永徽六年（公元655年），在武则天的挑拨下，高宗废王皇后，立武为后，第二年李忠被废，李弘年方四岁，被立为皇太子。他好学知礼，心地善良，得到高宗与臣下的欢心与拥戴，却遭到武后的嫉妒与嫌弃。上元二年（公元675年），太子在后宫侧室见到两位被囚禁的高宗萧淑妃所生的公主，萧淑妃被武后诬陷迫害至死，二位公主也被幽禁，到三十多岁还未出嫁。太子见此情景，大发恻隐之心，立即上奏高宗，请把她们嫁出去，高宗允准，武则天却勃然大怒。萧淑妃是她的情敌、政敌，怎能对她的女儿有半点慈悲之心？于是立即将两公主嫁给值勤的两卫兵，这种极不般配的出嫁，是对其情敌的报复，也是对太子的侮辱。不久，太子也被鸩酒毒死，终年二十四岁。

李弘死后，李贤按次序于上元二年（公元676年），被立为皇太子，不久又令他监国，即代皇帝处理国家大政。他处事明审，为时论所称道，受到高宗褒奖。次年他召集学者张大安等七人为范晔的《后汉书》作注100卷，对祖国的文化建设事业做出贡献。书成后，又得到高宗的奖励。此外，他还著有《列藩政论》30卷，《春宫要录》10卷，《君臣相发起事》3卷，《修身要录》10卷。惜已无存。看来，他似乎皇运亨通，一帆风顺了。

然而，他与其母武后的矛盾也逐渐积累，终至爆发。像武后这样野心勃勃、觊觎皇位、欲取唐而代之的人，对于英明有为、得到朝野拥戴的太子，总视为阻碍自己龙飞的绊脚石，必欲除之而后快。前太子李弘已遭其毒手，李贤的命运也不会比他的兄长更好。

其时有一术士明崇俨，善于画符念咒、装神弄鬼、表演幻术，得到高宗和武后的信任，官至正谏大夫。武后更赏识他，常把他招到宫中，替她做厌胜术（诅咒人致死或病的巫术）。他乘间对武后说："太子不堪承继，英王（中宗）貌类太宗。"又说："相王（睿宗）相最贵。"明崇俨敢在武后面前搬弄是非，显然事前知道武后不喜欢李贤；经他的挑拨，更使武后讨厌李贤。此时，李贤又闻悉宫人们窃窃私语，说李贤是武后之姊韩国夫人所生，内心既疑且惧。此前，武后又命北门学士们撰写《少阳正范》与《孝子传》让太子读，实际是警告太子，要他老老实实做孝子，不要乱说乱动。武后还时常写信给李贤，责备和批评他。因而更增加李贤的不安。

在苦闷烦恼的情况下，李贤写下《黄台瓜辞》这一首哀惋凄绝的诗：

> 种瓜黄台下，瓜熟子离离。一摘使瓜好，再摘使瓜稀。三摘犹自可，摘绝抱蔓归。

他令乐工歌唱此诗，期待武后听后能够感悟。但铁石心肠的武后哪能为一首小诗所打动，却等待时机，对他下毒手。

时机终于来了。调露元年（公元 679 年）五月，受武后宠信的明崇俨被人暗杀，凶手一直没找到，武后怀疑是李贤主使，实则是借口。她派大臣薛元超、裴炎、高智周三人查办此案，在太子所住东宫中搜出皂甲几百件，硬说这是谋反的工具，并威胁太子所宠信的户奴（家奴）赵道生，逼他供认是太子令他杀死明崇俨的，使太子百口莫辩。高宗疼爱李贤，替他说情，想宽恕他。但武后说："为人子怀逆谋，天地所不容，大义灭亲，何可赦也！"昏庸懦弱的唐高宗无言以对，也不核对事实，竟屈从武后的"武断"，于第二年八月下令废太子贤为庶人，押送他到京师（审案时在东都洛阳）幽禁并杀掉李贤的党羽，在洛阳的天津桥南当众烧毁搜出的衣甲，借此宣布李贤的罪证。另立英王李哲（李显改名）为皇太子。

李贤的灾难并未到此结束。永淳二年（公元 683 年），他被从京师流放到两千三百多里外的巴州。这年年底，唐高宗在洛阳死去，太子显立，是为中宗，政事取决于武则天，次年二月中宗被废为庐陵王，李旦被立为名义上的皇帝，同年，她派左金吾将军丘神勣到巴州，名义上是"检校"（查核、察看）故太子贤宅以备外虞，实则是要他杀害李贤。丘神勣到巴州后，把李贤囚禁起来，逼他自杀。这样，最多三十一岁（虚岁。《旧唐书》说三十二，近之。《新唐书》说三十四岁，误）的章怀太子怀着怨恨和悲愤之情离开人世。

李贤死后，武后在洛阳为他举哀，追封为雍王。把李贤之死归罪于丘神勣，贬他为叠州（今甘肃省甘南藏族自治州迭部县）刺史，不久官复原职。这种掩耳盗铃的手法虽骗不了人，但在她淫威之下，谁也不敢有什么非议。二十年后，武后死去（神龙元年，公元705年），李贤的灵柩才从巴州运回长安，陪葬于乾陵。睿宗即位后（公元710年），追赠为皇太子，谥号章怀。距他去世已二十六年了。

李贤的冤死、惨死，除武后的心狠手毒，为达目的不择手段外，还同前面提到的传闻，即李贤不是武后所生有关。以下将此传闻作一考察。

武后之母杨氏是其父的继室，生有三女：长女嫁越王府法曹贺兰越石，次女即武后，三女嫁郭孝慎。长女生子贺兰敏之与一女，丈夫死去，她寡居家中。武后进宫并为皇后，其母杨氏封为荣国夫人。姊封为韩国夫人，韩国女亦封为魏国夫人。韩国夫人及其女因武后居宫中，也常出入禁中，皆得高宗的宠幸，此事应于武后进宫立后前即已发生。武后生性嫉妒，之肯让其姊及侄女共享宠幸，一则因权势尚轻，更主要是借以博得高宗欢心，以便和她的情敌王皇后、萧淑妃争宠。永徽六年（公元655年）她封为正宫皇后，王、萧被她害死，其权位已巩固，不仅不需要其姊妹的帮助，反而成为多余的竞争者。结果，韩国夫人不明不白地死去了；高宗想给其女魏国夫人以宫中女官，以便使此女名正言顺留于宫中，又怕武后不同意，犹豫未决，武后知悉后大为恼火。在食物中放毒，假其堂兄弟武惟良、武怀运之手，令魏国夫人吃下。魏国食后即死，遂归罪于武氏二兄弟，将其杀死。此事发生于乾封元年（公元666年）。

韩国夫人死于何年，史无记载。但李贤生于永徽五年（公元654年）十二月，生日已是655年1月，次年十月武则天封为皇后，假定李贤是韩国夫人所生，则她当年未死去。可能于次年武后趁其分娩不久、体虚易病时将其害死。这虽是揣测之词，但骆宾王为徐敬业所作《讨武氏檄》说她"杀姊屠兄"，则韩国夫人之为武后害死，在其时已非秘密。

李贤是否韩国夫人所生，可提出下列四点供思考：1. 如上所述，宫人们窃窃私议，说李贤为韩国夫人所生，此事当传于武后。如其事非真，武后岂能容忍此等谣言，今竟毫无表示，等于默认。2. 明崇俨公然于武后面前非议李贤，除知武后不喜欢李贤外，定悉李贤非武后所生；他从相貌上夸武后的另二子李显与李旦，却说李贤不配当太子，可见李贤与其二位弟弟相貌不同，明崇俨才敢钻此空子；假如李贤为武后亲子，明崇俨恐不敢如此评头品足。3. 武后所生四子的生日为：长子弘，永徽四年（653 年），月日不明；次子贤，永徽五年（654 年）十二月戊午（十七日，655 年 1 月 29 日）；三子显，显庆元年十一月乙丑（初五，656 年 11 月 26 日）；四子旦，龙朔二年六月己未（初一，662 年 6 月 22 日）。从而可知，李贤之生，上距其兄，下距其弟，均不满二年，如此则三年之内，武后连生三子。此非不可能，但究属少见。可是，如将李贤排除掉，即可发现，李弘与李显之生相隔三年，李显与李旦之生相差六年，则较正常。李显比李旦大六岁，似差距太大，但应知，武后还生一女太平公主，史不载其出生年月，可能生于其兄弟之间，因而更能说明，武后约于三年（即二年后）生一子，而李贤则非其所生。4. 韩国夫人既陪同其妹侍高宗得幸，则生一子也很自然，但生出后如何处置，却是难题。如承认其为韩国所生，则须予韩国以合法嫔妃名义，如此则与武后增一竞争者，后患无穷；杀其母而夺其子，则一举两得，符合武后的性格和心计。

读者可能会问：李贤既非武后所生，太子弘死后，武后何以不立其亲生子李显而立李贤为太子？笔者认为，此即武后足智多谋之处。李贤其时按次序当立，既早已认其为亲生，此时再否认则极不明智，武后绝不干此蠢事，唯有将错就错；何况李贤自幼为武后养育并认武后为生母，自不怀疑。随其年龄的增长，以及宫人的传言，他知其底细，武后也察觉出此点，"母子"之间，猜疑日甚，裂痕日深，李贤悲剧之势难避免自是题中应有之事。

参考资料：

本文据中华书局标点本 1975 年版新、旧《唐书》而成（以下简称《新书》《旧书》）。

一、李贤：

1.《新书》卷八一《列传第六·三宗诸子·章怀太子贤》，第 3590-3591 页。

2.《旧书》卷八六《列传第三十六·高宗中宗诸子·章怀太子贤》，第 2831-2832 页。

3. 其生日：《旧书》卷四《高宗纪上》第 73 页为永徽五年十二月戊午日，即公元 655 年 2 月 11 日。其时武则天尚未称后（次年十月始称），其日是高宗谒昭陵（太宗墓）时"在路生皇子贤"。虽未提为谁所生，但武则天无资格陪谒；

即令身怀六甲，躯体臃肿，亦不能陪行。这对李贤为武则天姊韩国夫人所生提供佐证。

4. 其卒日：《旧书》卷六《则天皇后纪》第 116 页，为嗣圣元年三月"庶人贤死于巴州"，无日期，即公元 684 年 3 月 22 日至 4 月 19 日，29 天之内。其岁数，如按《旧书》说为十二月生，据传统的"虚岁"计为三十一岁；如以公元计则只二十九岁。

二、武则天：

《新书》卷四《本纪第四·则天皇后·中宗》，第 81-105 页。又，《新书》卷七六《列传第一·后妃上（则天武皇后）》，第 3474-3485 页。在《列传》中披露了武氏如何设毒计挑拨高宗废王皇后，立己为后；毒杀其姊韩国夫人之女魏国夫人（因此女亦为高宗所幸），归罪于其生母杨氏之兄子惟良与怀运，杀之；以其亲子、皇太子李弘怜悯高宗之萧淑妃二女长期囚禁不能出嫁事而鸩杀之等等劣迹，独未提其杀害李贤事，可能因已载于李贤传故。同卷第 3473-3474 页《高宗废后王皇后·萧淑妃传》记武则天挑拨高宗废后与妃贬为庶人，又在二人囚禁中残杀二人的狠毒手段，读之令人切齿！《旧书》卷五一《列传第一·后妃上·高宗废后王氏·良娣萧氏》，第 2169-2170 页与《新书》同，不录。

三、杀害李贤的凶手丘神勣：

《旧书》卷一八六上《列传第一百三十六上·酷吏上·丘神勣》，第 4841-4842 页；《新书》卷二零九《列传第一百三十、一百三十四·酷吏·丘神勣》，第 5908-5909 页俱言武后使杀害李贤后，归罪于丘，贬叠州刺史，不久即官复原位。

（原载《陋室文存》，中华书局 2002 年版）

《马嵬坡》诗及其作者

《马嵬坡》是一首颇负盛名的诗歌，其作者是唐僖宗时的宰相郑畋，但关于此诗的文字却很有争论。这些文字关系到对此诗的理解，所以很有考证一番的必要。

郑畋生活于晚唐时期，《旧唐书·郑畋传》说他"文学优深，尤能赋诗"，高彦休《唐阙史》说他的诗篇"所以糠秕颜、谢，笞挞曹、刘"。《全唐诗》录存其诗十六首，其中《马嵬坡》一首一直为选家所赏识。现今流行本《唐诗三百首》所录此诗作：

> 玄宗回马杨妃死，云雨难忘日月新。
> 终是圣明天子事，景阳宫井又何人。

高彦休评此诗说："后人观者以为真辅相之句。"即是说，从诗中看出，作者有宰相器度（《唐阙史》上《郑相国题马嵬诗》）。但高彦休所录此诗头二句作：

> 肃宗回马杨妃死，云雨虽亡日月新。

高彦休生于唐僖宗乾符元年（874 年），其书成于后晋开运元年（944 年），距郑畋年代不远。他所录此诗，应是最早、最原始的记录，也应是最真实可靠的原型。但此诗几经流传，即逐渐走样。据能找到的资料，其变形痕迹大体是：

（1）吴曾《能改斋漫录》（成书于南宋绍兴二十七年，公元 1157 年前）卷八《马嵬诗》说：

> 《唐阙史》称郑相吟马嵬诗云：明皇回马杨妃死，云雨虽亡日月新。
> 终是圣朝天子事，景阳宫井又何人。

吴曾声称他引用《唐阙史》，却把"肃宗"改为"明皇"，这是重大的窜改。至于把"圣明"改作"圣朝"，倒无关紧要。

（2）计有功《唐诗纪事》卷五六《郑畋》条将"肃宗"改为"玄宗"，圣明改为"圣朝",这就是流行本"玄宗"的所本。计有功是北宋末至南宋高宗绍兴（1131—1162 年）时人。据此书王禧序（1201 年），书是从作者之子处得来，足见其书早已完成。

又，传为尤袤所作的《全唐诗话》卷四《郑畋》条亦载此诗，与《唐诗纪事》所载全同。据《四库提要》考证，此书非尤袤作，乃后人剽窃《纪事》而成，故不足据。

（3）洪迈（1123—1202 年）《万首唐人绝句》卷四七载郑畋此诗，除将"肃宗"改为"玄宗"外，又将"虽亡"改为"难忘"，"圣明"则仍而未改。至此，原诗面目大改，流行本即据以定型。清初诗人王士禛（渔洋）的《唐人万首绝句选》和《唐诗三昧集》所录此诗与洪迈所改者一样，乾隆时期成书的《唐诗三百首》不过沿袭前人改作而已。

但是，在洪迈以后，也有和他不同而恢复郑诗本来面目的选本。如成书于万历三十四年（1606 年），由赵宦光、黄习远所编的《万首唐人绝句》卷三七即照《唐阙史》原样不改。此书虽在洪书基础上编纂，却改正了洪书不少讹误。同样，清康熙时所编《全唐诗》也未加改动（此指清朝刻印的版本）。

以上我们追溯了《马嵬坡》诗被"改造"的过程。当然，有些诗经后人改动后也许比原作在意义上或词句上更好，郑畋这首诗是否也有这一情况呢？

早在 1940 年陈寅恪先生在昆明西南联大讲授《隋唐史研究》课时曾就此一诗发表看法，并在班上让同学比较两诗优劣。其后于 1955 年出版的《元白诗笺证稿》中更阐述其说。他摘引《旧唐书·肃宗纪》："于是玄宗赐贵妃自尽。车驾将发，留上（肃宗）在后宣谕百姓。众泣而言曰：'请从太子收复长安。'玄宗令（高）力士口宣曰：'汝好去！'上回至渭北……"先生说：

> 盖肃宗回马杨贵妃死，乃启唐室中兴之二大事，自宜大书特书，此所谓史笔卓识也。"云雨"指杨贵妃而言，谓贵妃虽死而日月重光，王室再造，其意义本至明显平易。今世俗习诵之本易作："玄宗回马杨妃死，云雨难忘日月新。"固亦甚妙而可通，但此种改易，必受长恨歌此节（按指"马嵬坡下泥土中，不见玉颜空死处"及其上二句——引者）及玄宗难忘杨妃令方士寻觅一节之暗示所致，殊与台文（郑畋字——引者）元诗之本旨绝异。斯则不得不为之辨正者也。（原书 33 页）

寅恪先生以史家之卓识，从历史背景阐明"肃宗回马"与"日月新"的内在联系。盖唯肃宗回马，即位灵武，使唐廷政治中心有所维系，始能组织力量，图谋复兴。若肃宗随玄宗人蜀，则唐廷失去重心，或偏安，或覆亡，前途难以设想。肃宗回马与杨妃之死，皆玄宗所首肯（虽迫不得已），而卒使唐室复兴，此玄宗所以不失为"圣明"之君，与陈后主之挟宠妃、匿井中者不可同日而语。自来咏马嵬者，多"红凄碧怨，令人伤悲"（高彦休语），此诗则独出心裁，从国家大局上着眼，赋予积极意义，对玄宗评价亦不失"温柔敦厚"之旨。唐人读者所谓"真辅相之句"，"有宰辅之器"，恐即在此。

"肃宗回马杨妃死"概括了安史乱起、唐朝处在危急存亡之秋的一件重大历史行动，这是一个勇敢而英明的决策，它悲壮而不哀伤，给人以鼓舞和希望，因而"云雨虽亡日月新"。"玄宗回马杨妃死"映现的是两京收复后玄宗从四川回京路经马嵬时的凄凉场景，它忧伤哀怨而不振奋慷慨，读之令人沮丧。"云雨难忘日月新"这句诗也不好理解。有人解释为"玄宗、贵妃之间的恩爱虽难忘，而国家却已一新"，恩爱难忘和国家一新有什么内在联系呢？有人解作"玄宗与杨妃难忘的恩爱仿佛像日月之新"，似是望文生义。还有的解作"尽管山河重光，也不能使他忘怀死去的杨妃"，不免强作解人。更重要的是，改动后的诗，前两句和后两句不好衔接。唐玄宗从四川逃难而回，仍念念不忘他的爱妃，这只是一个多情的昏君，怎配当"圣明天子"？只有原诗和陈先生的解释，才能看出玄宗还有点"圣明"之处。

因此，笔者认为，改作实在经不起推敲。只是由于玄宗和贵妃的密切关系，人们很容易接受"玄宗"而以"肃"为讹字。1960年《全唐诗》点校本即其一例。因不揣冒昧，阐发陈先生遗论，并作为陈先生逝世十八周年纪念（陈先生于1969年10月7日为"四人帮"迫害去世）。

关于郑畋的生卒年代，据我所知，我国学术界一共有三种说法。

1. 公元823—885年左右。约生于唐穆宗长庆中，约卒于僖宗光启初。此说见谭正璧《中国文学家大辞典》，1934年光明书局版，475页。

2. 约824—882年。此说见《辞海》1979年版，1025页。1981年《辞海·中国古代史》分册309页同。吴海林、李延沛《中国历史人物生卒年表》1981年版同，惟将生年之约字去掉。

3. 823—882年。此说见《唐诗鉴赏辞典》，1983年上海辞书出版社版，1408页。

三说相近而不尽相同，这是因为新、旧《唐书·郑畋传》记载不明确且有歧异所致。但可肯定的是，三说都有差错。

先说生年。事实上，《旧唐书》卷一七八《郑畋传》已间接地透出了消息。

该传说：

> （郑畋）因授官自陈曰："臣十八进士及策，二十二书判登科。"……
> 又自陈曰："臣会昌二年进士及第，大中首岁，书判登科。"

按，会昌二年为公元 842 年，其时郑畋十八岁，由此上推十八年为公元 825 年，即唐敬宗宝历元年，郑畋即生于此年。由会昌二年（842 年）下推四年为会昌六年（84 年），是年郑畋二十二岁，似与"大中首岁，书判登科"相差一年。须知，会昌六年三月武宗死，宣宗继位，次年改为大中元年。"大中首岁"应理解为大中的头年即其前一年——会昌六年；文人造句贵变化，忌重复，前面已说"会昌二年"，后面再说"会昌六年"，重复拙笨，故易以"大中首岁"，读来对仗上口。

至于卒年，问题较复杂。《旧唐书》说他卒时年五十九，《新唐书·郑畋传》则说他卒年六十三，两书相差四岁，而都没明确指出他在哪年死去，目前我还没找到其他足以印证的资料，因而颇费斟酌。

但不管怎样，生年既已肯定为 825 年，则按《旧唐书》，死年应在 883 年，即唐僖宗中和三年；按《新唐书》，死年应在 887 年，即僖宗光启三年。这两个年代都和前引三说不同，三说显然有误。

先看卒于 882 年说之误。《旧唐书·郑畋传》说："（中和）二年（882 年）冬，罢相，授太子少保。僖宗以畋子给事中凝绩为陇州刺史，诏侍畋就郡养疾，薨于郡舍，时年五十九。"这段文字给人以印象，似乎郑畋是在中和二年死的。其实，从罢相到死还有一段过程。《新唐书》卷九《僖宗纪》："中和三年（883 年）五月，郑畋为司徒……七月，郑畋罢。"《资治通鉴》卷二五五中和三年七月条也有罢郑畋为太子太保，以其子凝绩为彭州刺史，使之就养的纪事。可见郑畋绝不死于中和二年。

是否死于中和三年（883 年）？按《旧唐书》卒年五十九的说法，中和三年，郑畋五十九岁（以生于 825 年为准），在这年死似乎可以定案。

然而，《新唐书》郑畋卒年六十三之说也不可忽视。一来，《新唐书》成书晚于《旧唐书》，他不从旧书，一定另有根据。二来，《旧唐书》于郑畋到四川后事迹叙述太略，而《新唐书》较详，可见新书关于郑畋晚年情况较旧书掌握更多资料。如旧书说僖宗令郑畋子凝绩为陇州刺史，侍养郑畋，侍养至终年，而新书（卷一百八十五）则说："以凝绩为壁州刺史，留养。徙龙州，卒，年六十三。"和郑畋同时的崔致远所著《桂苑笔耕集》卷七、卷九有致壁州郑凝绩尚书的信三封，可见郑凝绩先为壁州刺史，后徙龙州。壁州今四川通江，龙州今四川江油，相距约二百五十公里；陇州则今陕西陇县，距壁州甚远，《旧唐书》的陇州应为龙州之误。总之，从壁州徙官龙州，不会是一二年的事，郑畋当不可能于中和三年罢官后立即死去。《桂苑笔耕集》卷七、卷九有致郑畋相公的三封信，称他为太保，对他的罢相予以慰问，其中有一封是对郑畋的复信（对郑凝绩也有复信）。崔致远是替淮南节度使高骈写的，当时高骈驻在扬州，从扬州到四川交通不便，信札往还当需时日，这些信似乎不是中和三年七月到该年底所写，而可能在此以后若干时日（崔于中和四年或五年离去，信当在他离职前写成）。

但郑畋之死无论如何不能晚于僖宗光启三年（887 年），因为在光启四年，即文德元年（888 年）正月即有"郑畋赠司徒，谥曰文昭"的诏令（《旧唐书》卷十九《僖宗本纪下》）。这一诏令，新、旧《唐书·郑畋传》都说是应凤翔节度使李茂贞的请求而颁布的，因为李曾隶郑麾下，受其奖掖，《旧唐书》还把李茂贞的上表载入。不过《旧唐书》接着说："昭宗嘉之，诏赠司徒，谥曰文诏。"这就错了，文德元年正月僖宗还活着，他于该年三月死去，昭宗才即位。

光启三年，郑畋六十三岁，与《新唐书》"卒年六十三"正相合。可见《新唐书》的说法还是颇有说服力的。当然，如有更直接有力的材料证明，才能成为确凿无疑的铁案。

总之，郑畋的生卒年应为：825—883 年或 825—887 年。

按：上海辞书出版社 1995 年 5 月出版的《中国历史大辞典·隋唐五代史卷》494 页《郑畋》条编者刘希为先生将郑的生卒年定为 825—883 年，与《旧唐》同而与《新唐》异，定不能以其晚出而轻信之也。

2002 年 3 月 29 日

（原载《文史知识》1987 年第 6 期）

关于渔阳、范阳、蓟县的方位问题

——并论《重修蓟县志》的错误

唐代诗人白居易《长恨歌》中的两句诗"渔阳鼙鼓动地来，惊破霓裳羽衣曲"，生动而形象地描述了安禄山的起兵叛乱和唐玄宗的惊惶狼狈情况。渔阳指的是什么地方呢？

渔阳是唐代的渔阳郡和渔阳县。渔阳郡当时设在蓟州。蓟州是唐玄宗开元十八年（730 年）把幽州的三个县（渔阳、三河、玉田）分出来设置的，治所在渔阳县，即今天的天津市蓟县。天宝元年（742 年），蓟州改称渔阳郡，肃宗乾元元年（758 年），又改称原名蓟州（《旧唐书》卷三九《地理志》）。安禄山作乱于天宝十四年（755 年），正是蓟州称渔阳郡的时候。因而一般认为《长恨歌》中的渔阳就是今天的蓟县。1944 年重修的《蓟县志》（当系抄自旧志）卷一《地理沿革》说："天宝十四年，安禄山以郡叛。"即认为安禄山是从这里起兵的。蓟县当地传说，独乐寺是安禄山起兵誓师之地；又说，独乐寺也是安禄山所命名，因为他想独乐而不与民同乐（《蓟县志》卷十《艺文志》录梁思成《独乐寺史》）。

但这不符合历史事实。因为安禄山不是在渔阳郡而是在范阳郡起兵。范阳郡本是唐的幽州，天宝元年，改称范阳郡，乾元元年，又改为幽州。幽州的治所在当时的蓟县，即今天的北京市。安禄山是从唐代的蓟县，而不是从今天的蓟县起兵的。《资治通鉴》卷二一七天宝十四载十一月条说："禄山出蓟城南，大阅誓众。"蓟城即当时的蓟县城，不是今天的蓟县。至于说安禄山因想独乐而把寺称独乐更是无稽的臆测。以安禄山的狡诈，即令他想独乐，也不会不在表面上装出与民同乐的姿态，何至如此露骨？

这样说，是不是白居易说错了呢？不能这样简单地看问题。因为唐朝人就有以渔阳代范阳的叫法。《资治通鉴》卷二一八至德元载提到郭子仪、李光弼军打败叛军史思明后说："河北十余郡，皆杀贼守将而降，渔阳路再绝……（叛军）将士家在渔阳者，无不摇心。"这里的渔阳，实际指的是范阳。《通鉴》虽是宋人所作，它用的材料却是唐朝的。元人胡三省在《通鉴》此处的注文说："渔阳即谓范阳也。范阳郡幽州，其后又分置蓟州渔阳郡，二郡始各有分界。然范阳节度尽统幽、易、平、檀、妫、燕等州，贼之根本实在范阳也。唐人于此时，多以范阳、渔阳通言之。白居易诗所谓'渔阳鼙鼓动地来'，是以范阳通为渔阳也。"就是说，唐朝人是把范阳和渔阳混同起来用的。可能因渔阳原属幽州，更可能是文人好古，有意用渔阳这个古老的名称代替范阳。

唐人诗用渔阳代替范阳或幽州者并不仅《长恨歌》一例。天宝时期的诗人皇甫曾《送王相公赴幽州》诗中末句："渔阳在天末，恋别信陵门"（《全唐诗》卷二一〇），也是以渔阳代幽州。杜甫的《渔阳》诗："渔阳突骑犹精锐……禄山北筑雄武城……"（《杜少陵集详注》卷十一），也指的是范阳郡或范阳节度使。"渔阳突骑"用的是《后汉书·吴汉传》吴汉对渔阳太守彭宠所说："渔阳、上谷突骑，天下所闻也"的典故，当时的渔阳还在今北京市密云县西南。雄武城是安禄山在范阳北所筑（《旧唐书·安禄山传》），也不在当时的渔阳郡境内。《重修蓟县志》卷一《地理·古迹》谓"雄武城在州东北"，不确。杜甫的《后出塞》诗中"渔阳豪侠地，击鼓吹笙竽。云帆转辽海，粳稻来东吴"（《杜少陵集详注》卷四）几句所描绘的，也只能是幽州即范阳郡才能有的景象。这都可为胡三省"唐人多以范阳、渔阳通言之"一语作证。

渔阳最早是秦朝设立的郡，郡治在渔阳县，即今北京市密云县西南。今天的蓟县其时并不在渔阳郡管辖范围之内。汉朝继之。北魏时郡治移到雍奴县（今天津市旧武清县治西北）。隋炀帝时才把郡治移到玄州的无终县，即今天的蓟县，唐玄宗时的渔阳郡和渔阳县也在这里。所以，渔阳虽是古郡县，但并不是一直设在今天的蓟县。《重修蓟县志》卷十《艺文志》第一篇收录了东汉幽州牧朱浮致渔阳太守彭宠的信，可能是因信中有"奈何以区区渔阳而结怨天子"的话。其实当时的渔阳与今天蓟县并无关系。同书卷一《地理》说"蓟于秦属渔阳郡"，可谓开口便错。

范阳是秦朝设置的县，故址在今河北省定兴县西南的固城镇。西汉时是涿郡（治所在今河北涿县）的一个县。三国魏文帝时又把涿郡治所涿县改为范阳郡；隋朝又废郡置涿县（而隋朝的涿郡郡治却在蓟县，即今天的北京市）；唐初又改称范阳县，都在今天的河北省涿县。至于唐朝的范阳郡，如前所说，则是在幽州，范阳节度使也设在这里。所以，同一个范阳名字，却有三处地方，即今天河北的定兴、涿县和北京市，分别作为县和郡治及节度使军镇所在地。

今天的蓟县在秦时叫无终县，是右北平郡的郡治。无终在春秋时期是山戎族建立的国名。大约在隋炀帝时改名渔阳县[1]，唐玄宗时渔阳县成为蓟州的治所，以后又叫渔阳郡。因而蓟县称为渔阳并不很早，而且不在秦汉的渔阳郡之内。到1914年（民国三年），蓟州才改称蓟县。

最早的蓟县不是今天的蓟县，而是今天的北京市。秦朝即有蓟县，是广阳郡的治所[2]，汉朝称广阳国或广阳郡。再往上，蓟是早期燕国的都城。《汉书·地理志》载，广阳国领四县：蓟、方城、广阳、阴乡，都在今北京市区和郊县范围之内。直到唐朝，蓟县还是幽州的治所，也是范阳郡和范阳节度使的治所。到辽朝，蓟县改称析津县；金朝改称大兴县，元、明、清因之。从此，蓟县的名称才为今天的蓟县所专用。《重修蓟县志》的《艺文志》部分，把唐以前及唐朝的一些文人歌咏蓟邱、蓟门、蓟甚至幽州的诗都收录进去，其实，那是幽州的蓟县，与今天的蓟县并不相干。而其中收人有关渔阳的诗（如前引杜甫诸作），从内容看，也是指幽州而言。因此，我们在引用地方志的材料时，必须和正史的《地理志》参照印证，不能无条件地轻信。

为了把上面几个地名沿革弄清，再列简表如下：

渔阳郡治 $\begin{cases} 秦、汉（今北京市密云县西南） \\ 隋、唐（今天津市蓟县） \end{cases}$

渔 阳 县 $\begin{cases} 秦、汉、（今北京市密云县西南） \\ 隋、唐、辽、金、元（今天津市蓟县） \end{cases}$

范阳郡治 $\begin{cases} 曹魏（今河北涿县） \\ 唐（今北京市） \end{cases}$

范 阳 县 $\begin{cases} 秦（今河北定兴县固城镇） \\ 汉、唐及以后（今河北涿县） \end{cases}$

蓟县（秦、汉、唐）→析津（辽）→大兴（金、元、明、清）→今北京市。

无终县（秦、汉）→渔阳县（隋、唐、辽、金、元）→渔阳郡治（隋、唐）→蓟州治所（唐—清）→蓟县（民国）→今天津市蓟县。

从上面的几个地名变迁中，可以看出，在历史上，一个地区可以改换几个

---

[1]《辞海》中册《渔阳》条说："隋大业末改无终县置。"按《隋书·地理志》渔阳郡无终县下注说"大业初置渔阳郡"，未提改渔阳县事。但《旧唐书·地理志》蓟州渔阳县则确言"隋为渔阳县"。

[2]《辞海》中册《广阳》条说："秦始皇十一年灭燕后置郡。"按此事不见于《史记·秦始皇本纪》及《汉书·地理志》，只见于《水经注·深水注》，有人怀疑其事。全祖望《汉书地理志稽疑》则以为有可能。王国维《秦郡考》（《观堂集林》卷一二）亦谓燕灭后"不宜虚不置郡……此郡之果名广阳与否，虽不可知，然其置郡之说，殊不可易。"

名称；同样，一个名称也可以被几个地区应用。静止地、孤立地认为一个地名始终指一个地区，是不符合地名变迁沿革的实际情况的。

（原载《天津社会科学》1983 年第 2 期）

安禄山、史思明生年考辨

安史之乱是唐代由盛转衰的关键。新、旧《唐书》虽然有安、史的专传，但既未提到生年，也未记载他们死时的年龄。《新唐书》只说安禄山死时"年五十余"，无确切数字。据我所知，我国史学界对这一问题似尚未予注意。《辞源》《辞海》对他们的生年都划个问号，《中文大辞典》也一字未提。这就成了一个悬案。

日本出版的《亚细亚历史事典》，由铃木俊撰写的《安禄山》条指明安生于705 年；同一个撰写的《史思明》条对史的生年也划个问号，但文中说，他可能生于704 年，随即又认为是不可信的传说。这总算有个说法了，不过这一说法还不够确切。

安、史的生年不是不可考的。唐人姚汝能撰写的《安禄山事迹》卷下在安禄山被杀后说："禄山以天宝十四年乙未十一月反，至至德二年丁酉正月被杀，僭窃三年，年五十五。"至德二年是公元757 年，由此上推 55 年是公元703 年。中国人的传统计年龄法是虚岁制即以初生之年为一岁。703 年为一岁，到 757 年整五十五岁。703 年是武则天长安三年，这就是安禄山的生年。

安禄山的生年确定后，史思明的生年就容易推算了。《安禄山事迹》卷下说："史思明……与禄山同乡，生较禄山先一日，思明岁夜生，禄山岁日生。"《旧唐书》卷二百上《史思明传》也说："先禄山一日生，思明除日生，禄山岁日生。"就是说，史思明是除夕那天生的，安禄山则是第二天元旦生的。二人虽相差一天，但按中国习惯，史却比安大一岁。他是长安二年十二月三十日（壬戌）生，安禄山则是长安三年正月初一（癸亥）生。以公元计，史生于公元 703 年 1 月 21 日，安生于公元 703 年 1 月 22 日。

其实，在新、旧《唐书》史思明传里，也有线索可寻。《新唐书》卷二二五上《逆臣·史思明传》说："天宝初……入奏，帝赐坐与语，奇之。问年，曰："四十矣。"（《旧唐书》同）

从天宝元年（公元 742 年）上推四十年，正是公元 703 年（长安三年）。当然严格说来，史思明生于长安二年年底（703 年 1 月 21 日），到天宝元年，按中国算法，应是四十一岁。这里他回答四十岁，可能他想说个整数，也许因他自知生日小（年底生），虽然刚过四十，也和四十差不多，所以答个整数。不管怎样，按公元计，只能算四十岁，因他生于 703 年。

两《唐书》中这段记载，不见于《安禄山事迹》，却可以印证《事迹》关于安、史生年的记载，这更有力地证明《事迹》所载的确切。

又，《资治通鉴》卷二一六，天宝十载正月条下说："甲辰（即正月二十——引者），禄山生日。"此条的《考异》引《禄山事迹》说："正月二十日，禄山生日。"按，《考异》此处所引《禄山事迹》与今天所见《安禄山事迹》不同。今本作"十载正月一日，是禄山生日"。这和前引《事迹》"禄山岁日生"是一致的。《通鉴考异》所引或版本不同，或有误，或今本事迹为后人所改，尚难定论。但《通鉴》在开元二一四年四月的记事中也明确承认史思明和安禄山"先后一日生"。假如承认《考异》所引《事迹》为真，则安禄山生于长安三年正月二十日（公元 703 年 2 月 10 日），史思明生于同年同月十九日（703 年 2 月 9 日）。到天宝元年（742 年）正是四十岁。总之，从新、旧《唐书》史思明传里，就可以推算史思明的生年，当然也可算出安禄山的生年，不过《安禄山事迹》说得更为明确而已。

现在再讨论铃木俊的推算。铃木是看到过《安禄山事迹》的，在《亚细亚事典》"安禄山"条下就有他撰写的《安禄山事迹》条文。他当然知道安禄山死时五十五岁，不知何以把安的生年推算成公元 705 年。若安是 705 年生，则 757 年死时只有五十三岁，与《事迹》不合。是否铃木看到的《事迹》版本作"五十三"呢？也不会：因他在《安禄山事迹》条文中明明指出此书在《学海类编》丛书中，而《学海》本是作"五十五"的。还应指出，缪荃孙的《藕香零拾》中的《事迹》也作"五十五"。可以肯定，铃木的推算错了。至于是一时疏失，把"五十五"看成"五十三"，或另有推算方法，则不得而知。

对史思明的生年，铃木在条目开头就划个问号，表示不能确定。文中则引《事迹》所载安禄山生于元日，史思明生于除日，认为如此则史思明的生年应为704 年，但又认为是神秘的说法而不予置信。我认为，这两种看法都有问题。首先，史思明虽比安禄山早一年生，但只是早一天，以公元计都在 703 年 1 月；而且，由于铃木误算安禄山生于 705 年，因而把史思明也误算为 704 年了。其次，认为安、史二人一生于元旦，一生于除夕为神秘而不可信，这未免多疑。在一个人口众多的国家，那天甚至那一时都有出生的人。据有数字可考的统计，唐中宗神龙元年(公元 705 年)唐朝的户数为六百一十五万六千一百四十一(《唐会要》卷八四),口三千七百一十四万多(《通鉴》卷二〇八),何况当时还有许多"逃户"。在这种情况下,除夕和元日生的人何止安、史二人。所以,这一点并不神秘和奇怪。不过,由于他二人是同乡,又是隔一年实际隔一天生,以后又一同发迹,很引起人们的注意,所以这事便被人当作新闻传开了。正因如此,它的真实性才无庸置疑。

《安禄山事迹》为我们提供了安禄山和史思明的生年信息,解决了一件历史悬案。填补了一项历史空白,就此一点,已足珍视。它的贡献尚不止此。它内容丰富细致,是关于安史之乱的重要史料。它虽被目为"杂史",但有些记载却是正史忽略而独见于此书。《新唐书·安禄山传》多处取材此书。《资治通鉴》也多处参考它。不过,司马光所见《事迹》,与今本略有不同。如《通鉴》卷二百一十四开元二十四年四月《考异》说:"《旧传》云:'思明除日生,禄山元日生。'按《禄山事迹》:'天宝十载正月二十日,上及贵妃为禄山作生日。'今不取。"如前所说,这和今本《事迹》不同,但无伤大体。可注意的倒是,司马光在此处相信《事迹》而不取《旧唐书》,可见司马光对此书的重视。

又,缪荃孙在《安禄山事迹》跋中说:"是书上卷……起长安三年,尽天宝十二载。"是缪氏在 1904 年作跋时已算出安禄山生年,惜乎国人未注意及之,不然这个问题早在八十年前就已解决了。

(原载《南开学报》1987 年第 2 期)

令狐绹的生卒年

令狐绹是唐宣宗时期的宰相。关于他的生卒年代，新、旧《唐书》本传所载俱不明确。《旧唐书》卷一七二说："（咸通）十三年（公元 872 年），以本官为凤翔尹、凤翔陇西节度使，进封赵国公、食邑三千户，卒。"（标点据中华本）《新唐书》卷一六六说："僖宗初（公元 374 年），拜凤翔节度使。顷之，就加同平章事，徙封赵。卒，年七十八。"

据旧传，"（咸通）十三年……卒"，似乎他即死于此年（即 872 年）；据新传，他死年七十八。从 872 年上推七十八岁为公元 795 年，则他的生卒年似应为：795—872 年。目前《辞海》即采此说，但不确切。

据《旧唐书》卷十九下《僖宗纪》："乾符二年（公元 875 年）四月，以凤翔陇西节度使、检校司徒、同平章事、上柱国、凉国公、食邑三千户令狐绹进封赵国公。"可见至 875 年令狐绹尚在人世，是年封赵国公。《旧唐书》本传之"十三年"至"卒"并非一年之事。在"卒"字前应标以句号，才不致误会，定其死年为 872 年之误即由此而来。

令狐绹何时去世？《资治通鉴》卷二五二，僖宗乾符三年（公元 876 年）八月记："（王）仙芝进逼汝州，诏邠宁节度使李侃、凤翔节度使令狐绹选步兵一千、骑兵五百守陕州、潼关。"这是史书记载他活动的最后一年。吴廷燮《唐方镇年表》卷"凤翔节度使"乾符五年（878 年）任使者为令狐绹。其根据是《宝刻丛编》所收《唐赠太尉中书令贞孝公萧倣墓志》，此志是令狐绹于乾符五年所撰（四库本《宝刻丛编》卷 8）。同表乾符六年任凤翔节度使者二人，一为令狐绹，一为郑畋。其根据是《旧唐书·僖宗记》："乾符六年十二月，以太子宾客郑畋检校左仆射、凤翔尹、充凤翔节度使。"编者大概以郑畋既在六年十二月充使，则此前之使当仍为令狐绹，令狐绹可能在十二月前某月故去，因使郑畋代之。这个推测是合理的。因此令狐绹去世之年应为乾符六年即公元 879 年。在没有新的资料发现之前，这个说法是站得住的。

令狐绹死时七十八岁（虚岁），则他的生卒年应为"802—879 年"。

（原载《历史教学》1990 年第 8 期）

沈括与历法改革

　　1999 年 3 月 4 日《今晚报》第八版文摘《春节改在立春日，行吗？》一文，颇感兴趣。专家们提出的建议，不无道理。事实上，早在九百多年前北宋的学者沈括（1031—1095 年），在其名著《梦溪笔谈》中，已提出类似的方案。他说，旧历的"置闰之法"，是先圣王所造，不应评议。但有些事却是古人没做到而后人才做到的，如"岁差"现象就是后代发现的（指西东晋间人虞喜）。在指出因置闰而使节、气与实际气候往往不符，"徒谓乙岁之春，而实甲岁之冬；徒谓甲岁之冬，实乃乙岁之春"等错乱外，他提出用十二气（指立春、惊蛰等十二奇数节气）为一年，不用十二月。即以立春之日为孟春（正月）之一日，惊蛰为仲春（二月）之一日。大尽三十一日，小尽三十日，"岁岁齐尽，永无闰余"，使历日"简易端平，上符天运"。他也预料，他这一历论，定会引起人们的"怪怒攻骂"。然而，他充满信心地说："异时必有用予之说者。"果然，远在英国的农业局长萧讷伯（Napier W.Shaw, 1854—1945 年）约在 1931 年即做出一个和沈括相似的历法，只是他把元旦放在公历的十一月六日，即立冬节，称《萧讷伯农历》。至今英国气象局统计农业气候和生产，仍用此历。我国专家学者提出的改历建议，又一次证明了沈括的先见之明。

　　据那篇文摘，专家们建议的用意一是使立春节日不致每年游移不定，这和沈括用意相同。而更多的考虑则在人事方面，如防止贻误春耕，职工假期多少不等，教学计划不稳定，元旦和春节相距日数的变化影响副食品供应等。这确实是些应当解决的现实问题。不过，提出异议的人却认为固定春节将使人跟机器一样，不利于人类心灵需求；改革春节有伤中华民族的心理认同等。这也不无道理。看来，这个问题还须从长计议。

　　从历史上看，我国的历法几千年来也不断在改革。据天文历算学家席泽宗先生统计自传说的《黄帝历》开始，至太平天国的《天历》止，共有九十三次，其中有些是提出而未用的，沈括的《十二气历》即在其内（序号 67）。至于以某月为岁首，也不一致。如夏以一月（正月），商以十二月，周以十一月，秦以十月。西汉初仍秦制，到汉武帝太初元年（公元前 104 年）五月才恢复夏历，以正月为岁首。想不到至武则天时因谋改唐为周做皇帝，又恢复周历，以十一月为正月，十二月为腊月，次年的正月为一月。十一年后又恢复一月为正月。西方的历法也改过几次。可见，历法不是一成不变不可更改的。旧时的改历主要是为了更符合天象，但也有当权者为自己的企图强改的（如武则天）。今天我们的改历自然是为了更科学、更有利于人民的工作，促进国家事业的不断发展。当然，弃旧图新之际会使人一时感到不适应，不方便，在习惯上和心理上不易接受。这就需要多做解释和宣传工作，需要有一个等待或试验、推广阶段，而不应操之过激，急于求成。（此据胡道静校注《梦溪笔谈》下册 933 页，第 545 条与 940-941 页；竺可桢教授 1951 年 2 月 26 日《人民日报》第 3 版论文）

（原载《今晚报》1997 年 3 月 30 日）

方腊起义提出过"平等"口号吗

方腊（？—1121年），摩尼教徒，宋徽宗宣和二年（1120年）在青溪县（今浙江淳安县）以诛宦官朱勔在两浙聚敛花石纲（一定数目的运输项目）扰民而聚众起义，为宋军镇压，英勇就义。

很多研究农民战争史的同志，认为方腊起义曾提出"平等"的口号，这一点我觉得值得怀疑，以下提出我的意见来，和同志们商榷，并请同志们指正。

认为方腊起义提出"平等"口号的同志，是根据庄季裕《鸡肋编》中对摩尼教的记载的一段文字推论出来的。该段对"食菜事魔"教徒的教规叙述相当详尽，其中有几句说他们：

> 亦诵金刚经……其说经如是法平等，无有高下，则以无字连上句，大抵多如此解释。

这就是说：摩尼教徒对《金刚经》中的"是法平等，无有高下"两句，是读作"是法平等无，有高下"的。为什么要这样读？庄季裕没有说明。我想大概是：一方面，故意要和佛经的读法不同，表示并不信仰佛教，因为根据同文所载，他们是"不事神佛""尤憎恶释氏"的；另方面，他们这样读，表示佛教所讲平等是假的，根本没有平等，只有高下。这一方面是对于佛教的讽刺，一方面可能如范文澜同志的解释："意思是说阶级社会并无平等，只有高下。"（《中国通史简编》第三编第四章第五节）

不管这句话应如何解释，我认为《鸡肋编》的这一记载是可信的。吕振羽同志认为，说他们这样读，"是统治阶级恶意的诬蔑"（《简明中国通史》，人民出版社1959年第二版，第561页），我觉得未必如此。因为《鸡肋编》中对摩尼教徒的其他教规的叙述还是接近真实的，何必对这一点加以歪曲，而且这两句本是佛经上的话，也没有加以歪曲的必要。我想，倒是因为摩尼教徒对这两句话的读法很特别，容易惹人注意，因而庄季裕才把它记载下来。

从上可知，对摩尼教徒来说，平等并不是他们的主要主张，谈不到是什么

"基本教旨"或"行动纲领"，也算不得是口号。从庄季裕《鸡肋编》中对教规的介绍，主要是"素食""裸葬""互助""拜日月以为真佛"，"平等"绝不是重点。从我们对摩尼教的一般了解来看，也找不到什么平等的主张。当然，从他们的团结互助，亲如一家的精神来看，也可以说教徒们过着一种平等的生活，但他们并没有把这种精神提高到纲领口号上去。

摩尼教徒既然没有提出平等的口号，根据一般的说法，方腊是利用摩尼教组织的，当然也就不会提出平等的口号了。

其实，方腊的起义主张是很明确的。由于花石纲的骚扰，逼得人民无法生活下去（当然，在此以前，阶级矛盾已极严重）。方腊在贫苦的人民面前，发表了激昂沉痛、富于号召力的演说。这可以算作起义宣言。在这篇宣言里，方腊揭露了赵宋统治阶级的罪恶，号召人民起义，同时，也发表了他的施政纲领，那就是"轻徭薄赋，以宽民力"。这就是方腊的主张，也可以说是口号。在这里面，并没有提出"平等"的主张来，但是，它充分揭露了宋朝的残暴统治，允许人民一个剥削轻微的政治，这已经很鼓舞人心，起了动员的作用。我们从这里，已可以充分说明方腊起义的正义性和其伟大的号召力，这是最可靠的、最直接的记载，何必辗转摘引，从与方腊起义没有直接关系的摩尼教徒的语义含混的两句话中，搜寻方腊的起义口号呢？

方腊起义得到摩尼教徒的响应，起义军中有不少的摩尼教徒，这是可以肯定的。但方腊最多不过是利用了这一现成组织，作为动员和组织人民的手段，他的行政主张里并没有摩尼教的气味。因此，不能夸大摩尼教在这次起义中的作用。即令摩尼教徒有平等的主张，方腊也未必就实行它，最明显的就是，在起义宣言里，如上所述，我们看不到一点痕迹。

因此，我认为，主张方腊起义曾用过平等的口号，是证据薄弱，立论牵强，实在说不过去。

但是，为什么很多研究农民战争史的同志都这样主张呢？我想，大概因为在方腊起义之前，王小波曾提出过"均贫富"的号召，在方腊起义之后，钟相曾提出过"等贵贱、均贫富"的口号，有关方腊起义的史料里，恰好有"平等"两个字，从字面上看，意义差不多，于是便拿来作为方腊起义的口号。但是，"吾疾贫富不均，今为汝均之"，确出自王小波之口；"我如行法，当等贵贱，均贫富"，确实是钟相亲口喊出的口号。而方腊却并没有亲口说过"平等"一类的话。即使在摩尼教徒中，也没有把"平等"作为主要的主张。为了要使方腊起义符合于宋代农民起义的特点，硬给他一个他并没有主张过的口号，这未必是严肃的治学方法。固然,"均贫富"的主张,是宋代农民起义的一个特点,但不一定每一次农民起义都以此为口号,王则、王伦、宋江的起义,都没有提出过这样的口号,然而他们仍是宋代的农民起义。何况"平等"这个字眼,在当时是佛教徒的唯心的说法,和财富分配的平均以及今天我们所理解的平等,意义并不一样,方腊若真正主张平均财富(要注意,方腊是一个"有漆林之饶"的中产之家,也就是属于地主阶级的人物),也未必就用"平等"这一个在当时令人难以体会的字眼,很可能还是用"均贫富"这个通俗易懂的名词。

因此,和很多同志不同,我认为方腊起义并没有提出过"平等"的口号。

(原载《光明日报》1960 年 9 月 29 日)

再论方腊起义没有提出"平等"口号

十八年前，我写过《方腊起义提出过"平等"口号吗》一文[1]，认为方腊起义没有提出"平等"口号。除个别同志提出不同意见外[2]，这个问题没有展开讨论。近几年来，在一些有关方腊起义的论著中，认为方腊曾提出"平等"口号的还不在少数。看来，这个问题还有讨论的必要。

一、庄季裕的记载是歪曲吗

南宋人庄季裕在其所著《鸡肋编》中，有一篇介绍摩尼教（称"食菜事魔教"）情况的记载，其中有几句说，摩尼教徒"亦诵《金刚经》……其说经，如'是法平等，无有高下'，则以无字连上句，大抵作如此解释"[3]。

这是主张方腊起义提出"平等"口号的主要根据。我认为，既然摩尼教徒把"是法平等，无有高下"念成"是法平等无，有高下"，可见他们并不认为有什么"平等"之法，根据这一点，很难引申出方腊起义主张"平等"的结论。这是我以前的看法，现在也没有改变。

但是，主张方腊提出"平等"说的同志却认为庄季裕的记载是有意歪曲。他们说，摩尼教徒对《金刚经》那两句本来是读作"是法平等，无有高下"的，庄季裕却由于"卑鄙的阶级利益"，怀着"敌意"，故意加以歪曲。是不是这样呢？

应当承认，庄季裕站在地主阶级立场上，对摩尼教徒不会有好感。但从他记录的这一篇看来，他对摩尼教的一些叙述还是比较客观的。如说："始投其党，

---

① 1960 年 9 月 29 日《光明日报·史学》。

② 1961 年 8 月 9 日《天津日报》《方腊起义和"平等"口号》。以下所引论点，凡不注出处者，均采用此文。

③ 按：《青溪寇轨》引《容斋逸史》"其说经"作"其说不经"，意思是，他们的说法很荒唐，指对《金刚经》断句之误。

有甚贫者，众率财以助，积微以致于小康矣。凡出入经过，虽不识，党人皆馆谷（即从给宿食）焉，人物用之无间，谓为一家。"这些同教分财互助的风气，曾被一些同志认为是主张平等的有力证据，可见庄季裕还是据事直书，并没有隐没或歪曲事实。至于故意读错《金刚经》的原因，从《鸡肋编》的记载中并不难找到解释。篇中说："亦诵《刚经》，取'以色见我为邪道'，故不事神佛，但拜日月，以为真佛。"又说："尤憎恶释氏。"说明摩尼教徒对佛教是不尊敬的，讨厌的。南宋和尚志磐说摩尼教徒"画魔王踞坐，佛为洗足。云：佛是大乘，我法乃上上乘"（《佛祖统纪》卷四二）。可见摩尼教徒对佛教是采取嘲弄、轻蔑态度的。故意错读"是法平等"就是对佛教经典采取玩侮态度的一个表现。正因这一错读很好笑，很惹人注意，很"不经"，庄季裕才把它加以记录，假定是正常读法，也就没有必要提它了。说庄季裕有意歪曲，倒不如说摩尼教徒有意歪曲《金刚经》更恰当些。

退一步说，即令承认摩尼教徒没有错读《金刚经》，而是庄季裕有意弄错了（虽然这是不大可能的），是否可以认为，方腊起义时就用这两句作为口号呢？也不能。因为，这只能说明摩尼教徒在平时曾诵读过《金刚经》，却不能证明方腊起义时就用这两句作为口号；不仅《鸡肋编》中找不到证明，在记载方腊起义的《青溪寇轨》中，也是无迹可寻的。

二、方腊起义时，没有提出"平等"口号

方腊在动员群众起来造反时，发表了一篇激动人心的宣言，在《青溪寇轨》一书中有生动的记载。在宣言中，方腊痛斥了宋朝统治者剥削人民、挥霍糜费和向辽、西夏纳贡赔款的罪恶；控诉了"花石纲"对东南人民的骚扰祸害；分析了有利于起义的政治形势；提出了夺取全国胜利的行动计划；发表了"轻徭薄赋，以宽民力"的施政方针。激昂慷慨，理直气壮，是我国农民起义的一篇珍贵文献，但没有提及"是法平等"的口号，也找不出讲"平等"的征象来。这是我过去认为方腊起义没有提出"平等"口号的又一论据。

但是，有的同志认为这篇宣言里还有主张"平等"的意义。其一是开头的几句："天下国家，本同一理。今有子弟耕绩，终岁劳苦，少有粟帛，父兄悉取而靡荡之……"说这是声讨当时社会的黑暗与不平；其二是"轻徭薄赋，以宽民力"，说这反映了要求平等的社会理想。我看不出来。头一段把皇帝同人民比作父兄和子弟的伦常关系，这同封建等级制的维护者的看法没有两样，找不出

主张平等的意味。他反对的，只是"父兄"不应把"子弟"的劳动成果全拿来浪费掉，而且"稍不如意，则鞭笞酷虐，至死弗恤"，这是他认为不平的。至于"轻徭薄赋"，那更是封建皇帝所标榜而没有实行的，也谈不到是什么平等的主张。

不仅在方腊起义的宣言里看不出主张平等的迹象，在起义后的军事编制上，"置偏裨将，以巾饰为别，自红巾而上，凡六等"（《青溪寇轨》），还是有等级分别，而不是不分上下的一律平等。

有的同志又把方腊起义的规模之大，发展之神速认为和"平等"主张的提出有关，还把《泊宅编》中记载的"不逞小民反为'贼'乡导，劫富室，杀官吏、士人以徼货利"看作方腊起义军贯彻平等主张的佐证。按：起义军的发展壮大是当时阶级矛盾激化的产物。正如《青溪寇轨》中所说："民方苦于侵渔，果所在响应，数日，有众十万。"同时也可能和摩尼教在江南一带盛行，人民比较有组织有关。至于"劫富室，杀官吏、士人"，则是一般农民起义特别是封建社会后期农民起义所采取的普遍行动。不提出"平等"的主张，农民军也会这样干，这里面并没有必然的联系。

或者根据《鸡肋编》中记述的摩尼教徒分财互助等教规，认为这是方腊主张平等的证据，这也值得商榷。秘密结社和一些宗教组织中有不少分财互助的活动，社团和同教内部成员间关系也比较平等团结（同时也要注意到，有些还保存着森严的等级），但不一定由此而上升为主张政治平等的纲领口号。方腊起义曾利用摩尼教组织，摩尼教徒可能是起义初期的基本群众，但方腊只是利用这个现成的组织作为掩护，不一定按教规行动。如摩尼教规定不吃肉不吃酒（所谓"断荤酒"），但方腊在动员起义时却杀牛摆酒，和大家开怀畅饮，并不受教规的束缚。我们应该把方腊起义的政治主张和摩尼教徒的信仰习惯有所区别，不能混而为一。方腊起义是政治斗争，是为反对宋朝的剥削压迫而造反，不是一个振兴摩尼教的宗教运动，方腊动员群众的宣言里没有一点宗教气味。把摩尼教的信条和教规当作方腊起义的纲领已经不恰当，把摩尼教徒没有提出的"平等"主张当作方腊起义的口号更缺乏根据。

还有些同志把声称摩尼教徒无视"君臣上下"的一句话看作方腊的平等主张的致治上的表现，认为这是反对封建等级制度的表现[1]。按：这句话见南宋人廖刚的《高峰文集》卷二《乞禁妖教札子》。文中说，吃菜事魔的人"阴结死

---

[1]《方腊传》，北京人民出版社 1977 年版，第 169 页。

党。犯罪则人出千钱或五百行赇，死则人执柴一枝烧焚，不用棺椁衣衾，无复丧葬祭祀之事，一切务灭人道，则其视君臣上下复何有哉！"可见这是廖刚仇视摩尼教徒的风习而加的恶意评语，等于说，这些人真是大逆不道，无法无天。这同方腊起义的政治主张并无关联。历次大的农民起义，对于封建统治者总是"无视君臣上下"的，对封建的等级制度都是一次冲击，这和主张平等是两回事。要说这就是平等的主张，岂不是说，历次大规模的农民起义都主张政治平等，何必定要把它作为方腊起义的特点呢？

这些同志又认为，方腊的平等主张，还通过对《金刚经》的"是法平等，无有高下"的批判性解释，"揭露了佛教维护封建等级制度的欺骗本质，表达了起义农民的平等愿望"，"曲折地表现"了方腊的平等主张[①]。这样的解释未免牵强。首先，读作"是法平等无，有高下"是不是揭露了佛教维护封建制度的欺骗本质，并不能确定。它可能是对佛教的揭露，也可能是对佛经的戏侮嘲弄，并无其他用意，也可能是摩尼教徒就主张"是法平等无，有高下"；不管哪种解释，都很难从中看出它表达了平等的主张和愿望。其次，如前所说，方腊起义并不是根据摩尼教教义行动。判断方腊起义是否提出平等主张，只能根据起义后的具体活动，既不能根据《金刚经》中的两句话，也不能根据摩尼教徒对这两句话的读法或解释。

三、关于"平等"口号与宋代农民起义的特点问题

有的同志认为，方腊起义的"平等"主张，是当时社会斗争的需要，是时代潮流的产物。他们说，北宋初王小波提出"均贫富"的口号，南宋初钟相提出"等贵贱，均贫富"的口号，方腊起义在这二次起义之间，时间相距不远，社会条件基本相同，他提出"平等"口号，是群众斗争愿望的反映，"它充分反映着这个时期农民反对封建剥削和压迫的共同特点"。

我们承认，封建社会发展到宋朝，农民起义提出均贫富、等贵贱的纲领口号是一个时代特点。但是，是不是每一次农民起义都要提出同样的口号，还要具体地分析各次起义的具体情况，不能一概而论。在王小波起义和方腊起义中间，有多次起义都没有提出均贫富或争平等之类的口号；在钟相起义以后南宋的多次起义中，也不见有类似的口号。这都有具体的情况和原因，不能强求一

---

① 《方腊传》，169—170、183—185页。应当指出，该书185页中不同意方腊起义提出"是法平等，无有高下"的纲领性口号，认为方腊既然反佛，就不会用佛教的语言。这是很有见地的，可以补充本文的论证。

致。我们只能从事实出发。根据具体的历史事实，作出实事求是的结论。

当然，我们并不排斥，在方腊起义过程中，农民军劫富济贫的行动，有均贫富的因素，正如摩尼教徒的禁欲主义和分财互助有原始平等的精神一样。但问题是方腊起义并没有自觉地把它提到纲领口号的高度，尤其是并没有从《金刚经》的两句话表现出来，这是我们讨论的中心，分歧的所在。

四、关于"是法平等，无有高下"和"平等"一词的应用

《金刚经》中"是法平等，无有高下"这两句话应当怎样解释，它指的是什么？法，指佛法，佛性，或佛教所指的真理，"真如"，道理，原则等，是一个神秘玄妙的唯心主义范畴，与人间社会无关。"是法平等，无有高下"，不是说社会上各阶级的人一律平等，没有高下，而是说，佛性遍于一切，人人都有佛性，人人都能成佛。这当然是骗人的鬼话，但它所涉及的是精神的问题，而不是人间的阶级关系。因此，摩尼教徒把它念成"是法平等无，有高下"，恐怕不是像一些同志理解的"揭露佛教维护封建等级制度的欺骗本质"（当时不可能有这样高的认识水平），而是故意嘲弄佛教，似乎说，你讲的佛法平等是没有的，靠不住的。

"平等"这个词汇，是汉文从印度佛经中翻译过来的。在佛教经典中，这个名词除独立应用外，还作为定语大量出现，如平等观、平等法身、平等觉、平等王、平等界等，都不是讲阶级关系的。在佛教著述外，一般古人应用这个名词时，据我们现在所找到的，还是与佛教有关，如梁武帝的《会三教诗》说："示教惟平等，至理归无生。"（《全梁诗》卷一）梁武帝还曾"幸同泰寺，设平等会"（《南史》卷七，中大通二年），这个"平等会"当然不是宣传阶级平等，而是搞宗教活动的集会。唐中宗时清源尉吕元泰由于朝廷营建佛寺，劳民伤财，上疏请求停工。他说这样"则如来慈悲之施，平等之心，孰过于此？（《通鉴》卷二〇九，景龙二年七月）姚崇诫子书说："但平等慈悲，行善不行恶，则佛道备矣。"（《旧唐书》卷九六《姚崇传》）诗人白居易《岁暮道情》诗："为学空门平等法，先齐老少死生心。"这些都说明，"平等"二字总是和佛教密切联系，而在政治和经济问题上则不见应用。钟相的"等贵贱、均贫富"是要求政治上和经济上平等的，但不用"平等"字眼。明中叶福建邓茂七起义，称"铲平王"；明末江西吉安地区奴仆暴动，首领也称"铲平王"，意思是"铲主仆贵贱贫富而平之"（同治《永新县志》卷一五《武事》），是实行平等的主张，却不用"平等"

字样。明末李自成大起义,也只提出了"均田"或"均田免粮"的号召。太平天国起义是封建社会农民战争的高峰,它的纲领口号充满着要求平等的精神,但在它颁布的文献里也找不到"平等"二字①。今天我们理解的"平等"涵义,可能是西方资产阶级民主主义思想输入以后才具有的。一个名词在一个特定的历史时期里有其独有的涵义和应用范围,不能作任意的解释,也不能用今天的理解强加于古代。

因此,我认为,在方腊起义时,是不可能用"平等"这个词来表达他的政治主张的,即令他有某些主张平等的愿望。

顺便说一下,前一个时期,还有些文章认为方腊起义的口号是"法平等"三个字;有的历史图像还画一大旗,上写"法平等"三字。这都是很不妥当的。

(原载《南开大学学报》1978 年第 4、5 期)

---

① 1962 年出版的《中国近代反帝反封建历史歌谣选》中,有两首有关太平天国的歌谣出现"平等"二字:一首是"大家平等,没有富户"(110 页);一首是"共同享受平等福"(112 页)。据本书附注,这两首都是现代人搜集的。很有可能掺进当代流行语汇,录此备考。

金朝皇位继承问题探讨

在我国古代历史上，从西周后，老皇帝死后照例由其子而且嫡长子继承其位，即长子继承或长子世袭制。除有特殊情况，如唐高祖李渊退位后不由其长子李建成而由其次子李世民继位、宋太祖赵匡胤死后由其弟赵匡义继位外，此制度一般遵守不悖。但金朝却又不同。金朝从金太祖阿骨打起，共传九代，从表面看，其中即有七位皇帝是兄弟相传。为醒目计，今据《金史》所载，列表如下：

表一 金世系

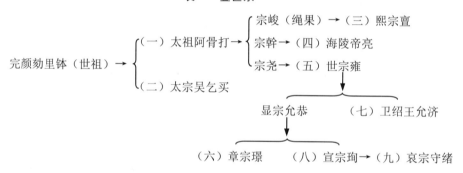

表中平列者为兄弟关系，"→"表示父子关系，（六）与（八）为兄弟关系，但（六）死后先传位于（七），（七）死后始传于（八）。

从上表可见，金朝皇位继承法确实与一般王朝不同，她不是父死子继，而是兄弟相传。此传位法在中国历史上称为"兄终弟及"。

"兄终弟及"并非金朝所独创，西周以前的商朝已经如此。据统计，商朝从汤到纣共传三十王，其中兄弟相传者为九世十四王，父子相传者为十二王，叔侄相传者四王①。到商代后期，父死子继方成为固定制度。当然，在前期，当最后一王无弟可传时，仍需传其子，而此继位者，当有弟可传时，则传位其弟。

---

① 此数字据王玉哲教授《中华远古史》，上海人民出版社 2000 年第一版，第 356 页。

金朝传位法亦然。"兄终弟及"有时还需以父死子继作为补充形式。

"兄终弟及"制度的由来应从人类社会的进化历程谈起。

人类经过漫长的进化阶段，逐渐形成了以血缘关系为纽带的集团，称为氏族社会。氏族社会分两个阶段，即母系氏族社会与父系氏族社会。母系氏族社会以女性为中心，男子出嫁，儿子与其父亲不属于同一氏族。因此，当父亲死后，由于其儿子不在身边，其财产自然不能传于他，只能留给和他一同出嫁的兄弟。财产如此，部落酋长职位的继承权亦然。商朝前期"兄终弟及"制的出现，可以由此说明。

这里有个问题：商朝前期是否母系氏族社会？回答是否定的。因为，自商的始祖契以来，商朝的世系已非按母系血统，而是按父系血统计算；但历史传统、习惯势力总是有惰性而不会轻易消灭。商朝不仅非母系氏族，亦非父系氏族社会，她已形成为国家，进入阶级社会，但氏族社会的某些残余仍有存在，"兄终弟及"就是在王位继承法上保留下来的母系氏族社会的残余形态。

金朝的情况也是如此。金朝是女真族，而且是以"生女真"为主力建立的王朝。生女真是比较落后的部族，其始祖可考者名函普，约为公元九世纪中期时人，他距金朝建国者阿骨打（公元1068—1123年）共七代，约二百年。女真已进入父系社会。因时间不太久，生女真的母系制残余还较多。如《金史·世纪》说："生女直之俗，生子年长即异居。"①这即男子出嫁的残余形态。在阿骨打建国以前，女真的酋长职位，即为 "兄终弟及"。列表如下：

表二　金建国前世系

石鲁（昭祖）→乌古廼（景祖）→{
劾里钵（世祖）→{乌雅束（康宗）／阿骨打（金太祖）／吴乞买（太宗）
颇剌淑（肃宗）
盈歌（穆宗）
}

注：阿骨打前谥号皆后世追封

《金史·太祖纪赞》说："世祖（劾里钵）阴有取辽之志，是以兄弟相授，传及康宗，遂及太祖。"似乎"兄终弟及"制度乃劾里钵为取辽而创造者，这种不顾社会制度演变规律单从个人主观愿望来解释历史现象的观点并不正确。

至此，可以研究一下阿骨打建国后的皇位继承关系，探讨其中有无规律性

①《金史》卷一《世纪·世祖劾里钵纪》，中华书局标点本1975年版，第6页。

的、有趣的"奥秘"以及"兄终弟及"制维持的时间。

阿骨打与吴乞买是继他兄长康宗（乌雅束）的职位而即位的，他们是世祖（劾里钵）之子。世祖共有十一子，但除康宗外，继帝位者只有一人，按"兄终弟及"制，太宗吴乞买（世祖的第四子）死后，应传位于诸弟，但却未再传弟而传于太祖之孙熙宗，原因何在？

原来，康宗、太祖与太宗皆一母所生，其母翼简皇后拏懒氏共生五子，除上述三人外，另有魏王斡带（行三）、辽王斜也（行五）皆皇后所生，其他六人则是"次室"即妃子们所生，无继皇位的资格。由此可以发现一条规律，即只有皇后所生子才得在"兄终弟及"制中轮流继位。这与商朝只有嫡子方能按"兄终弟及"制接班完全相同。

太宗吴乞买是皇后拏懒氏第四子，由于其三兄斡带与五弟斜也（完颜昊）皆先于他去世，因此，在他死后继位人选便成问题。

这一问题在他生前已被提出，而且颇有周折。原来，太宗母弟斜也曾被封为"谙班孛极烈"，谙班，女真语意为大，孛极烈（清朝称贝勒）意为官人或部长。太宗即位前亦封此衔。因而受此衔者即意味为未来帝位继承人。斜也（昊）于太宗天会八年（公元1180年）去世，太宗迟迟不任命此官，所谓"意久未决"①。天会十年（公元1182年），四位宗室大臣商议："谙班孛极烈虚位已久，今不早定，恐授非其人。合刺（完颜亶）先帝嫡孙，当立。"四人向太宗再三请求，太宗勉强应允。下诏说："尔为太祖之嫡孙，故命尔为谙班孛极烈。"②说明女真人很重视嫡子嫡孙的地位。

合刺（完颜亶）之父名绳果，一名宗峻，是太祖第二子，其兄宗幹虽为长子，却是庶出，而宗峻之母是皇后，因此《金史》上说："宗峻在诸子中最嫡。"③合刺亶又是宗峻的嫡子，因而能以太祖嫡孙的资格成为太宗的接班人。

金熙宗倾慕汉族文化并锐意进行改革。他熟悉历代史迹，读过《贞观政要》，对唐太宗君臣议论认为"大可规法"，与臣子评论唐玄宗的得失；对周成王周公事评论说，成王之贤，是赖"周公辅佐之力"；对后人议论周公杀其兄管叔一事说"后世疑周公杀其兄，以朕观之，为社稷大计，亦不当非也"④。对孔子他非常崇敬，曾"亲祭孔子庙，北面再拜"。对侍臣说："孔子虽无位，其道可尊，

---

① 《金史》卷四《熙宗纪》，第69页。
② 《金史》卷四《熙宗纪》，第69页。
③ 《金史》卷十九《世纪补》，第407页。
④ 《金史》卷四《熙宗纪》，第74页。

使万世景仰。"他读过《尚书》《论语》及《五代史》《辽史》等书，有时夜间读习①。即位后，废除了孛极烈制，不再用谙班孛极烈作为继承人。其第一个嫡子生后一月，即被立为皇太子，表明他根除"兄终弟及"制的决心。但皇太子只活了十个月。在他还未立太子前，即被完颜亮所杀。完颜亮是宗峻长兄宗干之子，因系庶出，无继位权，熙宗即位后即愤怨不平。完颜亮篡位自立，是为海陵帝。因此，本文"表一"虽把他与熙宗平列，但非和平的"兄终弟及"，而是暴力政变。

海陵帝于公元 1161 年进攻南宋时，在瓜洲为其部下所杀，宗尧之子完颜雍事先已在辽阳即位，是为金世宗。因此，从"表一"看，金世宗虽与海陵帝平列，却非"兄终弟及"。

金世宗即位后，仍遵循金熙宗废除"兄终弟及"制，即位第二年，即以其嫡子完颜允恭为皇太子，此皇太子又先于世宗而死，于是立其嫡孙完颜璟为皇太孙。完颜璟于世宗死后即位，是为金章宗。

章宗虽有六子，但俱早年夭折，最大者只活到三岁。他虽有几位异母兄弟，但不指定为继承人，说明他已彻底抛弃"兄终弟及"的传统。晚年，他以其叔父永济（即允济）"柔弱鲜智能"②，对之颇有好感，将其留在身边。他死后永济奉遗诏即位，是为卫绍王。在位五年，在外患（蒙古军）和内乱中被杀。章宗的异母兄完颜珣为大臣拥立，是为宣宗。宣宗本为显宗允恭（1146—1185 年）长子，因是庶出，当允恭封皇太子时（大定二年）③，他仅封公爵，足见嫡庶之分执行之严格。

宣宗即位后，先立子守忠为皇太子，守忠早死，又立守忠子完颜铿为皇太孙，不久又死，不得已立其妃所生子守绪为皇太子，即位后是为哀宗。金朝的国运也从此呜呼哀哉了。

从上所述可见，"表一"所列金朝皇位继承次序，似乎完全按"兄终弟及"制运行；实际上，自金熙宗后，此制已破坏，此后再未恢复。"表一"所列，仅为表面现象，乃为某种偶然因素凑成者；"表二"所列，始为真实之"兄终弟及"图。凡此过程皆可以历史发展的法则来说明。

金朝在金熙宗时，已灭辽朝与北宋，占据淮水以北广大的中原地区，接触

---

① 《金史》卷四《熙宗纪》，第 76、77 页。

② 《金史》卷十三《卫绍王纪》，第 290 页。

③ 允恭事迹见《金史》卷十九《世纪补》，第 410-416 页。

了先进的华夏文化，自身也逐渐华化①。落后的"兄终弟及"制在汉族王朝早已消失；同时，随着版图的扩充，财富的增加，王权的强大，皇帝再也不愿把自己握有的权势和财富送给旁人，而要传给自己的子孙，永保富贵。这也可能是"兄终弟及"制终究要让位给"父死子继"制的一个因素。

从以上探讨可以得到一个启示：正如恩格斯的名言："比较野蛮的征服者，在绝对多数情况下，都不得不适应征服后存在的比较高的'经济情况'，他们为被征服者所同化，而且大都甚至还不得不采用被征服者的语言。"②金朝的情况正是如此。事实上，我们今天的民族大家庭就是以汉族为主体与五十几个少数民族，其中包括女真族以至中东和中亚民族组成的，各民族对华夏文化的吸收和认同，则是我国民族凝聚力的基础。

（原载《中国社会历史评论》第三辑，中华书局 2001 年版）

---

① 赵翼《廿二史札记》卷二十八《金代文物远胜辽元》，据《金史》有关资料，指出自太祖起事以来，即令访求博学能文之士，此后诸帝及宗室对汉文学多有造诣等事实。

②《反杜林论》，《马克思恩格斯全集》第二十四卷，第 199 页。

从《四郎探母》谈到我国历史上的民族关系

　　《四郎探母》在解放前是一出为群众喜闻乐见的京剧，解放后却很不走运。不知从什么时候起，竟被称为颂扬汉奸的戏，到今天还有人给它扣这顶帽子。我以为这是值得商讨的一个问题。

　　说《四郎探母》是颂扬汉奸的戏，无非因为杨延辉是宋朝人，他和契丹族建立的辽朝作战被俘后，没有像他父亲杨业那样以身殉国，而是投降辽朝，做了驸马。从表面看，好像是变节投敌，称为汉奸，似乎有理。不过，事情并不是这么简单。

　　我国自古以来，就是一个由多民族结合而成的国家。在历史上，除了汉族统治者建立的王朝外，还有许多少数民族建立的王朝。这些王朝或国家，有时是互相对峙的（如北宋和辽朝，南宋和金朝），有时是由汉族王朝（如唐与明）或少数族王朝（如元与清）统治全国。他们之间可能有矛盾和冲突，有时甚至有激烈的战争，但和平相处和经济文化交流却是主要的。不管他们的关系如何，他们都是我们祖国内部的问题，不是中国和外国的问题。我们应该站在整个民族的立场上看待他们的关系，而不应该站在某一个民族（例如汉族）的立场上对他们有所偏向。把杨延辉称为汉奸，实际上是站在北宋王朝和汉族的立场上，把辽朝当作外国来认识宋辽关系的。

　　辽朝是外国吗？不是。辽朝是契丹族建立的。契丹在唐朝是唐朝的属部，唐在其地置松漠都督府，以其首领为松漠都督。北宋时，辽朝统治着今河北白沟河以北和山西雁门关以北的大片土地，我们的首都北京是辽朝的南京，这些地方居住的绝大部分人民都是汉族。因此，无论从历史上或地理上，辽朝绝不是和中国历史毫不相干的外国，而是中国的一部分；到元朝，契丹人还被称为汉人的一种，至今有些国家还称中国为契丹（如俄文中国即契丹）。因此，它和宋朝的关系只是在中国疆域内两个对立的政权，不是中国和外国的对立。当然，在当时，宋辽两国都是以对方为外国的，但那是站在各自的政权立场上的狭隘看法。我们今天站在整个祖国历史的立场上，就不能那样狭隘。

汉族人到少数族那里去做官就算汉奸吗？不能那么说。在我国的历史上，有不少的少数族人物投到汉族建立的王朝去做官，如西汉的匈奴族人金日碑，唐朝的突厥人阿史那社尔，铁勒人契苾何力等。他们在汉、唐都建立功勋，被称为忠孝勇烈，从来没有人叫他们为匈奸或突奸，为什么一个汉族人到少数族王朝去做官就被称为汉奸呢？此无他，大汉族正统主义作怪耳！从来的汉族王朝统治者，总是以天朝正统自居，对来投的少数族人称为效顺，对跑到少数族去的汉人斥为从逆，从不一体对待。如果说从当时的历史情况看还情有可原的话，那么我们今天还要沿袭这个大汉族主义的偏见，以汉族王朝的正统继承人自居，那就太不应该了。

再就杨延辉的具体处境来分析（虽然《四郎探母》的情节于史无征，纯属虚构）：他是在战败后被俘的，被俘后改名换姓，与铁镜公主结婚，并没有泄露宋朝的军事机密，也就谈不到出卖国家（指宋朝）利益，这和那些甘心投降、背叛本国的人还有所不同，也不好称他为汉奸。

历史上，汉族和少数族人通婚的事例非常多。昭君出塞、文成公主入藏，传为千古佳话。在唐朝，也有四个公主嫁给契丹首领（见《新唐书·契丹传》）。这对于民族融合，加深民族间的了解和友好关系是有作用的。杨延辉的情况虽然和前些例子不同，但他和铁镜公主的结婚，客观上也起了这个作用。历史上的北宋和辽朝，除了战争冲突外，还有长期的政治往来和经济文化交流关系。当铁镜公主发现木易附马是杨家将时，她并不敌视而是更加尊重杨延辉，这样的处理，应该说是符合宋辽关系的历史真实的。提到长期的政治往来和经济文化交流，那就不只宋辽时期，而是更早。即以耶律阿保机于公元 907 年即位以来，就不断与其邻国梁唐晋汉周以及北宋保持着这种关系。他用了不少汉人学者，如韩延徽教他"建牙开府，筑城郭立市里以处汉人"，垦荒种田，使汉人安于其处。延徽遂成为阿保机的谋主。愿默记受其委托。"一切蕃、汉相涉事，令其折衷"，并制定了辽律。韩知古为之立了朝仪等。受了这些熏陶，他曾经"谒孔子庙"，并建议"建孔子庙"，足以见他以中国人自居。

长子义宗耶律倍认为佛非中国法，应先祀孔子，他采纳其说。还在四个重要地区立了"汉城"，这些城市住着许多汉人，有翰林、儒士、织工、僧道等。到第八代皇帝景宗耶律贤死后，汉人韩德让与太后萧燕燕参决大政。此前，德让已被赐名为耶律隆运，说明他地位的重要。这些汉人，能说他们是汉奸吗？（以上据《辽史》《新五代史》《资治通鉴》等史料。）

因此，《四郎探母》这出戏，在政治上并没有什么值得非议的地方，起码是没有大害。称它为汉奸戏，那是民族偏见作怪。也就是，只承认历史上汉族统治者建立的王朝为中国，而把少数族统治者建立的王朝视为外国。这既不符合历史的实际，也不利于民族团结；只能为敌视我们国家的外国人所利用。他们不是在叫嚷历史上长城以北的土地和人民不是中国的吗？遗憾的是，把历史上的少数民族排斥在我国历史之外的传统偏见还相当顽固，到今天并没有完全清除。这就需要深入研究和正确理解我国历史上的民族关系。毛泽东同志关于我国是一个由多民族结合而成的拥有广大人口的国家的论断，关于各个少数民族对中国历史都作过贡献的论断，关于搞好汉族和少数民族的关系，巩固各民族团结的指示，关于批判大汉族主义的指示，是符合我国历史的实际的科学理论。我们要联系历史实际，认真学习和深刻领会，巩固和发展我国各民族的大团结，为建设社会主义现代化强国而共同奋斗。

（原载《天津日报》1980 年 2 月 12 日）

关于元史研究中的几个问题

《历史教学》编者按：这是杨志玖教授在南开大学历史系作的一次学术报告，对元史教学工作和研究工作都很有帮助。现由本刊编辑记录整理，经杨先生审订后发表。

元朝从元世祖至元十六年（公元 1279 年）灭亡南宋统一中国到元顺帝至正二十八年（1368 年）为止，不过九十年；有的书上从元世祖至元八年（1271 年）建国号为元算起，也不过九十八年。在历代统一王朝中，除西晋和隋朝外，他享年较短，兼之是少数族统治的朝代，因而在历史教学中不受重视。其实，元朝的历史还是有他的特点，在历史上还是有一定地位的。

一、元史的特点

（一）世界性

蒙古和元朝的创业者成吉思汗及其继承者不仅统一了中国，而且征服了中国以外的世界。他们曾征服中亚和西亚，进军东欧，建立了钦察汗（中亚咸海、里海及黑海以北），伊儿（里）汗（中亚阿姆河以西、地中海以东、阿拉伯海以北、钦察汗以南），察合台汗（阿姆河以东、天山南北一带）等汗国，征服东亚、南亚诸国。铁蹄所向，震撼了当时的世界。连远在意大利的罗马教廷也派遣使节和蒙古联系。其时伊朗的志费尼写了一本书叫《世界征服者史》（今有内蒙古人民出版社中译本），就是记载成吉思汗到其孙蒙哥汗的历史。"世界征服者"这一头衔加到成吉思汗的头上并不过分。蒙古的兴起确实是世界历史上的一大事件。

由于和世界有关，所以关于蒙古和元朝的历史，除了汉文记载以外，还有其他国家的文字。《世界征服者史》是用波斯文写的，另一部重要的波斯文著作叫《史集》（有商务印书馆译本），记载了从成吉思汗到他四代孙元成宗时期的历史，这两部书都是研究蒙古和元朝历史的第一手资料。此外还有阿拉伯文的、阿美尼亚文的以及欧洲各种文字（拉丁、意大利、法、俄等文）的重要史料。这是世界性的表现之一。

由于和世界有关，因而世界各主要国家都有学者研究蒙古史和元史。如苏联、德、法、英、美、匈牙利、日本等国，都很注意这门学问，研究的成果也很可观。这是世界性的表现之二。

因此，我们研究元史，就不能光注意中国的情况，也要兼顾与元朝有关的其他国家的情况；不能单从中文找资料，也要从外文找资料；不能单参考本国学者的研究成果，也要探寻外国学者的学术信息。研究元史，真得"面向世界"啊！

顺便提一下，我说元史时，常一并提到蒙古史，因这二者有密切联系。元史是蒙古民族历史上一个极为重要的阶段，研究蒙古史必须了解和研究元朝这一段；研究元史，当然也要研究和了解这一段的蒙古民族史。但二者也有区别：蒙古史是以蒙古族为主体，研究自有蒙古族以来到今天的历史，是通史；而元史只是蒙古民族史的一段，是断代史。同时，研究元史不仅要研究蒙古族的历史，还应研究国内其他民族——汉族和其他民族的历史。

（二）多民族性

我国自古以来就是多民族的国家，而元朝尤其突出。蒙古民族是统治民族，当然是研究中心；此外，还有大量的西域人来到中国，散居各处。这些人种类繁多，名目不一，因而也称色目人。色目就是诸色名目之义。色目人在政治、经济、文化方面都占有重要地位，在《元史》和其他元代史料上留下了不少纪录，也需要研究。研究元史时，总要碰到一些非汉人的人名、制度和事物名称，不能略而不顾。研究汉族王朝的历史，以汉族的人物和文物制度为研究对象就可以了，研究元史就不能这样简单。这就是元史的多民族性的表现。

（三）研究上的困难性

由于以上这两个特点，就带来了第三个特点，即研究上的困难性。研究其他朝代的历史，翻阅汉文史籍就够了（严格说来当然还不够），研究元史，就不能单打一地死啃汉文资料；即令是汉文资料中，也有许多国内其他族的以及外国的名词术语、文物制度，不了解（即令是粗浅的了解）这些东西就无法进行深人的研究。举个简单的例子来说，《新元史》卷一《序纪》说："蒙古之先，出于突厥，本为忙豁仑译音之变为蒙兀儿，又为蒙古。"这几句话，问题很多：

首先，蒙古是否出于突厥，就大成问题。现代的研究已经证明，蒙古和突厥是两个不同的族系，虽然蒙古受突厥的影响很大。

其次，说蒙古本称忙豁仑也是错误的。忙豁仑即 monggol-Un 的译音，其义为蒙古的，仑是语尾 l 加所有格 un 的合音。

最后，蒙兀儿这个名称也不能成立。蒙兀是唐代的译音，当时兀字已有尾音 L 在内，再加儿字，即叠床架屋。（见韩儒林《蒙古的名称》，载《穹庐集》中）

这说明研究元史，应对蒙古语有点起码的知识。至于藏语、维吾尔语，也应该有所了解。由于有外文资料和外国学者的研究，对于外语也应该学一些，最低应懂得一两种外语才好。

总之，研究元史，要过语言文字这一关。这要比研究其他中国朝代史甚至比研究某一外国史还要艰巨。险关在前，看你敢闯不敢闯；高峰连天，看你敢攀不敢攀。为了祖国学术文化事业，有志气、有抱负的青年应该不畏艰险，知难而进，使我们在这一世界性的学问上能占据一席之地。同时，不要急于求成，要按部就班，循序渐进；还要分工合作，就自己的所长和所近进行研究，不必把一切问题都揽到自己头上来，有些自己不懂的问题可以请教旁人。这样坚持下去，定会有所成就。克服了困难后，才会感到胜利的喜悦。

以上的特点，是就元史研究方面，也就是从"元史学"的角度来谈的。下面来谈一下元史上的一些具体问题。

二、元史在中国历史上的地位
——元朝的统治对中国历史发展的影响

如上所说，由于元朝统治全国比较短暂，又是少数族统治，因而不被重视，认为是残暴统治，黑暗时代。过去还有一种偏见，认为少数族统治中国，社会就要倒退，中国就是亡国。其实，中国自古以来就是一个多民族组成的国家，少数民族也是中华民族的一部分，哪能因为他们坐天下就算亡国呢？这种传统的偏见到今天虽然基本上克服了，但对元朝的统治一般仍然印象不佳。应该怎样看待元朝的统治呢？

（一）从社会经济方面看

我认为，不能一言以蔽之，而应该根据时间和空间的不同，分阶段、分地区地进行观察。大体上，可以元世祖忽必烈的统治作为时间划分的标志。

在元世祖以前，也即是大蒙古国时期，由于蒙古是游牧民族，其社会发展阶段、文化水平和生活习俗都与中原地区不同，又在进行征服战争中，因此他的骑兵所到之处，对城市的破坏、对人民的杀戮掳掠确实很严重，造成了社会经济的残破局面。在元太宗时期，甚至有蒙古人认为汉人无补于国，建议"悉空其人以为牧地"（《元史·耶律楚材传》）。这听起来很荒唐，但从游牧经济的角度来看倒是可以理解的。这一建议由于耶律楚材的劝阻没有实行，真行起来也会遭到汉族人民的拼死抵抗。可以想见，当时的蒙古统治者还不会治理汉地，这对蒙古，特别是对广大汉族人民都是有害的。

但是，蒙古统治者要想在汉地站稳脚跟，非适应汉人社会情况不可，事实上，耶律楚材的任用已逐渐改变了一些蒙古办法。这是时代的要求，元世祖即位以后，更加自觉地适应这一要求。

元世祖即位前，已主动接近汉人学者，向他们征询治国之道。他即位后，任用汉人，采行汉法。他说，"使百姓安业力农"，这事蒙古人不懂，非汉人不行。他重视农业，鼓励生产，设立司农司，专掌农田水利事业；又由司农司编了一部《农桑辑要》，颁布天下，传播农业技术知识。这部书在元代印行过几次，最多的一次印了一万部，可见它流传之广泛。此外，还有元仁宗时王祯写的《农书》，元文宗时畏兀儿人鲁明善写的《农桑衣食撮要》，这三部农书的编纂，从一个侧面反映了元世祖以后农业的发展。

在手工业方面，棉花的种植已推广到长江流域，关中地区也有种植。苎麻已在河南栽种。而黄道婆把海南岛黎族的纺织工具和技术传到上海松江一带，提高和改进当地棉布的产量和织布技术，更是值得一提的经济事件。

在商业方面，从意大利人马可波罗的游记中对于当时中国商业的记述可见到商业的繁盛。他有一章专记"汗八里（今北京）城之贸易发达户口繁盛"，说这里"百物输入之众，有如川流之不息。仅丝一项，每日入城者计有千车"（冯承钧译《马可波罗行纪》中册，379 页）。京兆城（今西安）"工商繁盛，产丝多"（同上，431 页）。类似的词句，差不多他所到之处都用来叙说。而刺桐（今泉州）则"为世界最大良港之一"，"亚历山大或他港运载胡椒一船赴诸基督教国，乃至此刺桐港者则有船舶百余"（同上，609、611 页）。马可波罗称赞元世祖是"人类元祖阿聃以来迄于今日世上从来未见广有土地财货之强大君主"（同上，286 页），虽有夸张之嫌，但若无当时经济发达的背景，他也不会有这些话的。

再就地区来看，华北、长江以北地区由于战争频繁持久、经济破坏较严重，恢复较慢，而在江南南宋统治地区，由于战乱较少，又有过去发达的基础，经济一直是发展的。从马可波罗关于行在（杭州）的繁华富庶情况的描绘也可见一斑，这里就不多说了。

总之，就元朝的统治对社会经济的影响来说，不应只看到初期的破坏方面，也应该看到元世祖即位后的恢复发展方面；不应只看到北方初期的破坏方面，也应该看到南方经济的发展方面。

（二）从政治方面看

元朝的统治确有许多落后的东西，如把人分成蒙古、色目、汉人、南人四等。四等人在政治和法律上待遇不平等。这种民族歧视和分化政策是元世祖时期制定的，说明这位开明君主也不能摆脱统治阶级的民族偏见。而这一政策加剧民族矛盾，也是引起元末农民起义的因素之一（当然不应忽视阶级矛盾）。但是，元朝的统治也不是毫无可取之处。如：

（1）开放政策 元代中外交通发达，无论从陆上或海上，都有许多外国人来华，元朝政府允许和欢迎他们来。如意大利人马可波罗就和他父亲、叔父从陆路到中国，在中国生活了十七年，备受优待，最后从海路返回故乡。对外来人和外来事物，元政府都不排斥。如天文历法，除了采用汉人郭守敬的《授时历》外，还采用回回人札马鲁丁的《万年历》。

（2）宗教宽容政策 元朝容许各种宗教的传播，优待教士，免除寺院的一些赋役负担。当时除中国固有的佛教和道教外，还有西方传来的基督教、伊斯兰教以及西藏的喇嘛教。他们都建有寺院，拥有不少信徒。可以说是宗教信仰自由政策吧。

（3）思想放任政策 由于蒙古统治者文化低，思想单纯质朴，没有条条框框，因此对汉人士大夫的思想和言论不加干涉，没有采取思想统治或控制政策。元人杂剧中有许多愤世嫉俗或抨击时政的言词，过去多认为是元朝政治黑暗腐朽的反映，这当然有道理。但从另一角度看，这些词曲得以流传并保留下来，不正说明元政府对这些作品未加干涉吗？

顺便提一下元代儒士地位问题。当时有人说，儒士地位很低，所谓"九儒十丐"，即儒士地位高于乞丐而在其他人等之下。这是南宋遗民谢枋得和郑思肖出于亡国的激愤之情而发的牢骚，并不是实情。谢枋得在开头就说："滑稽之雄，以儒为戏者曰。"可见他本人也知道这是"滑稽之雄"对儒士开玩笑的话（《谢叠山集·送于伯载归三山序》）。事实上，元代儒士可享受免除赋役待遇；在元世祖以前，儒士被俘为奴隶者即被释放，更不用说还有些儒士进入仕途的了。

（4）轻刑政策　一般想象，元朝以武力得天下，刑罚一定残酷，其实不然。《元史·刑法志》说，元初"循用金律，颇伤严刻"，元世祖统一后则"简除繁苛，始定新律"，也就是有所减轻。又说："元因之（指五刑——引者）更用轻典，盖亦仁矣。""自后继体之君，惟刑之恤。"《刑法志》总结说："然则元之刑法，其得在仁厚，其失在乎缓弛而不知检也。"这些可能有明初史臣（多元末遗民）溢美之辞，但也不是毫无根据的：如五刑中的笞和杖刑，过去都是从十下开始，现在则减三下作七下。据说这是元世祖定的，为的是"天饶他一下，我饶他一下，地饶他一下"（叶子奇《草木子》）。叶子奇又说，当时的犯人虽然定了死罪，也不加刑，最后老死在监狱中。因而七八十年之中，看不见杀人的事，偶尔见到一个死人头，大家就很惊恐。这可以和《元史·刑法志》印证。

从历史的宏观角度看，或者从客观效果看，元朝的统治在历史上还是有他的积极面的。主要是：

（1）国家的大统一

从唐末五代到元代的统一，将近四百年，中国陷于分裂的局面。即令在唐代盛时，吐蕃、南诏、回纥只是和唐政府有名义上的隶属关系，实际上还是独立的。到元朝，边疆和内地才真正形成为一体。云南和塞北成为元朝的两个行省（云南、岭北），吐蕃归设在大都（北京）的宣政院直接管理，今新疆维吾尔族居住区设宣慰使管辖，东北全境由辽阳行省统一管理。真所谓四海为家，无此疆彼界之分了。

这是我国历史上从唐朝以后一次规模空前的统一，对于我国疆域的奠定，边疆的开发都有重大的作用。

（2）民族的大融合

在全国大统一的局面下，我国民族关系有了新的发展，民族的融合更加强了。蒙古族以前住在大漠南北，现在则通过从政、驻防、屯田等关系大量移居内地，有的跑到云南，在那里安家落户。西夏人、维吾儿人也有很多人散居内地。在北方的契丹人、女真人，由于和汉人接触较早，在风俗习惯以及文化上大部与汉人融合，此时便被称为汉人。同时，契丹这一名称又被蒙古、中亚和欧洲人作为中国北部和北部汉人的统称，至今俄文仍称中国为契丹。信奉伊斯兰教的中亚突厥人、波斯人、阿拉伯人大批到中国来，被称为回回人，他们逐渐说汉语，用汉文，因而形成了一个新民族——回族。这些民族由于长期和汉人接触，逐渐接受了汉族的传统文化，出现一些文学家、艺术家和思想家，还有一些政绩卓著的政治家和科技人才。他们对当时的社会作出了贡献，也为后世留下了一些珍贵的历史遗产。

（3）中外交通的发达

由于蒙古势力的扩展，元代中外交通很发达。汉唐以来的丝绸之路，比以前更畅通了，而且更为安全。因为在陆路上设有驿站（元代叫站赤），由专人管理食宿，供给交通工具（主要是马匹）。由大都或上都（内蒙古正蓝旗闪电河北岸）西去可到达地中海或黑海沿岸城市。海上交通从泉州出发，可到达东南亚、印度、波斯湾和东非洲等地。各国的商人、使节、传教士和我国的使节、商人等时常往来于这两条道上，尤以西方人来的最多。如意大利人马可波罗一家就是由陆路到达上都，在中国住十七年后，从泉州由海路到达波斯后再返回故乡的。而马可波罗写的《游记》，盛赞中国和东方的富庶，引起西方人对东方的向往，哥伦布的发现新大陆，就和他读了马可波罗《游记》后想到东方来有关。历史进程像波浪一样一浪推一浪，而这一浪源竟和元朝的建立有关！

中外交通的发达带来了中外尤其是中西文化的交流。中国的印刷术这时先传到伊朗，以后又传到非洲和欧洲，对世界文化的发展作出了贡献。纸牌也是这一时期传到欧洲的。蒙古西征时，把火器传到阿拉伯，他们称之为"契丹火枪"和"契丹火箭"，从那里传到欧洲，对攻破封建贵族堡垒，摧毁封建制度起了一定作用。有趣的是，阿拉伯人的抛石机（回回炮）在元世祖时传到中国，攻破了南宋的襄阳和樊城，对元朝的统一中国发挥了作用。阿拉伯人的天文仪器和历法（回回历、万年历）、医药（回回药方）也传到中国，而中国的天文学家也随同旭烈兀（成吉思汗孙，伊朗的征服者）到达伊朗，对伊朗天文学者传授中国的天文历数之学（冯承钧译《多桑蒙古史》下册，1962年，91页）。这真是文化交流啊。

应当指出，这些积极面的产生，是以当时中国人民（包括蒙古人民）和西方人民的重大牺牲为代价的，不应美化蒙古的统治，当然也不应抹煞客观存在的事实。历史是错综复杂、迂回曲折的，我们应当尊重历史的辩证法。

三、元史研究与现实的关系

历史是社会科学，它虽然不能像自然科学那样为"四化"带来直接的物质效益，但它也不是与现实毫无联系。

首先，正确认识元朝在我国历史上的地位，认识蒙古以及其他少数民族在当时所起的作用，这对于纠正传统的民族偏见，加强民族团结，进行爱国主义教育，都是有益的。

其次，"今天的中国是历史的中国的一个发展；我们是马克思主义的历史主义者，我们不应当割断历史"（《毛泽东选集》一卷本，499 页）。

元代的一些制度和事物，有的在今天还有遗迹，还有些历史联系，认识它，可以探本求源，增加历史知识。举几个例子：

1. 从制度上看今天我国地方最高行政区域称为省，这是从元朝的行省制而来。元朝中央最高机构称为"中书省"。地方上则称为"行中书省"，简称"行省"。明朝虽改行中书省为承宣布政使司，但习惯上仍称行省。清朝还是称行省。行省即代表中央执行中书省的政令，有加强中央集权、密切中央和地方联系的意义。今天我们已去"行"字单称"省"了，但应了解它的起源。

2. 从民族关系看蒙古族虽然在元朝兴起以前早已存在（唐朝有蒙兀，为室韦族的一部），但若不是有这一段兴盛史，则这一名称在今天是否存在或是否为人们所重视就很难说。而今天，他不仅在蒙古地区，还在云南和河南省聚居。甚至阿富汗也有蒙古族。

如前所说，回族也是在元朝开始形成的。元朝以前，虽然也有信奉伊斯兰教的阿拉伯（大食）人和波斯人来到中国，但不称为回回人。只有到元朝，才把大批信教的中亚突厥人、波斯人和阿拉伯人迁入中国，通过他们之间以及同汉人之间的通婚，才出现回族。可以说没有元朝，就没有今天的回族。

辛亥革命后，曾流行过"五族共和"的说法。五族即汉、满、蒙、回、藏。其中的蒙、回、藏都是由于元朝的兴起才发展壮大、同汉族形成了密不可分的联系的。藏族虽然早就存在，但在元朝才和中原地区发生了紧密的联系，而西藏地区的政教合一制度，也是在元朝建立起来的。

3. 从语言上看今天车站"站"字，来源于蒙古语，元以前不叫站而叫驿或驿传，站只作"久立"解。站有驿义从元开始。突厥语称驿为 yam，蒙古语借用突厥语此字则读作 Jam，Jam 再写为汉字则为站，最初还写作蘸，《元朝秘史》

写作"札木",可见它是个译音字,虽然它最早是从汉字"驿"翻过去的。又如"胡同"也多半是从蒙古语来的。胡同原作衖衕,到元曲中才出现这两个字。明末字书《正字通》说:"今京师巷道名衖衕。"元代蒙古语"井"作"忽都"(见《元朝秘史》),与胡同音近。大约巷道都有一井,因而把巷道称为胡同吧。北方有些地方把"好"称为"赛",这是从蒙语"赛音"(好)借来的。但有一个"歹"字,有些人认为是蒙古语,义为"不好",我认为有问题。最早主张此说的人根据的是南宋人彭大雅所著《黑鞑事略》,其中说:"(鞑人)言及饥寒艰苦者谓之觳,觳者不好之谓。""觳"音歹,因而把歹字说成蒙古字。其实,元时蒙语不好叫"卯危",汉译作歹(见《元朝秘史》67 节),可见歹是汉字,而《黑鞑事略》在另一处就说:"不予则曰冒,鞑语不好也。"冒即卯危另一译写法,今天蒙语仍写作 magu,读作 mau 正与冒音相近。因为到现在还有这个说法,所以多说点。

还有俄罗斯这个译名也是元朝才有的。俄罗斯本应称罗斯(Ross、Russ 或 Rossia、Russia),因蒙古语不能发以 R 为首的卷舌音,只能把 R 后的元音移到 R 前面重读,因而 Ross 便成 oross 或 uruss,在元代写作斡罗思或兀鲁思、斡鲁思,清朝又把斡改成俄字。

4. 从对外关系看元史既是世界性学问,世界各国学者研究的很多,我们研究它,既可以和世界同行切磋学术,在国际元史学界占得应有地位,同时也增进了与世界学者的友好关系。这是就学术而言。在国与国的关系上,是否也有作用呢?比方意大利人马可波罗在元朝住了十七年,他的《游记》对中国充满了赞美友好之情,是中国和意大利人民友好关系的历史见证。但前几年有人说马可波罗根本没有到过中国,说他的《游记》是他在中亚从到过中国的商人听来的,或从波斯文的导游手册抄来的。如果此说可信,不仅马可的书要大为减色,中、意的历史友谊也会受到损害。这就不是一件小事了。幸好我们从中国史籍里找到与马可波罗有关的第一手资料,证明他确实到过中国,足以驳斥否定马可波罗到中国的说法。这样看来,研究元史还是有它的现实意义,而不是可有可无的了。

(原载《历史教学》1985 年第 4 期)

元代的探马赤军

探马赤军是元朝国家机器的重要组成部分。在征服金朝、南宋和镇压国内人民的起义方面，它都起过重要的作用。对这一重要的军制，据个人所知，史学界过去还没有给以足够的重视和细致的研究，甚至连这一名词的释义和对音也还没有一致的结论。本文拟就有关这一军制的一些情况和问题，提出个人的看法，以就正于史学界。

一、探马赤军的部族

《元史》卷九八《兵志一》说："若夫军士，则初有蒙古军、探马赤军。蒙古军皆国人，探马赤军则诸部族也。"

这是说，探马赤军是由诸部族组成的。这"诸部族"包括哪些部族①？蒙古人是否包括在内？

《新元史》作者柯劭忞说："非其部族者谓之探马赤军。"②这就明确断定，探马赤军不包括蒙古人。据个人所知，这似乎是史学界公认的看法。但蒙古人以外的部族很多。如各种色目人以及汉人（包括契丹人、女真人等），他们所组成的军队，是否都称为探马赤军？假如这些人都称为探马赤军，那么《元史·兵志》以及其他记载中为什么又经常出现"汉军""契丹军""女真军""新附军"（南宋人所组成的军队）以及"色目军""回回军""阿速军""唐兀军"等名目呢？

日人箭内亘认为："所谓诸部族者，无非指蒙古人以外之北族，即契丹人女真人等。"但何以不径称之为"汉军"而特称为探马赤军？他推测说："想此种汉人、契丹人、女真人，当太祖之世，从木华黎经略中原，曾有大功；太宗时，

---

① 此处"部族"系沿用旧词，大致如《辽史·营卫志》所说："部落曰部，氏族曰族。"不必与今天所用部族一词混同。

② 《新元史》卷九八《兵志一》。

分属五部之将，使当守备中原之任。实因彼等在所谓汉人（与蒙古色目相对之名称）中，服属蒙古者最早，伐金之役，立有大功，固不可与金亡之后始归服之汉人同一待遇；故特呼彼等及彼等之子孙（以及与有关系者）为探马赤军，认为特别之团队，许其存在也。"①

箭内氏此说，据其注云，系取自那珂通世《成吉思汗实录》。那珂氏的论断，则根据《元史·阔阔不花传》和《木华黎传》。按《元史》卷一二三《阔阔不花传》说：

> 岁庚寅（按庚系戊之误）太祖命太师木华黎伐金，分探马赤为五部，各置将一人。阔阔不花为五部前锋都元帅。

《元史》卷一一九《木华黎传》说：

> 丁丑八月，诏封太师国王……分弘吉剌、亦乞烈思、兀鲁兀、忙兀等十军及吾也而、契丹、蕃、汉等军，并属麾下。

那珂氏认为《木华黎传》中的契丹、蕃、汉等军即《阔阔不花传》中的探马赤军②，箭内氏则又据那珂之说而推论称契丹、蕃、汉等军为探马赤军之故。我们认为，这是未经对史实作仔细考察的轻率的论断。

按《元史》卷九九《兵志二·宿卫》门《右都威卫》条说：

> 国初木华黎奉太祖命，收扎剌儿、兀鲁、忙兀、纳海四投下，以按察儿、孛罗、笑乃觯、不里海拔都儿、阔阔不花五人领探马赤军。既平金，随处镇守。中统三年，世祖以五投下探马赤立蒙古探马赤总管府……（至元）二十二年，改蒙古侍卫亲军指挥使司……

据此可知，《阔阔不花传》中的探马赤五部，即此处所指的按察儿、阔阔不花等五人所统的探马赤军，它是由扎剌儿、兀鲁、忙兀等部族组成的③，这些部族都是蒙古而非其他，否则《兵志》不会又称为"蒙古探马赤"，以后并改称"蒙古亲军指挥使司"。因此很明显，《木华黎传》里的十军中属探马赤者乃前面所举之弘吉剌、亦乞烈思、兀鲁兀、忙兀诸部，而不是契丹、蕃、汉等军。那

---

① 箭内亘《元代之官制与兵制》，《蒙古史研究》，806-807页，陈捷、陈清泉译《元朝制度考》，36-37页。
② 那珂通世《成吉思汗实录》，603页。
③ 按探马赤最初由兀鲁、忙兀、扎剌儿、弘吉剌、亦乞烈思五部组成。纳海系人名，非部族，《兵志》此处有误，详本文第三节。

珂和箭内的论断显然是错了。

说探马赤军是蒙古人，《元史》中尚有其他例证。如探马赤五部将之一的按察儿，《元史》卷一二二本传中说他"岁丙子，复从定诸部有功，命领蒙古军为先锋"。《元史》卷一一九《木华黎传》也说："戊寅……遂徇平阳……以前锋拓拔按察儿统蒙古军镇之。"另一将帅肖乃台（即笑乃䚟），《元史》卷一二〇本传中说："太祖时……命佩金符，领蒙古军，从太师国王为先锋。"《元史·木华黎传》也说："丁亥……（孛鲁）稗先锋元帅萧乃台统蒙古军屯济兖。"这些将官所统的是探马赤军，但《元史》中又说他们统蒙古军，足见二者可以通用。似此例证在《元史》和《元典章》中尚多，不胜枚举。

除蒙古人外，探马赤军中也确有汉人。如《元史》卷一八八《刘哈剌不花传》称："其先江西人……居燕赵有年，遂为探马赤军户。"《元典章》中有博州路探马赤军人杨子牛①，东平路探马赤军人张歹儿②，曹州路探马赤军人陈牌子③，从籍贯及姓名看来，这些人都是汉人。又《元典章》卷三五《兵部二·兵器》门，《探马赤军给引悬带弓箭》条有"河南等路探马赤军人内执把弓箭之人多系汉儿人"等语，探马赤军中之有汉人，确无可疑。

探马赤军中也有色目人。如阿速人："后至元三年十二月丙戌，命阿速卫探马赤军屯田。"④

康里人："武帝至大三年定康礼（即康里）军籍……及诸侯王阿只吉、火郎撒所领探马赤属康礼者，令枢密院康礼卫遣人乘传往置籍焉。"⑤

畏兀儿人：马木剌的斤"将探马万人从宪宗伐宋合州"。纽林的斤"领本部探马等军万人镇吐蕃宣慰司"⑥。

可以推想，其他色目人中，也当有作探马赤者。

因此，在探马赤军中，是既有蒙古人，也有汉人和色目人的。柯劭忞认为不包括蒙古人在内的说法固属错误，那珂和箭内所谓只限于蒙古初期的汉人的论断亦太片面。"探马赤军则诸部族也"这句话似乎应该这样理解，即：

（1）探马赤军是由扎剌儿、弘吉剌等诸部族（计五部）共同组成的，这个

---

① 《元典章》卷三四《兵部一·军驱·蒙古军驱条画》。探马赤原作"探赤"，陈校未补正，依本文理校，显夺一"马"字。

② 《元典章》卷四二《刑部四·打死无罪驱》。

③ 《元典章》卷四五《刑部七·奸婢生子随母》

④ 《元史》卷三九《顺帝纪》。

⑤ 《元史》卷九九《兵志二·宿卫》门。参看《元史》卷二三《武宗纪》至大三年正月记事。

⑥ 《元史》卷一二二《巴而术阿儿忒的斤传》。

说法特别适用于蒙古初期探马赤军初组成时。

（2）探马赤军是由蒙古、汉人和色目人诸部族组成的，这个说法适用于探马赤军组织扩大以后。按《元史·兵志》该段系据《经世大典》而来，对照一下《元文类》卷四一所载《经世大典·军制》即可了然。《经世大典》成书于元文宗至顺二年（1331 年），其时探马赤的组织早已扩大，所以第二个说法应该更为恰当。

但在理解第二个说法时应该注意，探马赤军虽由蒙古、汉人、色目人共同组成，却应以蒙古人为主体。因为，如前所说，探马赤的核心是属于蒙古的五个部族。因此，探马赤军常被称为蒙古军。除前举诸例外，还可举一显明的事例。如《元典章》卷三四《兵部一·军驱》门，在《蒙古军驱条画》条下，所列诸款大部为探马赤军人争驱口事。这正表明，探马赤大部分为蒙古军人所组成。

这一军队为什么称为探马赤？探马赤一词的释义和对音是什么？

二、探马赤的释义和对音

探马赤一词的释义和对音，过去中外学者曾有所论及。今先胪列众说，再参以己见，为剖析之。

1. 矫健　赵翼说："探马赤，军名，谓兵之矫捷者。"[①]

2. 镇戍　那珂通世说："探马，镇戍之义。探马臣即镇戍官，探马赤军即镇戍之兵。"箭内亘从之[②]。

3. 辽史"挞马"之对音　白鸟库吉氏据《辽史》卷一一六《国语解》"挞马，人从也"又"扈从之官"，谓《元史》之"探马"与"挞马"同语，扈从之义，并引朝鲜语 tong-mo（伴），谓与"挞马"同语[③]。

4. 管理官　蒙古策·达木丁苏隆编译的《蒙古秘史》、谢再善的汉文译本将秘史中的探马赤一律译作管理官[④]。

5. 奴隶贱民所服之兵役　这是日人诸桥辙次《大汉和辞典》中的说法[⑤]。

---

① 《廿二史札记》卷二九《蒙古官名》条。
② 《成吉思汗实录》，第 621 页。《蒙古史研究》，第 806 页，《元朝制度考》，第 36 页。
③ 《东胡民族考》第十三回，《史学杂志》二四卷一号，1913 年 1 月，第 33 页。
④ 《蒙古秘史》，中华书局 1956 年版，第 270、275 页。
⑤ 《大汉和辞典》第五卷，第 287 页。

6. 蒙文 Tamqai 的对音　岩村忍谓探马赤（Tamači）可能由蒙文 Tamqači 转来，Tamqa 为蒙文烙印、印章之义。游牧部族有烙印于马畜上的习惯，探马赤军或系由此得名[①]。

7. 汉语"探马"借字　亦岩村忍所举。他指出《水浒传》中的探马即骑乘的先锋、侦察队，谓探马赤可能与之有关[②]。

按以上二说，岩村氏虽然指出，但都未肯定，他最后还是作为疑问提出问题的。

此外，《元史国语解》将探马赤改作"特默齐"，谓"牧驼人也"，显系错误，可以不论。

以上诸说，个人认为岩村氏最后所举的汉语探马借字说最有可能。可惜岩村氏不敢肯定，只一提而过，未作任何发挥。兹就个人理解所及，对这一问题作一尝试性的探索，提出不成熟的看法，以供商讨。

探马赤一词在《元朝秘史》中出现过六次。第二七三节（续集卷二）总译说：

斡歌歹既将金国穷绝了，名其主为小厮。掠其金帛头畜人口而归。于汴梁、北平等处，立探马赤以镇守之。

按此节译文有误。据原文，在沛梁（原作南京）北平（原作中都）设置者为答鲁合臣（即答鲁花赤），探马赤则泛言设于金国。姑不具论。可注意的是关于设立探马赤的原文作：

阿勒斤赤（旁译头哨）探马臣（旁译官名）塔勒必周（旁译放着）algïnci tamači talbïju

即探马臣是和阿勒斤赤（头哨）并举，在总译中则未将头哨译出。又（秘史）第二八一节总译：

斡歌歹皇帝说：自坐我父亲大位之后，添了四件勾当。……件，各城池内立探马赤镇守了。

这里有关探马赤的原文是：

阿勒斤臣（旁译哨望的）探马臣（旁译官名）塔勒必周（旁译放着）

---

① 岩村忍《五户丝与元朝的地方制度》，《东方学报》第三二册，1962 年 3 月，第 130 页。

② 岩村忍《五户丝与元朝的地方制度》。

在这里，探马亦又和阿勒斤赤并举，可以注意。

更值得注意的是《秘史》第二七六节。斡歌歹生了他儿子古余克的气，"不教古余克拜见，说：这下等的，听谁的言语，敢将哥哥毁訾！……如今教去边远处做探马赤，攻取坚城，受辛苦者！"

此处总译简略。原文是两个排句："教他去做勒斤赤（旁译头哨），磨尽十个指甲，攻打山般的城；教他去做探马（原文无赤字），磨尽五个指头，攻打刚硬的城。"

按《秘史》中蒙语习惯，两个排句申说的多是一个意思，重复言之，有增强语气，美化辞藻之用。这里把头哨（阿勒斤赤）和探马排比应用，说明二者是一致的或相似的。

因此，从《秘史》这几处中，似乎可以推断，探马赤和头哨意义相同，或极相近似。

头哨在《秘史》中亦作前哨，亦即战争中的先锋。《秘史》第一二三节阿勒坛、忽察儿等对帖木真说："立你做皇帝。你若做皇帝呵，多敌行俺做前哨。"（总译）前哨原文作阿勒斤赤，旁译头哨[1]。探马赤既与头哨意义相近，是否可以再肯定一点说，探马赤就是头哨，或战争中的先锋呢？

有趣的是，《元史》中最早的探马赤五部将，都是做先锋或前锋的。如阔阔不花是"五部前锋都元帅"；按札儿"岁丙子，领蒙古军为前锋……岁己卯……领前锋总帅"；肖乃台"从太师国王为先锋"。孛罗亦称先锋[2]。《新元史》称按札儿为"五先锋之一"[3]。"五先锋"也就是探马赤五部将。到元朝末年，出身探马赤军户的刘哈刺不花，仍然被任用作"先锋将"[4]。探马赤与先锋的关系这样密切，这不应当是偶然的巧合。

因此可以得出结论说，探马赤军就是打先锋的军队。

为什么把先锋称为探马赤呢？在蒙古语言中找不到解释（个人所见到的蒙文字典中也找不到这个字），因此只好就汉语"探马"一词的来历加以探讨。

探马，顾名思义，就是侦察敌情的骑兵。两军作战，甚至在平时，派出骑兵去侦探对方情况，或作先遣军队进攻敌人，这应是很古就有的办法。《史记》

---

① 《元朝秘史》中又有多处将蒙语莽来（头，额）译作头哨。

② 见《元史》卷一二三《阔阔不花传》，卷一二二《按札儿传》，卷一二〇《肖乃台传》。卷九五《食货志·岁赐》中称"孛罗先锋、阔阔不花先锋、笑乃带（即肖乃台）先锋"。不里海拔都儿无传，亦未称先锋。拔都儿译言勇士，则亦作先锋者应有的称号。

③ 《新元史》卷一三〇《按札儿传》。

④ 《元史》卷一八八《刘哈刺不花传》。

卷一一〇《匈奴列传》说匈奴的"候骑至雍甘泉"，《索隐》引崔浩说"候逻骑"。这当是匈奴人的探马。王维《使至塞上》诗说："单车欲问边，属国过居延……萧关逢候骑，都护在燕然。"这是唐朝派出的探马。而探马的名字至迟在唐朝已经出现。杜荀鹤《塞上》诗说："草白河冰合，蕃戎出掠频，戍楼三急号，探马一条尘。"韦庄《秦妇吟》："夜来探马入皇城，昨日官军收赤水。"五代南唐诗人江为《塞下曲》："万里黄云冻不飞，碛烟烽火夜深微，胡儿移帐寒茄绝，雪路时闻探马归。"又称探骑，曹松《送左协律京西从事》诗："……时平无探骑，秋静见盘雕，若遣关中使，烦君问寂寥。"胡宿《塞上》诗"……云沈老上妖氛断，雪照回中探骑闲……"这些记载都和边塞有联系，似可说明探马首先是在汉族和塞外少数民族之间应用的，而且可能先为少数族发明，以后汉族政权起而仿效。契丹的"远探栏子马"[①]，蒙古初期的哨马[②]，性质与作用和探马都差不多。此词在宋元及以后一直流行。元人杂剧和《水浒传》中都提到探马[③]。在今日的旧剧中仍保存着这一名称[④]。

探马既然是在汉人和北方少数族之间应用的一个名词，它就很有可能传入北方民族中，作为他们的借字。同时，在传入以后，涵义也有扩张（这是北族借用汉字常有的情况），即从仅有侦察作用的探马，变为具有先遣部队性质的先锋。所以能如此扩张，则因探马亦系军前先遣部队之故。

以上从语源上考察探马的由来以及它和探马赤军的关系，也许有迂回牵强之嫌。但探马赤军既然是先锋军，探马赤又与作为头哨的蒙语阿勒斤赤相同，而汉语探马又确具有先锋的意义，则我们把它们串联起来：探马赤=探马+蒙古语尾赤=阿勒斤赤，似乎能说得通。同本节开头所引诸家解说相比，好像略胜一筹。让我们比较一下吧。

1. 赵翼解探马为"兵之矫捷者"，可能从《元史·阔阔不花传》中"为人魁岸有臂力，以善射知名"诸语引申而来。作探马赤者确实都很勇悍有力（如《元史·刘哈剌不花传》所称"太不花以哈剌不花尝为探马赤，有臂力，善骑射"），称得起"矫捷"，但这只是探马赤的体质特点，与探马赤的字义并不相干。

2. 那珂氏解探马为镇戍之义，系就探马赤可作为镇戍军而言，这只是探马

---

① 《辽史》卷三四《兵卫志》。《宋史》卷二六四《宋琪传》作"栏子马"。

② 《黑鞑事略》。

③ 如杂剧《汉高皇灌足气英布》第一折称"有探马报军情到来也"，又称"探子"。《水浒全传》第八四回、一〇六回俱有报军情的探马，第七六回，七七回，八〇回又有哨马，如七七回："（童贯）发三百铁甲哨马，前去探路。"更近于先锋军。

④ 如京剧《空城计》中司马懿说："才听探马报道，西城乃是空城……"

赤的职掌，而且不是主要的职掌。何况作为镇戍军的，诚如箭内亘所言，除探马赤军外，"用蒙古人、汉人、亡宋人者亦颇多"，何以不一律称为探马赤？这是箭内亘也无法解释的。

3. 白鸟氏谓探马为契丹语挞马说，在对音上虽可讲通，但字义上则距离颇大。辽代挞马有"扈从"之义，探马赤虽也能作扈从军，但在文字本身上则绝无此义。

4. 解探马赤为管理官，与探马赤的作用也大相径庭。伐金的探马赤五部将，主要任务为冲锋陷阵；平金以后，则为"随处镇守"即镇戍。起起武夫，管理非其所能也。是否因探马与蒙语 Tamqa（印）相近，Tamqači 可译为掌印者，因而引申为管理官呢？

5. 诸桥氏谓探马赤为奴隶贱民所组成的军队，不知他有什么根据。他引《元史·百官志》有关条文。但《百官志》该条下只说明探马赤作为侍卫亲军的过程，看不出他们的身份地位，尤其看不出他们是奴隶贱民的地位。

6. 岩村氏所举蒙文 Tamqa（印章）对音说，在对音上固可通融，字义上则有滞碍。他虽举出游牧部族烙印于马上的习惯，但因此而称一种军队为探马赤，实未免太奇特。所以岩村氏自己也觉得不可通。按"印"的蒙文在《至元译语》中作"探合"（Tamqa），《华夷译语》中作"谈合"（Tamqa），无写作探马者。惟明郭造卿《卢龙塞略》与王鸣鹤《登坛必究》作塔麻阿（Tama'a）似略近之。又蒙古以探马赤为人名者甚多。其对音为 Tamadji（多桑书）、Тамаджи 或 Тамачи（即 Tamadji、Tamači，俄译《史集》），无作 Tamqači 者，此亦可证探马赤非由作为印章之 Tamqa 而来。

因此，在我看来，以上诸说都不能圆满地解释探马赤的释义和对音。

当然，把探马赤解为汉语探马的借字，也会遇到一些问题。比如，蒙古族是如何借用这个词的？蒙古语中既然有作为先锋语义的阿勒斤赤（头哨），又何必再用探马这一个与之相似的名词？这都是相当曲折微妙的问题，我们在下节中要作一些试探。

三、探马赤军的组成

这一节主要探讨有关探马赤的组织情况的一些问题。

探马赤军是在什么时候组成的？根据前引《元朝秘史》第二七三节和二八一节的说法，似乎在斡歌歹（窝阔台）汗时才开始有。因为该两节，一则说灭金后才设探马赤，一则把立探马赤作为窝阔台的一功。但这是不对的，因为据《元史》的记载，在成吉思汗伐金时已组成了。

《元史》卷一二三《阔阔不花传》说："岁庚寅，太祖命太师木华黎伐金，分探马赤为五部，各置将一人。"这里的庚寅乃戊寅之误，一则太祖时无庚寅，二则《亲征录》明言"戊寅封木华黎为国王。率王孤部……南伐金国"。戊寅是成吉思汗即位的十三年，公元1218年，探马赤至迟应在本年设置。

据《元朝秘史》第二四七节，蒙古伐金始于羊儿年即辛未年（1211年），其时作先锋（头哨）者为者别与古亦古捏克二人。但当时何以不称他们为探马赤，只称头哨（蒙语莽来）？这也就是上节最后所提的问题。这里没有直接的史料可作解答，只能暂时提出一些假说。首先，探马是汉语，蒙古系从金朝汉人中得知此名，在初伐金时，或不知此名，或知之而不及采用。到1218年，蒙古和金朝接触更多，才开始采用。其次，探马虽与蒙语头哨（阿勒斤赤、莽来）同义，但探马赤军却比头哨军组织更严密，阵容更坚强，因此，涵义也就较前扩大和固定，从一个普通名称变为一个特殊的军队名称了。最后，可以推想，探马赤的组织，可能出自蒙古统治集团中某个人或某些人的倡议，因为伐金是件大事，所以要从蒙古军队中挑出慓悍善战的兵士来，作为冲锋陷阵的先锋。而这种办法，早在成吉思汗以前已经有了。《元朝秘史》第一三九节说：

> 主儿勤种的缘故：初，合不勒皇帝有七子，长名斡勤巴剌合。合不勒因其最长，于百姓内拣选有胆量、有气力、刚勇能射弓的人随从他。但有去处皆攻破，无人能敌，故名主儿勤。（总译）

探马赤的征集，大略仿此。最早组成探马赤的五部族，也是合乎上述条件的。

组成探马赤的五个部族是弘吉剌、兀鲁兀台（惕）、忙兀台（惕）、札剌儿和亦乞烈思，《元史》卷一二〇《术赤台传》称这五部为五投下，但未明言他们是探马赤军。而《元史》卷九九《兵志》则认为组成探马赤军的是札剌儿、兀鲁、忙兀和纳海四投下，无弘吉剌与亦乞烈思（见本文第一节引文）。《兵志》的记载是错误的。首先，纳海只作人名，不作部族名用（这与兀鲁、忙兀之由人名转为族名者不同），其人可能即《元史》卷一二四忙哥撒儿的父亲纳海，是札剌儿氏。其次，这五部在元代时常连用，除前举之《术赤台传》外，《元史》卷一二一《博罗欢传》亦称"忙兀、兀鲁、扎剌儿、弘吉剌、亦其烈思"为五诸侯。又《元史》卷一三一《奥鲁赤传》说奥鲁赤之父忒木台"领兀鲁、忙兀、亦怯烈、弘吉剌、扎剌儿五部军"。而奥鲁赤也是探马赤军官①。可证此五部为探马赤军。最后，木华黎所统征金十军，《元史》本传只举弘吉剌、亦乞烈思、兀鲁兀、忙兀四部，据《亲征录》，除此四部外，尚有王孤（即汪古）、火朱勒、札剌儿诸部（另为汉兵及契丹兵），其中札剌儿、弘剌剌、兀鲁、忙兀、亦乞烈思五部即探马赤五部，纳海之名则不列于十军中，可证纳海不在探马赤五部之列。

为什么要挑选这五部作探马赤军？应该因这五部晓勇善战，可以打前锋。其中以兀鲁兀惕和忙兀惕二部尤为突出。《元朝秘史》中对这二族的勇猛颇有称道。如第一七〇节说："兀鲁兀惕、忙忽惕那二种百姓能厮杀，虽当混战时不乱。从小枪刀里惯。"（总译）第一九五节描写这两族是"如吃乳饱的马驹，绕他母喜跃般"，"将有枪刀的男子杀了，剥脱衣服的兀鲁兀惕、忙忽惕二种人"。成吉思汗在和王罕对战中，便将这两种人作为先锋（《秘史》一七一节）。这和主儿勤部编制的精神是一致的。

探马赤五部的统帅，据《元史》卷九八《兵志一》是按札儿、孛罗、笑乃觯、阔阔不花、不里合拔都儿。卷九九《兵志二》同，惟按札儿作按察儿，不里合拔都儿作不里海拔都儿。但据《元史》卷一二三《阔阔不花传》则五部将是阔阔不花、按察儿、孛罗、肖乃台（即笑乃觯）、怯烈台，无不里合拔都儿而有怯烈台；《元史》卷一六六《石高山传》则无肖乃台而代之以窟里台，不里合拔都儿作孛罗海拔都。究竟哪个对呢？钱大昕认为应以《兵志》为正。他说："盖肖乃台本秃伯怯烈氏，故又有怯烈台之称。或称肖乃台，或称怯烈台（又转作窟里台），其实即一人耳。史家疑孛罗海与孛罗为重出，故《阔阔不花传》误分怯烈台以当五人之数。"②乍看起来，钱氏的说法很有道理，所以那珂通世即引用之③。但元人王恽的《中堂事记》所列世祖中统二年的探马赤官人十三人中，除《元史·兵志》的五人外，却又有怯烈歹④。《元史》卷九五《食货志·岁赐》中又有乞里台拔都，其五户丝分地在东平，与《阔阔不花传》所称"怯烈台镇东平"者正同，其人当即怯烈台。所以《元史·阔阔不花传》中的怯烈台确有其人，不是肖乃台。至于他是不是探马赤五部将之一，则不敢确定，可能

---

① 《通制条格》卷三《户令·良贱为婚》条称至元十四年之奥鲁赤万户为探马赤军户，其人即《元史》有传的奥鲁赤。

② 《十驾斋养新录》卷九《五部将名互异》条。又见钱氏《诸史拾遗》卷五。

③ 《成吉思汗实录》，第604页。

④ 《秋涧文集》卷八一。其中肖乃台作笑匿歹，不里合拔都儿作李里匣儿拔都，显系字字之误。

如钱氏所说，当以《兵志》为正，即仍以不里合拔都为是。但从此可知，除五部将以外，其他探马赤将官尚多。《元史》中即有不少人物为探马赤官，但本传中多未说明。兹将《中堂事记》中所列以"阿术鲁拔都鲁为头探马赤官人每"十三人名字列下，以与《元史》参证：

1. 阿术鲁拔都鲁 《元史》卷一二三有传，称其为蒙古人。据《元史》卷一三一《怀都传》，知其为蒙古斡鲁纳台氏。本传未言其为探马赤。

2. 塔四火鲁赤 《元史》卷一三一《忙兀台传》称其祖名塔思火儿赤，蒙古达达儿氏。从太宗定中原有功。当即此人。本传未言其为探马赤。

3. 笑匿歹 即《元史》卷一二〇之肖乃台。探马赤五部将之一。

4. 李里匿儿拔都 李当系字之误，即《元史·兵志》之不里合拔都儿，《石高山传》之字罗海拔都。《食货志·岁赐》亦作字罗海拔都。《元史》无专传。探马赤五部将之一。

5. 阔阔不花 《元史》卷一二三有传。探马赤五部将之一。

6. 字罗□ 当即《元史·兵志》的字罗，探马赤五部将之一。《元史》无专传。原名下有□符号，不知何故，或系衍出。

7. 怯烈歹 即《元史·阔阔不花传》之怯烈台，《石高山传》之窟里台，《食货志·岁赐》之乞里台拔都。《元史》无专传。

8. 撒及四不花 《元史》卷一二二《槊直腯鲁华传》称槊直腯鲁华蒙古克烈氏，太祖命将万人为太师国王木华黎前锋，子撒吉思卜华嗣将其军。《食货志·岁赐》有撒吉思不花先锋，当即此人。《元史》未言其为探马赤，但从其为先锋来看，亦可推知其为探马赤。

9. 这里四迷疑 即《元史》卷九五《食货志·岁赐》之折来思拔都儿。《元史》无专传。

10. 按察儿 即《元史》卷一二二之按扎儿。探马赤五部将之一。

11. 持不哥儿 未详，待考。

12. 也里乾男塔丑疑 即《元史·食货志·岁赐》之塔丑万户。《元史》无专传。

13. 别立古歹 可能即《元史》卷一一九塔察儿子之别里虎觯，许兀慎氏。宪宗时袭父职，总管四万户蒙古汉军攻宋。字术鲁翀《河南淮北蒙古军都万户府增修公廨碑铭》(《中州名贤文表》卷三〇)作别里即台。同人《忽神公神道碑》(《菊潭集》)作别里虎台。

从以上所列名单可知，蒙古初期的探马赤将官很多，不只五部将；又从前举，知《元史》上的奥鲁赤亦为探马赤，不仅本传未载，《中堂事记》亦未提及，可见探马赤官人亦不仅为十三人。这就给我们一个印象，即探马赤军是以五部族为核心而有许多统帅将领参加指挥的庞大的军事组织。它是蒙古统治者的精锐部队。

探马赤军在攻金战争中起过重要的作用。平金以后，他们"随处镇守""分镇中原"，统帅们分得了封地食邑①。但他们所统领的军队，却因"散居牧地，多有人民籍者"②。世祖中统三年（1262 年），石高山以"国家土宇未一，宜加招集，以备驱策"为理由，劝说元世祖③。世祖即令石高山主持其事，到各处招集旧部。《元史》卷九八《兵志一》记此事说：

> （中统）三年（1262 年）三月诏：真定、彰德、邢州、洛磁、东平、大名、平阳、太原、卫辉、怀孟等路各处，有旧属按扎儿、孛罗、笑乃觯、阔阔不花、不里合拔都儿等官所管探马赤军人，乙卯岁（1255 年）籍为民户，亦有佥充军者。若壬寅（1242 年）、甲寅（1254 年）两次佥定军已入籍册者，令随各万户依旧出征。其或未尝为军及蒙古汉人民户内作数者，悉佥为军。

从这道命令上可以看出，在这些地区内的汉人也被佥为探马赤军，这大概是汉人大量参加探马赤军的开始。《元典章》卷三四《兵部一·军驱·蒙古军驱条画》说：

> 博州路探赤（原脱马字）军人杨子牛故父杨通事，虏到驱口小郑为户头千奴作户下合同籍。中统三年，石高山刷充正军。千奴当军后，有博州清平县收差。

据《元史》卷五八《地理志》，博州路元初隶东平路，至元四年析为博州路总管府，十三年改东昌路。所以博州路正是探马赤军驻地。郑千奴本探马赤军人驱口，至是亦刷充正军。又《元史》卷一八八《刘哈剌不花传》说："其先江西人……居燕赵有年，遂为探马赤军户。"大概也与这次整编有关。《元史》卷一二〇《肖乃台传》说肖乃台的儿子兀鲁台"中统三年从石高山奉旨拘集探马赤军，授本军千户"。足见这次整顿规模不小。

---

① 见《元史》卷一二三《阔阔不花传》及卷九五《食货志·岁赐》。
②《元史》卷一六六《石高山传》。
③《元史》卷一六六《石高山传》。

经过这一次整顿，探马赤军的队伍一定有所扩大，实力当也有所增强。在进攻南宋的战争中，也是一支重要的力量。

四、探马赤军的征用

探马赤军是蒙古统治者的精锐部队和军事骨干。蒙古统治者把这一部队主要用在三个方面，即征伐、镇戍和宿卫。

（一）征伐

探马赤军是伐金战争中组成的，在战争中它发挥了巨大的威力，自不待言。在进攻南宋的战争中，探马赤军也出过很大的力气。但记载上不如伐金的五部探马赤那样明显，需将有关史料加以搜剔。

首先，探马赤五部将的子孙带领着探马赤军参加了伐宋的战争。如阔阔不花的儿子黄头"代领探马赤为元帅，从丞相伯颜取宋"①。肖乃台子兀鲁台"中统三年从石高山奉旨拘集探马赤军，授本军千户。……（至元）十年攻樊城有功……十一年渡江有功"②。

其次，如上节所指出，有些探马赤将官，《元史》中没有指明，但从其他记载中却可以得知他们的身份。如前举之阿术鲁，其孙怀都在平李璮及伐宋中颇立战功③。另一人塔四火鲁赤即忙兀台的祖父，而忙兀台亦是平宋武将之一④。又如奥鲁赤领蒙古军四万户，从伯颜伐宋。《元史》本传中不说他是探马赤军，但从《通制条格》和《元典章》有关记载中却可证明他是探马赤⑤。可见，参加伐宋的探马赤军官是不少的。

最后，探马赤军以弘吉剌等五部为主干，这五部即曾直接参加过伐宋的战争。如《元史》卷一二八《相威传》说："至元十一年，世祖命相威总速浑察元统弘吉剌等五投下兵从伐宋。"同时，出于这五部族的武人参加伐宋的很不少。《元史》虽未明言他们是探马赤，但他们很可能是。如忙兀部的博罗欢，扎剌儿

①《元史》卷一二三《阔阔不花传》。
②《元史》卷一二〇《肖乃台传》。
③《元史》卷一三一《怀都传》。
④《元史》卷一三一《忙兀台传》。
⑤《通制条格》卷三《户令·良贱为婚》条说"奥鲁赤系探马赤军户"。《元典章》卷三四《兵部一·军驱·拘刷在逃军驱》载大德五年探马赤万户脱完不花等奏语。此脱完不花即《元史》卷一三一有传的奥鲁赤的儿子脱桓不花。

部的阿剌罕等①。

除征金、宋两大战争以外，其他征战探马赤军也常参加。如世祖至元二十年（1283 年）正月，"命右丞阁里帖木儿及万户三十五人、蒙古军习舟师者二千人、探马赤军万人、习水战者五百人征日本"②。至元二十四年（1287 年）八月"以李海剌孙为征缅行省参政，将新附军五千、探马赤军一千以行"③。

在镇压国内各族人民起义方面，探马赤军也参与其事。如弘吉剌部的步鲁合答，在至元二十一年（1284 年）"统蒙古探马赤军千人从征金齿蛮，平之"④。成宗大德七年（1303 年）六月，"以亦奚不薛就平，留探马赤军二千人讨阿永叛蛮，余悉放还"⑤。元末农民起义，探马赤军也被利用为镇压起义的工具。如至正十一年（1351 年）元廷以答失八都鲁为四川行省参知政事"拨本部探马赤军三千，从平章咬住讨'贼'于荆襄"⑥。至正十九年（1359 年）七月"命国王囊加歹、中书平章政事佛家奴、也先不花、知枢密院事黑驴等统领探马赤军进征辽阳"⑦，而曾为探马赤军户的刘哈剌不花，也被起用为先锋将，来与起义军为敌⑧。

因之，可以说，从它成立的那一天起，到元廷覆亡之日为止，探马赤军一直在为蒙古统治者干着征服和镇压的活动。

---

① 《元史》卷一二一《博罗欢传》，一二九《阿剌罕传》。

② 《元史》卷一二《世祖纪》。按此役未成行。

③ 《元史》卷一四《世祖纪》。

④ 《元史》卷一三二《步鲁合答传》。又《元史》卷一三《世祖纪》："至元二十一年十月四川行省言：金齿遗民尚多未附，以要剌海将探马赤军二千人讨之。"金齿在云南大理西南澜沧江界，元属大理金齿等处宣抚司。今云南临沧专区一部地。

⑤ 《元史》卷二一《成宗纪》。亦奚不薛，元时八番顺元诸处安抚司，今贵州贵阳西北部。至元十七年（1280 年）即起事，为元军讨平。以后仍屡起。《元史》卷一二二《爱鲁传》："（至元）十九年，也可不薛（即亦奚不薛）复叛，诏与西川都元帅也速答儿，湖南行省脱里察会师进讨。"据《元史》卷九八《兵志一》有"初西川也速迭儿、按住奴、帖木儿等所统探马赤军"等语，知也速迭（即答）儿所统者为探马赤军。但《元史》卷一二九《也速答儿传》亦未言其为探马赤。又《元史》卷一二《世祖本纪》载："至元十九年六月丁巳征亦奚不薛，尽平其地。立三路达鲁花赤，留军镇守。命药剌海总之，以也速带儿为都元帅宣慰使。"由前引《元史》卷一三《世祖纪》至元二十一年十月条记事，知要（即药）剌海所统者为探马赤军。可见亦奚不薛的平定和镇守皆与探马赤军有关。

⑥ 《元史》卷一四二《答失八都鲁传》。本传称答失祖父为也速答儿，据前注知也速答儿所领者即探马赤军，因知此家为世领探马赤军者。又据本传知答失八都鲁此后一直与农民军为敌。死后其子孛罗帖木儿仍袭其业。

⑦ 《元史》卷四五《顺帝纪》。

⑧ 《元史》卷一八八《刘哈剌不花传》。

（二）镇戍

探马赤军平金以后，即驻屯中原各地，已如前述。征服南宋以后，又分驻全国各地，以防范和镇压人民。《元史》卷九九《兵志二·镇戍》门说：

> 世祖之时，海宇混一，然后命亲王将兵镇边徼襟喉之地。而河洛、山东据天下腹心，则以蒙古探马赤军列大府以屯之；淮江以南，地尽南海，则名藩列郡又各以汉军及新附等军戍焉。

其实，探马赤军（蒙古军也如此）不仅驻屯在河洛、山东，在淮江以南，也有他们的足迹。如扬州①、杭州②、鄂州③、四川④、吐蕃⑤、云南⑥、斡端（今新疆和田）⑦等处，都派有探马赤军驻防。成宗大德六年（1302 年）并令探马赤军学习水战，以防海寇⑧。仁宗延祐三年（1316 年）命丑汉拨探马赤军三百人守卫岭北省仓库⑨。可见元朝统治是非常重视并尽量利用探马赤军的。

（三）宿卫

探马赤军又担任宿卫的角色。所谓宿卫，即禁兵，其职务为在京师守卫中央，或作扈从、仪仗、看守、巡逻等用。如平金的探马赤五部军在至元二十一年（1284 年）即拨归东宫，保卫太子。二十二年，改称蒙古侍卫亲军指挥使司，

---

① 《元史》卷九九《兵志二》："至元二十八年二月，调江淮省探马赤军及汉军二千人于脱欢太子侧近扬州屯驻。"

② 《元史》卷九九《兵志二》："至元十六年七月，命阇里铁木儿以成杭州军六百九十人赴京师，调两淮招讨小厮蒙古军及自北方回探马赤军代之。"

③ 《元史》卷一六《世祖纪》："至元二十七年九月，发蒙古都万户府探马赤军五百人戍鄂州。"

④ 《元史》卷九九《兵志二》："延祐四年十一月，陕西都万户府言碉门探马赤军一百五十名镇守多年，乞放还元翼。枢密院臣议：彼中亦系要地，不宜放还。"碉门当在四川雅安西部，元属陕西行省。又《元史》卷九八《兵志一》："成宗大德十一年四月，诏礼店军还籍土番宣慰司。初西川也速迭儿、按住奴、帖木儿等所统探马赤，自壬子年属籍礼店，隶王相府。后王相府罢，属之陕西省。"

⑤ 《元史》卷八七《百官志三》宣政院所属之吐蕃等处招讨使司下有"脱思麻探马军四万户府"。《元史》卷一二二《巴而术阿儿忒的斤传》载纽林的斤"领本部探马赤军万人镇吐蕃宣慰司"。

⑥ 《元史》卷九九《兵志二》："至元二十一年十月，增兵镇守金齿国。以其地民户刚狠，旧尝以汉军新附军三千人戍守，今再调探马赤蒙古军二千人，令药剌海率赴之。"

⑦ 《元史》卷九九《兵志二》："至元十六年八月，又发探马赤军一万人及夔府招讨张万之新附军，俾四川西道宣慰使也罕的斤将之戍斡端。"

⑧ 《元史》卷二〇《成宗纪》。

⑨ 《元史》卷九九《兵志二·看守军》条："（延祐）三年二月岭北省乞军守卫仓库，命于丑汉所属万户三千探马赤军内摘军三百人与之。"《元史》卷一一八《特薛禅传》："有名丑汉者，按陈次子必哥之裔孙……仁宗朝封安远王，以兵守荟来。"恐即此丑汉，属弘吉剌氏，而弘吉剌部则探马赤军也。

三十一年（1294 年）改为隆福宫右都威卫使司①。元时大都城门，亦由探马赤军把守。如《通制条格》载："至元二十九年十二月二十五日枢密院奏节该，每年车驾出去呵，大都把门住夏探马赤军每二月二十头教来。"②不仅如此，大都以北各重要关隘也多由探马赤军驻防。如《元史》卷一三八《伯颜传》称：

> 参政脱别台曰：今蒙古军马与宿卫之士皆在上都，而令探马赤军守诸隘，吾恐此事之不可成也。

参以《元史》卷一二三《捏古刺传》所载：

> 天历元年（1328 年）九月，（者燕不花）往居庸关料敌，道逢二军，谓探马赤诸军曰：今北兵且至，其避之！

可见在居庸关一带防守者有探马赤军。

探马赤在元朝皇帝出行（所谓巡幸）时，也用作扈从。如成宗元贞元年（1295 年）四月戊戌，"给扈从探马赤军市马钞十二万锭"③。武宗至大二年（1309 年）"太后将幸五台。徽政院官请调军扈从。省臣议：昔大太后尝幸五台，于住夏探马赤及汉军内各起扈从军三百人，今遵故事。从之"④。

说到扈从，也许会想起我们在第二节中所引白鸟库吉的说法，即探马由辽之"挞马"转来，其义为扈从。这里是不是可以为白鸟氏的说法添一佐证呢？恐怕不行。因为探马赤之作为扈从，只是它的职守之一，而且是很不重要的职守，不能用它来代替探马赤的本身含义。何况白鸟在提出他的说法的时候，并没有引用我们上面所举史料以证成之，只是由于对音的偶合罢了。

五、探马赤军的扰民　探马赤军在人民反抗下的覆亡

探马赤军既然为元朝统治者出死力、保江山，自然要受到特别的重视和优厚的待遇。统领探马赤的将领，如阔阔不花等五部将自不必说；他们在中原地

---

①《元史》卷九九《兵志二·宿卫·右都威卫》条。

②《通制条格》卷七《军防·私代》。又《元史》卷九九《兵志二·看守军》称"武宗至大四年（1311 年）六月……枢密院官奏：尝奉旨令各门置军守备。臣等议探马赤军士去其所戍地远，卒莫能至。拟发阿速、唐兀等军及汉军用之，各门置五十人。制可"。此次虽令其他军队守门，但系因探马赤军一时不能前来，可见探马赤军守门是常制。

③《元史》卷一八《成宗纪》。

④《元史》卷九九《兵志二·扈从军》。

区得到分地和民户的五户丝①，已成为大大小小的封建贵族。对于一般军官，也有一些优待条件。如至元二十八年（1291 年）"枢密院奏：探马赤蒙古百户每在意来呵，与千户的名分，交汉军新附军里做千户去呵。他每的兄弟孩儿每根底，根脚里百户委付呵……那般者！圣旨了也，钦此！"②这就是说，探马赤的百户可做汉军和新附军的千户；他们的子弟则可做百户。元朝严禁汉人携带军器，屡次下令没收。这些没收的武器却委托蒙古探马赤军们掌管③。这是对他们的信任。

探马赤军人们在中原地区由元政府拨给或自己强占了不少土地作为牧场。元世祖时官僚王恽说："京兆路州郡所有营盘草地极广，旧为探马赤牧马地面。"④据《元史》所记，河东、陕西、巩昌、延安、燕南、河北、辽阳、河南、山东诸处，都有探马赤军的牧地⑤。

探马赤在进军中原和南宋的过程中，掳掠了不少人民作为奴隶——驱口。元朝政府尽量支持和保护他们对驱口的占有。如至元六年（1269 年）颁发"蒙古军驱条画"九条，规定探马赤所掳驱口，除已由政府签为军、站、人匠、急递铺兵等户计外，其他虽已改为民户，若探马赤前来招认，"主奴对证是实"，仍将驱口拨付本主。正驱身死，抛下妻男，仍归本主作驱⑥。成宗大德五年（1301 年）又规定探马赤军驱（蒙古汉军驱同）逃走，捕获给与本主，并处罚收藏者⑦。按元律，打死无罪驱者杖五十七⑧，而探马赤军人打死无罪驱却可免罪⑨。

但探马赤军所享受的优厚待遇和优越地位，也止限于探马赤的上层即统帅和各级军官，一般军人并没有份。他们的生活不仅不富裕，而且相当苦。一方

---

① 参看《元史》卷九五《食货志·岁赐》。按五户丝据《元史》卷九三《食货志·差》所举为"二户出丝一斤，输于官；五户出丝一斤，输于本位"。实际不止此数。王恽《中堂事记》言之较详："每户科丝二二两四钱，二户二斤一二两八钱二斤纳官。余每户六两四钱，赞至五户满二斤，付本投下。"即较《食货志》所记者加倍。核以《食货志·岁赐》所载，其说为确。如乞里歹拔都分拨一百户，丝四○斤，计每五户二斤；笑乃带先锋分拨七八户，得丝三一斤，亦大体五户二斤。

②《通制条格》卷六《选举·军官袭替》。

③《元典章》卷三五《兵部二·军器·达鲁花赤提调军器库》。

④ 王恽《秋涧文集》卷九○《便民三十五事·定夺官地给民》。

⑤《元史》卷一三二《拔都儿传》。

⑥《元典章》卷三四《兵部一·军驱·蒙古军驱条画》。按驱口本义为奴隶，但元代驱口地位有变化，略近农奴。此处不拟详论。

⑦《元典章》卷三四《兵部一·军驱·拘刷在逃军驱》。参看同书卷五六《刑部十八》《阑遗·孛兰奚逃驱不得隐藏》，《元典章新集·刑部·逃驱·探马赤军人逃驱》。

⑧《元典章》卷四二《刑部四·诸杀》所附之表。《元史》卷一○五《刑法志》则谓杖八十七。

⑨《元典章》卷四二《刑部四·杀奴婢娼佃·打死无罪驱》。

面，他们要负担徭役。如至元十九年（1282 年）诸侯王阿只吉说："探马赤军凡九处出征，各奥鲁内复征杂泛徭役，不便。"①和雇和买，一般探马赤军亦不能免②。另方面，探马赤军"四方征戍，多负劳苦。加以管军官员，奥鲁官司，非理侵渔，消乏者众"③。有的探马赤或因"累次签数渐丁，以致气力消乏"④。因此，有些探马赤军即因贫困而"典鬻妻子"同时，或从戍所私自逃走⑤。或将其草地典卖与人⑥。

同时，探马赤军中的汉人和蒙古人的待遇也不相同。如至元二十一年（1284年）由于"河南等路探马赤军人内执把弓箭之人多系汉儿人"，元朝的御史台即建议，除蒙古探马赤军人可以凭执照悬带弓箭外，"严切禁约汉军人等，不许悬带弓箭军器"⑦。

所以，在探马赤军内，仍然体现了阶级的和民族的分化与压迫。

探马赤军这一元朝统治者的重要的镇压机器，给中原地区广大人民带来了极大的痛苦。首先，如前所述，这些先锋们在战争中掳掠了不少人民作为奴隶——驱口。驱口们受极严重的剥削和压迫。他们要为奴隶主"津贴军钱"，"供给一切军需"⑧。有时且须代奴隶主服军役⑨。驱口被主人打死，也只好白白送命，并不惩罚打死他的主人⑩。驱口逃走被捉，要被杖八十七下，并没收其一

---

① 《元史》卷九八《兵志一》。据《元史》卷一〇七《宗室世系表》及《元史》卷一四，至元二十三年四月记事，阿只吉为察合台孙，封威远王，封地在太原。奥鲁，《元朝秘史》作阿兀鲁黑（a' uruq-ahgruq），译为老小营或老营。《元文类》卷四一《军制》称："军出征戍家在乡里曰奥（原作与）鲁。"

② 《元典章》卷三四《兵部一·军户·拯治军人条画》：至大四年（1311 年）枢密院奏"边远征戍军人探马赤军人和雇和买杂泛差役，钦依累降圣旨除免"。同卷《探马赤军·探马赤军和雇和买》称因也速歹儿之请，免除斡端、金齿二边远地探马赤的和雇和买，但别处的则"依体例要者"。

③ 《元典章》卷二《圣政二·抚军士》，大德十一年十二月至大改元诏书。

④ 《元典章》卷三四《兵部一·军户·拯治军人条画》。渐丁者，《元史》卷九八《兵志》称"孩幼稍长又籍之，曰渐丁军"。

⑤ 虞集《道园学古录》卷一八《中书平章政事蔡国张公墓志铭》称"大德三年（1299 年）遣使循行天下。诏公持节川陕……赎探马赤之贫而鬻妻子者"。同文又称"探马赤之戍北者多逃归。吏请按法诛之……"

⑥ 《元典章新集·户部·交易·探马赤军典卖草地》称"军人每年差调置备军需什物的上头，将根原分拨与来的草地典卖与了人的……"

⑦ 《元典章》卷三五《兵部二·军器·探马赤军给引悬带弓箭》。

⑧ 《元典章》卷三四《兵部一·军驱·蒙古军驱条画》，《拘刷在逃军驱》。

⑨ 《元典章》卷三四《兵部一·探马赤军·探马赤军交阔端赤代役》称"如今倘或出军的，他每正身不当军，交阔端赤亦出军有"。按阔端赤《元朝秘史》第一九八节作阔脱臣，旁译家人每，其字当从阔团勒（kötölči）意为随从，见《秘史》六六节）而来，与汉语之驱丁意义相近。参看《通制条格》卷七《军防·私代》。又《元史》卷一六二《李忽兰吉传》称："今蒙古汉军，多非正身，半以驱奴代。"

⑩ 《元典章》卷四二《刑部四·杀奴婢娼佃·打死无罪驱》。

半家产赏与捉获人①。驱口身死，其妻男仍然继为驱口而得不到解放②。

其次，探马赤军占据了不少民田作为牧地。这就影响了农民的生产。如至元十一年（1274 年）三月"亦乞里带强取民租产、桑园、庐舍、坟墓分为探马赤军牧地"③。探马赤军与民争地的案件，层出不穷。如大德四年（1300 年）九月"曹州探马赤军与民讼地百二十顷"④。至大四年（1311 年）"河东、陕西、巩昌、延安、燕南、河北、辽阳、河南、山东诸翼卫探马赤争草地，讼者二百余起"⑤。相争的土地，有的甚至十年"不得结绝"⑥。不用说，争来争去，人民总是要吃亏的。

此外，探马赤军纵其马匹吃咬、践踏田禾，损害树木之事，也屡见不鲜⑦。元政府常下令禁止探马赤军扰民⑧，这正反映探马赤军对人民骚扰的严重。

探马赤军对人民的祸害，不能不激起广大人民的怨愤和反抗。探马赤所管的驱口，想尽办法逃亡。他们"往往逃匿寺观，为道为僧；或于局院佣工，或为客旅负贩。纵有败获，鼓众夺去"⑨。不顾探马赤军的势力，农民们一直和他们发生争还土地的争讼。这还是消极的反抗。在元末，爆发了以红巾军为首的人民大起义，它的矛头指着元朝统治者，也指着统治者的爪牙探马赤军。探马赤军虽然被动员起来，和起义军作对，但也无济于事。以答失八都鲁的事迹为例。从他曾祖纽璘、祖父也速答儿以来，即带领着探马赤军进攻南宋的四川，镇压过四川、云南、贵州的少数族人民⑩。到他仍"业绍箕裘"，继承了这一份肮脏的事业。至正十一年（1351 年），他由大理宣慰司都元帅升为四川行省参知政事，带领本部探马赤军三千，和四川平章咬住一起，镇压荆襄一带的红巾军。初期虽然攻下襄阳，得了些便宜，但以后在河南和刘福通的红巾军作战中，

---

① 《元典章新集·刑部·逃驱·探马赤军人逃驱》。

② 《元典章》卷三四《兵部一·军驱·蒙古军驱条画》。

③ 《元史》卷八《世祖纪》。

④ 《元史》卷二〇《成宗纪》。

⑤ 《元史》卷一三二《拔都儿传》。

⑥ 《元典章新集·刑部·停格·互争不结绝地租官收》称："……各处探马赤与百姓相争地土的七十余顷有……"又"相争田地里多了有，经十年不得结绝的也有。"

⑦ 参看《通制条格》卷一六《田令·农桑》及《元典章》卷二《劝农桑》中有关记载。

⑧ 如《元史》卷五《世祖纪》："中统四年（1263 年）七月壬寅诏禁益都路探马赤扰民。"（参看《通制条格》卷一六《田令·农桑·军马扰民》）《元史》卷一八《成宗纪》："元贞元年（1295 年）九月，以探马赤军所至扰民，令合伯镇之。犯者罪其主将。"

⑨ 《元典章》卷三四《兵部一·军驱·拘刷在逃军驱》。

⑩ 见《元史》卷一二九《纽璘传》附《也速答儿传》。本传未言其领探马赤军，但《元史》卷九八《兵志一》有"初西川也速迭儿、按住奴、帖木儿等所统探马赤军"等语，知其曾统探马赤军。

却并不顺利。虽然也给起义军一些挫折，但起义军却并不灰心，仍同他苦斗。至正十七年（1357 年），前来支援他的知院达理麻失理被刘福通军所杀，蒙古诸军皆溃，答失八都鲁力不能支，只得退兵。遭到他主子元朝政府的怀疑和不满。农民军趁机假造了答失八都鲁和农民军通和的信，加深元政府对他的猜疑。答失八都鲁知道后，"一夕忧愤死"[①]。他的儿子孛罗帖木儿虽然承其衣钵，继续与人民为敌，但并没有能挽救元朝的灭亡，反而在统治阶级的内讧中被杀了[②]。这父子俩的下场说明了：当年威风十足、不可一世的探马赤军，在起义的人民面前，并没有什么可怕。至正二十八年，即公元 1368 年，这一年没有为探马赤军庆祝建立一百五十周年纪念，却为它敲起丧钟，把它和元朝的统治一起，送进了坟墓。

（原载《中华文史论丛》第六辑，1965 年 8 月）

---

① 《元史》卷一四二《答失八都鲁传》。
② 《元史》卷二〇七《逆臣·孛罗帖木儿传》。

探马赤军问题再探

十五年前，我写过《元代的探马赤军》一文（载《中华文史论丛》第六辑，1965 年）。当时虽然引用了一些日本学者对这一问题的研究，但囿于见闻，所知不多。近年来见到荻原淳平先生所著《木华黎国王手下探马赤军考》[①]及其所引证的护雅夫的《探马赤部族考序说》[②]，觉得很受启发，同时也发现有些可以商榷的地方。因草此稿，向荻原先生请教，并对旧作做些补充订正。

一、荻原先生的新研究

荻原先生的论文，是在参阅了在他之前欧洲、中国及日本学者的学说的基础上写成的。他对前人诸说，都不表赞同，而是从研究探马赤军的本质，特别是从考察最初作为木华黎国王部下的探马赤军的组成情况，更具体说来是从分析探马赤五部将的出身成分入手，得出了与过去不同的结论。因为是对有关史料作了分析，并经过仔细考虑，所以很值得重视。

荻原氏的文章体系完整，他的结论也很明确：探马赤军是由地位低下，即处于社会最底层的隶属民组成的。他说蒙古语 Tama 义为"收集"，Tamaga 义为"印章"。探马赤军即被收集起来的、烙有领主的烙印的隶属民组成的军队。

他的论据，归纳起来有下列六条：

（一）探马赤军早期是先锋军，在蒙古军中原则上是最底层的人来充当的。

（二）探马赤军后来转为镇守军，蒙古游牧骑军一向以活泼、移动性自夸而蔑视、拒绝固定驻屯，因而让社会内部的最底层的探马赤军承担。

（三）据《元史·兵志》和《石高山传》记载，探马赤军在灭金以后，多半"散居牧地，多有入民籍者"，这算是对他们功绩的恩赏。可见，在成立探马赤时，他们是不能入民籍的阶级，也就是隶属民阶级。

[①]《东洋史研究》36 卷，第 2 号，1977 年 9 月。本文承内蒙古大学潘世宪先生译出，特表感谢。

[②]《史学杂志》55 编，1 号，1944 年 1 月。本文引用潘世宪先生译文。

（四）《元史》卷七《世祖纪》："至元九年七月乙酉，诏分阅大都、京兆探马赤奴户名籍"，而同书卷九八《兵志一》则称"阅大都、京兆等处探马赤户名籍"。二者所记一事，而一称"奴户"一称"户"。证明探马赤本来就是"奴户"，不管标明"奴户"与否。

（五）探马赤五部将中的阔阔不花、笑乃䚴、按察（扎）儿三人出自塔塔儿部和客烈（怯烈）部。这两部都是被成吉思汗战败和消灭的，其残留部分则被分配于成吉思汗各王家及其功臣名下作隶属民。

（六）探马赤的语源和语义有二：1. Tama 有收集义，探马赤组成时，是"收集"散在各处的人们而组成的。因此探马赤有"被收集起来的人"的意义。2. 蒙古语称印章为 Tamaga，被征服的民族要像奴隶一样烙上牛马那样的烙印。探马赤是蒙语 Tamaga+či 的译音。探马赤军即"收集那些烙有烙印的探马赤（隶属民）而组成的军队"。

以上介绍荻原氏的论文主旨可能不完备，但要点大致不差。

二、关于探马赤军的组成

在荻原氏所举上列六条论据中，我以为五、六两条是关键。这里首先探讨一下最初组成探马赤军的是哪些部族以及他们的身份、地位问题。

荻原氏认为，最早的探马赤五部将中有一人（阔阔不花）出身塔塔儿，二人（笑乃䚴、按扎儿）出身怯烈（客烈）部。这两族是被成吉思汗战败的部族，因而沦为隶属民。由他们组成的军队，仍处于隶属地位。对此，我要提出的第一个疑问是，最早的五部探马赤军，究竟是由哪些部族构成的？

《元史》卷九九《兵志二》说："国初，木华黎奉太祖命，收扎剌儿、兀鲁、忙兀、纳海四投下，以按察儿、孛罗、笑乃䚴、不里海拔都儿、阔阔不花五人领探马赤军。"这里说明组成探马赤军的是扎剌儿、兀鲁、忙兀、纳海四部，而非塔塔儿或怯烈部，按扎（察）儿等不过是指挥官而已。

我在《元代的探马赤军》旧作中曾经指出，纳海是人名，非部族名。组成探马赤军的五个部族是弘吉剌、兀鲁兀惕（兀鲁）、忙兀惕（忙兀）、扎剌儿和亦乞烈思。我并推测所以挑这五部作探马赤军，原因应该是这五部骁勇善战，可以打前锋。这个说法正确与否，暂可不论。但五部中没有塔塔儿和怯烈部，则是可以肯定的。

是否这五部探马赤军中，也有塔塔儿和怯烈的人呢？当然可能有，因为当时的部族中，早已不是按血缘组织的氏族团体，而是混杂着各不同氏族的人，像塔塔儿和怯烈部这些被征服的部族，更要分散在各个不同的部族内。正因如此，也就不能说以塔塔儿人阔阔不花为部将的探马赤军，是全部由塔塔儿人组成的了。

接着我要提出的第二个疑问便是，带领探马赤的部将，是否和他统帅的军士同属一族？荻原氏根据《元史·兵志》"探马赤军则诸部族也"这句话推论说："如果说是部族，那么探马赤部将，即其指挥官，便应该看作其部族的族长或准族长的人物。"因而认为，以阔阔不花和笑乃纣为部将的探马赤军，都是出自塔塔儿和怯烈部。按，如我们上面所说，组成探马赤的，是扎剌儿等五部。即令有塔塔儿人和怯烈部人在内，也不会是多数。阔阔不花、笑乃纣统领的，不可能全部是塔塔儿人和怯烈人。荻原氏也承认："当组编探马赤军时，是'收集'散在各处的人们而编组成军的，并不是本来就是以氏族为中心的血缘关系而结成的像部族那样团结的集体。"既然如此，也就得承认，阔阔不花等所统领的，不可能完全是他本族的人。

荻原氏又根据《元朝秘史》中成吉思汗即位后许多部将请求收集其旧日同族百姓的事例，认为塔塔儿部和怯烈部人也在收集之内。这是不可能的。《元朝秘史》中无准许塔塔儿或怯烈部人收集完聚的例证，成吉思汗允许收集的，都是和他亲近或立有功劳的人。像塔塔儿和怯烈这些敌对的部族，在被征服后，除了屠戮以外，余下的就分给成吉思的亲族和功臣，是不会轻易让他们集合在一起的。荻原氏所举的《元朝秘史》中客烈亦惕部族灭亡后的命运，便是生动的例证。荻原氏也理解到，准许塔塔儿和怯烈部重新收集起来是有危险的，他说："如果把他们收集到旧部族单位里，旧部族意识便会复活，一旦误入歧途，大有高揭反旗的危险。因此简单地重新编组是危险的。"但荻原氏却认为还是让他们重新编组了。怎才解决这个危险呢？荻原氏说："如果没有木华黎与五部将的信赖关系，如果没有五部将部下所收集的探马赤军军士的强烈的信赖关系，大概不会轻易允许这样做的吧？"其实，这本来是不可能有的事。荻原氏这样自己提出假想的危险又自己代为解决的说法，似乎是不必要的。

这里还牵涉到一个问题，就是对"投下"的理解。这是一个曾经讨论过的比较复杂的问题，在此不作详细的论述，但必须明确它的涵义。《元史·兵志》："国初，木华黎奉太祖命，收扎剌儿、兀鲁、忙兀、那海四投下，以按察儿、孛罗、笑乃纣、不里海拔都儿、阔阔不花五人领探马赤军。"荻原氏把这里的"投下"解释为"领民"，认为所谓"四投下"系指"扎剌儿部族集团中，或兀鲁惕部族集团中，在政治上、社会上已被否定其存在的隶属民，他们原来是出身于塔塔儿、客烈亦惕等（氏族）的人们而言。"这就是说，"四投下"不是扎剌儿、兀鲁等部，而是他们部下的隶属民，即塔塔儿、怯烈等部。按，"四投下"亦作"五投下"，《元史·兵志二》下面即两次称"五投下探马赤（军）"。所谓"五投下"，应指扎剌儿等五部，如：《元史》卷一二〇《术赤台传》："术赤台，兀鲁兀台氏。其先剌真八都，以材武雄诸部。生子曰兀鲁兀台，曰忙兀。与扎剌儿、弘吉剌、亦乞列思等五人，当开创之先，协赞大业。厥后太祖即位，命其子孙各因其名为氏，号五投下。"

《元史》卷一三一《奥鲁赤传》："父忒木台……领兀鲁、忙兀、亦怯烈、弘吉剌、扎剌儿五部军。"

这里的"五部军"，也就是"五投下"，也就是《兵志二》的"五投下探马赤军"[①]。《奥鲁赤传》虽未明言他管探马赤军，但据《通制条格》卷三《户令·良贱为婚》所载，他确是探马赤军。

因此，这里的"五投下"，指的是扎剌儿和忙兀等五部，而不是他们的领民。在《元史》卷一二一《博罗欢传》里，这五部又称"五诸侯"，那就很难把"投下"理解为领民了。

总之，据我的理解，扎剌儿、兀鲁、忙兀等"四投下"或"五投下"，系指他们本身即是"投下"，也就是成吉思汗的"投下"[②]，而不是指他们的"投下"。荻原氏把"投下"解为"领民"，又把这些"领民"理解为塔塔儿、怯烈部，我看这是牵强的。即令"投下"有"领民"义，但这里的"领民"只能解释为蒙古皇帝的领民或部下。扎剌儿等部也有领民（也可说是他们的投下或采邑），但他们的领民是否全是塔塔儿和怯烈部，以及有多少人，都还没有确切的史料可以证明。

最后，还应该指出一点，即探马赤五部将中还有两人（孛罗和不里海拔都儿）出身不明。这对荻原氏的论点的可靠性也不能没有影响。

---

① 荻原氏在其论文注⑭中，认为"五部探马赤军"与《术赤台传》中的"五投下"无关，似可讨论。

②《黑鞑事略》："其军马将帅，旧谓之十七头项。"这里的"头项"一般认为是"投下"一音之转，而成吉思及其四子等俱在其内。下云："其头项分成，则……茶合觯（即察合台）之兵在回回。"故此处"头项"或"投下"只能解释为"部"或"部下"。《元史》卷一一九《孛鲁传》："丙戌夏，诏封功臣户口为食邑，曰十投下，孛鲁居其首。"此处"投下"可理解为"食邑"或"采邑"，但亦可理解为功臣本身，与《博罗欢传》之称"五诸侯"义同。同书，卷一二一《畏答儿传》有"与十功臣同为诸侯者"一语可证。

三、关于探马赤的语义、语源

首先要明确一点，即在探马（无论其为 Tama 或 Tamaga 的对音与否）一个词中，即有"收集"义，又有"印章"义，而这两个解释又在同一个词中同时应用，这近于文字游戏，是不符合一般语义学的逻辑的。

"收集"这一词在《元朝秘史》汉译中屡屡出现，但据我的检查，它的蒙文对音没有一处与 Tama 相近。以荻原氏所引《元朝秘史》为例，汪古儿对成吉思汗说："巴牙兀惕姓的兄弟每，都散在各部落里有。我欲要收集者。"成吉思应许了说："你收集了，做千户管者。"[①]这里"收集"的蒙文对音，一是"赤兀勒合速孩"，旁译"教完聚我"；一是"赤兀勒合周"，旁译"教完聚着"。又如脱斡邻说："我的兄弟捏古思散在各部落内，我欲收集咱。"[②]这里的"收集"，蒙文亦作"赤兀勒合速孩"，旁译"教聚（原误作众）我"。再如成吉思对脱仑说："……因你助你父亲收集百姓上头……如今将你自收集的百姓做千户。"[③]这里的"收集"蒙文作"忽里牙勒敦"，旁译"共收集"，又作"忽里牙勒都黑三"，旁译"共收集了的"，都找不到和 Tama 对音相同或相近的字。荻原氏可能是从近代蒙文字书中找到这个音的[④]。用近代蒙语解释十三世纪的蒙语词汇，恐怕很不妥当吧。即令 Tama 在当时有"收集"义，探马赤也只能解释为"管理收集的人"或"收集者"，解为"被收集起来的人"也是很牵强的。

关于作为印章的 Tamaga，我在《元代的探马赤军》一文中曾指出：其字在元、明的汉字对音作"探合"或"谈合"，无作"探马"者，间有写作"塔麻阿"者，虽与"探马"音最近，但仍不作"探马"。西方译写为 Tamadji 或 Tamači，这是通行的写法，与汉字"探马赤"译音恰合。在拉施都丁《史集》中，有一突厥人统将名 Tamgač，大概和突厥语 Tamga（印）有关，但不作 Tamači，汉译应作"探合赤"[⑤]。又《史集》有一段与"探马"有关的记载说：

> 他［窝阔台］将四万军队的探马军（lašgar-Tamā）的委派给绰儿马浑 Djūrmāgun，派赴我方［伊朗］。探马军，也就是被指定从各千人队、百人

---

① 《元朝秘史》二一三节；《四部丛刊三编本》，卷九，第9页上。

② 《元朝秘史》二一八节；《四部丛刊三编》本，卷九，第22页上。

③ 《元朝秘史》二一二节；《四部丛刊三编》本，卷九，第7页上。

④ （日本）韩穆精阿等：《蒙和辞典》1937年版，338 页，有 tamamui 一词，义为"收敛""集合"。

⑤ 见《史集》俄译本第一卷，第二分册，100 页。此承内蒙古大学余大钧先生译示，特表感谢。

队中抽出人来组成的军队，被派赴某地区长期驻扎者。千夫长和万夫长之中的一些大将，曾与他一起来到。[①]

lagar 波斯语军队，Tamā 自应译为"探马"，更可证"探马"只能为 Tama 的对音，不是 Tamaga（印章）的对音。又，此段言及探马军的组成，系从各军中抽调而来。抽调，当然要选精壮的兵士。这与我在《元代的探马赤军》第三节《探马赤军的组成》所说主旨相符，也可反证探马赤军非由隶属民或奴隶组成。退一步说，即令承认探马赤是 Tamagači 的对音，按蒙古语的规则，探马赤的意义也只能解为"管理印章的人"或"掌印官"，不能解释为"戴着烙印的人"。

《史集》这一段中的绰儿马浑，就是《元朝秘史》二六〇节中的斡帖格歹族人搠（绰）儿马罕，是成吉思让他西征的。在二七四节中记载，绰儿马罕征服巴黑塔惕种（即哈立发帝国）后，斡歌歹（即窝阔台）令绰儿马罕为探马赤官，这里的蒙文只作"探马"，无赤字，同书蒙文中似此写法还有多处。过去我总认为是抄书人无意中脱漏"赤"字，现知西方史料中作军名可单称探马（Tama），则探马一词可以独立。那么它与汉语中早已流行的探马一词的密切联系更值得注意了[②]。

在这里，还应提及伯希和（P. Pelliot）对于探马赤语源的考证。在《大慈恩寺三藏法师传》中记载，玄奘到素叶城后西突厥叶护可汗"令达官答摩支引送安置"。伯希和认为这里的"答摩支"即辽代的"挞马"（Tama）、元代的探马赤 Tamači，他说，其意义则"先为扈从之官，后为前锋之士"[③]。并说这个官衔"可能以演变了的意义在突厥语中残存相当长久，并在中世纪大食、波斯著作中，在شات Tawači است Tawai 的形态下，同样遇到"[④]。伯希和的考证，为探马赤的研究，提供一条途径，值得认真对待。这里可以注意的是，从他列的探马赤的对音来看，也没有 Tamaga 这一说。

总之，探马赤的语义和语源问题，是一个十分复杂的问题。国内外对此已提出过各种看法，荻原氏的解释也可备一说。我虽然对他提出许多质疑问难，但对自己过去的假说也不敢自信。这个问题还需要大家共同探索。

---

① 见《史集》俄译本莫斯科—列宁格勒 1952 年版，第一卷，第一分册，第 99 页。俄译本注②解 цящкар（lapšgar）为军队统率者，误。此处余大钧先生据莫斯科 1965 年版，波斯文汇校本重译。

② 关于"探马"一词流行情况，除旧作所举外，还可补充《三朝北盟会编》卷六四，靖康元年十一月二十二日一条："汪伯彦据探马回报……"《三国演义》第七回、第九五回亦有"探马"字样。

③ 伯希和：《中亚问题注释九则》四《玄奘记传中之二突厥字》。此据冯承钧译《西域南海史地考证译丛五编》，中华书局 1956 年版，第 127-128 页。

④ 伯希和：《蒙古人与教廷》，第 109 页。此承韩儒林先生译示，特表感谢。

四、关于探马赤军的身份地位问题

如上所述，探马赤军不能说是由被击溃的塔塔儿和怯烈部的残余组成的、被收集起来的烙有领主烙印的隶属民组织。那么，关于荻原氏论证探马赤军身份、地位和前四条理由也就值得商榷了。

（一）荻原氏认为蒙古早期的先锋军是由社会最底层的人来组成的。按，打先锋是危险的差使，蒙古军在对外战争中也有把被征服的投降者驱作先锋的事例（如对西域的战争），但那是特殊的情况。在一般情况下，则是从近族中找有勇力而可靠的人作先锋，如成吉思汗与王罕交战时对兀鲁兀惕的主儿扯歹说：

"主儿扯歹伯父，我欲教你做先锋，你意思如何？"

主儿扯歹说："皇帝面前，我的兀鲁兀惕、忙忽惕做先锋厮杀。"（《元朝秘史》一七一节）

我们知道，兀鲁兀惕、忙兀惕两部以勇悍善战著名，经常做先锋，以后成为五部探马赤军的中坚。他们是成吉思汗的近族，受成吉思汗的信任，而不是被征服的部族。

又如，《元朝秘史》一二三节记载，阿勒坛、忽察儿、撒察别乞众人共商量着对帖木真说："立你做皇帝。你若做皇帝呵，多敌行俺做前哨。"阿勒坛等三人与成吉思汗族属亲近，他们都自动做前哨（即先锋）。

再如，成吉思汗1211年征金时，以者别和古亦古捏克二人为先锋。古亦古捏克事迹不详。者别是蒙古别速惕氏，与成吉思汗亦为近族。他先事泰亦赤兀惕与札木合，曾射断成吉思汗马项骨。战败来降，成吉思以其实言不讳，嘉其忠诚可靠，又以善射，赐名者别（梅针箭《元朝秘史》一四七节）。所以者别之做先锋，是由于他忠实而勇敢。

当然，做先锋是危险而辛苦的事，所以前引阿勒坛等之自愿做先锋是表示对成吉思汗的拥戴之诚；而忙兀惕人忽亦勒答儿在争着当先锋时对成吉思汗说："我做先锋，久后将我孤儿抬举。"（《秘史》一七一节；《元史》卷一二一《畏答儿传》作"我请先入，诸军继之。万一不还，还有三黄头儿在，唯上念之！"）则表示誓死不回的决心。斡歌歹汗（太宗）斥责他儿子古余克（定宗贵由）时说："如今教去边远处做探马赤，攻取坚城，受辛苦者！"（《秘史》二七六节），把当探马赤作为惩罚，当然可以。但是不是一定要"烙上领主烙印，成为隶属民"（荻原氏文注㉒语），则很值得怀疑[①]。

（二）荻原氏认为游牧军队不愿担当镇守任务，因而让蒙古社会内部最底层的探马赤军承担。这恐怕是一种揣测。是移动或驻屯，这要看需要而定。探马赤在冲锋陷阵、征服敌国之后，担当镇戍任务是很自然的。当然，最初得地不守，以致得而复失的教训，使窝阔台决心派探马赤军镇守征服了的城池，因而自夸为他的四大功绩之一（《秘史》二八一节），但并不是非派最底层的隶属民不可。《元史》卷九九《兵志二·镇戍》说：

> 世祖之时，海宇混一，然后命亲王将兵镇边徼襟喉之地。而河洛、山东据天下腹心，则以蒙古、探马赤军列大府以屯之。

可见亲王和蒙古军队也要负担镇守驻屯的任务。难道能说他们都是出身最底层的人吗？

（三）荻原氏认为，探马赤军曾为蒙古帝国做出过巨大的贡献，而在灭金后，只有一部分转为镇守军，其余则散居牧地，且多编入民籍者。作为对功绩的恩赏，仅只是编入民籍，那么，他们在当探马赤军的时候，其社会地位就是不能入民籍的阶级，也就是隶属民的阶级。按，这个推论很不好理解。这里入民籍的探马赤军，当然是一般军队，不是部队的指挥官。他们不当兵自然要作为民籍来处理，谈不上什么恩赏的问题；而当探马赤军时，当然列入军籍，并不是不能列入民籍。因他们不列入民籍而认为他们没有资格加入民籍，只能是隶属民阶级，这恐怕是不妥当的推测。

（四）根据"探马赤奴户名籍"与"探马赤户名籍"同一事件的不同记载，断定"探马赤本来就是奴户"，恐怕是疏忽和误解。按，"探马赤奴户"，系指探马赤军所领有的奴隶户，也就是荻原氏在同段中引用的《元典章》中经常出现的"探马赤军驱"或"探马赤驱口"，不过荻原氏也同样误解为探马赤军本身是驱或驱口罢了。蒙古军和探马赤军，甚至汉军都占有不少驱户、驱口，称为军

---

① 荻原氏注㉒引《新元史·睿宗列传（按，应为失烈门传）》："失烈门与定宗二子忽察、脑忽亦以谋乱，讯鞫得实，谪失烈门为探马赤。"荻原氏接着说："如果我的说法对的话，像谋反这样的事，将太宗爱孙失烈门烙上领主烙印，成为隶属民，这在蒙古社会史上，算是重大问题了吧！"按，《新元史》此处所记与《元史·宪宗纪》不同，当本自《元史译文证补·定宗宪宗本纪补异》。《补异》说："谪脑忽、失烈门为兵弁。"洪钧注云："蒙古语所谓探马赤。"洪氏于本卷标题下注云："皆本多桑。"而《多桑蒙古史》（冯承钧译本，上册，1962年版，255页）此处只作"命脑忽、失烈门从军随征"，无作探马赤之文（多桑书法文本同）。《史集》中与此相应的记载亦无作探马赤的记载（并承余大钧先生检示）。洪氏将多桑书"命……从军随征"臆改为"谪……为兵弁"，又将"兵弁"增注为"探马赤"。《新元史》抄袭洪书，径改为正文，以讹传讹，误人不浅。屠寄《蒙兀儿史记·蒙格可汗本纪》："二年，谪失烈门为探马赤。"（卷三七《阔出太子传》同）亦沿洪说致误。

驱。如《元史·刑法志》所说的："诸蒙古、回回、契丹、女直、汉人军前所俘人口，留家者为奴婢。"至于《元史·兵志一》所说"探马赤户名籍"，"户"字前可能夺一"奴"字。《兵志一》在此条记事上即有"（九年）四月，'诏诸路军户驱丁，除至元六年前从良入民籍者当差。七年后，凡从良文书写从便为民者，亦如之。余虽从良，并令津助本户军役'。"可见此处的探马赤户名籍，就是探马赤奴户名籍，也即根据四月诏书规定，检阅大都、京兆等处的探马赤军驱（奴户）名籍。

总之，荻原氏所指的这几条，都不能确切地证明探马赤军是处于蒙古社会底层的隶属民。对探马赤的身份、地位，我认为不能作笼统的理解。探马赤军不是一个浑然一体的阶级，而是分成若干阶层。它的指挥官，如阔阔不花等五部将（更不用说在他们上面的总指挥如木华黎及其子孙等了），居于社会上层，有较高的政治地位，享受优厚的待遇。一般军官，也分沾了一些政治和经济权益。至于军士，则多出身平民，负担着兵役和劳役，受管军官员的"非理侵渔"，有的甚至因贫困而"典鬻妻子"①，可算是处于社会下层的人民吧。当然，这只是指探马赤军中因地位不同而形成的阶级差别，不是说他们原来是奴隶出身（虽然不能排斥其中有出身奴隶的）。对于一般人民来说，他们还是处于统治阶级的地位的。

这里，应提一下护雅夫先生的论点。他在《探马赤部族考序说》中，强调探马赤军是拥有特权的军队，说"探马赤军是一个表示特权、价值的词"，"并不是一切部族都能享有组成探马赤的特权"，而是"给予有功的蒙古部族的一种特权"。他根据有关记载，把探马赤军的特权列为九项。把一切蒙古贵族、姻亲、勋旧特权都算在探马赤军的名下，这未免走向另一极端了。

五、关于"探马赤军则诸部族也"的解释

《元史·兵志一》载："蒙古军皆国人，探马赤军则诸部族也。"这里的"诸部族"很不好理解。我在《元代的探马赤军》中虽作了解释，但也不很满意，仍有些滞碍难通的地方。探马赤军最初确实是由扎剌儿、兀鲁、忙兀等五部组成的，说他们是"诸部族"当然可以。但他们也是蒙古人，而一切蒙古人都要编在一个部族里，为什么有些不称探马赤军而称蒙古军？除蒙古人以外，以后

---

① 见《元代的探马赤军》第五节。

其他部族参加探马赤军的也很多，又怎样解释呢？

荻原氏立足于探马赤军是隶属民的观点，认为在 1206 年成吉思汗统一蒙古后，他封了八十八个功臣为九十五千户长，，凡是对国家的创建作出贡献，被承认为国家成员的人们即称为"国人"，其中当然包括了扎刺儿、兀鲁、忙兀等部族集团。但未被承认为国家成员的私的隶属民不能入于国人的范畴。每个旧部族可以收集这种隶属民，组成探马赤军，因而探马赤军可以说是"特殊的部族军"。那就是说，探马赤军是由隶属民组成的特殊的部族军。我在上面已就"隶属民说"加以评论，这里不必多说。需要补充的一点是"特殊的部族军"是生造的名词，对解释"探马赤军则诸部族也"并没有任何裨益。

护雅夫另有一种解释，他同意村上正二所说的"探马赤军是投下领有的主要的军队"的说法，因为许多探马赤军都是作为投下的一种形式隶属于诸王位下，以及"投下探马赤军"一词在元代史料中随处散见。他把木华黎等十功臣及弘吉刺、亦乞烈思、畏兀儿四驸马家作为十四投下，认为他们可以设立投下领，是领主部族，其下层是隶属部族，更下层还有奴隶部族。投下领必须以部族为单位来设，因此，十四投下可以称为十四部族。由于他们有权组织探马赤军，因而探马赤军可以称为部族军，护氏也发现，探马赤军也是由蒙古族组成的，但因为是投下领的军队，所以护氏说，蒙古军是"非投下蒙古军"，探马赤军是"投下蒙古军"，或者说，蒙古军是作为非投下蒙古军，与部族无关而组成的，探马赤军则是以部族为单位而组成的。

护雅夫这一论点，对"探马赤军则诸部族也"这句话似乎可以讲得通（虽然比较迂回），可以成为一家之言。但对"蒙古军皆国人"这句话仍不好理解。非投下的蒙古军是在十四投下以外的蒙古军吗？他们是直属于皇帝或国家的军队吗？除了十四投下以外，到底还有多少蒙古军呢？（十四投下几乎已囊括了蒙古的全部军队了？）部族军难道不是国人吗？这都是需要明确回答的问题。

这里，我还要提一下我在本文第三节中所引的《史集》的那几句话。《史集》说："探马军，也就是被指定从各千人队、百人队中抽出人来组成的军队。"这就是说，探马赤不是某一个固定部族的军队，而是从各部族军中抽调出来组成的。抽调，当然要经过一番挑选。《元史》卷一八八《刘哈剌不花传》说：

> 泰不花以哈刺不花尝为探马赤，有膂力、善骑射，俾统前八翼军，为先锋将。

可证当探马赤的都是精壮有力的武士。这是一方面。另一方面，既然从各部军队中征调，而军队都属一个部族，因而在探马赤军内便是各部族的人都有，而不是一个单纯的部族军。"探马赤军则诸部族也"，就是说，探马赤军是由许多部族组成的军队。"蒙古军皆国人"，就是说，蒙古军是清一色的蒙古人组成的部族军。在初期，探马赤军由扎剌儿、弘吉剌等五部（可能还有其他部的）为主组成，是从身体、技能方面挑选的，这些人"在人种上、社会生活上都是属于蒙古的"（用荻原氏语），所以在资料记载上二者时常混同。但我想当代的人，尤其掌管军队的人，是心中有数的。其后，探马赤组织扩大，色目人、汉人，只要符合标准都被编入军中，"探马赤军则诸部族也"，更是各个部族组织成的混合军团了。这是我从《史集》这一段话中得到的启发，对我旧作是一个补充订正。是否得当，还要请国内外蒙古史学者评定。

最后，应该提一下对《新元史·兵志》"非其部族者谓之探马赤军"的解释问题。荻原氏认为柯劭忞的这一说法是对《元史·兵志》的否定。他不赞成海老泽哲雄在《元朝探马赤军研究序说》中的论点。海老泽氏认为，探马赤军是镇守军，不是"诸部族军"，《元史·兵志》是错的，当以《新元史·兵志》为正[①]。荻原氏认为，《元史·兵志》"探马赤军则诸部族也"的说法是对的，而《新元史·兵志》的说法是错的，是"没有理解'诸部族'的真义的说法"。

看来，荻原氏和海老泽氏看法虽不同，但都认为《新元史·兵志》和《元史·兵志》的说法是对立的。

二者果真不同吗？

乍看起来，一个说"诸部族"，一个说"非其部族者"，似乎针锋相对。其实，稍一琢磨，就会发现，两者是完全一致的。

《元史·兵志》的"蒙古军皆国人"，是说蒙古军由蒙古人组成；那么，"探马赤军则诸部族也"，从字面上看，甚至从内容上体会，诸部族只能理解为非蒙古人，否则这两句话就看不出区别来了。这就是箭内亘和那珂通世的理解。这一理解虽与历史事实抵触，因而使他们入了歧途，但从表面上讲是讲得通的，而不这样讲反而不好理解。

柯劭忞的理解也和箭内亘、那珂通世一样，但他把《元史》的叙述换了一个说法。"非其部族者，谓之探马赤军"，就是说，不是蒙古部族的人，称为探马赤军。为什么不照抄《元史》的原文呢？我想是为了节省文字的缘故，蒙古军，顾名思义，当然是蒙古人（即国人）组成的，说"蒙古军皆国人"，在叙事

---

① 海老泽哲雄的文章刊于《史流》1966 年 7 期，著者未见。此处系转引荻原氏论文。

方法上是烦费重复，多此一举，因而把它省去，这是合乎史笔的，一般也不会引人误解。但它还是被人误解了。这是柯氏没有预料到的吧！

探马赤军问题，确实是个复杂的问题。虽有东西方学者的不断探讨，但至今还有许多不明确的地方。著者对此也是若明若暗，有许多疑问。我这篇文字，也就是把自己的疑问提出来，和荻原先生商榷，向他以及国内外蒙古史学者请教。希望在互相商讨和问难中，能对这个问题取得进一步的了解和解决。

（原载《民族研究》1981 年第 1 期）

探马赤军问题三探

拙著《探马赤军问题再探》发表以后[①]，贾敬颜和黄时鉴二同志也撰写了同样的论著[②]，并对拙稿提出了很中肯的意见，使我受益不浅，深感抛砖引玉之乐。近来我涉猎了一些外国学者的有关著作，觉得应该吸收中外同行的好见解，对旧稿两篇做些修正补充。因成此篇，再次向关心这一问题的蒙古史学者请教。有些问题是在以前的文章中说过的，这里只简单地提一下。

一、探马赤军的组成

探马赤军最初是从蒙古诸部族中，具体地说是从诸部族中的千户和百户中抽调出一定的人数来组成的军队。正如波斯史家拉施都丁所说："探马（Tama）军，也就是被指定从各千人队、百人队中抽出人来组成的军队，被派赴某地区长期驻扎者。"[③]这一定义，比《元史·兵志》所说的 "探马赤军则诸部族也"具体而明确多了。《元史·兵志》的说法并不错，但是，只有用《史集》这一段话才能真正理解《兵志》这句话的含义，否则它便可能有各种揣测和误解，如我在前两篇文章中所提到的。

德国蒙古史学者德福（G. Doerfer）在其名著《新波斯语中的突厥语和蒙古语成分》（*Türkische und Mongolische Elemente im Neupersischen*）一书第一卷 130条中释 "探马" 为 "由各不同的部族（verschiedener nationalit läten）组成的辅助军，仅其统帅为蒙古人"。不同的部族还可以勉强理解为各种部族（即诸部族），但认为 "仅其统帅为蒙古人"，似乎一般军士不是蒙古人了，这就有问题。按我

---

① 1980 年 7 月打印本，《民族研究》1981 年第 1 期，第 23-31 页。

② 贾敬颜：《探马赤军考》，黄时鉴：《木华黎国王麾下诸军考》，俱 1980 年 10 月中国元史研究会成立大会印发打印本。将来正式印本与本文所引不同者，以正式印本为准。（黄文已刊于 1982 年《元史论丛》第一辑，与本文所引无出入。）

③ 引自《民族研究》1981 年 1 期，第 27 页。

在第一篇文中所举，最早的探马赤军是由兀鲁兀惕、忙兀惕等五部蒙古人组成，探马赤军往往称为蒙古军，因而不仅探马军统帅为蒙古人，一般军士也多是蒙古人，虽然以后民族成分有所扩大。德福先生在这一题目下引了不少史料（包括前举《史集》中的材料）和西方学者的论著，但似乎没有有力的根据证明他的说法。他可能是采取了他所引用的拉契涅夫斯基（P. Ratchnevsky）的说法：后者在其《元史·刑法志》译注中，翻译了《元史·兵志》关于探马赤的界说，把"诸部族"译作 differentes nationalites（不同的部族），这已经容易给人以探马赤军不是蒙古族人的感觉了；下面拉氏又引用了俄国主教帕拉基（K. Palladii）的说法："探马赤是蒙古军官，他们统率的军队是从异民族，如契丹人、突厥人等征调来的。"[①]两相对照，如出一辙。其致误之由也不难窥寻：对《元史·兵志》的误解，也可以说是被这句模棱两可的话引人了歧途。

探马赤军的组成方法，如我在第一篇文章中所指出的，不自成吉思汗开始。主儿勤部的形成（《元朝秘史》一三九节），就是在成吉思汗以前，经过在百姓内"拣选"而组织起来的。成吉思汗即位的十二年（丁丑，1217 年），命木华黎伐金时，率领的十军中，有火失勒部军千骑[②]，火失勒（Qūsa'ul）即是"从每十人中抽两人"组成的，其义为"合并"或"联合"，因而又可称为"混成军"；成吉思汗组织这一军时，就是令"矫健英勇"的两个兄弟统领[③]。这一编制军队的方法，也许在突厥或其他北方民族中早就存在，可留待探讨，而火失勒和探马赤的关系，也是值得研究的一个问题[④]。

总之，探马赤军是由诸部族组成的，而不是由某一部族组成的[⑤]。贾敬颜先生说："这个'诸'字用得最好。"[⑥]这是很有体会的。但是，只有在《史集》那一段话的补充下，才能掌握它的真谛，否则仍是扑朔迷离，容易把人引人歧途。

---

① 此处据柯立夫（F. W. Cleaves）为《弓手民族史》（*History of the Nation of the Archers*）英译本所作的探马赤一词的注，1954 年单行本，第 173 页。又波义耳（J. A. Boyle）英译《成吉思汗的继承者》第 33 页注 94 完全采用了德福关于"探马"的解释。

② 《圣武亲征录》作"火朱勒"。

③ 《史集》俄译本第一卷第二分册，1952 年版，第 179、273 页；第一卷第一分册，第 192 页。并用余大钧先生译文。

④ 据《圣武亲征录》与《史集》记载，木华黎伐金时有火失勒军，无探马赤军；而《元史·阔阔不花传》及其他有关记载则有探马赤军，无火失勒军。但二者是同一时间的一件事，此其一。探马赤军的编组方法和火失勒军的编组方法据《史集》的记载完全相同，此其二。这两者的关系如此密切，很值得注意。

⑤ 有些色目人所组织的探马赤军，如我在《元代的探马赤军》中所举的阿速人、康里人、畏兀儿人的探马赤军是否单一的部族组成，值得追究。

⑥ 《探马赤军考》打印本，第 46 页。

二、五投下与五投下探马赤

最早的探马赤军由兀鲁兀惕、忙兀惕、弘吉剌、扎剌儿和亦乞烈思等五个蒙古部族（所谓五投下）组成，但最早的探马赤五部将却是出身于塔塔儿和克烈部的阔阔不花、肖乃台和按札儿等人，这确实是个令人怀疑的问题。荻原先生从阔阔不花等人的出身，推断探马赤军由被征服的塔塔儿和克烈部组成，固然可以讨论，但也说明，这个问题（或矛盾）需要重视和解决。

贾敬颜先生是注意到这一点的，他认为："这反映，探马赤官兵上下级之间，已经不局限于什么单纯的'部族'范围与壁垒了；谁有能力，谁会指挥……谁便居领导地位。"他说，这也表明"成吉思汗、木华黎这些人并不墨守旧规，囿于偏见，而是选贤与能，十分重视人才"①。黄时鉴先生则进一步指出："事实上，探马赤军不可能就是兀鲁等五部军。因为：第一，兀鲁等五部军是木华黎麾下蒙古军的主力，如果五部军全成了探马赤军，那么蒙古军主力就全部充当了前锋军，这是不可能的。第二，如前所述，在 B、C（按指《亲征录》和《史集》——引者）等重要史料上明记兀鲁等五部各有本部的首领，而这些人都是蒙古军中功大位高的勋臣。在他们继续统领本部蒙古军的情况下，怎么可能由另外五个地位低的人取代了他们的位置呢？"提出这两点疑问后，他断定说："总之，从兀鲁等五部抽出一部分人编入探马赤军是可能的，史料上也有根据，但是把兀鲁等五部全都编成了探马赤军，是不可能的，史料上也缺乏根据。"②

我认为，黄先生这一见解很精细，足以纠正我过去的看法。事实上，只要根据《史集》上阐明的探马军的编制方法，这个问题就容易解释。探马军本是从各个部族中抽调出来的一个混成军团，它最初虽是从兀鲁等五部抽调的，但不是全部征集，而是从中抽一小部分，例如每十人中抽调二人，所以不能把兀鲁等五部全都看作探马赤军，此其一。它既然是一个混合编制的军团，每一军团不是由一个纯粹单一的部族组成的。因此无需由出身五部的将官直接统率，而可由经过挑选的、得到成吉思汗信任的其他将官管理，此其二。同时，我还认为，阔阔不花等五部将，只是直接统领探马军的，用现代的术语讲，可以称为基层领导，在他们的上面，仍有高级的统帅，例如，木华黎就是他们的总帅，而木华黎是五部（五投下）的扎剌儿人。木华黎死后，他的儿子孛鲁嗣位，仍

① 《探马赤军考》打印本，第 26 页。
② 《木华黎国王麾下诸军考》打印本，第 12 页。

然是探马赤军的总帅。如《元史·孛鲁传》说他"俾先锋元帅萧乃台统蒙古军屯济兖，课课（即阔阔）不花以兵三千屯潍、沂、莒以备宋，千户按扎统大军驻河北备金。"这一看法，是否可以回答黄先生提出的第二个疑问呢？

至于兀鲁等五部军，确如黄先生指出的，各有他们本部的人儿任统帅，除《亲征录》和《史集》所举早期首领外，其后也有证明。如在元世祖时，忙兀惕一军就归本部的博罗欢统领①，弘吉剌军和扎剌儿军也都单独出现过②，这些部族军，恐怕不能认为是探马赤军。

综合黄先生的看法应当是：五投下是指兀鲁、忙兀、弘吉剌、扎剌儿、亦乞烈思五部，而五投下探马赤则是在这五部中所抽调的探马赤军，即五投下的探马赤。我完全同意这一看法。这二者有联系，但也有区别，不能混同。木华黎的曾孙相威在至元十一年"总速浑察元统弘吉剌等五投下兵从伐宋"③，这五投下军是弘吉剌、扎剌儿等五部军，也就是蒙古军，其中可能有探马赤军，但不可能全部是探马赤军。我在《元代的探马赤军》一文中，把五投下与五投下探马赤视为一体，因而把相威统领的五投下，博罗欢统领的忙兀军，扎剌儿部的阿剌罕所统领的诸翼蒙古军全都认为是探马赤军，这是不确切的④。

当然，这二者的联系确实又很密切，不应忽视。如至元二十五年三月，"敕辽阳省亦乞烈思、吾鲁兀、札剌儿探马赤自懿州东征"⑤。贾敬颜先生认为此事即《元史·博罗欢传》中所指博罗欢建议五诸侯（五投下）东征乃颜事⑥，可从。可见探马赤军出自五投下。又如扎剌儿部人忒木台在太宗时领兀鲁、忙兀、亦怯烈、弘吉剌、扎剌儿五部军，这时探马赤军已经成立，当然有从这五部中抽出来的探马赤。忒木台的儿子奥鲁赤在元世祖时袭父职，《元史》本传未说他是探马赤军，但在《通制条格》中却称"奥鲁赤系探马赤军户"；奥鲁赤的儿子脱桓不花，《元史》本传也未说他是探马赤军，但在《元典章》中却称他为"探马赤万户"；另一儿子拜住，曾为"蒙古侍卫亲军副都指挥使"，这一职

①《元史》卷一二一《博罗欢传》："中统三年，李璮叛，命帅忙兀一军围济南……诏忙兀一军事无大小，悉统于博罗欢。"

②《元史》卷一五《世祖纪》："至元二十五年十二月：命……应昌府运米三万石给弘吉剌军。"卷一二三《拜延八都鲁传》："蒙古扎剌台氏……岁乙未，太宗命领扎剌军一千六百人……"

③《元史》卷一二八《相威传》。

④《元代的探马赤军》，见本书第157页。

⑤《元史》卷一五《世祖纪》。

⑥《探马赤军考》打印本，第11页。

称系由蒙古探马赤总管府的统领演变而来①。弘吉剌部特薛禅的后人丑汉，仁宗时封安远王，延祐三年，元廷下令"命于丑汉所属万户三千探马赤军内，摘军三百人与之"（指给岭北行省）②。黄时鉴先生也曾举出随同绰儿马浑到伊朗去的木勒忽儿合勒札为忙兀部的后裔，证明忙兀部中有人充当了探马赤军③。这些都说明，五投下和探马赤军的关系是非常密切的。看不到二者的联系，同看不到二者的区别一样，都是不正确的。

三、探马赤军在蒙古军中的地位和作用

这个问题我在《元代的探马赤军》一文中已有所论及，现在根据有关史料和论著作点补充说明。

探马赤军自 1217 年木华黎伐金时组成以后④，一直活跃在有元一代的历史舞台上，已如我在前文所述。在成吉思汗及其后人的西征中，探马赤军也是一支重要的武装力量。如《史集》所载，窝阔台将四万军队的探马军，委付给绰儿马浑，派赴伊朗，而这又得到《元朝秘史》的证明⑤。《史集》又提到，蒙哥汗曾让被派到伊朗去作为探马军的全部军队，以及撒里那颜在客失米儿方面及巴里黑、巴达哈伤境内统辖的探马军全部听命于旭烈兀汗⑥。阿美尼亚史家葛里高儿所著《弓手民族史》中提到旭烈兀派人对蒙哥说："我们七万户已自此遣还老军与探马赤军。"⑦又据《元朝秘史》274 节，窝阔台任命也速迭儿征高丽，"就为探马赤以镇其地"。足见在蒙古东征西讨的战争中，探马赤军发挥的作用不可轻视。因此，德福先生称探马军为"辅助军"的说法，似乎把这一军种的地位和作用估计过低了。

英国蒙古史学家杰克逊（P.Jackson）对探马赤军的作用给予相当的重视。

①《元史》卷一三一《奥鲁赤传》；《通制条格》卷三《户令·良贱为婚》；《元典章》卷三四《兵部一·军驱·拘刷在逃军驱》，卷五六《刑部十八·阑遗·孛兰奚逃驱不得隐藏》；《元史》卷九九《兵志二·右都威卫》。

②《元史》卷一一八《特薛禅传》，卷九九《兵志二·看守军》。据此则丑汉辖军万户，其中有探马赤军三千。

③ 黄文打印本 12 页。据《史集》俄译本第一卷第一册，第 186 页，原名 Мулуктр-Калджа。

④ 在《元代的探马赤军》（本书第 158 页）中，我根据《亲征录》把木华黎率十军伐金之年定为戊寅即1218 年，误。现据贾敬颜和黄时鉴的说法，即应根据《元史·太祖纪》和《木华黎传》记载，改为丁丑，即1217 年。

⑤ 见《探马赤军问题再探》，本书第 181、182 页所引。

⑥《史集》俄译本第一卷第二分册，第 280 页。

⑦ 据 R.P. Blake 与 R.N. Frye 译本，1954 年版，第 69 页。

他认为，探马制度是成吉思汗帝国不可分割性（indivisibility，也可译为完整性）这一观念的一种体现。根据这一制度，指挥远征的某一亲王，在出征时，他所统领的军队并不仅是他自己这一支的直属部队，还有成吉思汗家族中其他各支的宗王亲属带领部队从征，有些较小的远征军指挥还由非皇族出身的官员担任。杰克逊进而指出，这一探马制度和成吉思汗创立的分封制度是很不协调的。他说，根据游牧社会的需要，每一亲王都应占一广大区域以放牧牲畜，此份地（兀鲁思）即由该亲王统一管辖。但按探马制度规定，在某一亲王份地内驻扎的军队却有相当大的部分不属于他本人，而是为皇帝或其他宗室戚属所统辖，他们有可能与此亲王处于敌对地位，这就增大了内部纷争的机会①。

杰克逊先生这一分析相当深人，也很有启发性，虽然还需要史料的进一步证实。在他的启发下，我有这一点看法，即，是不是可以认为，探马赤制度是蒙古中央集权在军事制度上的一种表现。探马赤的组成既是从蒙古各部族、各支军事统帅的军队中抽调而来，这就在一定程度上分割了原来部族首领对其直属部族军的权力，使军队的部酋分属制变为君主直辖制②，因而加强了皇权。最早的五部探马赤不由五投下的首领，而由较低的出身塔塔儿和克烈部的阔阔不花等直接统辖，是不是与此有关，也可暂备一说。至于杰克逊提到的由各支军队（探马军）随同主帅出征及诸王封地内设探马赤军，似乎也可以看作是对诸王军权的分辖和对诸王的监视。

这里又牵涉到探马赤军的性质问题。萧启庆先生认为，"蒙古军"是直接由中央政府统辖的，而探马赤军则属于诸投下所有，即诸投下的私军。这无疑是采用了村上正二先生《元朝投下的意义》和护雅夫先生《探马赤部族考序说》中的说法③。我在《探马赤军问题再探》中已就 "投下"一词在元史中，特别是在与探马赤有关的文献中加以辨正，这里就不多说了④。

杰克逊先生提到探马制度的存在增长了蒙古帝国的纷争一点，也很值得重视。但我不知道这一论点是出于逻辑的推理还是有什么历史根据。汉文记载里

---

① 杰克逊：《蒙古帝国的分裂》（*The Dissolution of the Mongol Empire*），《中亚杂志》CAJ 廿二卷 3—4 期，1978 年版，第 191-193 页。

② 这里借用陈寅恪关于府兵制前后期变化的论点，见《隋唐制度渊源略论稿》，1954 年版，第 131、136、140 页。

③ 萧启庆《元代军事制度》（*The Military Establishment of the Yuan Dynasty*），1978 年，第 16、137 页注 119、124 中引证了村上和护的说法。

④《探马赤军问题再探》第二节。需要补充一点的是，杨瑀《山居新语》称"各爱马即各投下"。所以投下即蒙古语爱马（或艾马）即"部""部落""部族"同义语。

似乎找不到什么材料证明。《元史》中记载了一些诸王领有探马赤军的事，如诸
王术伯①、阿只吉②等。从记载看，他们是直接统领探马赤的，当然要听元中央
的调动。如元成宗元贞元年四月，元廷下令将诸王出伯（即术伯）所统领的探
马赤军千人隶属于西平王奥鲁赤③。这里看不出由于探马赤的存在而使中央皇
室和宗室诸王关系紧张的迹象。这个问题应该进一步探索。

最后，介绍一下法国蒙古史学家欧班（Jean Aubin）用探马军制度解释哈拉
兀那（Qarauna）人的族源问题的新见解。马可波罗书中提到，在阿富汗、巴基
斯坦边界住着一种哈拉兀那（Carauna）人，认为是一种蒙古父亲、印度母亲的
混血人，关于这种人的来源，马可波罗的注释家有各种说法。欧班先生根据探
马军组成的方式（即拉施都丁提供的解释）认为，不能把统帅哈拉兀那人的将
领的族属和他们部下的军士们的族属等同起来。例如，答亦儿（Dayir Bahadur）
出自斡鲁纳惕（Oronaut）的晃豁坛（Qonqotan）分支，撒里（Sali Noyin）出
自塔塔儿（Tatar）族的秃秃黑里兀惕（Tutuqliut）分支，但不能认为，他们带
领的军队（即组成哈拉兀那的主体）也是斡鲁纳惕人或塔塔儿人。因而他认为，
哈拉兀那人不是单纯的某一蒙古部族而是由蒙古的各个部族组成的④。这一见
解，和过去学者的说法不同⑤，可谓另辟蹊径，独树一帜，值得重视。我在《探
马赤军问题再探》一稿中，曾就带领探马赤的部将是否和他统帅的军士同属一
族问题提出疑问⑥，欧班先生的看法，对我提出的问题给了明确的回答。

杰克逊和欧班两先生从探马军的角度解释了蒙古史上的一些重要问题，令
人眼界开阔，耳目一新。这也说明，关于探马赤军的地位和作用问题，还大有
探讨的余地。

四、探马赤部将表

护雅夫先生在其《探马赤部族考序说》和《试论元初的探马赤部族》两文

---

① 也作出伯，察合台汗国阿鲁思汗子，封幽王（《元史》卷一〇七《宗室世系表》误作旭烈兀五世孙）。
领探马赤军事见《元史》卷一四，至元二十三年十二月；卷一八，元贞元年四月。

② 察合台孙，封威远王。领探马赤军事《元史》卷九八《兵志一》至元十九年二月，卷九九《兵志二·康
里卫》。

③《元史》卷一八《成宗纪》。奥鲁赤是元世祖的第七子。

④ 欧班：《哈拉兀那人的族源》（*L'Ethnogénèse des Qaraunas*），Turica 第 1 期，1969 年版，第 66、74-76 页。

⑤ 各家对哈拉兀那人的来源说法，除上引欧班文中 66 页及有关各页外，可参看 *Travels of Marco Polo* Yule
and Cordier 注释本第一册，第 101-104 页注（4）及伯希和（P. Pelliot）*Notes on Marco Polo*，1. 第 183-196 页。

⑥ 见本书《探马赤军问题再探》一文。

中，先后为统领探马赤的部将及其出身列了两张表，对于理解与探马赤有关的人和事起到提纲挈领、一目了然的作用。不足之处是，有些不一定直辖探马赤军的人，仅因为他们是五投下的首领就列入表中，有些则有遗漏。本表在护氏前两表的基础上，以史书记载其确曾管领过探马赤军者为准，疑似者概不列人，还附列了便于检索的几个项目。但也仅以本人所能搜得的材料为限，不完备和不确切之处一定还有，留待海内外同行和个人日后补充订正。

关于本表的几点说明：

1. 人名、部族名用通用名，括号内为史传原名或异名。

2. "书证"指确言其人为探马赤的文献。

3. "史传"指《元史》中有专传。

4. 探马赤官多祖孙或父子世袭，故列"世系"一项备查；其中有确指其后代某人为探马赤者，另为列表。

5. 探马赤军的高级领导（如木华黎、诸王阿只吉、术伯等）不列入。

探马赤部将表

姓名	部族	职位	时间	书证	史传	世系
阔阔不花（课课不花）	塔塔儿（按摊脱脱里）	五部前锋都元帅	太祖太宗	元史 98、99、123。中堂事记	元史 123 本传	子黄头
黄头	同上	元帅	世祖	元史 123	同上	子东哥马
东哥马	同上	右都威卫千户	同上	同上	同上	
按扎（札、察）儿	克烈（拓跋一秃别干）[①]	前锋总帅；摄国王事	太祖太宗	元史 98、99。中堂事记	元史 122 本传	子忙汉、拙赤哥
忙汉	同上	蒙古侍卫亲军千户；右都威卫千户	世祖成宗武宗	元史 122		子乃蛮袭职
肖（萧）乃台（笑乃觯、笑匿歹、笑乃带）	克烈（秃伯怯烈）	先锋；先锋元帅	太祖太宗	元史 98、99。中堂事记	元史 120 本传	子抹兀答儿、兀鲁台
兀鲁台	同上	探马赤军千户	世祖	元史 120	元史 120	子脱落合察儿
孛罗		先锋	太祖太宗	元史 98、99。中堂事记		非木华黎子孛鲁
不里海（合）拔都儿（孛罗海拔都、李[孛]里匣儿拔都）		大将	同上	元史 98、99。中堂事记		

---

① 《元史·按扎儿传》说他是拓跋氏。贾敬颜据钱大昕《元史氏族表》及伯希和的考证，谓拓跋与肖乃台传之秃伯皆克烈部一支的秃别干（贾本打印本 20 页注 1），可从。惟伯希和认为拓跋可能出于西夏的拓跋氏（Campagnes，p. 57）。

续表

姓名	部族	职位	时间	书证	史传	世系
怯烈台（歹）[乞（窟），里台、乞里]			同上	元史 123 阔阔不花传，166 石高山传。中堂事记		
阿术鲁拔都鲁	斡鲁那台	元帅（元史 152 刘斌传）；达鲁花赤（元史 123 月里麻思传）	同上	中堂事记	元史 123 本传，131 怀都传	子不花，孙怀都俱袭职。不花子忽都答儿，怀都子八忽台儿
八忽台儿（八忽歹，八忽带儿，八忽带）	同上	浙东道宣慰使都元帅；侍卫亲军指挥使	世祖	通制条格 16 田令。元史 16 至元二十八年	元史 131 怀都传	
塔四（思）火鲁（儿）赤	塔塔儿（达达儿）	东平路达鲁花赤	太宗	中堂事记。可能即《大元马政记》之探马赤查剌温火儿赤①	元史 131 忙兀台传	孙忙兀台，曾为博州路奥鲁总管；率五翼军攻宋
撒及四不花（撒吉思卜华）	克烈	先锋，总师行省监军	太宗	同上	元史 122 槊直腽鲁华传	父槊直腽鲁华为木华黎先锋。卜华嗣将其军
这里四迷			太宗世祖	同上	可能即元史 95 之折米思拔都儿	
持（特？）不哥儿			同上	同上		
也里乾男塔丑（塔丑）		万户（元史 95 食货志）	同上	同上		
别立古歹（别里虎斡）	许兀慎	火儿赤；总管四万户蒙古汉军	宪宗世祖	同上	元史 119 博尔忽传。忽神公神道碑作别里虎台	父塔察儿（博尔忽从孙），弟宋都斡
搠（绰）儿马罕	斡帖格歹（速你惕《史集》）	火儿赤	太祖太宗	元朝秘史 274 节。史集·速你惕部	元朝秘史 260 节	
也速迭儿			太宗	元朝秘史 274 节		

①《大元马政记》太宗十年验东平路州县户数条，有"探马赤查剌温火儿赤"赐户记载。初以其人为木华黎孙塔思，因《本传》称"塔思一名查剌温"。黄时鉴函告：此查剌温赐户太少，与木华黎孙塔思身份不相称，疑其是《中堂事记》中之塔思火鲁赤与《元史·食货志》之塔思火儿赤。突厥语塔思 taš 与蒙古语查剌温 čila'un（赤老温）皆有"石头"义，故《元史》称"塔思一名查剌温"。证以《元史·忙兀台传》"塔思火儿赤从太宗定中原有功，为东平路达鲁花赤"，正与《马政记》中查剌温在东平路得赐户事相合。黄说可从。

姓名	部族	职位	时间	书证	史传	世系
丑汉	弘吉剌	万户，安远王	仁宗	元史 99 兵志	元史 118 特薛禅传	按陈（特薛禅）次子必哥之裔孙
阿术	兀良合	征南都元帅，平章政事	世祖	元典章 34 兵部·探马赤交阔端赤代役	元史 128 本传	祖速不台，父兀良合台
奥鲁赤	扎剌儿（扎剌台）	领蒙古军四万户，湖广行省平章	世祖成宗	通制条格 3 户令·良贱为婚	元史 131 本传	父忒木台，领兀鲁等五部军。子拜住、脱桓不花
脱桓（完）不花	同上	探马赤万户	成宗	元典章 34 兵部一·军驱·拘刷在逃军驱；卷 56 刑部十八	元史 131 奥鲁赤传	父奥鲁赤，子察罕铁穆尔
按的忽儿都（忽都）哈（按的忽都哈）			世祖成宗	同上	元史 15 至元二十六年正月戊戌	
也速迭（歹、答）儿	珊竹（珊竹带）	四川行省平章	世祖成宗武宗	元史 98；元典章 34 兵部一·探马赤军和雇和买	元史 129 钮璘传	父钮璘，弟八剌，子南加台，孙答失八都鲁
答失八都鲁	同上	世袭万户，四川行省参政	顺帝	元史 142 本传	元史 142	也速迭儿孙，子孛罗帖木儿
按竺迩（按住奴）	汪古（雍古）	元帅	太祖世祖	元史 98（按住奴）	元史 121 本传	子彻里（车里）国宝（黑梓、黑子）国安（帖木儿）
步鲁合答	同上（本传称弘吉剌，误）①	征行元帅，云南万户府达鲁花赤	世祖	元史 132 本传	元史 132 本传	祖按住奴，父车里，子忙古不花
帖木儿（国安）	同上	蒙古汉军元帅，兼文州吐蕃万户府达鲁花赤	世祖	元史 98	元史 132 步鲁合答传	父按住奴
石高山	汉人	管军总管，蒙古侍卫亲军都指挥使	世祖成宗	元史 166 本传	元史 166	父忽鲁忽，子阔阔不花，袭职
刘哈剌不花	汉人	先锋将，河南行省平章	顺帝	元史 188 本传	元史 188	
曷（合、哈）伯		北庭都元帅	成宗	元史 18 成宗纪，元贞元年二月，卷 122 按扎儿传		

---

① 本传称其"祖按住奴"，按住奴即按竺迩，《元史》有传，称其为雍古（即汪古）氏；步鲁合答叔弟赵世延，《元史》有传，亦称"其先雍古族人"。

续表

姓名	部族	职位	时间	书证	史传	世系
撒里蛮			成宗	元史 18 成宗纪，元贞元年二月		
孛来			成宗	同上		
药（要、岳）剌海（药剌罕）		蒙古军都元帅	世祖成宗	元史 99；卷 13 世祖纪，至元二十一年十月		
忽剌思		探马赤千户	世祖	元史 169 刘哈剌八都鲁传		
也罕的斤	哈（匣）剌鲁	蒙古匣剌鲁河西汉军都万户，四川宣慰使都元帅	世祖	元史 99	元史 133 本传	父密立火者，子火你赤的斤、也连沙
马木剌的斤	畏吾儿	亦都护（高昌国王号）	宪宗	元史 122 巴尔术阿尔忒的斤	同左	子哈赤哈儿的斤，孙纽林的斤
纽林的斤	同上	同上	世祖	同上	同上	子帖木儿补化，篯吉
不鲁合罕			世祖	元史 14，至元二十四年五月		
察汗帖木儿	畏吾儿	汝宁府达鲁花赤，河南行省平章	顺帝	庚申外史	元史 141，新元史 220 本传	曾祖阔阔台，祖乃蛮台，父阿鲁温，子扩廓帖木儿
亦乞里带			世祖	元史 8，至元十一年三月		
伯要带			世祖	元史 12，至元十九年五月		
撒里 Sali	塔塔儿		宪宗	史集 1 卷 2 分册 280 页（俄译本）		
唐兀台 Tang-qut Bahadur			太宗	《成吉思汗的继承者》33 页		

五、结语

探马赤军是元代的一个重要的兵种。《经世大典》和《元史·兵志》把它和蒙古军列为元代两个主要兵种。早在本世纪初，东西方学者对它已有所论列。我在六十年代，才开始对它注意和探讨。虽然探之再三，仍未得其三昧，有些情节对我还是个谜。使我高兴的是，拙作问世后，已引起国内外同行学者的注意和兴趣。我相信，经过大家共同的钻研，这个谜总是可以揭开的。

（原载《南开学报》1982 年第 2 期）

定宗征拔都

公元 1248 年，蒙古第三代君主定宗贵由汗去世，术赤之子拔都首建推戴拖雷子蒙哥之议[①]，自是蒙古大汗之位遂由窝阔台系转移于拖雷系。窝阔台后人抗议与阴谋皆归失败，或遭显戮，或被迁谪，爰有日后海都之乱，蒙古内部之分裂实肇于此。治蒙古史者，固尽人而知之矣。至拔都之所以不顾太宗（窝阔台）、定宗即位时诸宗亲所宣之效忠誓言[②]，毅然剥夺此一支之帝位者，则缘其与贵由旧有怨隙之故。《元朝秘史》载巴秃（即拔都）于收捕乞卜察（即钦察）等部后，"会诸王做筵席"，自以年长，"先吃了一二盏"，古余克（即贵由）怒，詈之为"带弓箭的妇人"，欲以柴击其胸[③]。此当系二人起衅之由。故定宗即位时，拔都托故不赴大会[④]。积怨愈深，猜忌益烈。今当定宗去世，帝位虚悬之际，其乘机报复，盖有自来矣。

抑二人之冲突，尚有更甚者。西方史籍谓定宗于死前，命驾西巡，盖有征拔都之意。《多桑蒙古史》云：

> 1248 年春，贵由欲赴叶密立河畔其自领地中养疾。……时拖雷妃莎儿合黑帖尼以拔都未入朝，疑贵由西巡有图之之意，密遣人告拔都，嘱自为备。是年四月，贵由行至距畏吾儿都城别失八里七日程之地，病甚，遂死于道。[⑤]

多桑此段记事下未注出处，然不外采自志费尼之《世界侵略者传》与拉施

---

① 参看《元史》卷三《宪宗本纪》及冯承钧译《多桑蒙古史》上册第二卷第五章，第 262 页（1939 年 3 月初版）。

② 冯译《多桑蒙古史》第二卷第一章 192 页谓诸王推戴窝阔台时，发誓谓"只须汝后人尚存一脔肉，投之草中而牛不食，置之脂内而狗不取，我等誓不以他系之王位于宝座之上"。同卷四章 248 页记贵由即位时诸王向之所发之誓亦同。

③ 叶刊本《元朝秘史》续二，李文田注《元朝秘史》卷一四。

④ 冯译《多桑蒙古史》第四章，第 247 页。《元史》卷一二一《速不台传》谓拔都从速不台谏，往大会。不确。辨见《元史译文证补》卷五。

⑤ 冯译《多桑蒙古史》，第 257 页。

都丁之《史集》二书，可由其前后所引者推知。据此则贵由之征拔都乃出自拖雷妃之猜疑，似其事之确否尚不可知。格鲁赛（René Grousset）氏所著《极东史》（*Histoire de l'Extrême Orient*）中之"蒙古时期"部分，记贵由汗在位时事则云：

> 此强硬政治家似亦欲制止诸汗国开始享有之自治。其最怨者要为钦察汗拔都。他正预备往讨此王（时拔都在 Alatau 山中）之时，行至古城附近，遇疾而殂（中国载籍谓在 1248 年 4 月）。[①]

此段显言贵由西行，欲讨拔都，极可注意。格氏于此段下注云：

> 根据阿卜法拉志（Abou-L-Faradje）之说，则在 1249 年 7 月 22 日。参考《回教百科全书》第一册 700 页巴托儿德（Barthold）撰拔都汗（Bātū-Khān）条。[②]

则格氏所据者，当为巴托儿德之文，巴氏所采史源中又当有阿卜氏之书也。按阿卜法拉志所著书名《世界史略》，其中所记蒙古史事，大部采自志费尼之书，惟时代距著者生时愈近，则所记愈详[③]。其人生于 1226 年[④]，定宗死时，彼方二十二岁。其记定宗去世期，既与志费尼所记不同，则此处所谓定宗征拔都事，亦当另有所本。身居僻壤，未睹《回教百科全书》中巴托儿德之文，不知其所论为何，殊为憾事。

然则西书所记定宗征拔都之说，果可信否？应之曰："可。"近检汉文载籍，知此事在元代人中尚有论及之者。

袁桷《清容居士集》卷三四有《拜住元帅出使事实》一文，记拜住奉元英宗命，往使察合台汗后王怯别所，谕以宗室应相和好之义。拜住之言曰：

> 拜住不敢他引古事为比：维昔定宗皇帝征把秃王，有灭国真薛禅使者谏罢征；尝喻太祖得国之本，明配日月，量侔江海，合天地之大德，故能混一海宇。灭国真薛禅死已久，拜住不才，愿蹑其策以献。[⑤]

---

① 此据冯承钧译《蒙古史略》，1934 年版，第 45 页。
② 《蒙古史略》，第 46 页。
③ 冯译《多桑蒙古史》第一卷（绪言），第 17 页。
④ 《多桑蒙古史》第一卷《绪言》。
⑤ 此据《四部丛刊》本。

此处之把秃王自即《元朝秘史》中之巴秃，《元史》中之拔都，可无疑者。西书所记，得此而知非其诬。唯灭国真其人事迹，尚无可考，为遗憾耳。据袁桷此文，拜住于使命完成后，以功才拜中奉大夫、浙东道宣慰使都元帅，其前则为行军招安使。其人《元史》无传，知非贵显者。定宗征拔都事彼既稔之，是此举在元代当非甚秘密者。而《元史·定宗纪》乃不之载，则当日史臣之有所忌讳也明矣。

定宗征拔都为蒙古史上一大事。《元史》既不见记载，西域史家若志费尼所记又复词意含混；袁桷固明著其事矣，然片言只语，亦或引人误解。故特参合中西史籍，为之疏证其事，以俟夫方家之教正焉。

附记：《"中央"研究院历史语言研究所集刊》第五本第四分册（1935 年 12 月出版）载岑仲勉先生之《蒙古史札记》，其第五条曰《定宗征把秃》，首引《清容居士集》之文。予之注意此段，实得自岑先生，惟解释则与岑先生异。然岑先生发现之劳自不可没，谨赘片言，以志谢忱。

1943 年 4 月 27 日于昆明

此文草成后，曾辗转寄呈岑仲勉先生一阅，蒙其剀切指正，受益不少。但鄙见仍有不同。兹将岑先生《定宗征把秃》原作及其来函指正之文附录于后，并再略申愚见，以求正于岑先生及诸先进。

附录（一）定宗征把秃

岑仲勉

袁桷《拜住元帅出使事实》云："维昔定宗皇帝征把秃王，有灭国真薛禅[①]使者谏，罢征。"[②]按定宗会诸王西征，各书多无专记，本纪只称西征次阿速境，把秃何指，殊难考订。惟《证补》二三《报达补传》云："木司丹锡尔壁拉嗣，十六年（西 1243 年）蒙古兵屡侵其境，国势益危。"又《西使记》云："丁巳岁，取报达国……西有密乞儿国，尤富。"丁谦《大典图考证》云："迷思耳，《元史·郭侃传》作密昔儿，刘郁《西使记》作密乞儿，《明史·西域传》作米昔儿，一作密思儿，均即麦西转音，今埃及国也。"地属合里发，故报达既灭，哀而哈勒尚

[①]《黄学士文集》二五云："薛禅，华言大贤也。"
[②]《清容居士集》三四。

逸入其地，窃号一隅①；余因此史地关系，疑把秃即报达（Bagdad）之异译，灭即密乞儿（Misr）之省略。盖袁文如于谏字断句，罢征为一句；则其事已中辍。意者当曰：奇卜察克底定后，定宗有南下意，卒以回教徒之游说，故事未实行也。medina（《西洋朝贡典录》作暮底纳）之 med，亦可对"灭"。要之"灭"之语原，无论为 misr 或 medina，把秃即报达，殆无可疑。

附录（二）岑先生来论

宪宗之得位，固由拔都与定宗有隙，然亦由拖雷妃唆鲁禾帖尼之善于结纳。《证补》二云（引取便检）"拖雷薨后，蒙哥诸弟尚幼，事皆决于唆鲁禾帖尼，有才智，能驭众，亦与拔都相亲厚，故众望属于蒙哥"。插此一句，则宪宗所以得位之由，更为完满。

涉原文所据，为定宗征拔都之证，可分中西史两段论之。

（1）《回教百科全书》，杨君未之见。今据所藏本 Barthold 所撰拔都汗条云：（在 682 页，格鲁赛引作 700 页，误）翌年，新大汗（定宗）宣称欲往其先人采地额密尔，以彼处气候更适其病体，拔都得报谓大汗对彼有敌意（hostile designs），乃领军御之（advanced against the latter at the head of an army）。贵由（定宗）时尚在蒙古境内，距别失八里五六日程之一地。此地阿卜法拉志（Edpocock，p.492）呼为 Ramaslakī，志费尼（按即冯译之术外尼）及其后作者称为 Samarkand，中史称横相乙儿，突病卒（阿卜法拉志以为……1240 年 7 月 22 日，中史以为 1248 年春 3 月）。（按：1240 年误，格鲁赛引改 1249 年，是。）

此盖格鲁赛所本。然据巴托儿德引书目，彼之史料，实以志费尼、拉施德（即拉施都丁）两书为主（彼未见阿卜法拉志写本，可由前文之 Ed-pocock 见之）。然《证补》二则云："拖雷妃唆鲁禾帖尼以定宗与拔都有隙，今且西行，使告拔都宜善自备，拔都乃东来迓之。""其时拔都东来迎定宗。"

前文 against 余译为"御"，而《证补》一则曰"迓"，再则曰"迎"，此等细微处略为改易，语气便异。总之，除格鲁赛四等史料外，今见各西史，于定宗主动方面，均无涉及征拔都之意。格鲁赛本自巴托儿德，乃改为"他正预备征讨此王（时拔都在 Alatau 山中）之时"，意义遂成坐实（格鲁赛非参据阿卜法拉志，可由下"行至古城附近"一句见之。盖"古城"乃今名，而巴托儿德在别失八里名下之括注也）。但此等语气变换，修史者数数而见（拙撰《耶律希

①《译文证补》二三。

亮碑考》，以碑勘后修之五种《元史》，均各有错误，可为著例），且易被动为主动，文章家自不觉其如何出入，而不知一入考证家眼光，就生异解（格鲁赛颇粗心，如谓海都征欧，封地在阿力麻里，《札记》已辨之）。又格鲁赛所谓根据阿卜法拉志之说者，试参观前译《百科》，并知系专指定宗卒年而言。原文既坐实征拔都为阿卜法拉志之说，更疑其别有本据，都是悬空揣拟。倘不嫌劳费，固不难托驻欧学生抄其一节以资检讨。盖唆鲁禾帖尼既具才智（见前），自不难向拔都假献殷勤，以挑拨术赤、窝阔台两系之恶感，吾人非得明据，似不宜千百年后仍蹈女杰计中。此涉西史之见解也。

（2）谓定宗有征拔都之事，无非袁桷文"定宗皇帝征把秃王"一句所引起，但：

（一）袁与唆鲁禾帖尼异，彼如此实说，必征把秃之事，曾见诸公文书。使把秃即拔都，何以西史于定宗主动方面都无此词。此中西比勘而知其确者一。

（二）《秘史》固有巴秃之译法，惟《元史本证》四一只举"八都"之异译。况《元史》同名者颇多（博罗其著例），此仅据译音而未能决定者二。

（三）余凡翻旧案时，对于原持证据及关连史实，常务求疏通辨明，以为如是乃易期自说确立也。今袁桷之文，与有关连者为"惟昔定宗皇帝征把秃王，有灭国真薛禅使者谏罢征"：

（a）灭，余以为是国名，即 misr（埃及），《札记》亦有所征。唯灭是国名，乃与"使者"两字相应。灭，《切韵》miät，广州 mit。两汉以后，我国译法用 t 代外语之 r，元初正是旧、新译法交替时期，故 misr 当"灭"，语音上无问题。

（b）misr，《诸蕃志》作"勿厮离"或"勿斯里"，云："勿斯里国属白达国节制。"白达即《札记》之报达＝把秃。元初西方教士络绎东来，无非欲使西亚、欧洲免于兵燹，唯"把秃"与"灭"有隶属关系，故其使者谏求罢征。若为定宗征拔都，则彼家内相争，且拔都时在 Alatau 山中，不过伊犁边外，与灭如马牛不及，事弗类也。

（c）十二世纪突厥人所写之乌古斯汗故事，即以 misir（＝ misr）与朱里真（金）东西并举，可见彼当日为著名大国，舍此而外，别无音译对合且事实关连者。

（d）薛禅，蒙语谓大贤，已见《札记》注。今更详之："真"当同呼"清真""真人"之"真"，亦合于对埃及回教徒之称谓。

今原文于"灭"之即 misr，只字不提，既谓"灭国真"事迹无可考，又安知"灭"非国名，"真薛禅"非人之称号，更安知"灭国真"三字相连为一专名？

其论断未免近乎断章取义。此涉中史方面之见解也。

附录（三）与岑先生之商榷

窃意《拜住元帅出使事实》一文，盖记拜住之功勋而作。拜住之功勋何在？在其能说察合台后王怯别罢兵以调解宗室之内争。据袁桷文，拜住于仁宗皇庆二年（1313 年）奉旨出使伊儿汗王哈儿班答（即完者都）所，在道为察合台汗王也先不花拘留。延祐元年（1314 年）也先不花"兴兵内寇"，拜住即以成吉思汗训言晓喻，使之罢兵。延祐七年（1320 年）也先不花死，弟怯别立，遣拜住入朝，拜住又奉元英宗命以"元帅职名"出使怯别以求"和好敦叙，宗支允宁"，此拜住所以援引祖宗故事以劝喻怯别也。

夫拜住既以故事劝喻之，则此故事之情节，必与其时情势有相似处，质言之，必也过去有宗室相争经人劝解之事，而后拜住始得而援用之，如是方可冀怯别之采纳。今其言曰："维昔定宗皇帝征把秃王，有灭国真薛禅谏罢征。"今且无论此把秃王为谁，要之其为定宗之宗室，定宗之征彼，为一"家内相争"之事，据上段所论，已可想见。而能证成此说者，则为灭国真所谏之言。其"喻太祖得国之本，明配日月，量侔江海"云云，盖称述祖先之恢廓大度，以劝定宗，使勿内争。拜住当以定宗以罢征，由于灭国真之劝说，故愿效其所为以谏怯别。文载"王从公言……遂遣使收兵四境"，是拜住之言，果生效验。而吾人如此解释，似与袁文所述史实关连之处，尚无若何抵触。

此义既明，当考把秃究为何人。据《元朝秘史》，知巴秃（即拔都）与定宗曾有严重之纷争；据多桑书，知其不赴定宗即位之大会。怨毒既结于心，就人情上论，定宗所拟征者当即此人。此其一。元代同名者固多，但据《三史同名录》（卷二九）所载，《元史》以拔都名者凡六，其为宗室者则仅术赤子拔都一人。此其二。就此二点，已可断定宗所征之把秃舍拔都外，殆无人足以当之。况又有多桑与格鲁赛之记载？岑先生谓各西史于定宗主动方面，均无涉及征拔都之意。然唆鲁禾帖尼之告密究无因由乎？物必先腐，而后虫生，谗构之来，必有所自。若非定宗有兴师动武之念，唆鲁禾帖尼何得而诬告之？吾人固不妨疑此为"女杰"之"挑拨"，然此则不见记载。非得明据，似不宜于千百年后，作此悬空之揣疑也。

至于格鲁赛所据之巴托儿德撰文，蒙岑先生检以相示，至为可感。格氏所据者，若仅如岑先生所举之数行文字，则诚可谓"粗心"。然格氏何以径谓定宗"正预备征讨此王"，似亦未必不经一番对史料及史实之详审考虑者。

欧洲传教士卢不鲁克（Rubruck）游记中，有一段记 Keu（即贵由）与 Baatu（即拔都）冲突事，今将罗志意（Rockhill）译文转译如下：

> 关于贵由之死，余不能确知。据安德鲁（Andrew）修道士云，贵由死于某种毒药，而其主使者据云系拔都。我则另闻一说：贵由令拔都朝觐，拔都整装前来，然甚畏此行，因遣其弟昔班（原作 Stican，罗志意以为应作 Shiban，即昔班，可从）先行。昔班觐见贵由，并祝酒致拜，是时二人忽起忿争，竟于厮杀中同归于尽。（《卢不鲁克游记》罗志意译本 163 页，1900 年版）

谓定宗为拔都毒死或与拔都弟昔班互斗致死，诚为异闻。卢不鲁克闻此说时，在 1253 年 12 月，上距贵由之死不过五年；闻其事于乃蛮境，乃贵由宫帐所在（据卢氏游记所载），其事虽得自传闻，未必准确，然足以反映定宗与拔都有剧烈之冲突，可与多桑书中所载者印证。夫《元史·定宗本纪》记事简陋，其不载征拔都事本无足异。且《定宗实录》上于至元二十七年（见《元史》卷一六《世祖纪》）当日史臣即令知其事，亦必为拔都讳而不书。盖拖雷系之得位，由于拔都之援助，若云定宗西征拔都，世祖自必不乐闻。至袁桷之所记，则得自拜住之口，固不必曾见诸公文书也。

岑先生所驳鄙人之第（三）点，涉及袁桷文之断句及对音问题。予初草《定宗征拔都》一文时，以为就袁文统篇所述史实，"疏通辨明"，既知其把秃之为拔都，则对于岑先生《蒙古史札记》中其他考述，固可存而不论，殊不欲轻议前辈得失。今蒙反复辨导，自当竭诚以对。兹依来论 a、b、c、d 四点，谨复如下：

（a）岑先生读"灭国真薛禅"为"灭国真薛禅"，谓"灭"是国名，即 misr。案"灭"对 mi，语音上或无问题；然 Misr 在汉籍之对音，如岑先生所举：《常德西使记》作"密乞儿"，《经世大典图》作"迷思耳"，《元史·郭侃传》作"密昔儿"，赵汝适《诸蕃志》作"勿厮离"或"勿斯里"，《明史·西域传》作"米昔儿"或"密思儿"，尚未发现以"灭"译音之例。故以"灭"对 misr，语音上纵令勉强凑合，与历来译音惯例却大不相合，此不能不令人怀疑者。

（b）岑先生以把秃为 Bagdad 之异译。案 Bagdad 之中文译音，《诸蕃志》作"白达"，《元朝秘史》作"巴黑塔"，《元史·地理志》作"八吉打"，《元史·宪宗纪》作"八哈塔"，《西使记》作"报达"，从未有作"把秃"者。盖以"把"对"Bag"，在元代尚可相合，而以"秃"对 dad，则甚不可通。

然对音问题尚其小者。最要者，吾人就袁文整篇，考其史实而关连之，知此把秃王必为定宗之宗室，已如上论。盖必如此，而后拜住始可以取作规谏之资料。若为定宗征报达，则与宗室内争如马牛不及，拜住取此不伦不类之故事以劝谏，怗别岂肯听之？

（c）"灭"与 misr 既无关系，则岑先生之（c）点可置而不论。

（d）"薛禅"蒙语谓"大贤"，固矣。然在元时尚未见有以此称号加诸回教徒之例（当时称回教教士曰"答失蛮"，屡见《元史》及元代白话碑文）。至于"真人"，则元时全真教士之称。称回教为"清真"之例，据吾友阎文儒先生考证，最早不过明初，然不过称回教寺院曰清真寺而已（见阎君之《长安古刹考》，未发表）。至称回教徒曰"清真"，则从来无此用法。

岑先生以袁文有"使者"二字，遂谓此"使者"为灭国所派出，故其人不得不以"真薛禅"为名。然"使者"初不必定为外国使者，本国派遣出使外国之人亦名使者；而皇帝派往地方之钦差，当时公文亦称为"使臣"（《元典章》卷一六《户部》二有"使臣"一项）。袁文之拜住亦为"使者"，故单就"使者"二字，不能必"灭"之为国名也。"灭国真"事迹虽无可考，然《元朝秘史》有塔塔儿人蔑古真（李注本卷四），《元史》卷一作蔑兀真，与此灭国真当系同名异译。"真"为蒙古人名常用尾音，如铁木真，囊加真，也孙真，也真，燕真、刺真，亦怜真之例甚多，故吾人认"灭国真"三字相连为一人名，当无错谬。且若"真"为"灭国"人时，拜住于再提其名时，径称"真薛禅"可矣，而袁文则曰"今灭国真薛禅死已久"，是知"灭国真"为其本名，"薛禅"是其称号，"使者"则其官职。如此解释，是否有当，则仍待岑先生及海内诸先进之匡正焉。

1943 年 9 月 12 日于昆明

附记：这是三十五年前我读《元史》时写的一篇札记，觉得它还可以补充元史上的一点空白，拿出来求教。可惜岑仲勉先生已不在人世，不能再得到他的教诲，只求广大读者的审查了。

1978 年 11 月 4 日于天津

（原载《中华文史论丛》第 2 辑，1979 年）

陈垣先生对元史研究的贡献

——纪念陈垣先生诞生 110 周年

援庵先生博学广识，著述丰硕，论据精湛，无论鸿篇巨制或短幅片羽，皆足为后学典范，其治学领域之广袤与学术见解之深邃更令人敬佩。本文仅就先生在元史研究方面的贡献。谈谈个人的感受和体会。

一

1934 年，我考进北京大学史学系。因为出身于回族家庭，我想研究回族史（当时称回教史），陈先生的《回回教入中国史略》便成为我的启蒙文献。在这篇论文中，陈先生首先指出中、回（即阿拉伯）历法不同的问题。过去，由于不了解阿拉伯历法的特点，许多学者或把回历十月一日计斋节作为岁首，或把隋开皇十九年作为回历纪元元年，把隋开皇中作为回教传入中国之始，使回教人中问题一开始便陷于误区。经陈先生这一指点，这一迷雾澄清了。

陕西西安清真寺有题为唐天宝元年户部员外郎兼御史王钺所撰的碑，一些人把它作为重要历史文物。陈先生据碑文语义及漠罕默德译名，断为明代所作，这又为中国回教史解决了一个疑案。

陈先生在这篇论文中，对自唐至清回教在中国情况作了一个简明扼要的叙述，基本上指出了一些重要的线索，为研究中国回教史描绘了一个蓝图，指明了方向，对我这一初学者更是入门的向导。虽然以我当时幼稚的学识，还不能完全理解和消化文中丰富的内涵，但最低也给我一个印象，即中国回教史也是一个很大的学问，需要丰富的历史知识和修养。这对我以后学习元史为研究中国回教史打基础的做法也很有关系。

陈先生在讲此题目开篇（时在 1927 年 3 月 5 日）时即说，20 年前（当在 1907 年）他即有意编纂中国回教志，并列出了总目十项和附目四项。虽然由于种种原因未能实现其宏愿，但他列的总目和附目的构想到今天仍有其指导意义，而他附目中的《中回历对照年表》则早在 1925 年以《二十史朔闰表》和《中西回史日历》两部工具书的形式完成，为中、西、回三种历法的换算提供了极大的方便，学者至今仍受其赐。

陈先生在本文结篇时还指出，"引书不检原本"和"任意改窜古本"为回教作者之通病。这使我这个初学历史的人，也学到一点基本的治史方法。

《回回教入中国史略》是我入大学后认真读的第一篇论文，也使我开始知道陈先生的大名。只是由于我当时的年轻幼稚，又无人指导，知道求益良师的重要，竟未能当面向陈先生求教。至今想来，深以为憾。

二

1938 年，我在云南毕业后，作为当时的"中央"研究院历史语言研究所的院外研究生，开始学习元史，主要是想研究元代回回人的历史。除细读《元史》外，陈先生的《元也里可温教考》是我反复学习的一部主要论著。不仅因为本书是当时用汉文史料研究元代基督教的一部资料完备、条理清晰、论证明确的力作，而且由于其中也连带提及了答失蛮（伊斯兰教士）在元代的情况，所引资料对研究元代回教史也极有用，在抗战时期书籍难求的情况下，这部著作的资料很便于我转用。在一年的时间内，我学习陈先生的写法，写出四万多字的《元代回回考初稿》一文，不仅引用了陈先生文中的一些资料，在篇目体例上也模仿该文或受该文的启发。如："元代回回人与伊斯兰教、回回人之东来、回回人之散布、回回人所受之待遇"（上卷）以及"回回仕宦、回回商贾、回回教士、回回天文、回回医学、回回炮手、回回文字"（下卷）及附录等。

由于我初学元史，加之战时昆明书籍短缺，又限于时间，我这篇习作自然很浅陋，学步效颦之作，难登大雅之堂。我提这一往事，只在说明，陈先生是我学元史和回族史的指路人，虽然我未得为先生门徒，只是私淑先生而已。

陈先生收集也里可温的资料时，充分利用了旧《元史》特别是《元史·本纪》中的有关记载，因而为《元史》作出了公正的评价。清代学者以《元史》成书仓促，讥为疏陋或荒芜，多所改编，如《元史类编》等，但其中有关也里可温等资料反不及《元史》之详赡。陈先生认为，这是由于《元史》修于草率之间，悉本诸《十三朝实录》，不轻笔削之故。倘如清人修《明史》之例，矜为严谨，则芟落必多。这就为《元史》所遭的非议平了反。陈先生从利用《元史》的实践中得出的这一论断非常中肯，笔者也深有同感。如《元史·成宗纪三》

大德六年九月丁未有"罗里等扰民，宜依例决遣置屯田所"，《刑法志四》有"诸哕哩回回为民害者，从所在有司禁之"，《顺帝纪四》至正三年六月有"回回刺里五百余人渡河寇掠解、吉、隰等州"等记载，《新元史》全部删削，《蒙兀儿史记》只载最后一条。其实，罗里或刺里为吉普（卜）赛人最早称呼，由此三条记载，可见吉普赛人在元代已到中国，这一重要信息却为改编者们掐断了。

三

陈先生在 1923 年和 1927 年发表的《元西域人华化考》，是一部精心撰写的名著，为中外学人所称誉。日本学者桑原骘藏称陈先生为以科学方法整理材料的中国史学家，陈寅恪先生为本书作序，称本书之材料丰实，条理明辨，分析与综合二者俱极工力。又说："是书之重刊流布，关系吾国学术风气之转移者至大。"李思纯先生在其《元史学》中曾专节介绍此书，誉为"精湛绝伦"。由于和我的研究课题密切相关，我对它诵读多遍，获益甚大。1988 年天津一个小刊物要我回答"您最喜欢的一部史学著作"时，我即填上先生这部书名。

元代是西域人（色目人）大批来华的时代。最初来华的多半是军人、部族首领、工匠、商人等，但居住既久，他们的子孙却有不少人"舍弓马而事诗书"，学习华夏文化，以儒者自居，即所谓"华化"。这是一个很值得重视的问题，它不仅关系到元代文化的发展变化，也是元代民族融合的表现，研究并写成专著，说明陈先生不仅对元史有深厚的功底，而且有史学家敏锐的眼光和深邃的洞察力。

陈先生著此书，引用载籍 200 余种，爬罗剔抉，提要钩玄，汇集众说，成一家言，其组织之严密，用力之辛勤，可以想见。对西域人华化在各方面的表现，胪列无遗。叙事之中，时发精辟论断。如卷二《儒学篇》记"佛教世家之儒学"一节，举畏吾儿人阿鲁浑萨理以佛教世家子而习儒术并劝元世祖"治天下必用儒术"一例议论说："阿鲁浑萨理三世精佛学，以此世袭信仰，其思想宜不易动摇也，而抑知事实上不然，特患其不通中国之文，不读中国之书耳。苟习其文，读其书，鲜有不被其陶化者。"表现了对中华优秀文化的自信和自豪。又论元世祖称康里人不忽木论治胜于许衡一事说："当是时，百汉人之言，不如一西域人之言；一西域人儒者之言，不如一西域人释者之言之尤为有力而得国主之信用也。许衡、吴澄之徒之所以能见用于时者，纯恃有二三西域人后先奔走之，而孔子之道之所以能见重于元者，亦纯赖多数异教西域人诵其诗、读其书，倾心而辅翼之也。"这段议论说明元代西域人的华化对于元代政治的影响，颇中肯綮。若非对元代国情有透彻的认识，绝不能发此宏论。这些议论是对史实的解释和阐发，使读者对史实加深理解，所谓史论结合，相得益彰。全书中都贯穿这一特色，这也是陈先生其他著作中所具的特色。

在陈先生这一名著的启迪下，我写出一篇《元代西域人的华化与儒学》（《中国文化研究集刊》4 辑，1987 年 1 月）。我从反复学习陈先生这部著作中体会到，西域人的华化，主要是受到儒学熏陶的结果。那么他们华化以后在政治上有何表现和作用，在社会上有何影响呢？我举出他们"为儒学张目""行儒家之政""反言利权臣"三项表现；"对元世祖采用汉法的推动和巩固"，"安定社会秩序、恢复和发展社会生产"，"缓和民族矛盾、促进民族融合"，"丰富和发展中国文化"四项作用和影响。资料基本上是《华化考》的，我只是从政治和效果的角度来考察，作为对《华化考》的引申和补充，说明陈先生对后学者的渥泽。可谓"仁人之言，其利博哉！"

四

《元典章》是有关元代典章制度、社会经济、政教风俗、语言文字等各方面的第一手档案资料，为治元史者必读之书，过去流传极少，自清季沈家本为之刊刻（实为董绶金刊、沈跋）以来，此书始广行于世，而其中讹误脱漏之处不一而足。援庵先生根据故宫元刻本及四种旧钞本（其中三种自藏），在四位助手协助下，费时十月，精心校勘，发现其中讹误、衍脱、颠倒诸处 12000 余条，撰成札记六卷、阙文三卷、表格一卷，名曰《沈刻元典章校补》，使之成为利用沈刻《元典章》者不可须臾离开的案头必备书。试想，若无《校补》而贸然利用沈刻本，对其中年代、人名、地理、名物制度等的种种错刻毫无察觉，势必影响对元代典制史实的正确理解，也会以讹传讹，贻误读者。陈先生称沈氏刊出此书以广流传为《元典章》之功臣，我们更可以说，《校补》为沈刻本的功臣，其造福于本书读者真是功德无量。

陈先生的功德不单停留在文字校勘上，他还进一步在校勘的基础上，将其中有代表性的错误一千多条加以归纳、整理，将这些错误归为五类（刊行误例、通常字句误例、元代用字误例、元代用语误例、元代名物误例），每类又分若干项目（如名物误例中不谙元代人名、官名、物名、专名、体例而误例九项）。这样，读者不仅认识沈刻本的错误，而且也能认识到致误的原因，还可以认识到元代的一些名物制度。如"腹里"为元代中书省所统山东西、河北之地，沈刻则误为"肠里"或"服里"；"券军" 为宋、元军种名，沈刻则误为"募军"。凡此种种，经指出后，读者即可举一反三，对同类错误不看《校补》也可猜出大概。这是从个别到一般，从纷繁的事例中找出条理性、规律性的科学方法。陈先生更进一步总结出《校法四例》，即：1. 对校法，2. 本校法，3. 他校法，4. 理校法。把校勘沈刻《元典章》的实践经验上升到理论的高度，成为校勘学的方法论，为校勘工作者的必遵法则。此书初名《元典章校补释例》，1959 年中华书局重印时改名为《校勘学释例》，这一改动很恰当，也很有意义，因为它确实是一部校勘学的教科书。正如陈寅恪先生早就指出的，此书"发凡起例，乃是著作，不仅校勘而已"（陈智超：《史学二陈的友谊与学术》，载《纪念陈寅恪教授国际学术讨论会文集》，246 页）。胡适在 1934 年为本书作的序言中，认为它是"中国校勘学的一部最重要的方法论"，"是中国校勘学的第一伟大工作，也可以说是中国校勘学的第一次走上科学的路"（《校勘学方法论——序陈垣先生的〈元典章校补释例〉》，《胡适论学近著》）。这是实事求是的评价。

自《元典章校补》和《释例》问世后，元史学者遂大受其赐，我是受赐之一，而且曾使沈刻本"户部"卷五第十页的"你教"应改为"你敦"问题请教陈先生，得到他的首肯，使我深受鼓舞（见中华书局《书品》1987 年 2 期《陈垣先生关于〈元典章校补〉的一封信》），也表现了前辈学者的谦逊美德。这是我和陈先生唯一的一次通信。

五

《元朝秘史》（简称《元秘史》）是一部用早期蒙古语文写的关于蒙古先世和成吉思汗及其家族的历史和传说，明朝初年译成汉文。其翻译方法很特殊：正文是用汉字转写的蒙古字音，其旁每字注汉文译义，在一节后（共 282 节）附汉文总译。读者不仅可以学到蒙古历史，也可以认识十三世纪前半叶的蒙古语文，是一部了解蒙古早期历史和语言的重要文献。在陈先生之前，一些元史学者都看过和利用过这本书，但经过陈先生披览之后，却发现前人忽略的一个现象。他发现，在《秘史》中，汉字转写的蒙古字，不仅单纯标音，而且尽量用音义相近之字。如腾汲思为水名，即用汲字；不峏罕为山名，即于而字旁加山字，骟马名答驿儿，名字骡，皆加马字。他作了周密的统计，总结出一套译写规律，即《元秘史》中，译山之字从山、从石或从土，水之字从水，口之字从口、从言、从食或从齿，目之字从目，门之字从门，鸟、鼠、虫、马、羊之字各从鸟（或翼）、鼠、虫、马、羊等。至于蒙古语过去动词语尾（汉字意译"了"），另一蒙汉对照书《华夷译语》音译为"八""伯""巴"或"别"，《元秘史》则音译为"罢"或"毕"，因二字皆有"完了"之意。这种谐音与会意兼备的译法，在《华夷译语》中还是个别现象，在《元秘史》中则普遍应用了。这种音义兼备的译法，是汉字的特点和优点，可能由《元秘史》开其端而由陈先生首先揭示其奥秘。前人读《秘史》，或习而不察，或不以为异，或熟视无睹，只有等到陈先生，才以敏锐的眼光，精细的心思，辛勤的劳作，发现并总结其中的规律。

知道和运用这一规律，对识别和记忆蒙古语言大有帮助。如"说"译为"鸣诂列论"，既有口，又有言；"共说"译为"鸣诂列都论"，标以"都"字，则"共"义即在其中。陈先生就此译法说："在口则为鸣，鸣之不足，又译以诂，又译以论。即此一点，可见译者用心。"而此"译者用心"，直到陈先生才剖析出来，可谓发前人未发之覆了。

此外，陈先生又详细地考查了《元秘史》的各种版本，找出诸本的源流关系，并提出《元秘史》之译在《华夷译语》后，但其中语言则在《华夷译语》前。皆信而有据，已成定论。

陈先生这本书名为《元秘史译音用字考》，于 1934 年由当时的中央研究院历史语言研究所雕板印行。该院、所在其时为我国最高等学术机构，雕板又极费财力，就此一点，亦足见此书之受重视了。

六

除上举几部名著外，陈先生还发表了几篇篇幅较短但颇有分量的元史论文。如关于蒙古初期政治家耶律楚材的生卒年代，《元文类·耶律楚材神道碑》作金明昌元年（1190 年）生，癸卯（乃马真二年，1243 年）卒，年五十五，《元朝名臣事略·中书耶律文正王》与《神道碑》同。《元史·耶律楚材传》则言其为甲辰（1244 年）卒，年五十五，《元史·太宗纪》同。王国维作《耶律文正公年谱》采《元史》说，因从明昌元年（1190 年）至乃马真三年（1244 年）恰为五十五岁。此说至今仍为辞书及传记作者奉为定论。陈先生则对此说提出质疑。首先，他以楚材子耶律铸之生年证其卒年。他考订耶律铸生于辛巳（1221 年），而《元史·耶律楚材传》说楚材死时铸年二十三，由辛巳（一岁）下推二十三岁时，正为癸卯（1243 年）。其次，他以楚材父耶律履之卒年证其生年。

耶律履卒于明昌二年（1191 年），其时楚材三岁（《神道碑》称其"生三岁而孤"），则其生年应在明昌元年前一年，即大定二十九年己酉（1189 年）。陈先生据此作《耶律楚材之生卒年》，不同意《元史》和王国维先生的说法，把耶律楚材的生卒年各提前一年。姑不论两位史学大师考订的是非，我觉得陈先生的用第一代和第三代人的生卒年考证第二代人生卒年的方法非常巧妙，像数学家的求证一样令人钦佩（附注）。

关于元人生卒年代考证的文章，陈先生还有《李志常之卒年》《黄东发之卒年》《萨都剌的疑年》等。或确定年代，或补前人阙疑，或驳前人之误而不轻下结论，或采纳友人意见改正旧说，皆有根据，实事求是。

陈先生的《耶律楚材父子信仰之异趣》也很有意思。耶律楚材信仰佛教，排斥道教，他的儿子耶律铸却喜欢道教，常和道士来往，这一点过去没人注意，陈先生把这事揭示出来，作为"研究宗教思想史者一有趣问题"，这已经是独具慧眼的发现。陈先生由此更进一步推论，耶律楚材的《西游录》之所以流传极少而且所见仅为节本，与耶律父子信仰不同有关。因为从日本发现的足本《西游录》得知，这本书的后半部是攻击全真教的。耶律铸既信道教，在其父死后，或禁印或毁此书板都有可能。这虽系推测，但却是合理的推测，足以解释《西游录》的遭遇，也是史家卓识的体现。

至于在抗日战争期间陈先生所撰《南宋初河北新道教考》与《通鉴胡注表微》两部名著，也从侧面反映了元代统治下某些读书人的处世和心态。两部书除了史料翔实、考证精审外，更富于义理，充满了爱国主义和民族感情，是古为今用的典范。学者们对此已多所阐述，毋庸赘说。

在我学习陈先生系列元史论著后，除了觉得先生的文章精辟充实使我钦佩景仰外，还有一个总的印象，即它具有创始性、系统性和可读性三个特色。创始性也可称为开创性或独创性。我指的是，无论从选题到论点，都由陈先生首先提出或首先发现。如中回历法的不同、西域人的华化、《元秘史》译音用字的特点乃至《通鉴》胡注的微言大义等。系统性也可称为完整性。我指的是，陈先生的一些论著，对一个题目的研究总是原原本本，结构完整，系统井然。如对也里可温教的研究，前人虽已指出其为基督教，但多语焉不详。至陈先生始作整体系统的探讨，使读者对元代也里可温教的情况有完整的认识。《元西域人华化考》更是一部对西域人华化在各方面的表现综述无遗的大著作，令读者叹为观止。陈先生对文章结构，语言运用，甚为考究，其遣词造句，简洁流畅，无冗句赘语，意达而易解。如《华化考》一书，引据资料200 余种，列举人物

168 人，各种事例更不可以数计，如此纷纭复杂的内容，如何组织编排，使之脉络分明，有条不紊，实大费苦心。陈先生像个建筑大师，精心设计，合理布局，巧妙安排，构筑了一座艺术殿堂，令人有美轮美奂之感。文中原始资料与解说语言，浑然一体，天衣无缝，一气呵成，读来琅琅上口，无雕饰之迹，有自然之美，令人百读不厌。此种风格，实颇罕见，姑名之曰"援庵体"，今人仍可学习借鉴。

应当指出，由于时代和环境的限制以及元史这门学科的特点（民族关系复杂，需要多种语言知识，有些问题至今仍搞不清），陈先生的某些论证仍有可商榷处（如对也里可温、亦思替非文字的解释等），但这是任何学者都难避免的。陈先生在他所处的时代，在利用汉文资料解决元史学的问题方面，已发挥他的最大智慧和精力，开一代风气，供后学取法，为元史学的研究作出很大的贡献。在陈先生研究成果的基础上，继续探索，是我们后学者责无旁贷的任务。

附议：关于耶律楚材生卒年代问题的公案

援庵先生关于耶律楚材生卒年的考证精确可信，但据我所知，一般辞书及传记作者仍从王国维《耶律文正公年谱》所考。推其原因，可能与陈先生论文最初发表于 1930 年 12 月《燕京学报》第 8 期，流传不广，未引起多数人注意有关。此外，《年谱》于"甲辰，五十五岁"下注云："案《太宗纪》及本传皆云甲辰夏五月薨。《神道碑》上叙癸卯年事，下即云'公于其年五月十四日薨'，似以公卒年癸卯。与《元史》不合。然元遗山撰《文献神道碑》曰'癸卯秋八月，中令君使谓好问'云云，则癸卯八月公尚无恙。《河汾诸老诗集》一，麻革《中书大丞相挽词》下注'甲辰五月十四日'，并与公享年五十五岁合，则《元史》是而《神道碑》误也。"这两条是支持他考证的有力证据。一般人采用其说可能也与此有关。

但陈先生的考证也无懈可击。除了前举二证外，陈先生在文中《附年表》中于"乃马真后称制元年。壬寅，五十四岁，夫人苏氏卒，时铸年廿二"下引耶律铸《双溪醉饮集》卷六《过国夫人墓》诗中"二十二年恩与爱"句。耶律铸生于辛巳（1221 年），王先生《年谱》中亦有所记。由 1221 年下推二十二年为 1242 年壬寅（铸生年计在内），是年其母苏夫人卒，楚材次年死，自应在癸卯（1243 年）而非甲辰。

不过这又牵涉到另一有关问题。《遗山先生文集》卷四〇《中令耶律公祭先妣国夫人文》说："维大朝癸卯岁八月乙巳朔五日己酉哀子某谨以家奠，敢昭告于先妣国夫人苏氏之灵。"这里称"哀子",似只是丧母而其父尚在。下边又于"维我严君,早逢昌运"。又说"人皆有母,今我独无",确似其父健在。标题称"中令",似乎癸卯年耶律铸已做中书令,其父已死,但也可能如王国维先生所说,题目"盖后来追记"。总之,两位史学大师所考,各有根据,旗鼓相当,难较胜负,不愧大师级水平,也是史坛佳话。谨陈述如上。

(原载《北京师范大学学报》1990 年第 5 期)

陈垣先生关于《元典章校补》的一封信

读《书品》一九八六年四期刘迺和同志《忆中华排印本陈垣〈校勘学释例〉的出版》一文，颇受教益，备感亲切。《元典章校补》及《元典章校补释例》之造福于元史学人，毋庸赘说；《励耘书屋丛刻》的刻印竟费如此周折，则非局外人所知。援庵先生之惨淡经营与迺和同志之奔走操劳令人钦敬感佩。再读《丛刻》，当另有一番感受。

由此我想起二十多年前我和陈先生就《元典章校补》上的一则校勘问题的通信。

沈刻《元典章》卷十九《户部》卷五《田宅·房屋·禁官吏买房屋》条："至元二十一年四月……阇阇你教为头众人商量了……"《校补》据元刻本改"阇阇"为"阔阔"，这很正确，因为"阔阔"是元代习见蒙古人名。但我怀疑"阔阔"下之"你教"应作"你敦"，"阔阔你敦"也是蒙古人名，译言"青眼"。我从《元史》卷十二至元二十年十月条记事发现有"中书省臣言：押亦迷失尝请谕江南诸郡募人种淮南田，今乃往各郡转收民户，行省官阔阔你敦言其非便"等语，又见《大元海运记》中至元二十二年记事亦有其人，因认为其人即《元典章·户部》所载之"阔阔你教"，因该条明言其为江南行省官。我于一九六一年六月三日致函陈先生，向他请教是否如此，很快得到复信。现将原函全文录下：

志玖同志：六月三日来信收到。元典章户部五第十页的"你教"，据敝藏知圣道斋钞本、巴陵方氏藏旧钞本均作你教，汲古阁藏元刻本亦作你教，所以仍而未改。来信引元史卷十二至元二十年十月条并大元海运记至元廿二年条，证明应作"你敦"，对了。这即拙著元典章校补释例所谓"他校法"，至佩至佩。似此类错误未校者恐尚不少，靠后来者加工再校耳。专复，即祝健康！陈垣六月七日

陈先生这封信，表现了前辈学者的谦逊美德，给我这个后学者很大的鼓励，我一直珍藏着它。历经十年浩劫，还幸而保存，真似有神灵呵护。发表于此，

也许对今后整理《元典章》者有所裨助。

读刘文后，复取《校补释例》展诵，颇多启迪，同时也发现一小问题。原书卷六《校例》第四十四《元本误字经沈刻改正者不校例》九十页上："诏令一四：'屡拒王师，元作旅拒。'"认为沈刻改元刻之"旅拒"作"屡拒"为确而不复回改，并谓元刻为"声近而误"。我读此条，觉"旅拒"亦是古代辞汇，似可保留不改。因取《元典章》原文核之。该诏题作《兴师征南诏》，发布于至元十一年六月。与本例有关文云："襄阳被围五年，旅拒王师，义当不贷。"（影印元刻本卷一）查《元史》卷八至元十一年六月记事虽载此诏，而多所删削，无此数语。复查《元文类》卷九则全载之，题作《兴师征江南谕行省官军诏》，作者王构，与《元典章》诏文全同，正作"旅拒"，可断沈刻为误改。虽不能再就教于援庵先生，但这仍是在先生的"他校法"指导下得出的结论。

陈先生提出了"理校法"，认为"最高妙者此法，最危险者亦此法"，确是不刊之论。读书遇字句虽通，文义滞碍，疑其有误而改字，有时偶合，有时则可能愈改愈误，故应慎用。兹举一例：我读《丛刻》本《元西域人华化考》卷二《儒学篇·西域人之儒学》，其中列"伯颜师圣"事，陈先生引《元史·儒学传》，称伯颜"盖其为学专事讲解，而务真知力践，不屑事举子词章，而必期措诸实用"等句。我觉得，"专事讲解"和"务真知力践"在文义上有矛盾；在造句上，下两句是"不……而"，则上两句也应是"不……而"型。因而怀疑，在"专事讲解"上似夺一"不"字。作"不专事讲解而务真知力践，不屑事举子词章而必期措诸实用"，在文义上和文句上方能协调连贯。最初我以为是《华化考》偶漏一字，及查标点本、百衲本本及其他版本《元史》，都和《华化考》引文一样，又没能找到《元史》此传的原始资料，不得已，我只得认为在"专"字上补一"不"字是与原义吻合的。这也算是"理校法"的应用吧。但这是"理校"或我的"无理校"，我也不敢肯定，只好请迺和同志及其他学者的鉴定了。

又，查姚景安同志《元史人名索引》，知有关阔阔你敦记事，最早见于至元二十年三月："以阔阔你敦治江淮行省。"最后记事为至元二十三年二月："立东京等处行中书省，以阔阔你敦为左丞相。"是其人任江淮行省长官凡三年。于此深感人名索引之大用，可谓功德无量矣。

一九八七年二月十五日于南开寓所

（原载《书品》1987 年第 2 期）

《新元史·阿剌浅传》证误*

《元史》卷一二〇有《札八儿火者传》，他是伊斯兰教创立者穆罕默德的后裔①。当成吉思汗创业期间，札八儿便投到他的摩下，同他共历艰辛。成吉思汗伐金之役，札八儿被遣为使臣往金，无结果而归。札八儿在蒙古史上的地位并不太重要，《元史》本传所述，也没有关系紧要的事迹。但在近人修改的《元史》里面——如屠寄的《蒙兀儿史记》和柯劭忞的《新元史》，他的传却充满了新奇的记载：不是对旧史有所修正或增益，而是错用了考证特别是对音方法，把许多和札八儿本人不相干的事情暴羼入到他的传里，真伪混淆，令人迷惘。王国维先生曾辨其非，惜语焉不详。兹推演王氏之义，把《新元史·阿剌浅传》（这是屠、柯二先生考订的札八儿的名字！）重新考订一下，并非对前辈妄加指摘，只是为使札八儿的记事返其本来面目而已。

（一）

《新元史》卷一三一《阿剌浅传》开头说：

> 阿剌浅，西域赛夷氏。赛夷者，西域族长之名，因以为氏。又称札八儿火者，火者其官名也。

这段全部录自旧《元史》，但旧史只称其为札八儿火者，绝无阿剌浅这一名

---

* 1947 年 9 月 14 日脱稿于天津，原刊于《文史杂志》六卷二期，1948 年 5 月。此次刊载稍有增删。

① 本传云："札八儿火者，赛夷人。赛夷，西域部之族长也，因以为氏。火者，其官称也。"布莱慈奈德（Bretschneider）的《中世纪研究》*Medieval Researches from the Eastern Asiatic Sources* 释赛夷为波斯东部之 Sejestan（赛夷斯坦）地方（上册，第 273 页）。按本传既称"赛夷，西域部之族长也"，则不当为地名。《元史》卷一二五《赛典赤·瞻思丁传》："其国言赛典赤，犹华言贵族也。"赛典赤为 Sayyid ajall 译音，阿拉伯文、波斯文"伟大的贵族"或"光荣的领袖"义，穆罕默德后裔多称 Sayyid，故可译为"圣裔"。赛夷正是 Sayyid 的对音，释为族长，义甚近。火者，波斯文（阿拉伯文同）Khoja 译音，本为圣裔的尊号，转为一般尊称，有先生、师长等义。所谓"火者，其官称也"正是对赛夷的尊称。

字，这个称呼是柯、屠（《蒙兀儿史记》卷四六《阿剌浅传》）二先生送给他的。王国维《长春真人西游记校注》卷上在"阿里鲜"三字下注云：

> 卷下作通事阿里鲜，又注云"河西人"。即《金史·宣宗纪》之乙里只，《元朝秘史》续集二之阿剌浅也。近人屠敬山（寄）撰《蒙兀儿史记》，以《元史·札八儿火者》及《邱处机传》并有命札八儿聘处机事，遂以阿里鲜与札八儿为一人……胶州柯学士《新元史》亦从其说，其实非也。

可知屠、柯二先生称札八儿火者为阿剌浅的理由是认为：

（1）《西游记》之阿里鲜即《元朝秘史》之阿剌浅；

（2）《西游记》谓阿里鲜曾奉命聘邱处机，《元史·札八儿火者传》及《邱处机传》俱有奉命聘处机事，二人所任职务相同，故为一人。即是说，札八儿就是阿里鲜，也即阿剌浅。

这里，王国维不承认阿里鲜和札八儿火者是一个人，这是正确的，下面我们还要引王先生的原文来申述理由，但他也认为阿里鲜即是阿剌浅，而且把《金史》的乙里只也认为和阿里鲜、阿剌浅是一个人（柯、屠二先生同），这却有问题。乙里只是什么人？王先生说：

> 按《金史·宣宗纪》：贞祐元年九月，大元遣乙里只来。十月辛丑，大元乙里只来。二年二月丙申朔，大元乙里只札八来。壬戌，大元乙里只复来。三月甲申，大元乙里只札八来。六月癸丑，大元乙里只来。凡四称乙里只，两称乙里只札八。明四次乙里只一人奉使，其两次则乙里只与札八奉使也。《元史·太祖纪》：十年秋七月，遣乙职里往谕金主以河北、山东未下诸城来献。乙职里疑亦乙里职之倒误。要之，乙里只、乙里职者，即《秘史》之阿剌浅，此记之阿里鲜。札八者，《元史》之札八儿火者，《黑鞑事略》之刭八[①]，此记之宣差刭八相公也。此记阿里鲜与宣差刭八相公截然二人。《黑鞑事略》作于太祖辛巳，云：次曰刭八者，回鹘人，已老，亦在燕京同任事。与《札八儿传》言卒年一百一十八岁，可相参证。而阿里鲜则于癸未自西域送长春东归，七月十三日至云中，九月二十四日，又于行在面奉圣旨。以百岁左右之人，两月之中，奔驰万里，殆非人情。此亦阿里鲜非刭八之一证。

---

① 按，王注两处的《黑鞑事略》皆应作《蒙鞑备录》。

这里王先生根据《西游记》阿里鲜与劄八并见①，辨阿里鲜与札八儿为二人，证据显明确凿，足辟柯、屠二家混札八儿与阿剌浅为一人之谬。但王先生依然把阿剌浅、阿里鲜、乙里只三人认为一人，这就值得商榷。至于根据《金史》乙里只与札八并见，辨乙里只与札八为二人，表面看来好像不必置疑，仔细推敲，仍有可议。

柯、屠、王三先生把阿剌浅、阿里鲜、乙里只三人认作一人，原因何在，并未说明。可能因这三人的读音有点相近吧。其实，阿里鲜和阿剌浅发音还相近，而乙里只与前二者的发音则颇有距离，不能强通。而重要的是，就他们三个人的事迹来看，实在找不出什么关联来。

阿里鲜事迹只见于《长春真人西游记》。他曾奉命聘邱处机，陪伴邱处机西行，又护送后者东归。《西游记》先称他为通事，东归时称宣差，说他是河西人，也就是西夏人。

阿剌浅事迹见《元朝秘史》续集卷二第二八〇节：斡歌歹皇帝（元太宗）设立站赤，"命阿剌浅、脱忽察儿两个整治"。此外便没有他的记事了。仅拿这一处偶然的记载和《西游记》中阿里鲜的履历来比较而断定他们是一个人，未免过于轻率和牵强。

乙里只事迹见前面王国维所引《金史·宣宗纪》。《金史》中还有一条："贞祐三年二月辛卯，大元乙里只来。辛丑，救台臣馈乙里只酒馔。"这一条王先生未引。王先生疑《元史·太祖纪》的乙职里是乙里职的倒误，这有其可能，但还有些问题要说清②。总之，据《金史》，乙里只只是遣往金朝的一个使臣，他的其他事迹，我们不得而知。单凭使金这件事，与阿里鲜固无关系，同阿剌浅也不相干。换言之，他既不是阿里鲜，也不是阿剌浅。

他是谁？我很疑心他就是札八儿火者。《元朝秘史》蒙文称使臣曰"额勒赤"或"额勒臣"。"额勒赤"和"乙里只"对音极近，"乙里只"当是金人所记蒙文"额勒赤"的音。当札八儿奉命使金时，他自然是"额勒赤"（使臣），他一定以"额勒赤"自称，金人也一定称他为"额勒赤"（写作乙里只）。也一许

---

① 《西游记》卷下言邱处机在燕京时"季夏望日，宣差相公劄八传旨"云云，此劄八即《蒙鞑备录》之劄八，《元史》之札八儿。

② 此处的乙职里似乙里职倒误，《新元史》及《蒙兀儿史记》的太祖本纪皆径改为阿剌浅，中华书局标校本《元史·太祖纪》校勘记（16）亦疑乙职里即《金史·宣宗纪》之"乙里只"，意为使臣（卷一，页二七）。但《元史》中有亦只里（卷十六，页三三八；卷十九，页四〇三），也只理（卷八，页一五七；卷十六，页三三七……），又有谒只里（卷一五四有传），诸名与乙职里对音极近，所以纵然在这里是倒误，乙职里仍有可能是一专人名字。

接待他的金人最初不知道"额勒赤"的本义，以为是他的本名；其后知道是使臣的称呼，知道札八儿的本名后，仍不妨称他的官衔。因而《金史》上或仅称乙里只，或称乙里只札八（即使臣札八）。单称乙里只次数较多的原因，大概最初就称他这个名字，用久了连他本名都不大叫了[①]。

《新元史·阿剌浅传》称："阿剌浅……兼通蒙古、汉语。前后凡九使金，皆得要领。"九使金的由来，当系根据《金史·宣宗纪》的几处记载和《元史·太祖纪》关于乙职里使金的一条记事统计而来。但当称札八儿前后凡九使金，不当算在阿剌浅的账上。至于兼通蒙古、汉语，可能是根据《西游记》中关于阿里鲜当通事的记载推测而来。札八儿火者早年投奔成吉思汗，应当通蒙古语；是不是懂汉语，没有明确证据。《札八儿火者传》中虽记载他同邱处机的谈话，但焉知不是经过通事（如阿里鲜）的翻译呢？即令他蒙、汉语兼通，如《新元史》所说，但《新元史》这一说法是在认定札八儿即阿里鲜这一错误论断的前提下得出来的，纵然歪打正着，总觉不足为训。

（二）

《新元史·阿剌浅传》说：

太祖在巴泐渚纳，阿剌浅自汪古部驱驼羊沿额而古涅河易貂鼲，遇太祖，倾心归附。为饮巴泐渚纳水十九人之一。

这是把旧史的札八儿火者和《元朝秘史》中的回回阿三误认为一人的结果。因为《元史·札八儿火者传》说：

太祖与克烈汪罕有隙。一夕，汪罕潜兵来，仓卒不为备，众军大溃。太祖遽引去，从行者仅十九人，札八儿与焉。至班朱尼河，糇粮俱尽，荒远无所得食。会一野马北来，诸王哈札儿射之殪，遂刳革为釜，出火于石，汲河水煮而啖之。太祖举手仰天而誓曰：使我克定大业，当与诸人同甘苦，苟渝此言，有如河水。将士莫不感泣。

---

① 伯希和在《评长春真人西游记译文》中说："谓《金史》之乙里只，《元秘史》之阿剌浅，与《西游记》之阿里鲜同为一人，尚无明证。而且《金史》之乙里只不能必其为人名，盖蒙古语有 älji（älji，äljin，elěi），此言'使者'，疑为乙里只之对音，而被人误认为人名也。"和我的看法完全相同。伯氏此文发表在1931年刊《通报》上，但我直到1956年后才在冯承钧译的《西域南海史地考证译丛五编》（中华书局1956年版）上看到译文。

新史所谓阿剌浅"为饮巴泐渚纳（即班朱尼）水十九人之一"，当系据旧史此段而来。又《元朝秘史》一八二节说：

> 又有阿三名字的回回，自汪古惕种的阿剌忽失的吉惕忽里处来，有羯羊一千，白驼一个，顺著额沠古涅河，易换貂鼠、青鼠，来至巴泐渚纳海子饮羊时，遇著成吉思。

这就是新史"阿剌浅自汪古部驱驼羊沿额而古涅河易貂鼺，遇太祖，倾心归附"一段文字的由来。《元朝秘史》此处分明说的是回回人阿三的事情，与札八儿本不相干（虽然他也是回回人），只因二人都到过巴泐渚纳海子（湖），遂认为一人，这是很明显的错误。王国维在我们上面所引的《西游记校注·阿里鲜》条下已指出此点。他说屠寄"又以札八儿传有饮班朱尼河水事，乃又并《秘史》六之回回人阿三为一人。胶州柯学士《新元史》亦从其说，其实非也"。我们从西域史料，更可断定阿三与札八儿之非一人。

《多桑蒙古史》记 1219 年（元太祖十四年）成吉思汗西征时，其长子术赤军中有一个叫哈散的回教徒，书中说：

> 术赤一军向毡的者，道次细浑河畔之昔格纳黑（Signac）城。遣一回教徒名哈散哈只（Hassan Hadji。注：哈只犹言巡礼人也）者谕其开门降。其人先往鞑靼地域经商，因仕成吉思汗。哈散欲先谕居民，然后致传达之词。然甫启口，民众即口呼上帝，群击杀之。[①]

这个哈散哈只，我以为就是《元朝秘史》中的回回人阿三。阿三即 Hasan 的对音，《元朝秘史》多半是用畏兀儿字母写的，所以省去了 H 字母而作 Asan，译成汉语则称阿三。哈只是伊斯兰教徒朝觐圣地麦加后取得的称号，所谓巡礼人，不是哈散的专名。哈散哈只，犹言巡礼人哈散。从对音上看，阿三之为哈散，固无问题；从经历看，多桑书说哈散先往鞑靼地域经商，因仕成吉思汗，也和《元朝秘史》所说阿三遇成吉思汗的机缘相同；至于二人都是回回人，信仰相同，更不必说了[②]。

阿三即是多桑书中的哈散哈只，其人在成吉思汗西征初期（1219 年）即死

---

① 冯承钧译《多桑蒙古史》第一卷第七章，1962 年版，上册，第 98 页。按，此系据志费尼《世界征服者史》所记，见该书波伊勒英译本，第 87 页，何高济中译本，第 101 页。书中哈散哈只作 Hasan Hajji。

② 巴托尔德（Barthold）的《蒙古入侵时期的突厥斯坦》（Turkestandown to the Mongo Invasion）亦谓 Hasan Hajji 可能即《元朝秘史》的阿三（1977 年第 4 版，第 414 页）。

于西域，当然不可能是 1220 年十月才见到邱处机的阿里鲜，更不可能是元太宗时期的阿剌浅；同样，也不可能是长寿的札八儿火者[①]。

（三）

《新元史·阿剌浅传》又说：

> 栖霞道士邱处机，太祖闻其名，遣使征之。路过宣德，皇太弟斡赤斤遣阿剌浅迓之，并命护送至行在。及处机东归，又命阿剌浅送至中都。时山东新附，人多反侧。阿剌浅欲与处机弟子尹志平同往招谕之，处机不允。阿剌浅曰：若大兵一到，杀人必多，愿真人救之。处机良久曰：虽不能救，犹愈坐视其死。乃为招谕书，俾志平与阿剌浅同往焉。

这一段记事完全采自《长春真人西游记》，但《西游记》所述的是阿里鲜的事，柯先生以阿里鲜为阿剌浅，所以采入本传。其实它与阿剌浅既无关联，也和札八儿火者毫不相干。

同书同传：

> 太宗即位，设诸色站赤，命阿剌浅与脱忽察儿董其事。

这是根据《元朝秘史》而来的，我们前面已说过了。这诚然是阿剌浅的事。新史《阿剌浅传》中真正有关阿剌浅的记事，怕只有这二十一个字是靠得住的了。其他的记事，则是分属于札八儿火者、阿三和阿里鲜三个人的。

（原刊于《文史杂志》六卷二期，1948 年 5 月）

---

① 《元史·札八儿火者传》谓札八儿"卒年一百一十八"。《蒙鞑备录》作于元太祖辛巳年即十六年（1221），其时剳八（即札八儿）尚存，哈散（即阿三）则死于元太祖十四年（1219），故札八儿与阿三绝非一人。

关于马可波罗离华的一段汉文记载

马可波罗《游记》中有两章说，波斯君主阿鲁浑（Argon）因他妻子死了，便派遣三位使臣来中国忽必烈大汗（元世祖）处，请赐给他一个和他亡妻卜鲁罕（Bolgana）皇后同族的女子为配。当使臣目的已达，预备归国时，特请波罗一家三人作伴，从海道护送所求的阔阔真（Cocachin）公主归返波斯。二年多的航程把他们带到了目的地。从那里，他们转返故乡，结束了长期旅居异域的生涯[①]。

马可等返抵故乡威尼斯不久，即遭到与意大利西部城市热那亚的海战。威尼斯舰队战败，马可被擒，身陷囹圄。举世闻名的《马可波罗游记》便是马可在狱中口述，由其同狱难友记录而成的。

所以，马可波罗此次经历实在是《游记》得以传世和马可得以显名的关键，而《游记》中记叙此事经过的两章，也应当是全书中最关紧要的文字。但向来注释家对这两章的考证却不尽令人满意。最大的原因在于未能像注解其他关于中国的记载一样，取中国的材料以为印证。于是，此全书中最有关系的文章遂留一大罅漏。

我最近在一本讲元代驿站制度的官书里发现了一段材料，足为此二章游记作很有价值的注释。因将其揭出，并附个人的见解，作为此文，以求正于国内外研究马可波罗的先生们。

《永乐大典》卷一九四一八"勘"字韵引元朝的《经世大典·站赤门》纪事，载有至元二十七年（1290 年）的一篇公文说：

（至元二十七年八月）十七日，尚书阿难答、都事别不花等奏：平章沙不丁上言："今年三月奉旨，遣兀鲁䚟、阿必失呵、火者，取道马八儿，往阿鲁浑大

[①] 见穆尔（A. C. Moule）与伯希和（P. Pelliot）1938 年刊本《马可波罗寰宇志》（Marco Polo: The Description of the World）第十八、十九章（以下简称穆尔本），张星烺译亨利·玉尔及考狄埃刊本《马哥孛罗游记》第一册第十七、十八章（以下简称张译），冯承钧译沙海昂刊本《马可波罗行纪》第十七、十八章（以下简称冯译），张星烺译贝内戴托刊本《马哥孛罗游记》第 17—22 页（以下简称张新译）。

王位下。同行一百六十人，内九十人已支分例，余七十人，闻是诸官所赠遗及买得者，乞不给分例口粮。"奉旨：勿与之！①

这段文字里所提到的三位使者名字，和马可波罗书中所讲的阿鲁浑的三位使臣名字完全一样，一看便知。兀鲁䚟即是马可书中的 Oulatai，阿必失呵即是 Apousca，火者即是 Coja②。因此这段文字实与马可书中所记其离华事有极密切的关系。但在说其关系前，我们应先就这段文字加以研究。

首先，我们须知这段文字的性质。这是一纸批过的呈文，可分三段。"尚书阿难答、都事别不花等奏"是第一段；"平章沙不丁上言"至"乞不给分例口粮"是第二段；"奉旨勿与之"是第三段。第一段是上呈文的人名，第二段是呈文内容，第三段是呈文的回批。阿难答是转奏沙不丁的呈文的人，《元史》中无事迹可寻。他应是兵部尚书。因据《元史》卷一〇一《兵志》所言，站赤之政总之于通政院及中书省兵部；卷八五《百官志》说，兵部尚书掌天下郡邑邮驿屯牧之政令，"凡兵站屯田之籍，驿乘、邮运、祗应、公廨、皂隶之制，悉以任之"。沙不丁所呈者正是驿政中使臣祗应问题，自应经兵部处置。都事是中书省右司郎中下的属员，秩正七品，亦掌站赤事务。别不花品位既卑，在《元史》中自无事可述。但关于沙不丁，则记载较详。

沙不丁由管海运出身，后升为江淮行省左丞，至元二十六年升为江淮行省平章政事：

> 《元史》卷一四《世祖纪》："至元二十四年五月，用桑哥言，置上海、福州两万户府，以维制沙不丁、乌马儿等海运船。"卷一五《世祖纪》："至元二十五年夏四月辛酉，从行泉府司沙不丁、乌马儿请，置镇抚司，海船千户所、市舶提举司。"卷二〇五《桑哥传》："桑哥尝以沙不丁遥授江淮行省左丞，乌马儿为参政，依前领泉府、市舶两司。"

> 卷一五："至元二十六年九月，江淮省平章沙不丁言：'提调钱谷，积怨于众，乞如要束木例，拨戍兵三百人为卫。'从之。"

> 卷一六："至元二十七年六月，用江淮省平章沙不丁言，以参政王巨济钩考钱谷有能，赏钞五百锭。"

所以这篇公文里的平章沙不丁即是《元史》里的江淮省平章沙不丁，此时

---

① 此《永乐大典》，自卷一九四一六至卷一九四二六，凡十一卷，称《站赤》，皆录元代驿站制度公文。有东洋文库影印本、中华书局 1960 年影印本（在十八函第一七三至一七五册中）。

② 张译此三人名作"乌拉太""阿勃施加""科耶"（张新译同）；冯译作"兀剌台""阿卜思哈""火者"。

他当仍管市舶之政。据《元史》卷六二《地理志》，泉州路在江浙省（即江淮省，至元二十八年改江淮为江浙）辖内，泉州的市舶当然也由沙不丁管辖。

马八儿，《元史》卷二一〇有传，谓："海外诸番国，惟马八儿与俱蓝足以纲领诸国，而俱蓝又为马八儿后障。自泉州至其国约十万里。"马可书中的 Maabar 即是其地，当今印度东南岸一带地方。由《元史》所言，知赴马八儿当时多在泉州开舶。从泉州到波斯，当然要经过马八儿。

由此我们可以确切地断定，我们所发现的这篇公文里所讲的三位使臣，其时已在泉州，预备由海道赴波斯。这就是马可所说的那三位请马可伴他们航海的波斯使者。中西记载在这一点上完全符合，可以证明马可波罗的话是真实的，他确实到过中国。所可惜者，中文这段记载没有提及马可波罗之名而已。

我们由这篇公文可以推测波斯三使臣自泉州出发的时期。至元二十七年三月，他们当已在泉州，同年八月，因等待命令尚未能走。一两月后，他们当能接到分派口粮的命令。由泉州放洋，因季候风关系，须在十一月、十二月或次年正月几个月内。所以他们应在至元二十七年之末或二十八年之初起程。姑定其在二十七年十二月，以公历计，恰为 1291 年初。这即马可波罗离华之年。

但据一般说法，马可自泉州出发，其时在 1292 年初[①]，与此处所定者相差一年，我们究将何所适从呢？

我以为 1291 年初是比较合理的推测。第一个直接的证据即是上面所引公文的年月。波斯三使既于至元二十七年三月至八月间停留泉州，则于该年末或次年初起程自是最自然的事。在我们未发现旁的证据，说他们曾在泉州逗留二年之久的文件之前，这自然是比较接近事实的说法。

第二个重要的证据是从波斯史上得到的。张星烺译《马哥孛罗游记》第一册第十八章亨利·玉尔注 6 有一段说：

> 哈模氏（Hammer）所著《伊儿汗史》谓阿鲁浑之子合赞为呼罗珊省边防使，来塔伯利次（Tabriz）见其叔凯嘉图，其叔不见。〔归途中〕"遇大使于阿八哈耳（Abhar）地方，大使为其父所遣往大汗庭，求婚于卜鲁罕皇后之宗族者也。此使带回科克清（即阔阔真）公主及大汗礼物。行婚时，

---

① 张译《马哥孛罗游记导言》第二十一节，张新译丹尼森罗斯《导言》，穆尔本导言对此亦无异议。

礼节甚盛。"阿八哈耳在可疾云（Kazvin）之西。[①]

哈模此段所记公主即马可书中所说波斯三使在中国所求之公主。哈模未说明此事发生的年代，实为憾事。亨利·玉尔在此注中继云：

鄙人详查哈模此处，非录自瓦萨甫（Wassaf），或取材于拉施特（即拉施都丁）之书，然鄙人亦不能详究也。由《伊儿汗史》所指日期观之，合赞必遇其新妻于一千二百九十三年之杪，或一千二百九十四年之初。

玉尔先生所定年代，不知何所根据，大约是为了要适合马可于1292年初离华的说法。据马可说，他们的旅程共费时二十六月：自1292年下推二年二月为1294年初，与1292年说适相符合。但玉尔的推定却不很可靠。

玉尔未能详究哈模那段文字的出处，但说或取材于拉施特之书，这是对的。因拉施特《史集》里确有与此相似的记载。《多桑蒙古史》第六卷第三章"乞合都"（即张译本的凯嘉图）一章有一段说：

1293年春，合赞命统将忽都鲁沙（Coutloucschah）留守呼罗珊，自往朝乞合都。然其自阿八哈耳遣赴汗所之使者奉汗命还，命其急还呼罗珊，合赞不从，进至帖卜利司，乞合都遣二使至此强之还镇，及合赞还，忽都鲁沙已败涅孚鲁思。自是以后，涅孚鲁思势遂不振，退入你沙不儿附近山中（见《史集》）。[②]

这段记事未提及合赞遇公主事，但合赞到帖卜利司（即张译塔伯利次）欲见其叔父而被拒一节，二者相同。遇其使者于阿八哈耳事又相同。多桑书里又没有合赞第二次朝见其叔父的记事。所以哈模那段与多桑此段所记实是一事，且皆取材于拉施特的《史集》。多桑引拉施特之书，类多割裂，非尽依原本。此段记事，重心另有所在，可能在作者看来，插入遇公主事，反足碍其记事的一贯性。不过，哈模与多桑所记之同出一源，实无可疑。

---

① 亨利·玉尔本《引言》p.38。按，"大使为其父所遣"玉尔本原文作"大使为彼所遣"，似为合赞所遣者，显误。张译改为"其父"即阿鲁浑所遣是对的。玉尔系根据哈模《伊儿汗史》第二册p.20原文，原文即误作"彼所遣"。〔归途中〕三字是我根据玉尔本原文所加的。

② 冯承钧译《多桑蒙古史》1939年版下册第六卷第33-34页，1962年版下册第245页将帖卜利司译为帖必力思。原文见多桑书第四册第94-95页。

附注：上引玉尔注及多桑书见余大钧译《史集》第三卷，第261页下段至262页上段所记（商务印书馆1986年版）

多桑谓其事在 1293 年春，则波斯使臣所护送的公主即应在这年到达波斯。由此年春上推二年二月（即马可等航行所费时日），为 1291 年初，此即马可离华之年。这与我们所推定的恰相符合。即此一点，已可证明 1291 年初马可离华一说之可靠了。

第三，穆尔（A.C. Moule）与伯希和（P. Pelliot）校刊本马可波罗书第 18 章注 2 引拉木学（Ramusio）刊本一段说：

> 斯时马可先生甫从印度归来，告大汗以该邦新奇事物及航行经过，并称航行之安全。阿鲁浑王之使臣离家已三年，颇思返里，闻此事后即往见尼古拉（Nicola）、马菲奥（Maffio）及马可三人，知彼等亦亟欲归故乡者，乃与定谋，以三使者及公主往见大汗，以马可之言入奏，谓自海上赴阿鲁浑王所，其费甚少，路程较短，实为安全。故乞主上开恩，允彼等由海而行，且以此三拉丁人为伴，以其曾行是海也。大汗不欲舍此三拉丁人，闻奏后颇不悦，又无他法，乃允其请。倘无此正大理由以动大汗，此三拉丁人实不能成行也。

这段文字中，"阿鲁浑王之使臣离家已三年。颇思返里"一句很可注意。据玉尔本马可游记第 17 章注 2 所言，阿鲁浑后卜鲁罕氏之死在 1286 年（元世祖至元二十三年）4 月 7 日。她死后，后位绝不能虚悬太久。阿鲁浑之遣使来华求婚，应在此事后数月内。使臣之离波斯，至迟应在该年之杪。自至元二十三年末下推三年，为至元二十六年之终，该年遇马可，其预备起程当在次年。这和《站赤》公文中所说至元二十七年三月遣使往阿鲁浑大王一事又相符合。波斯使者离家三年，归心似箭，自不致再多停留。这也足为 1291 年初他们离华的一个佐证。

第四，马可书中有一章讲到榜葛剌（Bangala）大省时说：

> 榜葛剌大省位在南方，耶稣降生后一千二百九十年（元世祖至元二十七年），当我马哥孛罗本人仍在大可汗朝廷时候，这地尚未被征服。[①]

马可特别说明 1290 年他在大汗朝廷之事，对于该年以后的事则不提及，这就很自然地令我们想到，1290 年以后他已离开大汗朝廷。按我们所发现的公文上说，至迟在至元二十七年三月（1290 年 4、5 月），波斯使者已奉命出行，马

---

① 此据张新译第 259 页。冯译第 125 章作"班加剌"；穆尔本第 126 章；玉尔本第 2 卷第 55 章。

可当在那时离朝随行，而于该年末，即 1291 年初由泉州出发。若在 1292 年才走，则 1291 年事彼不应不知，尤不应专提 1290 年。这也是马可于 1291 年初离华的一个旁证[①]。

因此我断定马可波罗离华之年为 1291 年初。

由这段记载，可以帮助我们解决马可书中的年代问题的地方应当很多，愿留待海内外贤达之发挥。兹举一例：我们前面所引拉木学一文之下，有穆尔所加数言说：

> 设此为真实不伪，则马可自印度归来之期应为 1289 年。参看伯希和《专名词与东方语之解诂》(*Notes On the Proper Names and Oriental Words*)。

伯希和此文，著者未见，他怎么推定的，不得而知，可能是根据拉木学刊本中"阿鲁浑王之使臣离家已三年"一语算出来的吧。按我们所得的公文上讲，阿鲁浑三使臣既于 1290 年 3 月奉命出使，则其遇马可时当在该年初或上年末，即马可自印度归来之期，自应在 1289 年。

这篇公文中尚有需要说明的地方。文中说，与三使同行者有 160 人，马可则谓有 600 人，两说相差甚多，但也不难解释。公文所说 160 人，是同行的人，其中还有 70 人是"诸官所赠遗及买得者"的人，马可所说的人数，上举 160 人外，其余的恐怕还有一些人是官员们私带的商旅；有些可能还是在公文批后船舶开行前上船的，公文中自无从载其数目了。

其次，这篇公文内未提及马可波罗的名字，自然是很可惜的一件事。但此文既系公文，自当仅列负责人的名字，其余从略。由此可想到，马可波罗在中国的官职，大概不太高贵，因亦不为其同时人所重视。假设他真是像过去有些人所推测的《元史》上的枢密副使孛罗，以二品高官奉使海外，自应居领导地位，沙海丁上呈文时不应不一提其名。因此，想从中文记载里找到马可波罗之

---

① 沙海昂（A. I. H. Charignon）即据马可此言以推定其于 1290 年秋离泉州。他说："观此足证 1291 年时波罗不复在朝，则波罗等于 1290 年秋东北信风起时离泉州（Zayton）矣。顾至泉州以前，须在雨季中（阳历 7、8、9 月）作陆行，则其离汗八里时，殆在阳历 5 月大汗赴上都之时矣。于是波罗居留中国之时间，不能计算 1290 年为全年。"（冯译中册第 125 章第 497 页注 1）。按，《站赤》公文明言至元二十七年（1290 年）三月波斯使臣已到泉州，则波罗等应在其中；该年八月十七日（1290 年 9 月 21 日）尚待命未发，则不可能于秋季离泉州。若云冬季出发，即 1290 年末或 1291 年初离泉州则近于事实。虽然如此，沙海昂的推断较之 1292 年初说更符合当时情况。又，穆尔所引伯希和书名，可能即后出之《马可波罗注》。

名，实在不是一件容易的事①。

〔本文原载《文史杂志》（重庆）（1941 年）1 卷 12 期；后收入《元史三论》，人民出版社 1985 年版〕

---

① 藤田丰八所著《中西交涉史之研究——南海篇》有《宋元时代海港之杭州》一文，引《元史》卷一六《世祖纪》："至元二十八年九月庚申，以铁里为礼部尚书，佩虎符，阿老瓦丁、不剌并为侍郎，遣使俱蓝。"谓此不剌即马可波罗（见何健民译《中国南海古代交通丛考》，商务印书馆 1936 年版，第 196 页）。按，波罗奉使，据《永乐大典》公文，至迟已在至元二十七年三月；其自泉州出发，据吾人推测，至迟应在至元二十八年初；其出使处，乃波斯而非俱蓝；与之同行者，据中西记载，亦非铁里、阿老瓦丁也。

马可波罗到过中国

——对《马可波罗到过中国吗？》一书的回答

继克鲁纳斯等人之后，又有一部堪称怀疑和否定马可波罗到过中国的大轴之作问世。

英国不列颠图书馆中国部主任弗兰西丝·伍德博士（汉名吴芳思）1995 年所著《马可波罗到过中国吗？》一书的出版，引起了国内外有关学者的关注和议论。此前，怀疑和否定马可波罗到过中国的学者也有几位，但只是写些短文或附带提及。这次她却是以 182 页专著的形式进行论证，所引论著 97 种，包括我国学者余士雄主编的《马可波罗介绍与研究》中的论文。除《导言》和《结语》外，还用了 15 章阐发她的宏论，集此前怀疑和否定论者之大成[①]。这部著作值得我们认真研究和评论。限于篇幅，暂将某些要点提出来与之商榷。

一、旧话重提

在《导言》中，伍德博士说，她是从克雷格·克鲁纳斯那里得知德国著名蒙古学者傅海波（Herbert Franke，一译福赫伯）有一篇怀疑马可波罗到过中国的文章[②]。傅氏认为，波罗一家是否到过中国，还是个没有解决的问题。他举出波罗书中一些可疑之点，如在扬州做官、献投石机攻陷襄阳等虚夸之辞以及书中未提中国的茶叶和汉字书法等问题。他说："这些事例使人们对波罗一家长

---

① Francis Wood, *Did Marco Polo go to China*? London, 1995.

② 傅文题为 *Sino-Western Contacts under the Mongol Empire*（《蒙古帝国时期的中西交往》），刊于 *Journal of the Royal Asiatic Society, Hong Kong Branch*, 6. 1966. Hong Kong, pp. 49-72. 其中指摘马可波罗的文字不过一页。克雷格·克鲁纳斯（Craig Clunas）在英国泰晤士报（The Times）1982 年 4 月 14 日《中国增刊》（China Supplement）上发表 The explorer's tracks（《探险者的足迹》），文中引用了傅海波教授的文章，认为马可波罗曾看过某种波斯的《导游手册》。1982 年 7 月号《编译参考》有杨德译文，改题为《马可波罗到过中国没有？》。笔者在《环球》1982 年第 10 期发表《马可波罗与中国》一文，对克氏文提出质疑（《元史三论》，人民出版社 1985 年版，第 127-132 页；《马可波罗介绍与研究》，书目文献出版社 1983 年版，第 52-58 页）。收入本书，即第六章。

期住在中国一说发生怀疑。"伍德博士引用后说，这些论点是卓越的德国蒙古学者对马可波罗声誉地位的非常严厉的挑战，是对一个长期历史疑案的最近、最完备的审查结果，因而不可轻视。她对一般人还不知道这一学术成果表示惋惜。

但是，伍德博士对傅氏的下一段话似乎未多加重视。傅氏在举出前面疑点后接着说："但是，不管怎样，在没有举出确凿证据证明波罗的书（只）是一部世界地理志，其中有关中国的几章是取自其他的、也许是波斯的资料（他用了一些波斯词汇）以前，我们只应作善意解释，姑且认为，假定他还是到过中国。"虽然怀疑，但还强调要有确凿的证据，在没有确证以前，只能是怀疑而已。傅氏是审慎严肃的学者，立论掌握分寸，留有余地。克鲁纳斯和伍德博士则进了一步，全盘否定了马可波罗到过中国，而且把"波斯资料"变成"波斯文导游手册"。他们是否掌握了确实的证据呢？傅氏的看法有无改变呢？

澳大利亚教授罗依果博士的名著《马可波罗到过中国》论文中，全文引用傅海波教授怀疑马可波罗的部分。对傅氏"我们应对其可疑之处作善意解释，姑且认为（假定）他还是到过中国"这句话用斜体英文排出，作为着重点。罗氏接着说，傅氏该文首刊于 1965 年，此后几年的论著，已承认马可波罗真到过中国，称赞其书中记述中国事物之详细而精确。还说，赖有马可波罗，"欧洲才第一次获得有关远东地区的可靠信息"。罗氏说，因此，马可书中虽有显眼的漏写、误记或显然不实的自夸之词而屡遭驳斥，傅氏并不认为这足以有力地贬低马可波罗书的可信性[①]。傅氏于 1998 年 7 月 29 日致函罗氏，对罗氏指责伍德错误引用他 1965 年论文中一时的说法表示欣慰，并说："我想，你已确切地把伍德的学说送入坟墓了。"可见，伍德博士和克鲁纳斯先生把傅氏一时的论点作为否定马可波罗书真实性的重要依据是徒劳的。

应当指出，傅海波教授指出的疑问，前人早已提出。早在 19 世纪 90 年代，英国的马可波罗研究专家亨利·玉尔在其《马可波罗游记·导言》中即指出马可书中有关中国的记载有多处遗漏：（1）万里长城，（2）茶叶，（3）妇女缠足，（4）用鸬鹚捕鱼，（5）人工孵卵，（6）印刷书籍，（7）中国文字，（8）其他奇技巧术、怪异风俗，不下数十；还有许多不确之处：（1）地方名多用鞑靼语或波斯语，（2）记成吉思汗死事及其子孙世系关系多误，（3）攻陷襄阳城一节，玉尔称最难解释。可见玉尔所言马可书中的缺陷和失误，较之傅氏所举更为完

---

① 罗依果（Dr. Igor Rachewiltz）*Marco Polo went to China*，刊于德国波恩大学《中亚研究》（Zentralasiatische Studien）1997 年第 27 期，pp. 34-92。本文所引为 p. 36 正文及注③。傅海波的信是罗依果教授于论文发表后的补充附页。

备，只不过玉尔未曾怀疑其抄自波斯资料而已。

玉尔对马可这些缺失也作了些解释。关于长城，他在正文中说，波罗虽未提长城，但在其书某一章中（指第 1 卷第 59 章）显示，其心目中必有长城。在此文注中又说，不应因作者未提及的事而过多推测。他引用德国著名科学家洪保德（Humboldt）的话说，在西班牙巴塞罗那市的档案里没有哥伦布胜利进入该城的记载，在马可波罗书中没有提及中国的长城，在葡萄牙的档案里没有阿美利加奉皇命航行海外的记载，而这三者都是无可否认的事实[①]。如果只以一部游记没有记载它可以记载的某些事实而否定其真实性为标准，那就几乎可以否定任何一部游记；反之，如果以《马可波罗游记》中所特有而其他游记则无的记载为准则，是否可以否定其他游记的真实性呢？当然不能。那是对作者的一种苛求，怀疑论者却偏偏以此来苛求马可波罗，这很难令人信服。伍德博士信服傅海波教授的简短的论断，对著名东方学家伯希和（Pelliot）为《游记》作的宏篇注释并体谅马可波罗书中的疏失则不以为然（伍书 p.64，后凡引此书者只注页码），只好说是各有偏爱，不能强求了。

二、否认确据

伍德博士笃信傅海波教授，但对傅教授要有"确凿证据"的见解却未加重视，甚至对确实证据也认为是道听途说，得自传闻。兹举二例：

1. 马可书中说，波罗一家得以离开中国的机遇，是由于伴随三位波斯使臣 Oulatay、Apusca、Coja 护送一位蒙古姑娘（原文为 lady）Cocachin（阔阔真）从海道航往波斯。这三位使臣的汉文译名在《永乐大典》卷一九四一八"勘"字韵所引元代的《经世大典·站赤》中有记载，他们叫：兀鲁䚟、阿必失呵、火者，他们是奉旨"取道马八儿（马可书中的 Maabar）往阿鲁浑（马可书中的 Argon）大王位下"的。这和马可书中所记完全一致。笔者据此写过一篇《关于马可波罗离华的一段汉文记载》，证实波罗一家确实到过中国，并订正了他们离开中国的时间为 1291 年初，而非一般认为的 1292 年。此文得到中外学者的

[①] Henry Yule, *The Book of Ser Marco Polo*（*Travels of Marco Polo*），初版于 1870 年，再版于 1874 年，三版经法国学者亨利·考狄埃（Henri Cordier）修订补证于 1902 年，其修补处俱附有考狄埃缩写签名。本文引用者为 1929 年重印的第三版，上册 Introduction, pp. 110-112，并参考张星烺汉译：《马可孛罗游记导言》，第 239-244 页。

认可，美国哈佛大学教授柯立夫并著文申述鄙说①。这两文伍德博士都看过了，但她却不以为然，认为这一故事可能是从其他资料借来的，因为在汉文里或拉施特（Rashid）的《史集》里都没有提到有欧洲人或意大利人伴随那位姑娘（p.32）。柯立夫教授曾指出，该段公文不仅未提马可之名，连蒙古姑娘之名也没有提。伍德博士反驳说，即令承认确有蒙古姑娘之行，也只能说明这又是马可波罗重述的一个尽人皆知的故事，像他重述的远征日本和王著叛乱事件一样（p.137）。

蒙古姑娘出嫁是否尽人皆知？《元史》、元人文集及其他元代文献都无记载。须知，这个姑娘并不是什么皇室之女，只是蒙古伯岳（牙）吾部一贵族之女，不值得大书特书。更重要的是，《经世大典》这段公文是地方官向中央请示出使人员口粮分配问题，那三位使者是主要负责人，非提不可，阔阔真姑娘虽然显贵，但与配给口粮无关，无需提及。至于波罗一家，更不在话下。但若无马可书的记载，我们将无从得知这三位使臣出使的缘由了。拉施特《史集》中简要地记载阿鲁浑汗之子合赞迎娶阔阔真之事，说"遇到了火者[俄译讹作"官员"，波斯原文为 XWAǰH]及一群使者"②，这证实了马可所说三位使臣中只有火者还活着的话。总之，从《游记》的记载中，我们才能对《永乐大典》那段公文和《史集》中的有关记载有个清楚的了解。过去也有不少人看过《站赤》这一段公文，可能由于未和《游记》的记载联系起来，因而未能充分利用这一重要资料。正是由于这一资料，才能从汉文记载中证实马可波罗确实到过中国。伍德博士认为马可所说借自其他资料，但未指出何种资料。实际上，正是由于马可书中的这一段记载，才使《站赤》和《史集》的看来毫不相干的两处资料结合起来，得到圆满完整的解释。

2. 王著叛乱事件，《元史》、元人文集、拉施特《史集》以及马可波罗书中都有记载，是一桩轰动朝野、尽人皆知的大事。马可波罗说，事件发生时，他正在当地。这应当是真的，因此事发生于元世祖至元十九年三月十七日丁丑（1282 年 4 月 16 日）夜间，正是波罗一家在中国之时。他虽未参与此事，但当时在大都，会听人（西域人或蒙古人）向他转说。伍德博士认为马可记此事有误，系取自阿拉伯或波斯资料，而非其本人所见（pp.146-147）。我们承认马可未在出事现场，但事后听人转说则不可否认；他的记载虽不及《元史》翔实，

① Francis Woodman Cleaves: *A Cinese Source Bearing on Marco Polo's Departure from China and a Persian Source on His Arrival in Persia*, Harvard Journal of Asiatic Studies. V. 36, pp. 181-203 (Cambridge, Mass, 1976).

② 见拉施特：《史集》第三卷，余大钧据俄文译汉泽本，商务印书馆 1986 年版，第 261-262 页。

但比之《史集》所载并不逊色且有其独到之处。

马可说，发动此次叛乱的主角名 Cenchu（或作 Chenchu、Chencu、Tchentchou），是个管领一千人的军官，其母、女、妻并为阿合马所污，愤而欲杀之；遂与另一名 Vanchu（或作 Vancu, Wang-tchou）者同谋，其人是一管领万人的军官，二人设计，纠合同党，于夜间杀死阿合马。过去中外学者多以 Vanchu 为《元史》之王著，但马可明言此人为管领万人的军官即"万户"官；而 Cenchu 则为一千户官，汉文译者或称其为陈著（冯承钧），或称其为张库（张星烺），或称张易（李季），或称陈国（魏易）。但陈著、张库、陈国《元史》皆无其人，只译音近似。张易虽有其人，但未直接参与其事，译音亦不合。Vanchu 译音虽与"王著"最近，但非主谋，只是"从犯"。这使马可书注释者感到难解。其实，早在 1927 年，英国学者穆尔（A. C. Moule，或译牟里、慕阿德）即指出，Cenchu 是千户译音，即指王著，Vanchu 是万户译音，即指其同谋者高和尚。这就和《元史》记载基本一致[1]。《元史·阿合马传》说王著"以所袖铜锤碎其（阿合马）脑，立毙"，马可说 Cenchu（千户，即王著）用刀砍下阿合马的头，虽所用武器不同，但效果则一，这就够了，足以说明马可当时是在大都听人说的。伍德博士虽然知道穆尔和伯希和对 Cenchu 和 Vanchu 身份的确证（Identity），但并不重视，仍然认为王著（她写为 Wang Zhu，并附括号 Vanchu!）之名有些神秘，马可此处所述人名、事迹混乱不堪，与《史集》所述同样混乱。又说，穆尔把 Vanchu 作为万户，但 Wang Zhu（王著）据中文记载是千户而不是万户，仍然是混乱不清的。可见，她仍和汉译者一样，认定 Vanchu 即王著（Wang Zhu）的译音，这当然纠缠不清了（p.58）。她的结论是，马可所述取自阿拉伯或波斯资料，又一次引用傅海波教授的依靠波斯或阿拉伯旅行指南说（pp. 146-147）。到底是谁纠缠不清、自造混乱，读者自会公断。

至于《史集》记载此事，倒有些不太清楚。它把发动事变的主谋称为高平章（Gau Finjan），说高是阿合马的同事，对阿合马很嫉视。他和一个装死又复

---

[1] A. C. Moule, *The Murder of Acmat Bailo*，原刊于英国亚洲皇家学会华北分会 1927 年上海版，收入其 *Quinsai with other Note on Marco Polo*, 1957 年剑桥大学版，pp. 79-88。伯希和：*Notes on Marco Polo* pp. 10-11 Acmat 条，p. 236 Cenchu 条，p. 870 Vanchu 条。

活的汉人同谋，杀死了阿合马①。显然，这是把高和尚一人混作二人，而对王著则一字不提，远不如马可波罗的记载。这更可以证明，马可波罗是在事发后不久在当地听人说的。

以上二例，是马可波罗亲身经历和亲耳听说的，足以证明马可波罗确实到过中国。至于他书中记的所见所闻、为其他与之同时或先后的西方人所未记载的，也为数不少，不胜枚举，可以写成书或若干篇论文，已经有人做过了②。但在怀疑或否定论者的眼光里，这些都不值一顾：或就马可所遗漏的事物加以指责，或把马可明确记载的事件指为抄自他书或旅行指南而又举不出任何一部书或指南来。倒是傅海波教授说得好，在没有举出确证以前，还应认为马可波罗到过中国。

三、版本问题

为了否定马可波罗书的真实性，伍德博士在该书的版本上也有一些说法。

马可书的版本或译本确实很多。据穆尔与伯希和的统计，截止在 20 世纪初已有抄写稿本及印刷本 143 种，其中计有 7 种独立的或有联系的版本。伍德博士说，这些本子所用语言或方言不同，出现时代从 1351 年到 19 世纪，而原始的稿本即马可波罗和他的笔录者鲁思蒂谦诺（Rusticiano 或 Rusticello）签名的那本早已失传，其中既有抄录者的错误，又有辗转抄写者的以讹传讹，使之愈加混乱；而从一种语言译成另一语言及一些稀奇的域外名称，随着时间的流逝，距当初的事件及原稿年代的悠远，更使现存的 143 种或 150 种版本内容极不一致（p.43）③。她引用了两位学者对多种版本做的电脑分析结果：一位学者就语汇的极端分歧，认为可能还有另一位代笔人（指如鲁思蒂谦诺——引者）(p.47)；

---

① J. A. G. Boyle, *The Successors of Genghis Khan*, pp. 291-292. 周良霄汉译本：《成吉思汗的继承者》，天津古籍出版社 1992 年版，pp. 354-356。《史集》第 2 卷，余大钧、周建奇译，商务印书馆 1985 年版，第 344-345 页。据蔡美彪先生《拉施特（史集）所记阿合马案释疑》（《历史研究》1999 年第 3 期，第 62-70 页）考证指出：《史集》的高平章实为赵平章，即赵壁，与装死复活的高和尚是两个人，《史集》不误；但赵璧死于至元十三年（1276 年）七月，在阿合马案件之前约 6 年，《史集》误。此文精核细致，附此以纠笔者之失。至于 Vanchu 之为张易，见本书导言第二节第 16 页注①所引蔡文。

② 据个人所见，专著有 Leonardo Olschki, *Marco Polo's Asia*（英译本），Berkeley 1960 年版，此书共 460 页。中文著作有张星烺著：《马哥孛罗》，商务印书馆 1934 年版，共 81 页。余士雄著：《中世纪大旅行家马可波罗》，中国旅游出版社 1988 年版，共 171 页。其他小册子不计。论文有余士雄主编：《马可波罗介绍与研究》，书目文献出版社 1983 年版，收较有价值的论文 37 篇（内有译文 3 篇），全书 446 页。《中西文化交流先驱——马可·波罗》，商务印书馆 1995 年版，共 379 页。此书后的新论文未计在内。

③ 按，据穆、伯统计，其 7 种乃指 143 种的分类而言，非另有 7 种版本。

另一位学者则认为有一串人根据其惯用的语词参与工作（p.50）[①]。伍德博士说，由于马可书原稿早已遗失，这些被分析的版本都非原著，其分析结论还难以绝对证实，但随着时间的推移与人们对中世纪东方认识的迅速扩展，我们只能得出这一结论，即现在残存的版本中，有许多人在原版的基础上增添了不少篡改的东西（pp.47-48）。

应当承认，伍德博士这些说法有些是可以接受的。穆尔、伯希和在为《马可波罗寰宇记》写的《绪言》中也有类似说法。他们指出，马可书的真版（原版）是个奇异复杂的问题。此书可能流行一时，颇有声誉，但这一声誉不仅未使它得到珍藏保护，反而毁坏了它，以致没有一本遗存的稿本称得上是完整的或正确的。不仅如此，经过检查的稿本中，都有一些错误和遗漏，似乎这些稿本都来源于一个稿本，但非原稿，而是一个早已残坏的稿本。我们甚至不得不承认，即令原稿完整，也可能有（实际上也有）一些严重的未经改正的笔误，它是用粗陋的、夹杂着不少意大利文的法文写的，连当时译者也有些困惑难解。因而每个抄写者由于受其个人观点和切身利益或意图的影响，从一开始就自以为是，对该稿加以省略、摘录、意译，造成不少错误和错译。结果是，在我们检查过的近120部稿本中，没有两部是相同的，这并非夸大其词[②]。

双方在认为原稿已佚、现稿有误这一点上，意见是一致的。但着重点不同：前者强调的是，现存稿本是后人增添的；后者则认为，现存稿本有许多遗漏和错误。前者的目的在于否定马可书的真实性；后者的目的在于填补该书的缺遗和订正其错误。因而，前者写了一本否定马可波罗到过中国的书；后者则综合各种版本，出了一部百衲本式的《马可波罗寰宇记》，并写了一部极有功力的《马可波罗注》。孰是孰非，应由事实来说话。

阿合马被杀事件，仅见于拉木学（G.B.Ramusio 1485—1557年，也译赖麦锡）意大利文译本。如前所述，此本最接近历史真相，伍德博士却对拉木学本横加指责。意大利马可波罗研究专家贝内戴托教授（L.F. Benedetto）仔细分析了拉木学版本，他认为该版是在意大利历史学家皮皮诺（Fr. F. Pipino，一译劈

---

① 伍德书第7章 p. 50 注④，引 M. G. Capuzzo, *La Lingua del Divisament dou Monde di Marco Polo. 1*, Morfologia Verbale, *Bib-lioteca degli Studii Mediolatini e Volgari* (new ser.) V, (Pisa, 1980), p. 33（卡普佐：《马可波罗寰宇记的语言：动词语法》，载《中古拉丁语与俗语研究集》〔新系列〕1）；Critchley, *Marco Polo's Book*, p. 12 et seq。

② Marco Polo: *The Description of the World*, The introduction, p. 40.

劈奴）的拉丁文译本基础上并增以其他稿本的重要记载而成[①]；穆尔、伯希和引用拉木学的原话说，他从友人处借到一本古老的拉丁文稿本，与其他稿本比较后，认为可能是从马可波罗的原稿中抄来的。他以此为底本并参照其他稿本编成一书。穆、伯二氏对此版本极为重视，指出阿合马被刺事件为本版独有，至关重要[②]。伍德博士则认为，拉木学本与皮皮诺本很不相同，他增加了许多生动夸张的故事，所述波罗一家返回威尼斯事，犹如阿拉伯的《天方夜谭》；他增加了许多不见于现存版本中的章节，虽然有趣却令人困惑，而且都不像出自马可波罗或鲁思蒂谦诺之手。她说，拉木学可能认为这样做会帮助其主角使其书更为丰满和有趣（pp.45-46）

但是，对于仅见于拉木学本的阿合马被杀事件，她却未能指出是拉木学个人增添的，只是说，这是重述尽人皆知的故事（p.137）；或说，马可记此事件之不清是由于他未见此事，是依靠阿拉伯或波斯史料（p.146）；或说，这些二手资料也许不是马可本人之误而是别人所为（p.147）。总之，没有明确点出拉木学之名。如前所述，马可记此事之明确仅次于汉文记载，若非其本人在大都，是不可能得到这一消息的。

当然，马可的书经过后人辗转抄写，笔误、遗漏、增添等情况也可能有[③]，但总是少数，不会影响本书的主体结构和内容，更不会抹煞本书的真实性。伍德博士和其他怀疑论者，也没有举出任何确切的资料证明此书是抄自阿拉伯、波斯的书或导游手册，只是做了一些揣测或推论而已。

① *Marco Polo: The Description of the World*, The Introduction, pp. 44-45。亨利·玉尔说，皮皮诺为意大利波罗那市人，天主教多明我（Dominican）派修道士，曾著法兰西史，拉木学称皮氏拉丁文译本在 1320 年写成，又有人称其译本曾经马可波罗本人审订，但玉尔未予肯定。见其英译本《马可波罗游记》导言 p. 95，张星烺：《马哥孛罗游记导言》第 207-208 页。

② *Marco Polo: The Description of the World*, The introduction, p. 40.

③ 伍德举出马可书中最末篇记那海（Nogai）战败脱脱（Togta）事，谓此记事仅见于托莱多（Toledo）译本（即 z 写本——引者）。据拉施特《史集》，此役在 1298 年至 1299 年间。因而不可能为马可及鲁思蒂谦诺所知，除非将马可书《引言》所称其书写成于 1298 年之说打一折扣。此必系对原版之"增改"，可见早期即有不少对原书之"增改"与错误之添补云云（p. 147）。按：那海与脱脱之战不仅见于 z 写本，其他版本亦有记载，但不及 z 写本之详赡。亨利·玉尔在此战役注释中已发现此事发生于 1298 年至 1299 年，而对马可此时已在威尼斯，认为难以处理（玉尔书第 2 册 p.498）。穆尔、伯希和：《马可波罗寰宇记》p. 489 加注说，此段似欲脱拉不花（Tolobuga，为那海所杀——引者）之二子有一幸福结局者所为，据史家言，此系事实。也有人认为有后人增添的可能。我国学者冯承钧指出，脱脱、那海第一次战争"在波罗还国之后，殆为出狱后续有所闻补述之语也"（《马可波罗行纪》下册，第 840 页），可供参考。总之，无论此情节系个人续补或他人所加，在马可全书中也仅此一例，且系记波斯史事，不能证明马可波罗未到中国。

四、漏载释疑

要求一部旅行记或地理志事无巨细、小大不弃一一记录下来，是一种不切实际的苛求。以此为标准判断一本书的真伪，未免过于轻率。伍书却恪守傅海波教授的成规并加以发展，写出专章，指责马可波罗所漏记的事物。

（1）瓷器。马可波罗讲到福建刺桐（泉州）附近有一名 Tingiu 城出产一种碧蓝色（azure）瓷器，远销世界各处。这说明马可书中已提及中国的瓷器。伍书（pp.65-66）却以伯希和对 Tingiu 的勘同（认为是浙江的处州，见其马可书注 p.856——引者）及把 azure 认为是青瓷器色，都与 Tingiu 这一地名对不上号，而断言茶、瓷器、妇女缠足三者都被遗漏而令人困惑不解（p.75）。难道她真认为马可波罗未谈到中国的瓷器吗？这倒是个新发现[1]！

（2）印刷。伍德认为马可波罗提到纸币，但未提印刷术（p.68）；又说，马可讲到行在（杭州）风俗时，提到人死后其亲属用纸制人、马、骆驼、奴婢的像和纸币等焚烧以殉，但未说明这些是印刷品；马可所经城市如福建为印书中心，杭州有书商聚集的橘园亭等，马可皆未述及（pp.70-71）。按，马可波罗曾多次提及纸币，当时纸币是印刷品，当然说明对此并不陌生。但他是商人子弟，正如伍书所说，他是以商人的眼光，习惯于注意商品情况如珍贵产品及货币价值等，与作为传教士鲁布鲁克的观察重点不同（伍书 p.64.）。当时欧洲还没有印刷术和印刷品，怎能要求他说出印刷术这一名称呢[2]？

（3）汉字。她说，传教士鲁布鲁克的《东游记》中，曾提到中国字（汉字）的写法，但马可书中却未提及汉字。意大利学者奥勒斯吉（Leonardo Olschki）对此事的解释是，像马可波罗这样缺乏文学的或精神方面创造力的外国人，很难接近或接受中国的语言和文字。伍书反驳说，很难想象，在一个发明了纸而文字又极受崇敬的国家中，一个自称在元朝做官的外国人，竟会不注意蒙古和中国的书法或对之毫无兴趣（pp.69-70）。按，此说与实际情况不符。据《元史·崔斌传》，至元十五年（1278 年）时，江淮行省的官僚（当指蒙古及西域人——引者）竟"无一人通文墨者"。元末明初文人叶子奇著有《草木子》，他在《杂俎篇》中说："北人不识字，使之为长官或缺正官，要题判署事及写日子，七字钩不从右七而从左十出转，见者为笑。"当然，有些蒙古人和西域人还是读书识

---

① 在汉译伍德书中已把此项改为筷子。在 1996 年美国版第 75 页中，已不提瓷器而另加"筷子"。
② 关于印刷术，请看拙著《马可波罗在中国》（南开大学出版社 1999 年版）第 106 页注①。

字的，不过为数不多。当时在各官府中一般设置翻译人员，有译史，从事笔译，有蒙古译史（为西域人翻译）；有通事，从事口译，蒙古语称怯里马赤。因此，不通汉语或汉文并不妨碍一个外国人在中国从事各种活动。至于拿马可波罗和鲁布鲁克相比，更是不伦不类。后者是学识渊博的天主教士，他不但注意汉字，也提到吐蕃（西藏）人、唐兀（西夏）人和畏吾尔人的书写方法，这是一个学者的眼光和兴趣。马可波罗是商人，他关心的是各地的物产、工商业和一些奇风异俗。以他的文化水平，很难顾及文字尤其是难识的汉字，虽然他在使用纸币时也会看到上面印的汉字①。

（4）茶叶。马可书中没提到茶叶，这又是伍书中怀疑的一点。她说，杭州街市中茶馆很多，他们一家应该光顾品尝，即使不去，也不应毫不提及；很难想象，一个在中国住了 17 年的人竟对此大众饮料不予理会（pp.71-72）。按，傅海波教授在指出此项空白后说，这可能因为马可不爱喝茶或蒙古人没有招待过他茶。此说有一定道理，但伍书未引用。奥勒斯吉说，马可波罗对他本国人不了解和不赏识的事物就不愿谈，这可以解释他未提茶的原因。对此，伍书也只字未提②。笔者在反驳克鲁纳斯那篇说马可波罗没有到过中国的文章中说："马可波罗书中没有提到中国的茶，可能是因他保持着本国的习惯，不喝茶。当时蒙古人和其他西域人也不大喝茶，马可波罗多半和这些人来往，很少接触汉人，因而不提中国人的饮茶习惯。"此文转载在余士雄主编的《马可波罗介绍与研究》中，伍德博士是看过的，却没有评说。此后，黄时鉴教授发表《关于茶在北亚和西域的早期传播》③一文，精密细致地补充了笔者的看法，此文她可能未曾寓目。

（5）缠足。晚于马可波罗来华的意大利方济各派教士鄂多立克（Friar Odoric of Pordenone）曾提到蛮子省（南中国）的妇女以缠足为美，而马可书中却无此记载，伍书认为不可理解。她说，如果代笔人鲁思蒂谦诺认为煮茶一事不可信或对之毫无兴趣而不予记载的话，为何对妇女缠足这一奇特风俗也置之不顾呢（p.72）？她随即对缠足史作一简述：缠足在宋代（960—1279 年）上层社会妇女中已盛行，至 20 世纪初叶，除最贫穷农家妇女须在田间劳动而不缠外已遍及各阶层，但满族与蒙古族妇女则不缠足。她说，也许可以为马可波罗辩解说，

---

① 关于汉字与印刷术，请看拙著《马可波罗在中国》（南开大学出版社 1999 年版）第 106 页注①。

② 奥勒斯吉在《马可波罗的亚洲》一书中几次提到此问题，参见 p. 130 正文及注⑪，p. 432 正文及注⑬。他指出，方济各教士（可能指鄂多立克——引者）的游记中也未提及茶，可能蒙古人不喜欢用茶作饮料。

③《历史研究》1993 年第 1 期。

假定他们一家在中国的话，那时缠足还不普遍，而缠足妇女因不能远行，使外国旅客很难见到；也可以说，由于汉族妇女处于封闭状态，马可波罗很难见到上层妇女，他描述的只是地位低下的不缠足的商人妇女，她们可能为夸耀其富有而遛街，遂为外国人所见，马可波罗可能在蒙古统治的松弛日子里见到不缠足的妇女吧（pp.72-73）。说了这些似乎为马可波罗开脱的话后，伍书话锋一转说，尽管如此，鄂多立克却在他的回忆录中描述了南中国妇女缠足的情形。很难设想马可波罗见不到这种情形，而虔诚的、无权进入像马可波罗宣称的上流社会的鄂多立克反倒能略述其情（pp.73-74）。

关于缠足，中国的零星记载和专著很多，不必多说。大致是，北宋神宗时期（1068—1085年）已有此风，尚不普遍，至南宋则流行较广，但仍限于上层社会及大城市中，且是从北方传到南方的。到元朝，则南方妇女也相率缠足，"以不为者为耻"了①。但北方在辽、金、元统治时期，契丹、女真和蒙古族妇女不会缠足，统治者也不会提倡，流风所被，对社会当会有一定影响。张星烺先生说，辽、金、元的统治者，"鄙弃汉人风俗。淮以北，南宋时，人即多改胡姓，衣胡服，操胡语。缠足一端，吾人亦可推想当时北方未必为习尚也。马可波罗居中国十七年，大半皆在北方。其所有记载，亦以北方为最详。当其官南方时，富贵人家之妇，或甚少见，或因记载简略，而有缺也。泰定帝时（1324—1328年），高僧鄂多立克《游记》所载妇女以缠小足为美一节，亦在杭州所见者"②。这些话值得重视。至于鄂多立克为什么能看到妇女缠足，可能因为：（1）他是从海道抵达广州，到福建的泉州、福州，北上至杭州和南京，经扬州沿大运河北上至大都的，在南方停留时间不会太短，因而能看到缠足的妇女。（2）据他说，他在杭州停留时，曾向基督徒、撒剌逊（回回）人、偶像教徒及其他人等打听该城的情况，并由该地与他同教派的4人带他到佛寺参观访问，关于缠足情况可能从这几人处得悉，甚至亲自看到。他说，他曾"经过一个贵人的院墙下"，这个贵人有50个少女侍奉，关于留长指甲是生长名门的标记及妇女以缠足为美的描述紧接上段记载，可能是亲自听到或见到的③。

可注意的是，统观他的《东游录》，所到之处虽不少，而且是工商业发达的

①此句见元人陶宗仪：《辍耕录》卷一〇《缠足》条。论缠足专书有姚灵犀：《采菲录》，天津书局1938年版；高洪兴：《缠足史》，上海文艺出版社1995年版。后书参考前书而有考证。

②张译《马哥孛罗游记导言》，第242页。

③见何高济译：《鄂多立克东游录》，中华书局1981年版，第83-84页。此译本系据玉尔（Henry Yule）的 Cathay the Way Thither 第二卷译出。本节"经过一个贵人的院墙下"，玉尔附录的意大利文作"到过贵族的宫廷"，似更为符合实情。

城市，但很少记载工商业繁盛的情况。讲到蛮子省，他只笼统地说："此邦的百姓都是商人和工匠。"这是指整个长江以南的中国，他到广州（他称为新迎兰，censcalan），见到的是偶像教徒、极大的船舶、大鹅、以蛇宴客；在泉州见到的是基督教堂、偶像教徒、各种生活必需品，特别是糖；在福州则见到公鸡和无羽的母鸡，用水鸟（鸬鹚）捕鱼；在杭州（cansay，行在）这个他称为"全世界最大的城市"中，他看到和记载的也只是人口多、桥多，有基督徒、伊斯兰教徒、偶像教徒。在统计了人口数目后，仅说："此外有基督徒、商人和其他仅从该地过路者"；在扬州，他提到有聂思脱里派（景教）教堂、基督徒和盐税的收入；在一个叫索家马头（Sunzumatu）的城市，提到盛产丝和有大量商货；他在汗八里（大都）住了3年，有6章描述元代国都情况，但除了描绘大可汗的宫殿及其生活，还有他和他的同教徒在皇宫中的职务外，竟无一语提及该城工商业的情况[1]。而马可波罗每到一地，必大谈该地"人民以经商和手艺为生"，"人民多以经商和做生意为生活"（Cacanfu，河间府）；长芦镇（Cianglu）的盐及其制作方法；距长芦镇5天路程的济南路（Ciangli，伯希和勘同为德州），沿途经过许多城市集镇，商业兴旺；离开济南路向南走6天，经过许多富庶繁盛的集镇城市，人民以商业和手工业为生[2]。如此之例，不胜枚举。这只是北方的情况，对鄂多立克所到的南方城市如泉州、福州、杭州等处工商业繁荣发达情景的叙述，更是饱含激情，大书特书。原著俱在，人所共知，毋庸赘述。

以上絮语旨在表明，二人的身份不同，兴趣不一，视角有异，对所见所闻的事物自然各有侧重，记载或详或略，不能要求一致。以一方所记为准，因对方失记或误记而指责之甚至宣布其为抄袭或伪书，在情理上或逻辑上都是站不住脚的。

再说缠足。如前所述，缠足主要是上、中层妇女的装束，下层社会的劳动妇女一般不会缠足。元末明初朱元璋的马皇后（宿州人）相传是大脚，应该有根据。至于贵族妇女，一般很少出门，不熟的外人来访也回避不见。出门则坐轿子或马车，也不会露出小脚。马可波罗在杭州即见到有盖的马车供一家男女出游[3]。至于鄂多立克记述妇女缠足，可能是从当地的基督教士处听到的，这些教士因久住当地，在传教时可能到居民家见到此景而告诉鄂氏。

---

① 见何译本《鄂多立克东游录》，第64—68、72—80页。玉尔英译本 pp. 178-204、209-240。

② 分见张星烺译：《马哥孛罗游记》，第263—264、266、267、268页。*Marco Polo: The Description of the World*, pp. 298、301、302。

③《马哥孛罗游记》，第313页；*MarcoPolo: The Description of the World*, p. 334。

最后，再回答伍德博士对笔者的一个误会。由于我在辩驳克鲁纳斯那篇怀疑马可波罗到过中国的文章时没有就缠足问题为马可辩护，她就断言说："这无疑是因为当代中国人对旧时那一风俗的恐怖和厌恶，并认为西方人对缠足的兴趣是对中国人的侮辱。"（p.138）这是误解。很简单，克氏文章中既然未提此事，我何必多费笔墨呢？

（6）长城。伍书专辟一章，名曰《他漏掉了长城》（pp.96-101）。她说："这一遗漏乍看起来很糟糕，但值得争论的问题是，长城在 13 世纪是什么样子以及当时它是否存在。"这倒抓住了问题的要害。她指出，现在所见的长城是明朝开始用砖石建造的，而以前的长城则是用黄土筑成的，不过，经过捣碎夯实的加工仍很坚固，至今仍有遗迹。她引用了伴随英国使臣马戛尔尼（G. Macartney）于 1793 年（乾隆五十八年）抵华的副使斯汤顿（G. Staunton）的《记事》：他浏览了当时的长城后，对马可波罗未提长城而引起人们怀疑一事猜测说，是否当时长城尚未存在呢？他又为此事辩护，认为这是由于马可波罗回国后，未能及时把其旅行情况向人宣布，待以后离开故乡多时，才从过去零散的记录中口述于人，因而出现了编辑上的错误。他又从威尼斯道奇（Doge）图书馆中引用了一段有关马可波罗到中国的路线：抵达喀什噶尔（今新疆喀什）后，他折向东南，过印度的恒河至孟加拉，沿西藏山区至中国的陕西、山西最后到达大都，而无需穿越长城。对此，伍氏当然不以为然。但她是在亨利·考狄埃后再次举出了第一个说出马可波罗未提长城并为之辩护的外国人，这对马可波罗学的研究也是一个贡献。

伍书引述了瓦德伦（Arthur N. Waldron）的一篇论文《长城问题》[①]，文中关于秦、明之间未修筑，使长城几乎不见的论点后说，虽然现在北京北部和东北部的砖筑长城是在波罗一家东游后修建的，但泥土筑的城墙遗址，如从西安穿过沙漠到敦煌的火车上仍触目可见，而商代的土筑城墙在郑州仍有遗存。因此，在 13 世纪应有夯实的城墙存在，从西方到中国来的人很难见不到它，马可波罗的这一遗漏是显而易见的。

关于长城，我国的历史记载和研究成果颇为丰富。在秦始皇修筑万里长城以前的春秋战国时代，各国已在其境内修筑城墙以防外敌。秦朝以后，除唐、北宋、辽和元朝以外，历代都有修筑。但就其规模之宏大，城垣之坚固，气象之雄伟，使见之者叹为奇观，攻之者踌躇不前的，恐怕只有明朝修筑的至今仍

---

① 刊于《哈佛亚洲研究学报》1983 年第 43 卷第 2 期。

巍然屹立的万里长城了。伍文所引斯汤顿《记事》中提到马可波罗到中国时长城尚未存在，他心目中的长城是明代修的长城，元朝时当然不会有。伍氏说，从西安到敦煌的火车线上仍可以看到泥土筑的城墙遗址，这有可能。但有两种情况：一是看到的是较高的碉楼，这是古代在城墙沿线修的瞭望和防守建筑，这些碉楼英国考古学者斯坦因（A. Stein）在敦煌附近发现不少。二是看的人要有一定历史知识。斯坦因是以考古学者的身份来探察的，他不仅看到碉楼，而且在碉楼之间拨开流沙，发现用苇秆和泥土交缠在一起筑成的城墙①。伍氏既然研究马可波罗，留心长城问题，当然会认真观察一般人忽略的长城遗址了。马可波罗，一个商人的儿子，学识不高，对中国历史毫无所知，他能对断壁残垣或突起的碉楼感兴趣并告诉旁人吗？

即使对马可波罗来华前金朝所修的"长城"，马可书中也没有记载。关于金代的"长城"，前辈学者王国维在其《金界壕考》②一文中有详尽考论。他说，金代并无长城之称，见于史者只称"边堡"和"界壕"。"界壕"是"掘地为沟堑以限戎马之足"，"边堡"是"于要害处筑城堡以居戍人"。这是为了防御其周边的民族，特别是蒙古各族而修筑的。这些界壕和边堡在元朝还有遗存。据王国维文中统计，成吉思汗时期的邱处机（长春真人）、元世祖即位前的张德辉、即位后的王恽，都曾路过其地，留有记录。马可波罗经常往来大都（今北京）和上都（今内蒙古正蓝旗），自应经过界壕，但他却视而不见，无动于衷。其原因应是，前三人知道金朝界壕，故能触景忆旧，而马可不然。此其一。这些界壕和边堡已堙塞或荒废，无可观者，不足触发马可的好奇心情。此其二。总之，无论从客观环境或主观素养，马可波罗之不提长城，并不值得人们大惊小怪。

顺便提一下亨利·玉尔对马可波罗未提长城的解释。在《导言》中，他说："书中未提长城，但吾人有理由相信，当马可波罗在他口述某一章时，他心中所指，定是长城。"玉尔指的是该书上卷第 59 章《天德省及长老约翰的后裔》所述该地"即吾人所称之葛格（Gog）与马葛格（Ma-gog），而彼等则称为汪古（Ung）与蒙古（Mungul）"。玉尔注释此段时认为，马可在提及葛格与马葛格时，其心目中实际上是指西方传说的"葛格与马葛格壁垒（Rampart of Gog and Magog）"，即传为亚历山大王所筑的壁垒，此处则指中国北边的长城。玉尔并附一明代所筑的长城插图，图下注云："葛格与马葛格壁垒。"

---

① 见向达译：《斯坦因西域考古记》，中华书局 1945 年版，第 119-120 页；Aurel Stein, *On Ancient Central-Asian Tracks*, pp. 168-169。碉楼原文为 watch-tower，一般译为瞭望塔。其书中并附有塔的图片。

② 《观堂集林》卷一五。

按，玉尔旁征博引，证明马可波罗曾隐约暗示长城的存在，看来似有道理，但也值得推敲。首先，马可波罗不可能看到雄伟的明代长城，因而不会联想到"葛格与马葛格壁垒"。其次，他可能听到汪古、蒙古与葛格（冯承钧译写为"峨格"，甚可注意）、马葛格发音有相似之处，因而生此联想。当然，这一带是汪古部族的地盘，而汪古部是为金朝防守边墙的；还有一说，在蒙古语中称边墙为汪古①。因此，马可波罗是否因此而联想到"葛格与马葛格壁垒"也未可知。总之，玉尔的推测很有意思，可备一说，但把明代长城认作元代的则是明显的错误。

笔者因此联想到，一些人（伍德博士除外）把马可波罗未提长城作为他没来中国的论证之一，多半是把明代所修、至今仍存的长城认为古已有之，或把明修长城作为标准，认为明代以前所筑长城也应有此规模，马可波罗不应看不到，因而对他苛求、怀疑，以致否定他到过中国②。

如笔者前面一再指出，因一部书没有记载它可以记载而因某种原因失记的东西，便怀疑、否定其真实性，这不合情理，也很难服人。遗憾的是，具体到马可波罗这部书，有些人却以其所漏载的事为把柄和突破口，大作文章加以指责和否定。笔者之所以多费笔墨，与之辩说，以维护马可波罗来华的真实性，实是迫不得已。两千多年前的孟子说过："予岂好辩哉，予不得已也。"笔者颇有同感。

五、结语评析

伍德博士在其书中的最后一篇即《结语》部分，对马可波罗的书及其人作了结论。此篇扼要地谈出她的见解，值得一读。笔者顺便也补充一些前面未及评说的问题。

首先，她指出，这本书不是一部旅行志或简单的游记。此前，她在第五章中就以《不是旅行志》的标题和用 9 页多的篇幅表述她的看法。大意是，除了开头的《序言》（共 18 章——引者）外，其旅行路线忽东忽西、迂回曲折，令

---

① 此说见汉译拉施特《史集》第 1 卷第 1 分册，第 229-230 页。大意是，金朝皇帝为防御蒙古及附近游牧族，筑一道城墙，此墙"在蒙古语中称为兀惕古[atku]"，附注①说："B 本、贝书（贝列津本）作 anku（贝译作 oиry）。"按，oиry 即汪古（——引者）。据《元史》卷一一八《阿剌兀思剔吉忽里传》，他是汪古部人，"金源氏堑山为界，以限南北，阿剌兀思剔吉忽里以一军守其冲要"。按，这些即王国维所指的金界壕。

② 黄时鉴、龚缨晏二先生《马可波罗与万里长城——兼评〈马可波罗到过中国吗？〉》一文（《中国社会科学》1998 年第 4 期），对长城历史做了细致翔实的考察，有力地批驳伍氏的论点。

步其后尘的旅行者难以跟踪，有些地方甚至使为之注释的亨利·玉尔也感到困难。此外，除《序言》外，她对书中很少提及波罗一家甚为吃惊。据她统计，全书只有 18 处提到马可波罗或其一家。她说，这不是一本个人见闻录而更像一部地理或历史著作，一部味道浓厚的旅行指南。

按，马可波罗所述旅行路线确有迂曲之处，但大体上仍有线索可寻。亨利·玉尔所指难点只是从永昌到缅甸国都以及缅甸与老挝之间一段而已，其他地方并无大困难，有玉尔所制旅行路线图可证。所举只有 18 处提名事更令人怀疑：书中不提名而用"我"或"我们"字样的地方不胜枚举，难道伍德博士所据的 Latham 版本《马可波罗》没有这些字样吗？

其实，是否叫《旅行志》并不重要，马可波罗也没叫他的书什么名称。伍德博士的这一指责，在于否定马可来华的真实性，这才是问题的要害所在。

在《结语》中，作者除了简要指出此书误导了一些追踪马可波罗的足迹者，不是游记只是一部《寰宇记》（Description of the World）外，还从宏观方面提出：有些人可能有一种预感，认为 13 世纪晚期和 14 世纪早期人们对地理学知识已逐渐需要，受此驱动，遂编写此类书籍。她举出了阿魁（Jacopo da Acqui）、博韦（Vincent of Beauvais）、曼德维尔（Sir John Mandeville）都编过世界历史和地理等书[①]，拉施特（Rachid al-Din）也用阿拉伯文（按，应为波斯文——引者）写过世界史（即《史集》——引者）。她说：曼德维尔的书曾大受欢迎并被译为多种欧洲语言，但终被揭露为赝品，乃剽窃 15 种以上资料而成者；对比之下，马可波罗的《寰宇记》经鲁思蒂谦诺之修饰扩充与此后译者的增添，虽为二手资料，却与曼氏命运不同而享誉后世，至今不衰。将马可书与曼德维尔书相提并论，言外之意，不问可知。

伍德博士进一步指出，《寰宇记》中旅行路线之缺乏连贯，"可能"由于鲁思蒂谦诺之鼓励，使一旅游记扩大为世界历史、地理著作，因而加进了一些不相干的内容，如俄罗斯、日本等地区和古代战争故事等。又说，作为一个职业传奇故事作家，鲁思蒂谦诺"也许"是想利用人们对记载域外奇异事物书籍的普遍需要，"可能"在听了马可波罗讲的奇异故事后，提请与他合作，遂成此书。她说，其时尚无印刷术和版权问题，写一部稿件很难发财，但鲁氏此前曾借英

---

① Jacopo da Acqui 为马可波罗的同时人，所著书名 Imago Mundi（世界形象），是地理书。其中记有马可波罗与其父、叔自蒙古回家，在与热那亚战争中被俘，在狱中口述其世界见闻录。Vincent of（de）Beauvais（1190—1264 年）1244 年著书名 Speculum Historiae（历史通鉴），是一部记自开辟以来到 13 世纪的世界史书。Sir John Mandeville，英国作家，自称 1322—1356 年周游世界后著《游记》。

国王储之助得以完成其文学创作①，此次仍想借此书取得英王的恩惠也颇有"可能"。请注意：在这一段说明中，她连续用了"possible""may""maybe""perhaps"等揣测猜度词语。

以下，伍德博士又就《寰宇记》的资料来源发表她的看法。她承认，这是一道难题，但仍提出了她的答案：（一）"假如"马可波罗从家中得到书面材料，他家中应该有到东方经商的资料，而且，"也许"有波斯文的商人指南一类书；"可能"还有波斯文历史著作，其中有关于古代战争以及他们从未经历过的俄罗斯和日本的描述。（二）唐代阿拉伯人对中国的记载，如写于公元851年的《中国印度见闻录》、14世纪初期拉施特的《史集》、中期的白图泰（或译拔都他）游记②，是《寰宇记》的另一史源，因其记载和以上三书有很多类似之处。她举出《寰宇记》和《史集》关于王著谋杀事件的叙述同样混乱不清作为证明。其实，如笔者前面所说，二者的记载并不相同，前书较后书更接近实情。她虽然知道《史集》和《白图泰游记》出书在后，马可波罗不可能看到，却说，马可波罗与白图泰关于中国的某些记载的相似颇引人注意，以致傅海波教授认为，马可波罗"可能"或"也许"（might、perhaps）是依靠一种波斯或阿拉伯的中国指南书，使他和白图泰的叙述趋于一致（p.146）（笔者未见傅教授论及白图泰的文章，只知他提到马可波罗与波斯文史料的关系，伍德此书中也常引用，但偏偏这里未注出处，令人纳闷）。她又说，有人曾寻找这种指南书，遗憾的是，13世纪是"波斯通俗读物的黑暗时代"，这类读物还没有找出来。

"虽然如此，"她接着说，马可波罗之"可能"依靠阿拉伯或波斯史料，从他书中所用词汇以及对中国南方巨大体形之鸡的描述与拉施特、白图泰所记者相似而得知。"假如"（if）他在狱中从其家中获得波斯文指南书或波斯文蒙古征服史等记载，他当会取得原始资料。

伍德博士既然认定马可波罗所用的是二手资料而非其本身见闻，则其本人的未到中国自然是顺理成章的事了。那么，马可波罗这些年到哪里去了？请看伍德博士的答案。

---

① 指鲁氏曾从英国太子爱德华处得见当时已颇闻名而抄本甚罕见的《环桌传奇》小说，节录而编为《梅柳杜斯》（Meliadus）一事。见亨利·玉尔书上册《导言》，pp.58-60。

② 白图泰（Ibn Battuta，或译拔图塔、拔图他，全称伊本·白图泰，1304—1368年或1369年），非洲摩洛哥国丹吉尔港人。1325年出游，历阿拉伯、波斯、中亚、印度等地，1342年（元顺帝至正二年）后到达中国，1354年回国，1355年口授成书。原为阿拉伯文，有法、德、葡萄牙等国译本。汉译本有张星烺节译其记中国部分（参照德译及亨利·玉尔英译本，《中西交通史料汇编》第二册，中华书局1977年版）及马金鹏自阿拉伯文全译本《伊本·白图泰游记》（宁夏人民出版社1985年版）。

　　她的第一句话是：遗憾的是，假若马可波罗不在中国，在 1271 年到 1295
年间他究竟在哪里却无可证明。随后，她提出自己的见解：在《序言》中所记
马可波罗的父亲和叔父的第一次东行并遇到某些贵人事，是唯一具体的实证。
他们家中的"金牌"（作为颁布给使臣的通行证——引者）可能作为与一蒙古君
主（虽然不一定是忽必烈汗本人）有过高级接触的实物见证。他家族中曾为金
牌问题发生一次争论（在《寰宇记》完成后的 1310 年），"或许"（might）是由
于马可波罗并未到过中国而他却声称去过［因而要求一件金牌］；"或许"他父
亲和叔父到东方做了一次冒险旅行，得到几个金牌回来，而马可波罗在狱中却
窃取其名，写于书中，作为自己的荣耀。她又指出马可波罗的叔父玛菲奥
（Maffeo，一作 Matteo，汉译玛窦——引者）在 1310 年的遗嘱中暗示过马可波
罗曾觊觎这些金牌中的一枚。她说，不管他们家族中有多少金牌以及马可波罗
是否从大汗手中得到一枚，写在遗嘱中的这一争论似乎更有特殊意义（p.148）。
言外之意无非是说，马可波罗既未得金牌，当然未到过中国；反之，既未到中
国，当然不会有金牌。

　　玛菲奥遗嘱中是否提到他和马可波罗有过金牌之争还是问题。穆尔英译《马
可波罗寰宇记》中有此遗嘱，说他们从大汗（忽必烈）处得到三枚金牌，但未
提和马可波罗为此物发生争执。只是译者穆尔在注金牌时说："关于金牌归属问
题，马可与其叔父玛菲奥似乎有些争论（There seems to have been some dispute。
见该书 p.555 注 1）。"这只是揣测之词，并未肯定。在其《导言》中虽译举玛
菲奥的包括三枚金牌在内的全部遗产，却未声明和马可波罗有什么争执（该书
pp.28-29）。澳大利亚大学教授罗依果博士（Dr.Igor De Rachewiltz）在其重要论
文 Marco Polo Went to China（德国波恩大学《中亚研究》1997 年 27 期 pp.73-76）
中，对此事作了详尽的剖析，认为伍德博士是被穆尔揣测性的注释所误导。并
说，在未得其他重要证据以前，只能将其作为不值得认真考虑的问题而摒弃之
（pp.75-76）。伍德博士把此事作为马可波罗未到中国的把柄可以休矣。

　　在把《寰宇记》分为两部分，即《序言》中记他父亲和叔父第一次东行（她
认为可信）和马可波罗参加的第二次东行（她认为是传说和地理、历史记载的
混合物）后，她再次对此书的资料来源作一概括。她认为，一是来自家庭：他
家中对近东及近东以外情况的熟悉以及他父亲和叔父到蒙古哈拉和林（即和林。
本书屡称波罗兄弟到和林见忽必烈，不确——引者）的旅行，会提供不少资料
和［对他有价值的］出发点（即前文说的跳板——引者）。他在克里米亚的家和
君士坦丁堡的营业寓所，会得到一些有关域外供旅行和经商的波斯文指南书、

地图和历史等资料。二是来自书籍:《寰宇记》和拉施特《史集》有关中国的记载有许多相似之处，二者一定有共同的关于地理和蒙古历史的书面资料以及关于东方的奇事如长老约翰、火鼠（Salamader，即石绵，中国旧称火浣布——引者）等的口头传说（pp.149-150）。

伍德博士虽不厌其烦地追究《寰宇记》的史源，但对马可波罗究竟在哪里，却只能说："遗憾"而无从落实。本来是到过中国，硬说没来，所以很难自圆其说。既肯定或怀疑其没到中国，却又不能确定其在 20 余年间的所在。笔者见到有的报刊转载伍德此书的概要说，那时马可波罗可能是住在他们家族设在黑海东岸或君士坦丁堡的一个贸易站。但伍书并没有这么肯定，只是说马可波罗大概最远不过到过上述的贸易站而已（p.150）。

假如上述两地为《寰宇记》的信息来源一说尚可接受的话（因为马可波罗来华时会由该地出发），那么，波斯文指南和拉施特书一说就很难讲通了。因为，不仅迄今谁也没有见到过波斯文指南书，即令见到，也应两相对照，分清是非。对此，伍德博士也只得用"遗憾"来解脱了。至于拉施特《史集》的来源，史学界已有定论，那是用波斯文、阿拉伯文的已有历史著作，蒙古文的《金册》等文字资料，通过蒙古人孛罗丞相、两位中国学者和其他国家和民族的人士，由拉施特总编而成，这些资料马可波罗是既无机会也无能力得到和读懂的。如前所说，王著事件二书所记就不相同。至于因其和白图泰所记巨形鸡相同而断定《寰宇记》和《白图泰游记》同出一源，更是以偏概全。二人先后到过中国，所见事物相同，各自为记，乃自然之事，何足为奇。果如所言，似乎白图泰也没到过中国了。

总观全书，伍德博士虽用力甚勤，多方论证，但给人的印象是揣测、推论的多，实证的少，说服力不强。马可波罗的书确实有些错误失实、夸张虚构之处，如说蒙古攻陷南宋襄阳是他们一家之功，这不仅不符合事实，也与中国文献记载和拉施特《史集》不同，显然是自我吹嘘。但其所记内容则大致不差，说明他是在中国听到的；由于与《史集》不同，说明他和《史集》不是一个来源。关于在扬州做官三年之说，也很难找到证据，有的版本说他"居住"三年。其他的错误也不少，有的是道听途说，以讹传讹，有的是记忆失误，有的是不通汉语所致。但其中确有不少记事准确可供参考并与汉文记载可相互印证之处。如断罪体罚以七为准（即笞、杖七、十七……一百七），这是元朝刑法的特点，其他的西方记载皆无，为本书独有（当然不能以此责难其他记载）。又如书中记镇江说，耶稣降生后 1278 年（元世祖至元十五年），有一聂思脱里派基督教徒名马薛里吉思（Marsarchis）者在此城任官三年，建两座基督教堂。马薛里吉思《元史》无传，也不见于《元史》中的本纪、志和其他列传中，不是重要人物，但在元文宗至顺四年（1333 年）所修《至顺镇江志》中却有几处提到他："马薛里吉思，也里可温（元代称基督教徒）人。至元十五年授明威将军、镇江路总管府副达鲁花赤，因家焉。尝造七寺。"①人名、年代、教派、建寺都与马可波罗所记符合（马可称建寺二所，可能只见到二所，或其他为以后所建）。如此之例，尚有多处，若非在中国亲见或亲闻，何能如此巧合。若说是抄自波斯文指南，试问，哪有如此内容丰富的指南书可抄？

伍德博士在《结语》的最后一段，对《寰宇记》作了一个总评。她说，虽然她认为马可波罗足迹最远不过他家设在黑海与君士坦丁堡的贸易站，但《寰宇记》仍不失为了解中国的有价值的信息来源，把它和阿拉伯、波斯、汉文文献结合对照，在总体上（虽不在细节上）仍有印证作用。这倒是公道话。可惜在否认马可波罗到过中国的大前提下，这几句话已失去分量，不为人所注意了。

马可波罗到过中国，这是本文对伍德博士书的回答。

（原载《历史研究》1997 年第 3 期）

---

① 《至顺镇江志》卷一八。

马可波罗描述的忽必烈大汗

马可波罗于 1275 年来到中国，1291 年离华，在中国的时间为 17 年。在中国期间，除几次自称奉大汗命出使各地外，大部分时间是在中国北方。在其《游记》（《寰宇记》）中，记述忽必烈大汗方方面面的文字有 28 章（此据冯承钧译本），占了全书内容的 11.9％，从中看出马可波罗有很多机会跟随忽必烈大汗的左右。他对大汗的外貌、性格、政绩以及日常生活也相当熟悉。本文选取了《游记》中有关大汗的部分记述，以说明马可波罗所描述的忽必烈大汗的形象。

马可波罗认为，忽必烈大汗为"诸君主之大君主或皇帝"，是"人类远祖阿丹（Adam）以来迄于今日世上从未见广有人民、土地、财货之强大君主"，并认为"彼实有权被此名"[①]。这种评价是否有夸大失实的成分？最好对照一下中外史家对忽必烈大汗的评价。

萨囊彻辰在其《蒙古源流》中评价忽必烈大汗："治理大国之众，平定四方之邦，四隅无苦，八方无挠，致天下井然，俾众庶均安康矣。"[②]

《元史》对忽必烈的评价为："其度量宏广，知人善任使，信用儒术，用能以夏变夷，立经陈纪，所以为一代之制者，规模宏远矣。"[③]

波斯史家瓦撒夫（Wassaf）说："自我国（波斯）境达于蒙古帝国之中心，有福皇帝公道可汗驻在此处。路程相距虽有一年之远，其丰功伟业传之于外，致达吾人所居之地，其制度法律，其智慧深沉锐敏，其判断贤明，其治绩之可惊羡，据可信的证人，如著名商贾、博学旅人之言，皆优出迄今所见的伟人之上。"[④]

前二则引文为中国史家分别从蒙古史和中国史的角度对忽必烈大汗的评价。其对蒙古史和中国史的认识和熟悉程度，远较马可波罗为甚，因而非常准

---

① 冯承钧译，党宝海新注《马可波罗行纪》第 75 章，河北人民出版社 1999 年版，第 277 页。
② 萨囊彻辰《蒙古源流》第四卷，道润梯步校译，内蒙古人民出版社 1980 年版，第 196 页。
③《元史·世祖本纪》卷十七，中华书局 1976 年点校本，第 377 页。
④ 冯译第 75 章〔注二〕，第 277-278 页引文。

确和符合实际。马可波罗作为一个对中国史和蒙古史所知不多的西方人，当然不会对忽必烈大汗的地位有如此深刻的认识，他只能从他自己的亲眼所见、亲耳所闻中产生对大汗的认识和评价。第三则引文则与马可波罗对忽必烈的评价属于同一层次，但他对忽必烈的称赞之词有过之而无不及。

忽必烈大汗是否真的"实有权而被此名"？笔者认为，马可波罗的评价不无道理。当时的元王朝实现了空前的统一，经济繁荣，社会安定，国家强盛。正如时人所说："皇元继宋御宇，奄有诸夏。櫜弓偃钺，天下戢其威；蠲征缓狱，而天下颂其平。维兹海邦，远在千里之外，慈仁所加，无间轩轾。故诏书每下，斥卤之氓，岩穴之叟，投缗植耒，欢喜出所，诚可谓千载一时，太平混合之嘉会。"[1]虽有溢美之词，但大致可信。

更为重要的是，元帝国还是一个开放的国家，对来华的外国人持欢迎的态度，甚至还给予一定的优待，马可波罗来华后受到忽必烈大汗的喜欢和器重，自称多次被派遣出使各地。这一方面使他对大汗产生崇敬和爱戴之情，另一方面也使他有机会亲眼目睹帝国疆域之广大和社会之繁荣。通过与他游历所经的欧洲、西亚等各国的对比，产生忽必烈大汗为"今日世上从未见广有人民、土地、财货之强大君主"的想法。

再从马可波罗所居住和认识的西方世界来看：

意大利各城市分立，且常有纠纷。马可波罗回其故乡威尼斯后，在一次与热那亚城市海战时战败被俘。他的《游记》是在狱中口述，为另一囚犯所一记的。在意大利的罗马教皇名义上是西欧共主，实际上毫无威信。欧洲各国纷争不已，与大一统的元帝国有天壤之别。因此马可波罗赞扬忽必烈大汗威力的话并不过分。

关于忽必烈大汗的容貌，马可波罗记述如下：大汗风度蹁跹，看起来让人赏心悦目[2]。"不长不短，中等身材，筋肉四肢配置适宜，面上朱白分明，眼黑鼻正。"[3]我们可以从忽必烈大汗的画像中一睹大汗的风采，《元史》中虽无关于大汗容貌的详细记载，但我们仍然能够通过一些中外史料印证和补充马可波罗的记述。

据拉施德《史集》，忽必烈出生时，"当时成吉思汗注视着他，说道'我们

---

① 戴表元《剡源文集》卷一"仁寿殿记"，四部丛刊本。
② Moule and Paul Pelliot: *Marco Polo: The Description of the World*. p. 204.
③ 同 p. 204，冯译第 82 章第 32 页正文，303 页〔注一〕。

的孩子都是火红色的，这个孩子却生的黑黝黝的，显然像（他的）舅父们'"①。
这里说忽必烈出生时皮肤较黑，但不能说明大汗成年时皮肤也是黑色的。从他
的日常生活看，大汗绝大部分的时间是生活在大都或上都接见群臣、处理国事
的宫中，再加上其食品主要以奶肉等为主，因此马可波罗说忽必烈大汗"面上
朱白分明"也不无道理。

马可波罗说忽必烈大汗为中等身材，四肢匀称，这符合蒙古人的体质特点。
约翰·普兰诺加宾尼在其出使蒙古后写的《蒙古史》中记述蒙古人的容貌："他
们中的绝大部分腰是细的，但也有少数例外，他们的身高几乎都是中等。"②赵
珙《蒙鞑备录》也说："大抵鞑人身不甚长，最长不过五尺二三，亦无肥厚。"③
从上述记载可以看出马可波罗所记之准确性。

马可波罗还记述了忽必烈大汗的诞生日以及庆祝活动。马可波罗认为忽必
烈大汗的生日为九月二十八日，查《元史·世祖纪一》忽必烈"以乙亥岁八月
乙卯生"④。乙亥年为 1215 年，而八月乙卯即八月二十八日（公历 9 月 23 日）。
为什么会有这种差别？对照一下英、法译文的原文，就可以解释清楚。

英、法译文的原文都作九月二十八日，此处的"九月"的原文是"the month
of September"，"du mois de September"，可见是指西方历法；而"二十八日"
的原文则是"the 28 day of the moon"，"le vinghuitieme jour de le lune."无疑是
指中国历法。冯承钧译本《马可波罗行纪》作"大汗生于阳历九月即阴历八月
二十八日"为意译，是确切的。只是当时马可波罗并不清楚这两种历法的区别，
否则，他会直接说大汗的诞生日为八月二十八日。其实，马可波罗的说法与《元
史》完全一致，只不过他用了阴阳合历而已。这是偶然的巧合，还是他亲自在
大都或上都听说的？无疑是后者。因为大汗的诞生日是当时最重要的、举国以
至邻邦皆知的盛大节日，要举行隆重的庆贺活动。马可波罗在大都和上都生活
的时间较长，当然应该知悉此事，甚至躬身与会，这从他描述节日盛况的详细
以及与中国史籍的记载基本符合即可推知。

关于大汗生日的庆祝活动，马可波罗记述道："在这一天，除文武百官穿同
一色服装（只孙服）外，其他宗教教士如偶像教士（佛教）、基督教士、犹太教
士及萨拉逊人（伊斯兰教士）及其他种人，都要向其崇拜的神祇燃灯焚香、歌

① 拉施德《史集》，"忽必烈合罕纪"，第二卷，余大均、周建奇译本，商务印书馆 1985 年版，第 281 页。
② 道森《出使蒙古记》，吕浦译，周良霄校，中国社会科学院出版社 1983 年版，第 7 页。
③《王国维遗书》十三，《蒙鞑备录笺证》，上海古籍出版社 1983 年版，第 2 页下。
④《元史·世祖本纪》卷四《世祖纪一》，第 57 页。

唱祈祷，求其神主保佑皇帝健康长寿、平安幸福。"这一仪式在《元史·礼乐志·天寿节受朝仪》中无记载，在《元典章·礼部一·庆贺圣节拈香》虽有较详说明，但提到的宗教参与人数只有儒生和僧道，而在元代寺庙的"圣旨碑"中才有诸如"和尚（僧）、也里可温（基督教士）、先生（道人）、答失蛮（伊斯兰教士）不拣什么差发休当者，告天祝寿者"一类的文字。所谓"告天祝寿"即"专与皇家告天祝寿"①。犹太教士当然也参与祝寿活动，因为元代也有许多犹太人来华（称主吾、主鹘或术忽），但汉文史料中尚未发现他们祝寿的记载，《游记》诸版本中也只有穆尔与伯希和的《马可波罗寰宇记》英译本（p.222）引 P 本（皮皮诺本）有此说法，弥足珍贵。

马可波罗接着记述了另一盛大节日新年，他说："新年开始于二月份，这一天，全国自皇帝、臣僚以及人民一律穿白衣举行庆贺，称为白节。"

按，中国旧历新年一般在西历 1 月下旬至 2 月中旬之间，马可波罗说在 2 月并不全面，可能他对中国新年多半在西历 2 月与西方新年在 1 月不同而感到新奇值得一提吧。这一看法对他已经成为思维定式，他说大汗生于九月是指西历 9 月，中国八月，即可说明。

蒙古旧俗，以白为吉，恰如马可波罗所说，他们认为白衣是幸运和吉祥之物，因称元旦为白节。注释家亨利·玉尔说，蒙古人迄今（指 19 世纪末）仍称正月为白月②。《元朝秘史》第 202 节记成吉思汗做皇帝时，"建九脚白旄纛"旗；第 216 节记成吉思汗封兀孙老人为别乞（巫师首领），让他"骑白马，著白衣，坐在众人上面"可以为证。其反证是，明朝建立后，汉人新年绝不穿白衣。中亚帖木尔王朝的沙哈鲁遣使臣朝见永乐皇帝，元旦前一日即被告知，次日见皇帝时不许穿白衣白袜和戴白帽，说那是丧服，怕他们仍沿袭蒙古礼节③。

据《元史·礼乐志·元正受朝仪》（卷六十七），元旦这天，并无人人衣白的记载。这可能是史家认为衣白是不言而喻的事；更可能是，《朝仪》是汉人儒者于至元八年制定的，他们可能不喜欢元旦衣白而有意回避此事，但从《朝仪》说"御宴之服，衣服同制，谓之质孙"（质孙或只孙，蒙语指一色服），可以推想是暗示一色白服。《朝仪》记朝贺礼有几次"拜""鞠躬"，"拜""兴"，"山呼""再山呼"，"跪左膝""三叩头"等礼数，以及"圣躬万福""溥天率土，祈天地之洪福，同上皇帝、皇后亿万岁寿"等祝辞，则和马可波罗所记大致相同。注

---

① 蔡美彪《元代白话碑集录》，科学出版社 1955 年版，第 21 页。
② 亨利·玉尔本《游记》上册，第 392 页注①。冯译第 89 章第 337-338 页正文，第 339 页[注五]。
③《沙哈鲁遣使中国记》，何高济译，中华书局 1981 年版，第 125 页。

释家法人颇节将马可波罗所记与《元史》比较后，认为二者有"惊人的相似"处（ressemblance etonnante，冯承钧译为"若合符节"）；亨利·玉尔认为颇节此注是极有兴趣、值得注意的诠释。

马可波罗又说，在这一天，群臣、人民以及各国都要向大汗贡献贵重礼品，而且以九倍计。《朝仪》有献礼明文，如"后妃、诸王、驸马依次献礼毕"，"文武百寮……礼部官押进奏表章、礼物……宣礼物舍人进读礼物目"等，但未提到所献何物，而马可波罗所述礼物种类则颇详细。至于礼物以九倍计，一也为《朝仪》所漏载，但不乏旁证。如《元史·祭祀志六·国俗旧礼》（卷七十）说"每岁驾幸上都，以六月二十四日祭祀，谓之洒马奶子。用马一，羯羊八（共九牲——引者），彩缎练绢各九匹，以白羊毛缠若穗者九"以祭天。成吉思汗赏契丹人耶律留哥之妻姚里氏"河西俘人九口，马九匹，白金九锭，币器皆以九计"[1]。

打猎为我国北方游牧民族较崇尚的一项活动，元统一全国后，承平日久，社会安定，打猎遂成为全国非常盛行的休闲娱乐活动。不仅大汗、贵族定期组织打猎，地方官、军队以及民间也在元政府允许的时间和范围内集体打猎[2]。马可波罗在其书中记载大汗打猎的内容较丰富，有四章之多，这一方面反映出马可波罗可能亲自参加了大汗的狩猎活动，对大汗的这一活动很熟悉；另一方面也反映了当时打猎之盛行。

马可波罗首先写了大汗的猎户，"猎户应行捕猎鸟，以所获之鸟与大兽献于大汗"，"其数居猎物之半"，"其远道未能献肉者，则献其皮革，以供君主制造军装之用"[3]。马可波罗的记述基本上是正确的。《元史·兵志四·鹰房捕猎》说："元制自御位及诸王皆有昔宝赤，盖鹰人也，是故捕猎有户，使之致鲜食以荐宗庙，供天庖，而齿革羽毛又皆足以备用，此殆不可缺者也。"马可波罗所说的"所获之鸟"除指一般鸟类外，还应指捕猎用的鹰鹘，《元典章·兵部五·打捕》之"休卖海青鹰鹘"中记载"钦依圣旨，打著海青好鹰鹘休教卖了，买了的人有罪过者"，"如有打到海青好鹰鹘，如法收养，本处官司相验是实，申覆本管官司呈省施行"[4]。这则史料印证了马可波罗所说的所获之鸟"献于大汗"的记述。

关于猎户的管理，马可波罗说"大汗有两男爵为亲兄弟，一名伯颜，一名

---

① 《元史》卷一四九《耶律留哥传》，第3514页。

② 《元史》卷一百一《兵制四·鹰房捕猎》，第2599-2601页。

③ 冯译第91章，第343页，354页［注一］。

④ 《元典章》三十八《兵部五·打捕》。海王邨古籍丛刊本，1990年版，第564页。

明安",他们"各统万人"随大汗打猎。查《元史》大汗御位下有打捕鹰房官八所,大汗统领的打捕鹰房人户(包括民匠户)共 1304 户分布于大都、中都、益都、泰安、卫辉、平阳等地[①]。马可波罗对元代的典章制度所知不详,不通汉语,他不可能知道忽必烈大汗的猎户(打捕鹰房)的组织形式,他对大汗猎户的记述只能停留在事物的表面,不全准确。他说的大汗的两男爵伯颜和明安,《元史》中同名者不少,但皆对不上号。[②]

另外,马可波罗记述大汗的猎鹰"爪上各悬一小牌,以便认识"(冯承钧译本);张星烺译本为"它们脚上带着小银牌,上面写着属主和看守人的名字";穆尔和伯希和英文本为:"have a little tablet of silver tied on their feet for recognition",其意与张星烺同[③]。这种记载有疏误。据《元典章·兵部五·飞放》载:"至元二十一年十一月二十一日,鹰房子撒的迷失说称,俺为上位的鹰失了,与诸人的鹰鹞分辨不得,上奏呵,奉圣旨:'百姓的诸人鹰鹞,每脚上栓系的牵皮使用黑色皮子者,休用红紫杂色皮子'。"[④]上述公文的时间为至元二十一年,公历 1284 年,其时马可波罗在中国(1275—1291 年),他的表述有误,可能是听旁人传说而致误。银牌较重,妨碍飞行;皮牌较轻,上面书写有主人的名字。因此应该是可信的。就是说大汗的鹰脚上系着红紫杂色的皮子而不是银牌,上面可能有文字以说明其身份。

马可波罗对大汗打猎的地点和时间也有说明,与《元史》所载基本相符,

---

① 《元史》卷一百一《兵制四·鹰房捕猎》。

② 冯译第 93 章《管理猎犬之两兄弟》[注一]引戈尔迭本第三册七十页,认为《元史》卷一百三十五之《明安传》即《行纪》之明安。但传中未提其有兄名伯颜者。党宝海新注《行纪》第 347 页注(1),引伯希和《马可波罗注》卷一 401-402 页注 Cunici 释为"贵由赤"即"快行者"(按:党引注页误)。伯氏注者为 572-573 页 Cuiucci, Cunici 为另一版本之异体字,冯译即据此。伯氏同意《元史》之《明安传》即《行纪》之明安。他又指出,《明安传》未提《行纪》中以贵由赤管理猎犬的任务。他解释说,可能此非主要任务。党氏引我国学者张长利在《蒙古、满(女真)及突厥人的围猎术语》论文中指出,Cunici 实作"Garci",元代译为"火儿赤""豁儿赤",意为"配弓矢环卫者"(文载《西北民族研究》1996 年第 2 期,第 39 页)。此说似可取。但 Cunici 如何转为"Garci"则是难题。查伯氏注 190 条所录 12 种版本异体写法中除冯译本之 Cunici 外其他 11 种尚无与 Garci 相同者,特别是不见 g 与 r 两字母。张氏同页注(9)引邵循正《语言与历史——附论〈马可波罗游记〉的史料价值》一文,认为马可波罗书此处的读音殆非径自蒙古人。是否如此,笔者不敢肯定。《元史·明安传》,记其领贵由赤的任务是"岁护驾出入,克勤于事"。从至元二十二年(1285 年)起,他即对西北一带征伐。在其"护驾"时,是否领猎犬事,史无明文,既无其兄伯颜其人,其事只能存疑。何况冯译"古尼赤(Cunici),此言管理番火之人也",张译"贵由赤(Cuiuci)意思是'照顾猛犬的人'",与"快行者"意义相差甚远。

③ 冯译第 94 章,351 页,只说"爪上各悬一小牌",未言"银牌";张译 183 页则提及"银牌"。与穆、伯英译本在第 230 页同。

④ 《元典章》卷三十八《兵部》五《鹰鹞颜色牵皮》条,海王邨本,第 566 页。

兹不具论。

最后，马可波罗说大汗行猎时，坐在有四只大象牵拉的华丽木车中，飞鸟飞过时从笼中放出其最宠之海青（即海东青——一种最猛的鹰）以捕之而取乐（冯译第 94 章，第 351-352 页）。关于象车，王颐教授《马可波罗所记大汗乘象的真相》一文有详备解说（载于台北《历史月刊》2000 年 11 月第 154 期，第 40-44 页）。

从上可见，马可波罗以一个外国人的眼光，从一新的角度记述了忽必烈大汗的形象，他的记述与中国史家过分注意制度和军国大事，而不注意外表形象和日常生活的记述方式不同，这正可以补充汉文史料之不足，这也是《马可波罗游记》的史料价值所在。

（原载《陋室文存》，中华书局 2002 年版）

关于元代回族史的几个问题

（一）探马赤军和回回军

长期以来，一些研究回族史的同志多把元代的探马赤军作为回回人组成的军队，又因探马赤军在平时"下马则屯聚牧养"，也曾"随地入社，与编民等"（并见《元史》），因而认为这些探马赤军逐渐变成了农民，成为后来回回农户、回回村落的主要来源。这一说法，直到 1982 年印刷的《回族简史》，依然不变。

我认为，这一说法不确，应予辩正。

（1）首先，应该弄清楚，探马赤军是由什么人组成的。这是问题的关键。

《元史》卷九八《兵志》说："若夫军士，则初有蒙古军、探马赤军。蒙古军皆国人，探马赤军则诸部族也。"这是《元史》对探马赤军的解释。这个解释过于简略而不明确，给治史者带来不少难题。从字面上看，似乎是说，蒙古军由蒙古人组成，而探马赤军则由蒙古人以外的各个部族组成。但是，元代部族很多，元末人陶宗仪的《辍耕录》上列举当时的部族说，蒙古人有七十二种，色目人有三十一种，汉人有八种。虽然数目并不确切，但总是不少。即令除去蒙古人不计，单色目人和汉人也不少。何以见得探马赤军一定是回回军呢？此其一。

其二，假如各部族的军队都称为探马赤军，为什么在《元史》上还经常出现"汉军""契丹军""女真军""色目军""回回军""阿速军""唐兀军"等名目呢？

要弄清楚问题，不应该从定义出发，而应该从事实着手，即探讨探马赤军组成的情况。

据《元史》记载，探马赤军是在成吉思汗十二年（1217）令其大将木华黎伐金时组成的。组成探马赤军的部族是弘吉剌、兀鲁兀、忙兀、札剌儿和亦乞烈思五部，这五部都是属于蒙古的部族，统帅他们的五部将如阔阔不花等，也都是蒙古人①。这说明，最早组成的探马赤军，不是色目人，而是蒙古人。而且从时间上看，两年以后，即 1219 年，成吉思汗才西征回回国，探马赤军当然不可能由回回人组成。

当然，这只是探马赤军初期组成的情况。随着蒙古的西征，确有许多被征服的部族被编为探马赤军。据《元史》及《元典章》等书所载，色目人之编为探马赤军者，有畏兀儿人、康里人、阿速人，此外还有汉人。可以推想，其他色目人，如回回人，也有编为探马赤军者，但至今还没有发现有关记载。从而可以设想，即令回回人中有探马赤军，也不会很多，否则不会毫无记载。

既然探马赤军主要由蒙古人组成，为什么《元史》上说"蒙古军皆国人，探马赤军则诸部族也"，这不是自相矛盾吗？应该怎样理解"诸部族"的意义呢？

最早对"诸部族"提出解释的是俄国的帕拉基主教，他认为诸部族是"从异民族，如契丹人、突厥人等征调的军队"。日本蒙古史学者箭内亘则认为诸部族是"指蒙古人以外之北族，即契丹人、女真人等"②。这些解释，都和最早的事实不合，只不过望文生义，在字面上和《元史·兵志》所说的协调而已。

波斯史学家拉施特在其名著《史集》中，有几句解释探马的话，值得注意。他说：

> 探马军，也就是被指定从各千人队、百人队中抽出人来组成的军队，被派赴某地区长期驻扎者。③

这就是说，探马赤军是从各支部队，即千人队（千户）、百人队（百户）中抽调出来而组成的混成部队。由于各千人队、百人队原来是属于各个部族的，因此，探马赤军也就是各（诸）部族组成的军队了。拉施特虽然无从知道《元史·兵志》上关于探马赤军的说明，但他上面的话却是《元史·兵志》所说"探马赤军则诸部族也"这句话的最好的注解。

总之，从探马赤军的民族成分看，它与回回人的关系并不大，虽然不能排除其中有回回人，但为数不会太多，更不能把探马赤军和回回军等同起来。

（2）其次，谈一谈探马赤军的屯田、入社问题。

《元史·兵志》在论及蒙古军和探马赤军的职守时说他们"上马则备战斗，下马则屯聚牧养"。一些同志认为"屯聚"即是屯田，"牧养"即是牧畜工作。

---

① 参看拙著《元代的探马赤军》，《中华文史论丛》第 6 辑，1965 年。
② 参看拙著《探马赤军问题三探》，《南开学报》1982 年第 2 期。
③ 参看商务印书馆汉译《史集》(1983 年) 第一卷第一分册第 160 页正文及《探马赤军问题三探》。

这当然可以。但《元史》上很难见到探马赤军屯田的例子。《元史·兵志》"屯田"部分未见记载，只在《顺帝纪》有一条，即"至元三年十二月，命阿速卫探马赤军屯田"（卷三九）。但阿速人（今俄罗斯高加索山脉北部一带）并不是信奉伊斯兰教的回回人①。由此而引申为探马赤军的屯田区即为后来各地的回回营或回回村，并无直接的历史根据。在元代，探马赤军主要用于行军征伐和镇戍各地，屯田不是他们的重要任务。至于"牧养"，探马赤军在各地确实占了不少牧场，但都是些"牧马地面"，也就是为骑兵而设，由此而引申为"后来回回农户之多以牧放牛羊为副业的开端"②，未免牵强。

关于探马赤军的入社问题，也是值得怀疑的。

《元史·食货志》确实有"至元十年，令探马赤随处入社，与编民等"的记载，但这只是一道纸上公文，并未认真执行。《元典章》中有两宗文件，说明了真实情况。一条标题是《复立大司农司》，至元十一年颁布。里面说，由于"探马赤等军户推避不肯入社"，因而"圣旨到日"，要他们"并行入社"。又一条标题是《蒙古军人立社》，发于至元二十九年。大意是，蒙古军和探马赤军人若与"汉人民户一同入社"，则军队数目易被地方官吏得知，这是不合军事保密体例的，因而他们请求各自另行立社。这一要求得到圣旨允许③。可见，自至元十年到二十九年，关于探马赤编入民社问题一直悬而未决，最后还是以保持军队数目机密名义，让他们独自立社了事。探马赤军主要任务是征战和镇戍，而社是个农业生产组织。在战争频繁的年代，他们南征北讨，从事生产时间很有限，因此，他们是否成立了社以及是否参加生产，实在难说，很可能流于形式，甚至连形式也没有，仅成一纸空文。而我们一些同志仅仅根据至元十年的一道命令，就认为"大约从此以后，就有大批的回回军士在社的编制下，进行农垦，取得普通农民的身份"④。这也应当斟酌。

以上两点，旨在澄清探马赤军和回回军的区分以及探马赤军入社的真实情况，说明探马赤军的民族性并不显著，只是一种特种部队。至于它的名称、组织、性质和作用等，学术界研究者颇多，有些还有争论。这里就不重复了。

（3）最后要说明的是，我们虽然不承认探马赤军就是回回军，但并不否认

---

① 《庚申外史》曾称阿速军为绿睛回回，这和《元典章》卷五七《刑部·禁宰杀》称术忽（犹太）为术忽回回一样，是把回回作为一种泛称西域人的广义用法，并不意味这些人信伊斯兰教。

② 《回族简史》，第6页。

③ 《元典章》卷二三，户部卷之九。

④ 参看杨讷《元代农村社制研究》，《历史研究》1965年第4期。

回回军的存在。蒙古西征时，就有不少被征服的回回人编为军队，也有一些上层人士率其部属投降，他们以后被迁到中国，从事征伐。见于《元史》者，如元世祖至元七年七月"签诸道回回军"，至元八年九月"签西夏回回军"，至元九年五月"罢签回回军"，说明回回军确实不少。这也足以作为探马赤军不是回回军的一个证明。回回军既然散布诸道，为数甚多，无疑是回族的一个重要来源，也就不必用探马赤军的材料来作根据了。

（二）三种不称回回的回回人

在元代，除个别例外，回回这一词指的是信奉伊斯兰教的中亚突厥人、波斯人和阿拉伯人。但是，当时还有一些中亚民族，虽然信奉伊斯兰教，却不称为回回，而是以原来的部族名称知名。这些人实际上是回回人的一部分，是回族的一个来源，因而应该称为回回人，也偶尔被称为回回人，虽然当时还不普遍。据我所见到的资料，这些人有三种，即阿儿浑人、哈剌鲁人和一部分畏兀儿人。

（1）阿儿浑又称阿鲁浑、阿鲁温、阿剌温、合鲁温等名，是居住在中亚七河（Semirechye）流域至楚河（Chu）流域，即今吉尔吉斯共和国全部及哈萨克斯坦共和国一部分地区的突厥部族。在元代，他们是信奉伊斯兰教的，这有许多证据。首先，阿儿浑人居住的地区是哈剌汗或喀喇汗王朝（10 世纪中叶到 13 世纪初）的中心区域，而喀喇汗王朝从 10 世纪中叶后就信奉了伊斯兰教；其次，在元代，许多阿儿浑人的名字都用伊斯兰教的教名，如阿合马、哈散、木八剌等，而且多与回回人通婚；最后，元末又有径称阿儿浑人为回回人之例。如王祎《王忠文公集》卷二〇《漳州路达鲁花赤合鲁温侯墓表》说：

迭里弥实，字子初，合鲁温氏，西域人也。

而同书卷十四《书闽死事》则称：

迭里弥实者字子初，回回人也。

《元史》卷一九六《忠义传》即据此文称迭里弥实为回回人。可以想见，到明朝，阿儿浑一名已被回回一名所代替了[1]。

---

[1] 参看拙著《元代的阿儿浑人》，《南开史学》1983 年第 1 期

阿儿浑既与回回为一种人，因而见于《元史》的"阿儿浑军"①，当然可视为回回军。

（2）哈剌鲁即唐代的葛逻禄，突厥诸部之一。最初住在北庭西北、金山之西（今新疆准噶尔盆地），其后徙西突厥十姓可汗故地，尽有碎叶（前苏联中亚的托克玛克）、怛逻斯（前苏联中亚的江布尔）诸城②。9世纪中叶，回鹘为黠戛斯所破，一部分回鹘人迁到这里，与哈剌鲁人共建了哈喇汗王朝。10世纪中叶信奉了伊斯兰教。成吉思汗即位六年（1211年）时，哈剌鲁国主阿儿思兰汗降附，成吉思汗以女妻之，后随蒙古军来到中国。元朝也有为数很多的哈剌鲁人。由于他们的名字多半是突厥或蒙古名称，又以哈剌鲁称其族名，因此从表面上看不出他们与回回人及伊斯兰教的联系，但他们之为伊斯兰教徒是肯定无疑的。除上述喀喇汗王朝之信教外，在元朝还有三件事例可作证明：

第一，根据拉施特《史集》记载，阿儿思兰汗归附成吉思汗后，成吉思汗称他为阿儿思兰—撒儿塔黑台。"即大食人阿儿思兰"③。撒儿塔黑台是突厥—蒙古语，元代汉语译为回回。

第二，元人黄溍为答失蛮撰写的《宣徽使太保定国忠亮公神道碑》说，答失蛮"系出哈喇鲁氏"，他的曾祖叫马马，祖父叫阿里，父亲叫哈只，三个儿子叫买奴、忻都、怯来④。这些名字都是回回人常用的教名。

第三，元末人权衡《庚申外史》说，南宋灭亡后，小皇帝赵㬎（瀛国公）自愿出家为僧。多年以后，有一蒙古贵族赵王怜他年老且孤，"留一回回女子与之"。当这位回回女子刚生下一男孩时，元明宗正从蒙古北部来，见赵㬎所居寺上有龙文五彩气，即把母子带走。按，此回回女即明宗妃迈来迪，子即元顺帝。《元史·顺帝纪》说她是罕禄鲁（即哈剌鲁）氏，郡王阿儿思兰孙。这一故事把元顺帝说成是赵㬎之后，不一定可信。但把哈剌鲁称为回回人，可见在元朝末年，社会上已把哈剌鲁看作回回人了。

因此，信奉伊斯兰教的哈剌鲁人也是构成回族的一个来源。在元代，哈剌鲁人当兵的也很多。从《元史》上看，即有合儿鲁（即哈剌鲁）军千户所⑤、

① 《元史》卷一二《哈散纳传》。
② 《新唐书》卷二一七《回鹘传》。
③ 汉译《史集》第一卷第一分册，第247页。按，《史集》此处的大食（tūzik），实指花剌子模，即回回国。
④ 《金华黄先生文集》卷二四。
⑤ 《元史·百官志二》。

哈剌鲁万户府①、哈喇鲁军②等名称。这也可算作回回军。

（3）在元代，畏兀儿人一般信仰佛教，这从《元史》有传的畏兀儿人中可以证明。据西方传教士记载，畏兀儿人也有信奉景教的。但是，畏兀儿人也有信仰伊斯兰教的，那就是居住在今新疆的喀什（喀什噶尔）、叶城（叶儿羌）、和田（于阗）等处的畏兀儿人。这几处是喀喇汗王朝的领地，而回鹘（即畏兀儿）是喀喇汗王朝的重要组成者之一。奇怪的是，这一带的畏兀人在元朝却多半被称为回回或只称其籍贯。如在元统元年（1333年）考取进士的慕卤（许有壬《至正集》卷六八《哈八石哀辞》作木屑），他的简历是："贯大都路宛平县，回回于阗人氏。曾祖迷儿阿里，祖勘马剌丁，父哈八石。"③又如于阗人买述丁，他的谱系是：马台麻—撒的迷失—阿合麻（夫人阿鲁温氏）—买述丁④。从名字上看，就可断定他们是伊斯兰教徒。《碑铭》称他是于阗人，不花剌氏，不说他是畏兀儿人。在《元统元年进士录》中，有四个人的籍贯是畏兀儿地区的别失八里（今新疆吉木萨尔）人，其中三人（寿同［海］涯、普达失里、道同）称畏吾人氏，另一人别罗沙，他的简历是："贯西域别失八里人氏，字彦诚，曾祖木八剌，祖别鲁沙，父苦思丁，母回回人氏。"从名字上看，前三人不是穆斯林，因而称为畏吾（即畏兀儿）人氏。后一人则为穆斯林，虽与前三人籍贯相同，但不称畏兀儿人；而杨维桢的《西湖竹枝集》更明确指称"别罗沙，字彦诚，回回人"，肯定其为回回人。为什么这样？我的理解是，在元代人的心目中，回回和畏兀儿是两个不同的概念，即一个是信仰伊斯兰教的，一个是信仰佛教的。因此，即令对出自一个种族的人，也要用不同的称呼表示区别。

畏兀儿人的普遍信奉伊斯兰教，应在明中叶，在内地的畏兀儿人，也多半以回回或回族自称，与回族融为一体。个别学者从历史上考证其出自畏兀儿，而以维吾尔族自称，当然也可以。我在西南联大时认识一位湖南同学翦万松，他就称为回族。可见在那时，湖南翦姓还未以维吾尔族自称。

以上说明，回族的来源是相当复杂的。元代的回回人固然是回族的一个主要来源（这里且不说回回还有泛指西域人或色目人的一个广义概念），而不以回回称呼的民族中也有些穆斯林，他们同样是回族的来源之一。

---

① 《元史·百官志二》。

② 《元史·也罕的斤传》。

③ 《元统元年进士录》。

④ 朱德润《存复斋集·资善大夫买公世德之碑铭》。

（三）元末回回人的政治态度问题

在元末农民起义的大风暴中，回回人是否也卷了进去？可能有某些回回人由于各种情况参加到起义队伍中去，但没有具体可靠的资料来证实。从整体上看，据我们现在掌握的材料看来，有一些回回人是反对农民起义的，甚至为元朝统治者做了殉葬品。

前节提到的阿儿浑人迭里弥实，《元史》把他列入《忠义传》（卷一九六），称他为回回人。元末为漳州路达鲁花赤，有惠政。明兵攻取福州、泉州后，派招谕使到漳州招降。迭里弥实穿公服到厅堂，北面再拜，以斧斫破官印，又大书手版曰"大元臣子"，端坐拔佩刀自刎。《忠义传》又记回回人获独步丁，进士出身，曾官金广东廉访司事，元末闲居福州。福州为明兵攻下后，获独步丁说："吾兄弟三人，皆忝进士，受国恩四十年，今虽无官守，然大节所在，其可辱乎！"即以石自系其腰，投井而死，获独步丁有二兄，一名穆鲁丁，官建康，一名海鲁丁，官信州，在此前皆死"国难"。又有出身乡贡进士的回回人纳速剌丁，为淮东宣慰司属吏，元末抵拒江淮起义军，后与张士诚军作战死[1]。哈剌鲁人伯颜是个很有成就的儒学家，四方从之来学者数千人。至正十八年为红巾军所获，以富贵诱之使降，伯颜不从，引颈受刃[2]。

也有消极避世、苟全性命的人，回回诗人丁鹤年可为代表。丁鹤年出自世官家庭，父职马禄丁，官武昌县达鲁花赤，死于武昌。至正十二年（1352），徐寿辉军陷武昌，鹤年奉母避难，后至四明（浙江宁波）。方国珍据浙东，最忌色目人。鹤年转徙逃匿，或教书，或寄宿僧舍，卖药以自给。明朝建立后，鹤年自以家世仕元，不忘故国；元顺帝北遁，鹤年饮酒赋诗，情词凄恻。晚年学佛，榜所居曰逃禅室，实际上是一种避祸隐身、逃避现实的不得已的行动[3]。

今天看来，我们可以说这些人是顽固的保皇派，与农民为敌的死硬分子；还可以说，这些人是统治阶级人物，不能代表广大的回回人民。这些看法原则上都不错。但是，我们总得承认，从种族或民族成分看，他们总是一方面即回回上层人物的代表，而这些人当时为数恐怕不会太少，因而他们的代表性还是

---

① 《元史》卷一九四。
② 《元史》卷一九〇《儒学传》。
③ 《明史》卷二八五《文苑·丁鹤年传》；戴良《九灵山房集》卷十九《高士传》；参看陈垣《元西域人华化考》。

很强的，此其一；在当时，回回人民参加农民起义的事例很难找到，除了记载不详之外，恐怕不能排除绝大多数回回人是持观望或中立态度。此其二。

《元史》上有一段材料说："至正三年六月，回回剌里五百余人渡河寇掠解、吉、隰等州。"[①]这是否像有些同志认为的，是回回人民反抗元朝统治者的斗争呢？从客观效果上看，这一行动扰乱了元朝的统治秩序，有利于农民起义的发展。但剌里何人，史无记载，为什么渡河到山西，也难以说明。从《元史》字面看，剌里可以作为回回人名。但《元史》卷一○五《刑法志·杂犯》条有"诸啰哩回回为民害者，从所在有司禁治"的记载；同书卷二○《成宗纪》，元贞六年九月"中书省臣言：'罗里等扰民，宜依例决遣置屯田所'"。啰哩、罗里与剌里显为同音异写（罗里在元代亦为回回人名）。从文意看，啰哩似为一批扰民帮伙，与元代所称的豪霸泼皮、今天所说的流氓无赖同义。波斯文 Luri，意为流浪者，恐即其对音。因此，剌里渡河事件是起义还是其他，实在可以怀疑，对这条材料的引用和解释应采取慎重态度。

至于传说朱元璋部下的反元大将如常遇春、胡大海、沐英、蓝玉、冯胜、丁德兴等都是回回，只能当作传说，不可轻易相信。这几个人《明史》上都有专传，他们是今安徽省淮河流域一带的人，有的还和朱元璋同乡里，假如其中有一个是回回人，史书上不会没有明确记载。在没有确凿证据以前，还是不引用为好。

我们还可举出一个反证，说明回回人在元代不是造反的人物。《元典章》卷四一《刑部三·谋反·乱言平民作歹》条载元武宗至大三年（1310）的一宗案件说，一个以"庄农为业"的回回人木八剌，凭虚捏造："本庄住人小甲对他说：'汉儿皇帝出世也，赵官家来也，汉儿人一个也不杀；则杀达达、回回，杀底一个没。'"又妄指村民拦十到他家说："簸箕星下界也，达达家则有一年半也。"又对阿兰沙（当为回回人）说"俺村里汉儿人每谋反"，邀其一同上告。这些诬告虽然受到应得的严惩，但这一事件说明，在回回人的心目中，只有汉人才会谋反，回回人是绝不会反对元朝的。这个木八剌是个以"庄农为生"的人，不是回回人的上层即统治集团人物。因此，他的语言和行动是有代表性的，值得注意和分析。

从宏观角度看，问题也很清楚。元末农民起义，主要是阶级矛盾激化的结果，这当然不错，但不应忽视民族矛盾这一重要因素的存在。这是元朝的国情

---

① 《元史》卷四一《顺帝纪》。

决定的。大家知道，元朝是以蒙古族统治者为主而以色目人和汉人上层分子为辅组成的。为达到民族分化、分而治之的目的，它重用色目人，使其在政治上、法律上、社会上的地位都高于汉人。这自然会在汉人和蒙古人、色目人中间引起民族矛盾。在汉人看来，色目人和蒙古人是一丘之貉，都是压迫、剥削、歧视汉人的统治者，都是汉人痛恨的对象。早在元世祖至元十九年（1282），当权臣阿合马专权、激起朝野人士的不满，由汉人益都千户王著刺而杀之的时候，客居在大都（今北京）的意大利人马可波罗就报道说，王著等人本来约定，要在夜间举火为号，杀尽一切有胡须的人，即蒙古人和色目人①。这一报道在汉文记载中虽无直接证明，但它很可能反映了当时汉人社会的一种情绪，即马可波罗说的："契丹人（即北方汉人——引者）之厌恶大汗政府者，盖因其所任之长官是鞑靼人，而多为回教徒，待遇契丹人如同奴隶也。"

当然，个别的情况也有，如回回人赛典赤·赡思丁之在云南，萨都剌之在镇江，畏兀儿人廉希宪之在陕西、湖北，都办了些好事，得到当地各族人民的爱戴，受到汉人文士的好评，有利于缓和社会矛盾。但从总体上看，这种情况并不多，民族矛盾依然尖锐，色目人总是自觉或不自觉地、自愿或被迫地和蒙古统治者站在一条线上。这就是为什么在元末农民大起义时，回回人会以身"殉国"或消极逃避的原因。前面提到的方国珍据浙东最忌色目人，使丁鹤年转徙逃匿的例子也说明，当时的色目人处境艰难、无路可投的狼狈情况。

另外，在蒙古统治者的眼中，当时造反的只是汉人，而没有蒙古人和色目人。《庚申外史》至正十二年记事说：

> （丞相）脱脱见盗贼四起，凡议军事，每回避汉人、南人。时方入内奏事，回顾中书韩伯高、韩大雅随后来，遽令门者勿入。奏曰"方今河南汉人反，宜榜示天下，令一概剿捕。诸蒙古、色目，因迁谪在外者，皆召还京师，勿令诖误。"

可见元朝统治者是把色目人当作"自家人"看待的，这是当时的实际情况。把他们召还京师，怕他们受到牵连，虽有防范之意，但还是从"爱护"的角度出发的。事实上，蒙古、色目人并没有受到诖误。请看十五年后（1367）朱元璋发布的北伐檄文：

> 如蒙古色目，虽非华夏族类，然同生天地之间，有能知礼义愿为臣民

①《马可波罗行纪》中册，第342页。

者，与中夏之人抚养无异。①

朱元璋只是争取他们不要抵拒，解除他们的思想顾虑而已，并不要求他们参加起义，共同"驱逐胡虏"。这是很现实的，因为朱元璋君臣明白，在当时的情况下，是不可能要求回回人民同义军一道，共同进行反元斗争的。

总之，从元朝的统治政策和色目人的特殊地位来看，回回人不可能参加到元末农民起义的队伍中去，这是当时的客观情势决定的。即令有个别人物或集团有些骚动，如回回剌里的活动，也与汉人的反元斗争性质不同，不可同日而语。我们不必要求回回人参加反元斗争，倒是应该从他们的政治态度中受到启示，悟出一个道理来。

---

① 《太祖洪武实录》卷二一，吴元年。

啰哩回回

——元代的吉普赛人

（一）啰哩释义

元代回回人从中亚、波斯、阿拉伯等地区大量移居中国，构成我国回族的主体，这已是公认的历史事实。在来华的回回人中，有一种叫作啰哩（又称罗里或剌里）的回回人，过去学者研究的似尚不多。《元史》卷四十一《顺帝纪》至正三年（1343）六月条记事说："是月，回回剌里五百余人渡河寇掠解、吉、隰等州。"日本学者田坂兴道在其名著《中国回教的传入和发展》中引此条后解释说："剌里，当即《元史》卷一〇五《刑法志·杂犯》条之'诸啰哩回回为民害者，从所在有司禁治'之啰哩，想系波斯语 Luri 之音译，为一种流浪种族名。意为流浪者、乞丐。"①他在另一处说："剌里、啰哩，波斯语 Lori 之对音，有流浪者、乞丐之义。"②

除田坂氏所举两条外，《元史》上与啰哩有关的记载还有卷二〇《成宗纪》："大德六年（1302）九月丁未，中书省臣言：'罗里等扰民，宜依例决遣置屯田所。'从之。"此条田坂氏未引用。此外，《元史》卷一二二《唵木海传》说他"癸丑（1253 年），从宗王旭烈兀征剌里西番"，屠寄《蒙兀儿史记》卷十六《妥懽帖木儿可汗本纪》至正三年六月引回回剌里条下注云："唵木海传云：'从宗王旭烈兀征剌里西番'即此回回剌里，似指罗耳。此五百人盖俘虏居陕西者。"③不管他的注释正确与否，但能指出此点，亦为难能可贵。

---

① 《中国にちけち回教の传来とその弘通》上卷，1964 年东洋文库刊，第 632 页。笔者于 1985 年撰《关于元代回族史的几个问题》，对啰哩的解释即采其说，特向读此文者声明并致歉。

② 同上书，下卷，第 1185 页。

③ 屠氏所指罗耳，见《元史》卷六三《地理志》不赛因（伊利汗君主）所辖地名。《蒙兀儿史记》卷一六〇引西方地图谓即波斯之罗里斯坦，布莱慈奈德的《中世纪研究》下册，第 127 页同。按，罗里斯坦（Luristān，罗今多译卢）指罗耳（今译卢尔）人的土地。卢尔人与作为吉普赛人的啰哩人仅译音相同，但非同种人。见《伊斯兰百科全书》Lūlī 条。

田坂氏释啰哩、刺里为流浪民族名，大致不差，但嫌笼统。据其书后所附《参考文献要目》中，有斯坦因嘎斯（Steingass, F.J）1930 年版的《综合波斯英语辞典》，啰哩、刺里的解释当取自该书。但据 1977 年版的该书对于لوری（转写为 lorī）的几项解释依次为：勇敢、鲁莽、无耻；歌手、街头乞丐、优美、纤细；一种鸟的名字；波斯的吉普赛族。另一转写为 lūrī 的则作麻风病解。1981年北京大学东方语言文学系所编《波斯语汉语辞典》将لوری释义分为两组，即（1）麻风；（2）①流浪者、茨冈人（按即吉普赛人），②无耻的。可见，田坂氏的解释不够全面，尤其忽略了作为吉普赛人这一原始的或基础的解释，可谓未达一间，令人惋惜。

在田坂氏书后所引文献中，尚有《伊斯兰百科全书》，他未举出该书出版年月，但此书最早的 1928 年版中即有 Lūlī（卢里、罗里）一条，系著名的英国伊朗学家密诺尔斯基所撰。该条开头的概括语即称 Lūlī 为"波斯的吉普赛人的一种名称"（指尚有他种名称——引者）。接着说，类似的形式有：在波斯为 Lūrī，Lōrī；在俾路支为 Lōrī。又说，波斯语字典释 Lūrī/lōrī 为"无耻、放荡、可爱的、音乐家、轻浮的妇女"等。该条还就 Lūrī 语源及啰哩人在波斯的分布情况做了详细的叙述。这些，田坂氏似未寓目。

总上所引，我认为《元史》中的啰哩、罗里或刺里，即波斯文中的 Lōrī 或 Lūrī，是波斯语对吉普赛的称呼，是这个词的本义。至于其他释义，除"麻风"和"鸟名"二词可能偶尔同音以外，都是从吉普赛这个原义派生而来。其由来或取其职业，或取其品质或其他特点，其中不乏出于民族偏见的歧视、蔑视的贬义词。

除波斯语外，在今乌孜别克斯坦共和国和塔吉克斯坦共和国内，还有一种Люлй（Liūli，柳里或卢里）人，也就是从波斯来的啰哩——吉普赛人，他们信仰伊斯兰教，属于逊尼派，可称是地道的"啰哩回回"了[①]。

（二）啰哩是最早的名称

把啰哩人称为吉普赛人，在历史上是较晚出现的事。15 世纪后，当他们流浪到欧洲时，自称是从"小埃及"来的基督教徒巡礼者，因而被称为埃及人。在英语中埃及人（Egyptian）遂讹化为吉普赛人（gypsy 或 gipsy）。阿尔巴尼亚称他们为埃夫吉惕（Evgit），也是从埃及一词演化而来。法国人除称他们为埃

---

① 《苏联大百科全书》1974 年俄文版释 Люлй 为茨冈，1974 年英文版释为吉普赛。

及人（égyptien）外，又称他们为波希米亚人（Bohémien），因为认为他们来自波希米亚。西班牙称他们为吉坦诺（gitano），男姓；女性作（gitana），也是从中古拉丁语埃及人（aegyptanus）演化而来。另一广泛的称呼是茨冈人（俄语ЦЫГАН 或 ЦЫГАНЕ）。除俄语及其他斯拉夫语系外，德国人称之为茨贡内（Zigeuner），意大利人称之为秦加罗（Zingaro），土耳其人称之为秦根尼（Tshinghine），这都是从希腊语阿茨冈诺义（Athinganoi）一词演化而来。这个词据说是小亚细亚摩尼教的一派名，一说义为"不可接触者"。此外在各国甚至在波斯（伊朗）还有一些不同的称呼。目前他们自称为罗姆（Rom 或 Roma）人，其义为人。一说此词由古印度北部的多姆（Dōm）族演变而来①。

在文献上见到的吉普赛人最早的名称应是 Lurī、Lorī 或 Lūlī，即元代的译名罗里、啰哩或剌里。波斯诗人菲尔道西（FIRDAUSI，约 935—1020 年或 1025年）在其史诗《列王纪》（Shāh-nāma，或译王书，约成于 1010 年）中，记载波斯萨珊王朝国王巴赫拉姆五世（Bahrām V，420—438 年在位），为了使国内的穷人快乐，派使者到印度国王商古勒（Shangul）处，请他选送 1 万名善弹竖琴的啰哩（Lurī）男女到波斯来。啰哩人到达后，巴赫拉姆接见了他们，发给每人牛、驴各一头，千驮麦子供牲畜食用和作种子，令他们从事耕作，同时免费给穷人奏乐。啰哩们走后把麦种和牛吃掉，一年后面色憔悴来见国王。国王说："没有收获，吃掉种子，只怪你们自己。既然只留下毛驴，那就装驮好毛驴、拉紧琴弦去谋生吧。"诗人结语说：

> 今日啰哩人，仍如先王谕
> 足下无寸土，浪迹天涯里
> 流浪复流浪，犬狼为伴侣
> 盗窃与抢劫，聊以维生计②

① 见《伊斯兰百科全书》Lūlī 条。此条承南京大学刘迎胜及上海辞书出版社任余白、吴雅仙等先生提供。《简明不列颠百科全书》中文版第 2 卷第 750 页"多姆"条（英文版第 3 卷第 610 页）称，"罗姆即多姆的变音，叙利亚吉普赛人也称自己为道姆"。本段还参考了 1956 年版《不列颠百科全书》、1980 年版《美国百科全书》、1987 年版美国《科利尔百科全书》"吉普赛"条及《英汉辞海》Gitano 条。

② 本段《列王纪》系据苏联国家文艺出版社 1957 年版，第 611-612 页；《巴赫拉姆·古尔从印度招来啰哩（лурй—Lurī）》节，承北京大学教授余大钧先生译出双行诗 22 段、44 行；复承台湾"中央研究院"历史语言研究所洪金富先生寄来 A. G. Warner 与 E. Warner 英译本第 7 卷 BAHRAM Gūr 卷第 39 节第 148—149 页及摩尔（MOHL）编法文本第 6 卷第 76-79 页。原文是双行诗，本段节录为散文（法译亦为散文），并以余译为主，综合三书写出。如有错误，由笔者负责。又，英译本径译啰哩为吉普赛（Gypsies），法译为 Louris（锣哩复数）。

诗人显然是根据他生活的时代对啰哩人的观察和认识写出这一结语的，其中当然有对啰哩人的偏见，但也部分地反映了某些实际情况，对我们了解元代啰哩人提供了一些背景知识。

从上可见，啰哩应是对这一流浪民族的最早称呼。至于为什么叫这个名称，据《伊斯兰百科全书》Lūlī 条作者的推测，它可能与啰哩人最初居地印度北部的阿拉伯作家称为 Arūr 或 al-Rūr 有关，笔者认为，从 Arōri/Rūrī 变为 Lōrī/Lūlī 可用语音学上两个 r 的异化规律来解释，特别是从印度的 Aror 变为阿拉伯的 al-Rūr 更可了然。Arūr 城今已荒废。其地在今巴基斯坦的木尔坦（Multan）西南 48 公里、满苏拉（al-Mansūra）以北 32 公里处。

（三）元代的啰哩回回

万名啰哩男女于 5 世纪从印度到达波斯（伊朗），这可能是他们首次离开故乡。但这次人数不多，而且是被邀请去的。五百年后，即公元 10 世纪后，由于在阿富汗的突厥人的兴起和向外扩张，啰哩人被迫从印度流入波斯，以后又从波斯向西、向北迁徙，遍布欧洲各地。他们到达英国的时间约在 1500 年[①]。

到中国来的啰哩人应当是蒙古西征从波斯带回来的，也可能是自动流浪到中国来的。最早的文献记载见于元成宗大德六年（1302），显然在此以前若干年他们已经到达中国。这比他们到达欧洲特别是西欧国家的时间都早得多，这时自然也不会有吉普赛这一名称。

从《元史·成宗纪》和《元史·刑法志·杂犯》所记两条有关史料推测，啰哩人在中国的分布地区应较广泛，人数亦应不少，否则不会因有个别地区和少数人"扰民"而惊动中书省臣上奏并载于国家法典。又从《元史·顺帝纪》至正三年记事可知，剌里人当时在陕西或甘肃地区当为数不少。至于他们是怎样"扰民"和"为民害"，虽史无明文，但有一条材料似乎能透露一点消息。元末明初学者高启为胡松所撰墓志铭中有一段说：

以省铨为宁国路泾县（今属安徽）典史。时有制，"蒙古色目殴汉人南人者不得复"，西域流户数百人因恃以为暴。所过掠财畜、辱妇女，民束手不敢拒，相惊若寇至。及泾邑，僚悉引避，民愈恐。君语众曰："吾在，若无忧也。"即

---

① 参看朱映钧《关于吉普赛人的历史》，载《思想战线》1979 年第 6 期，赵锦元《浪迹天涯的吉普赛人》，中国社会科学出版社 1982 年版，第 6-13 页，此书由中国社会科学院民族研究所白翠琴先生提供；到英国时间据《不列颠百科全书》1956 年版。

出劳之于郊，诱闭佛寺中。呼其酋谕曰："制言不得复殴者，民耳。今我天子吏也，所行者法。若善去，勿妄犯吾民，当率酒米相饷，否则知有法尔。"酋愕，遂戢其众亟去，无一人敢哗。君亲送出疆以归。民罗拜马首曰："微公县几残矣。"[1]

此处"西域流户"虽未明言其为啰哩或剌里，但"流户"与啰哩的流浪习惯颇为相似，又是来自西域，此其一；他们的作为是些"扰民"和"为民害"的事，与元政府所禁止的啰哩的行径案情相同，此其二；吉普赛人社会组织以部落为单位，部落酋长有极大权威，受到部落成员的尊重。文中胡松与酋长交涉妥当后部众即散去，符合吉普赛人的组织规则，此其三。这是笔者推论的根据。在没有确凿的证据以前，姑且如此立论，或不致离题太远。又有一巧事：今安徽泾县云岭有罗里村，为抗日战争时期新四军军部所在地，是否为啰哩人流徙至此而得名？村中有柳姓人，是否为啰哩人姓氏？[2]事涉臆测，似乎离奇。若能实地调查或取得文献佐证，变假说为实事，亦史坛一快事也。

据墓志铭，胡松任泾县典史时在元文宗后，他死于至正十七年（1357），年八十四。以七十致仕之例，致仕时当在至正三年（1343）。西域流户至泾县扰民事件亦当在此前或此年。若然，则与剌里回回渡河寇掠一事南北交相呼应。

至于啰哩、剌里被称为回回，这也是很自然的。因为他们来自波斯，而波斯、阿拉伯人在当时是被称为回回的。根据吉普赛人多信奉其所在国的宗教的事例，他们应当是信奉伊斯兰教的穆斯林，其中一部分可能融合于广大的回回人中。但由于这个民族固有的特性，大部分人在生活习惯和宗教信仰上可能仍顽强地保持其独立性，或因久居汉地而受汉人的影响。

由于生活习惯和谋生手段的特殊，吉普赛人在欧洲多遭歧视和迫害。他们在元代的"扰民"和"为民害"，自然会引起民众的反感和政府的取缔。但元政府只是下令禁止或令他们屯田务农，而禁令的效力又大成问题。如墓志铭所说，他们的行动还受到元政府的保护。这从一个侧面反映了元朝的民族分化和对色目人的优容政策。也应看到，对这一外来民族的不理解，不能或不愿认识到他们本质上的某些优点，以致产生民族间的隔阂、误会和反感，在当时的情况下，也是很难避免的。

---

[1]《高太史凫藻集》卷五《元故婺州路兰溪州判官致仕胡君墓志铭》，《四部丛刊》本。

[2] 参看《皖南烽火》，上海文艺出版社1960年版，第44-51页所载罗里村老人柳松林口述《叶挺军长在罗里》。柳姓为现存吉普赛人姓氏，见下节。

（四）元代以后的啰哩人

啰哩回回在明代也有记载。约在成化二年（1466）后，秦州（治今甘肃天水市）知州秦纮记秦州事说：

> 秦州有啰哩户，乃回回别种。汉人不与通婚姻，自相嫁娶，有以兄弟娶姊妹者，有以姑姨配甥侄者。予访得清水、秦安等县，亦有啰哩，乃移文各县，令其共为婚姻。①

称他们为"回回别种"，似乎认为这些人与一般回回人不同，可能这时他们已不信伊斯兰教，生活习惯已发生变化。他们的婚姻制度与西方学者所述吉普赛人婚俗相同，即不同异族结婚（现在已不严格了）。这样选择对偶的机会就少，自然会发生近亲结婚现象。这倒证明啰哩确实是吉普赛人。秦纮这个清官给啰哩人办了一件好事，即使如此，他们的结婚范围仍然限于本族。

这些啰哩人又被官方称为"啰贼"。据乾隆二十九年（1764）《直隶秦州新志》和光绪十五年（1889）《重纂秦州直隶州新志》"武备"门记载：

> 嘉靖三十八年（1559）秋七月，啰贼盗掠清水县，典史乔学中流矢死。
> 万历十五年（1587）春二月，啰贼马友忠以千人啸聚清水之石洞山，知县季思率民兵击之，斩首二十余人，余党败走。
> 崇祯（原作正）十三年（1640）冬十月，啰贼马流（光绪本注：《清水志》作流来）寇掠清水汤峪铺，知府乔迁高追之，围于观音殿烧杀之，乡民与其难。

马友忠，《万历武功录》作马有忠，此书卷一有《啰贼马有忠列传》，称其为"啰哩酋长"，谓其于丁亥（万历十五年）冬，出略凤翔（今属陕西）诸郡。次年春，亡抵于秦州石门山，与当地饥民、矿工等结合，至百余人，据险自守，后为明军击散，不知所终。此事在前述马友忠据清水县石洞山后。本书传后作者的《赞语》引张给谏（希皋）疏说："啰哩者，'回贼'残党也。"这和上引秦纮称啰哩为回回别种说法类似。至于称"啰贼"或"回贼"，足见统治者对他

---

① 王世禛《池北偶谈》卷八《秦襄毅公年谱》条，中华书局1982年版，上册，第177面。秦纮，《明史》卷一七八有传，称："宪宗（1465—1487年在位）即位，迁葭州知州，调秦州。"此条承云南师范大学方龄贵教授提供。

们的蔑视和歧视。明代后期，政治腐败，天灾频仍，饥民成群，他们和啰哩联成一气，共同为生存而斗争，这是促使啰哩人起事的重要原因，受歧视和鄙视的地位也是使啰哩人不满和起事的一个因素①。

由于资料所限，清代啰哩人的情况暂无可述。据甘肃友人说，天水市（秦州）现已无啰哩人，可能他们已流徙他乡，也可能部分融合于回族或汉族之中，尚需深入调查。但据前引《元史·顺帝纪》《池北偶谈》及上面几条材料，可以看出，陕西和甘肃两省应是元明两代啰哩人散居的主要地区。今天的甘肃兰州市以北的永登县境内的薛家湾，仍有号称"中国的吉普赛人"的居民。据兰州大学中文系蓝天丝绸之路考察队的调查，他们是在一百多年前从外地流浪到这个村的。全村有高、柳、刘、何四大姓，相互通婚，姑娘不外嫁，小伙子一般也不娶外村姑娘。解放前，他们过着流浪生活，一辆毛驴车拉着自己的妻子儿女走乡串镇，四处算卦。解放后，他们有了土地，逐步学会经营农业，但至今仍以算卦为业，主要农活雇人来做。他们信仰周公、桃花娘娘和无量祖师，这同他们的职业有关。在体质上，与当地汉人已无大差别，只是脸型略瘦长，下巴微突，有些人瞳孔颜色较浅，多数人则是黑的②。他们已不信伊斯兰教，不能称为回回了。

从上面的叙述可以肯定，他们是真正的吉普赛人，而且是元明两代啰哩人的后裔。第一，他们还是在甘肃省内流动，虽然不在秦州。第二，他们的职业，还是像世界上其他的吉普赛人一样，以外出算卦为主。第三，他们信仰的的神祇周公和桃花娘娘，是元代的传说人物。《元曲选》有《桃花女破法嫁周公》杂剧，说的是洛阳人周公（不是西周时的周公旦）算卦甚灵，曾算定石婆婆子石留住应于某夜死去，被桃花女破其法得不死，周公知桃花女术高于己，求桃花女嫁其儿子，实欲作法害之。桃花女知其诡计，一一破之，最后嫁其子。啰哩人大概是看过这出戏，知道这两个人善于占卜，因而拜为祖师。第四，他们的族内婚制是典型的吉普赛人婚制。第五，他们的姓氏虽是汉姓，但也不无啰哩人的痕迹。

如一节所说，前苏联中亚有柳里（liuli）人，柳、刘是否为 liuli 的译音？至于高姓，则在伊朗某些省内对吉普赛人的称呼有高达利（Gāodārī）等名，高

---

① 《万历武功录》一书由中央民族大学马寿千教授提示。

② 本段据李映洲《访中国的"吉普赛"人》（载《甘肃青年》1984 年第 4 期，1984 年 7 月 5 日《羊城晚报》有摘录）、惠生《中国吉卜赛人来历待考证》（载 1984 年 10 月 12 日《新晚报》）等文。后二报由白翠琴先生提供。不信伊斯兰教，据兰州大学马明达副教授说。

把子（Gāobāz）是否为高姓所据之译音①？此说似近穿凿，但罗里在元代亦可作为人名②，至其子孙则可取其首字或末字为姓③，则非绝不可能。姑提出以备取舍。

更有趣的是，文中提到"毛驴车"，不由令人联想到公元 5 世纪啰哩人到波斯后的故事。在他们吃掉麦种和耕牛只剩下毛驴时，波斯国王让他们牵着毛驴去谋生。事隔一千五百多年，他们还与毛驴为伴，这也许是这个民族千百年来历经劫难而能顽强存在的原因之一吧。

吉普赛人（啰哩）来到中国已七百多年，从《元史·成宗纪》所载大德六年（1302）罗里扰民事件开始，至今也有六百八九十年，他们的后代尚有遗存，可谓幸事。但长期以来，人们并不认识他们。文献不足是一个原因：《元史》中仅有三条，《新元史》不著一字，《蒙兀儿史记》仅载剌里渡河一条；不了解国际学术动态又是一个重要原因。以致在吉普赛人面前还不能断定他们是否真正的吉普赛人，不知他们从何而来，甚至连他们自己也说不清。这篇短文就是为弥补这一空白而作的。因系初次探索，疏漏和错误在所难免，在文献钩沉和实地考察方面都有待发掘和充实，本文权当引玉之砖吧。

原文附记：本文是在许多同行协助下完成的，除文中已注明的诸先生外，南开大学中文系邢公畹教授、中国社会科学院近代史研究所蔡美彪研究员也对本文写作提供帮助，在此一并致谢。

1990 年 10 月 5 日脱稿，10 月 22 日修定

又，最近甘肃永登县委党史办赵鹏祺同志寄我《中国的吉普赛人——记甘肃永登县的蛮婆子》（竹天，《边疆通讯》第 4 卷第 4 期，1947 年 4 月）、《甘肃的吉普赛人——记永登的"蛮婆子"》（甘尼，1947 年 8 月 5 日《西北日报》）、《中国的吉普赛人——甘肃省永登县薛家湾村调查报告》（吴疆，《兰州古今》1989 年第 4 期）三文，盛情可感，获益良多。吴文认为他们可能是南方移民，不是吉普赛人。文中提到他们称呼外来人为"豁家"。按：美国吉普赛人称外人为 Gajc（《美国百科全书》第 13 卷，第 646 页），英国吉普赛人称外人为 Gorgio

---

① 参看《伊斯兰百科全书》Lūlī 条。

② 《元史》上有二罗里：一见卷三一《明宗纪》，附和回回宰相倒剌沙的郎中罗里，应为回回人；一见卷一三八《伯颜传》，为伯颜所遣使者；《至顺镇江志》卷一九有金坛县达鲁花赤罗里，回回人。

③ 此例甚多，如纳速剌丁后人姓纳或速、剌、丁。丁鹤年的祖及父名末字皆为丁，因以丁为姓。

（*Gypsies and Government policy in England*，第 30 页及多处）或 Gagio（赵锦元：《浪迹天涯的吉卜赛人》，第 53 页），不知与"豁家"有无关联，值得注意。

1991 年 3 月 8 日

古速鲁氏非回回辨

钱大昕《元史氏族表》卷二回回部分有邪（耶）尔脱忽璘家族世系，首云：

邪（耶）尔脱忽璘者，回回古速鲁氏。

注云：

危素集作回纥。

柯劭忞、屠寄《新元史》及《蒙兀儿史记》之《氏族表》皆从其说。屠寄并别作发挥曰：

古速鲁氏，牙剌洼赤别子耶尔脱忽璘之后。

按，三说皆误，当今学人或从其说，以耶尔脱忽璘一家为回回人，不可不辩。

古速鲁氏事迹，见危素《危太朴文续集》卷五《元故资善大夫福建道宣慰使都元帅古速鲁公墓志铭》，有关文字云：

公讳达里麻吉而的，世为回纥人。曾大父耶尔脱忽璘，事我太祖皇帝为雅剌风（应为瓦之误——引者）赤，佩金符，管领回纥甲匠。大父雍吉脱忽璘早世。父脱烈，世祖皇帝求贤四方，高昌王以脱烈应诏。

按，此处之回纥即唐代之回纥，元人称为畏兀儿或畏吾儿，是为当时通称。但文人好古，喜用其古名以示典雅，故在撰文时常用此旧称。然亦有用此名以称回回人者，如《元史·阿合马传》称"阿合马，回纥人"，王恽《中堂事记》[1]称赛典赤·赡思丁为"回纥之有良德者"是也[2]。因此，必须通观全文，始能明其真义。前引文中，有"高昌王以脱烈应诏"，此高昌王即畏兀儿国主，无需多赘，而最后铭文复云："回纥有国，肇自古昔……惟我太祖，奋居朔土，

---

① 《秋涧文集》卷八二。

② 说详拙著《萨都剌的族别及其相关问题》，《元史三论》，人民出版社1985年版，第191-192页。

率先来朝，不烦师旅。"此即述畏兀儿国主巴而术阿而忒的斤最早归附成吉思汗事，见《元史·巴尔术阿而忒的斤传》，传云："亦都护者，高昌国主号也。"又云，世祖时"以火赤哈儿的斤嗣为亦都护"，此当即荐脱烈于元世祖之高昌王。

又据碑文前言，墓志铭系受传主之子、杭州路达鲁花赤古速鲁观驴请嘱而作，同一作者曾撰《惠州路东坡书院记》[①]，文末云："观驴君字元宾，其先北庭人，读书好古，廉而有为，今以选为杭州路总管府达鲁花赤。"北庭，元时称别失八里，今新疆维吾尔自治区济木萨尔，曾为畏兀儿国都。元人称畏兀儿人或为高昌，或为北庭，其义无别。据此，古速鲁氏之为畏兀儿而非回回人，可肯定无疑。

至于屠寄所谓耶尔脱忽璘为牙剌洼赤别子一说，更为无据。屠氏注云："危素集称耶尔脱忽璘为太祖时牙剌瓦赤子，回纥古速鲁氏。所谓牙剌瓦赤，即忽鲁木石惕牙剌洼赤，但不知其子孙何以称古速鲁氏。"屠氏盖以《墓志铭》中之雅剌瓦赤为人名，而以耶尔脱忽璘为其子，而《元朝秘史》中又有"有姓忽鲁木石名牙剌洼赤的回回父子二人（子名马思忽惕——引者），自兀笼格赤城来见太祖"等语，因以耶尔脱忽璘为牙剌洼赤之另一子。但墓志明言"事我太祖皇帝为雅剌瓦赤"，此雅剌瓦赤是官名而非人名，乃突厥语"使者"义，屠氏只知其为人名，但文中并无"雅剌瓦赤子"字样，未免牵强附会。

元时畏兀儿人信佛教，间有信摩尼教者，其信伊斯兰教者为于阗等地喀喇汗王朝领地之人，但元人并不称之为畏兀儿人。元时公文常以回回与畏兀并举，可见其有区别。耶尔脱忽璘一家既为畏兀儿人，故不可视为元代信仰伊斯兰的回回家庭。至于其后代子孙之有改信伊斯兰教者，则应另当别论。

---

① 文集《说学斋稿》卷四。

刺桐与缎子

《历史研究》1998 年第 4 期《Zaitun 非"刺桐"而是"缎子"》一文，引中外有关记载，认为意大利的马可波罗和非洲摩洛哥的伊本巴都他（即伊本白图泰）所到的 Zaitun 港口不是旧说"刺桐"，而是"源自英语或法语的 Satin，也就是'缎子'的音译"。这一自成一家之言的新说，初看似有可取，仔细推敲，却觉未妥。谨以此文与作者商榷。

作者摘引马金鹏译《伊本白图泰游记》第 551 页："我们渡海到达的第一座城市是 Zaitun……该城的港口是世界大港之一，甚至是最大的港口。"按：马译原文本作"刺桐"，作者改为 Zaitun 是有意回避 Zaitun 与刺桐为同一译音。但在 Zaitun 后面的省略号却不应省。马译是："这是一巨大城市，此城织造的锦缎和绸缎，也以刺桐命名。"可见，白图泰认为，锦缎和绸缎的名称是由刺桐城之名得来。

作者又引英国汉学家亨利·玉尔（Henry Yule）英译伊本巴都他的话说："（泉州）织造天鹅绒锦缎和各种缎子，这些缎子被以城市的名字命名为 Zaituniah"按：作者所译括号内的泉州，英译原为 Zaitun，同样是回避刺桐二字。但英译最后一句的译文却和马金鹏根据阿拉伯文译出的汉语相同，即缎子（Satin）的名称是从 Zaitun 城名得来。这已与作者的论断相反。然而作者接着引用冯承钧译《马可波罗行纪》中册第 614 页的一段："泉州缎在中世纪颇著名。波斯人名之曰 Zeituni，迦思梯勒人（Castillans，西班牙中部人）名曰 Setuni，意大利人名之曰 Zetani，而法兰西语之 Satin，疑亦出于此也。"（按：此据冯译全文，作者引用时并未引全，但最后一句"这种种叫法可能都是出自 Zeituniah 这个词"则为作者所加。）作者随之下断语说："因此，我的想法是，Zaitun 应是源自英语的 Satin，其意为'缎子'。也就是说，当时泉州以盛产缎子闻于世，故以其物产名其城。"这个想法真令人难以接受：果如所言，为什么冯译中不提英语，且说的是泉州"缎"而非泉州"城"呢？

为了证实他的想法，作者紧接前文说："其实，这种想法英国汉学家亨利·玉尔在 1916 年译注《伊本巴都他游记》时就曾提过，只是没有肯定下来，他写道：
'我非常怀疑，文中 Zaituniah 这个词是源自于我们的单词 Satin.'"作者这句译文对吗？英译原文是："1 have a strong suspicion that the term Zaituniah in the text is the origin of our word satin"直译是："我非常怀疑，文中 Zaituniah 这个词是我们单词 Satin 的来源。"换言之，他怀疑 Satin 一字源于 Zaitun（Zaituniah 意为 Zaitun 的，或 Zaitun 所出物），这与作者的译文正好相反。据作者译文，Zaitun 源自 Satin 一说值得怀疑，也就是说，Zaitun 并非 Satin（缎子），这和作者的标题及论述正相对立，倒可以成为反证。玉尔这句话是在其译注书第 118 页的 Zaituniah 注 1 写的，原注很长，也很重要。兹译其要点。他说：

> 戴夫雷莫里（Defremery）所译天鹅绒（velvet）锦缎（damask）与缎子（satin）的阿拉伯原文是 Kimkhwa 和 Atalas……Atalas 一字颇似与意大利文 raso 相当，因 raso 兼有刮细的脸面与丝缎织品二意也。Atalas 已引入德语变为缎子（Atlass Satin），在年老的英国旅行家中亦被使用。我极为怀疑，文中的 Zaituniah 一词是我们单词 Satin 的来源。显而易见，Satin 可能是从 Seta 一字而来。但在 G. Uzzano（乌咱诺，见前三卷 142 页）书中所列 15 世纪纺织品名单中，屡见 Zetani、Zettanivellutati、Zattani broccati traoro 等词，极似从 Zaituni 到 Satin 的转换（过渡）过程，而作者对丝字的通用字则常拼写为 seta。许多纺织品的命名多从其进口处之名而来，下列诸名可支持此说。如 Muslin（细薄棉布）之从 Mosul（伊拉克之摩苏尔城，纺织品中心），Damask（锦缎，花缎，大马色绸）之从 Damascus（叙利亚首都大马士革），Cambric（细纺布）之从 Cambray（康布雷，今作 Cambrai，法国北部城镇，有纺织业），Arras Diaper（方形、菱形图案的花毯）之从 Ypres（d'Ypres）（比利时西北部纺织城市伊普尔），Calico（印花平布或白洋布）之从 Calicut（印度南部西海岸之卡利卡特）之名得来。①

我们也可以举出我国常见的开司米细羊毛织品，是用印度、巴基斯坦北部的克什米尔（Cashmere）山羊绒织成的。

从玉尔的注解中可以看出：（一）他之所以怀疑 Zaituniah 不是 Satin 一字的语源，并非否认二者的关系，只是认为从 Zaitun 到 Satin 要经过其他一些译语的中介，也就是二者只有间接的关系。（二）他举出许多例子，说明一些产品的

---

① Henry Yule, *Cathay and the Way Thither*. vol. 4, p. 118.

得名，大都是从其产地之名而来。这比主张 Zaitun 乃缎子的作者仅举希腊文（罗马文同）以中国产蚕丝（ser）而称中国为赛里斯（Seres）一例更有说服力。其实，古希腊、罗马人当时还不知中国之名，仅知中国之丝甚为名贵，故以丝国名之。其后西方人知中国名，则以国名称其产品，如作者所举称瓷品为 China。同样，泉州以丝织品著名，遂以西人习称泉州之 Zaitun 名称其缎子为 Satin。总之，泉州与丝织品名称的关系应是以产地名产品，而不是"以其物产名其城"。

此外，作者三次引用岑仲勉先生《中外史地考证》中《Zaitun 非"刺桐"》一文，但如岑文标题及内容所示，岑文只是辨明 Zaitun 非刺桐译音，并不涉及 Zaitun 是否 Satin 译音，文中也没有论证 Zaitun 是 Saun 译音的任何提示。Zaitun 是否刺桐译音是另一问题，与作者所论无太多关系，故不具论。

（原载《历史研究》1999 年第 4 期）

山东的蒙古族村落和元朝石碑

——一个古老蒙古氏族的新生

《历史教学》编者按： 兹值《历史教学》创刊 40 周年之际，我们邀请杨志玖教授撰写此文。这是杨教授到山东调查研究的成果，一个埋没了六百多年的古老的蒙古氏族，在中国共产党十一届三中全会的感召下，以石碑为见证，恢复了自己的族籍。这是党的民族政策的胜利体现。本文结合历史记载，对碑文作了扼要的笺证。不仅具有学术性，也颇有现实意义，对元史研究也增添了新的一页。特为刊出，以飨读者。

在山东省淄博市临淄区齐陵镇的刘家营村，聚居着千人左右的蒙古族，他们是蒙古斡罗那歹氏族的后裔，元世祖时期即定居于此。他们曾保有祖谱，但长期以来，却隐瞒民族成分，称为汉族。直到 1979 年，他们才以出土的石碑为据，申请恢复族籍，1980 年得到核准。

石碑共二方，以第一碑最具历史价值。该碑立于元顺帝至正丙戌（六年，公元 1346）年，是纪念到临淄来的高祖营丘刘公名为五公的。碑文说，高祖五公"系斡罗那歹之人也"。他作为蒙古军士，驻扎在山东。值"李侯兵革"，他被俘，英勇不屈，不肯下跪。主将见他"勇而忠孝，留之，遂得脱"。他的后代遂"因留曰姓"，后改为刘。至元八年（1271 年），元政府充实驻军兵力，每军拨赐草场地七顷，因驻在营丘（临淄）。由于他弓马熟娴，累有功效，至元三十年（1293 年）升为本军镇抚，后卒。碑末附有自五公至其曾孙清驴的四世谱系。

这通碑文的出土为刘家营村的蒙古族提出了恢复族籍的实物见证，也可以从历史记载上找到印证。由于当地居民受文献知识的限制，碑文中的某些记载他们还模糊不清，如"斡罗那歹""李侯兵革"等需要解释。今据《元史》等书有关史实，为碑文作一初步笺证。

一、关于斡罗那歹

这是一个古老的蒙古氏族。据记载蒙古世系和成吉思汗历史的蒙文汉译《元朝秘史》（一称《蒙古秘史》）说，从传说的蒙古始祖开始，到第18代时有一人名抄真斡儿帖该，此人生子六人，长子叫斡罗纳儿，他的子孙就以斡罗纳儿为姓氏，也叫斡罗纳儿台。《元史》上有斡耳那、斡鲁纳台、斡剌纳儿几种写法，都一样，因为是译音，没有一定的字。斡罗那儿是第19代，成吉思汗是23代，但他们不是直系。成吉思汗创业建国时，斡罗那歹族的阿术鲁、巴剌、乞失里（启昔礼）等人都立有功勋。乞失里的曾孙哈剌哈孙在元世祖时曾做大宗正（大司法官）、湖广行省平章政事，元成宗时为中书省右丞相。巴剌的曾孙买闾在元顺帝元统元年（1333年）曾考取进士（见《元统元年进士录》，称斡罗台氏，巴剌写作八郎）。可谓人才辈出。碑主和上举诸人的关系不明，但可见斡罗那歹在元代是一个大族姓。正如碑文所说："念斯宗派，其来远矣。"

二、关于"李侯兵革"

李侯是李璮，《元史》卷二〇六《叛臣列传》中有他的传。称他叛臣，因他本为元臣，后举兵叛元。李璮，潍州（今山东潍坊）人，金末"红袄军"（反金起义军）首领李全之子（一说养子）。李全初归宋，后被蒙古军包围降蒙古。李全死后，李璮袭父职管益都行省，专制山东三十余年。元世祖中统三年（1262年），叛元降宋，歼蒙古戍兵，攻取益都，入据济南。是年七月，为蒙古军包围，投大明湖未死，被俘处死。碑文说五公被俘，即指李璮反后对蒙古驻军的打击。但文中所指释放五公的"将"是否李璮，还不能肯定。李璮既然叛元，为什么碑文作者还称他为李侯而不指名，也不说他是叛乱而只说"李侯兵革"呢？按碑文末作者署名为"野齐愚叟前乐安县教谕李居仁"，是个汉族文人，可见汉人对李璮起事是抱同情态度的。有一条野史记载，在李璮投水后，一位姓黄的老人对他说："相公为天下不平，做出这事，何故自陨？"并把他引出水来（见祝允明《前闻记》"李璮"条）。也可与碑文所记互相印证。

有一件事情可以提出，即在平定李璮之役中，前引斡鲁纳台氏阿术鲁的孙子怀都在围攻济南时奋勇作战，立了头功（《元史·怀都传》）。怀都和五公虽看不出有近亲关系，但足见斡罗那歹这一族人在元朝初年的政治舞台上还是很活跃的。

三、谱系的启示

碑文末所附五公四代谱系也说明些问题。首先，谱系除记男方名字外，也记下他们配偶的姓氏。如第一代碑主五公妻白氏；第二代四子：长子捏可罗妻马氏，次子艾也赤妻周氏，三子僧住妻冯氏，四子忽都妻冯氏；第三代捏可罗三子：长子达儿妻吕氏，次子咬儿妻马氏（达儿、咬儿后皆有卒字，疑是说其已死，不连人名），三子头口妻许氏。艾也赤一子：囊加歹妻滑氏。僧住二子：长子完者台妻王氏，次子合住未婚。忽都二子：长子百奴妻雷氏，次子系住马未婚；第四代只有囊加歹一子清驴妻周氏，一女名大姐，适徐（嫁徐姓）。以上这些女性的姓，除白和马二姓可能为回族姓外（但也不一定，因汉人早有此二姓），其他姓皆为汉姓，而仅有的一个女儿大姐所嫁的也是汉人。这说明，入居中原的蒙古人，特别是蒙古军人，他们多半同汉人结婚，这一现象非只这一例，不过因五公所驻，僻在农村，更为突出而已。这表明蒙、汉民族间的亲密关系，为民族融合添一例证。

其次，关于刘姓问题。碑文开始即称"营丘刘公"，似乎这位五公就以刘为姓。但以后碑文又说："后之苗裔，因留曰姓，故曰刘。"那就是刘公的后代才取刘为姓了。这是不错的。据《临淄巡古》（山东大学出版社 1989 年 10 月）一书 120 页所说："前三代的名字均沿袭蒙古族无姓氏的习俗，第四代才'因留曰姓，故曰刘'。"这似乎不差，因碑文谱系止于第四代，但立此碑的是第二代僧住和忽都二兄弟，似乎在第二代时已以刘为姓。不过，在谱系上连第四代（清驴）还是蒙古名字，这可能是沿袭蒙古族虽有姓氏（如《元史》称成吉思汗名铁木真，姓奇握温氏——多作乞颜）但只称名字的习惯。又据《创世界的人们》（山东文艺出版社 1989 年）275 页记刘家营一蒙族长辈叙家谱说："一世：五公，二世：涅可罗、艾也赤、僧住、忽都，三世：达尔卒、咬耳卒（尔、耳原作儿，卒可能是已死之义，见前）、完者营（营应作台，见前）、百奴、系住马，四世：清骈（骈应作驴，见前），五世：福通，六世：刘爵，七世：刘兴，八世：刘廷，九世：刘本皋……"可见，直到第六代，他们才以刘为姓，名字也汉化了。这时已到明朝，他们为了避免受歧视和迫害，才把以前曾经取过但未用过的刘姓正式公开应用，连名字也不再用蒙古叫法了。可能这里在外面已自称汉人，而祖祖辈辈却牢记自己的根，世代相传，直到党的十一届三中全会后，才恢复了自己的族籍。

最后，《元史》仓促成书，无《氏族表》。清代学者钱大昕为补其缺，作《元史氏族表》，其中斡鲁纳台氏族只列四家。其后柯劭忞、屠寄二人在其《新元史》《蒙兀儿史记》中的《氏族表》踵袭钱氏，无甚发明，且不免有讹误。五公谱系写于元末，为蒙古斡鲁那歹氏族添一新家族，虽然五公本人的蒙古名字不详，但其谱系却确凿无疑，这就是对《元史氏族表》的一个贡献。这一家族的世系一直绵延到今天，这更是很难得。

1990 年 10 月巧日，笔者有幸和淄博市周村区、临淄区政协和史志编写人员参观了刘家营，晤访了村党支书蒙古斡鲁那歹氏后裔刘玉德同志，扪读了元碑，颇有收获，异常兴奋。以其有关元朝和蒙古族史事，略记所见所知如上，并以此作为送给《历史教学》创刊 40 周年的贺礼。

[附]碑文摘要及家谱

（上略）兹以营丘刘公者，系斡罗那歹之人也。念斯宗派，其来远矣，追述往事，未达其详。（略）谱曰：高祖五公，系斡罗那歹之人也。充蒙古军役。念其祖考，已经变乱，失散他乡，各茔元无可取。又经李侯兵革，势不能敌。彼虏鞭之使跪。公曰："莫跪，吾上为国家出力，岂能跪汝乎？"兵怒，遂如刃欲击其胫，终不曲（屈）。将见勇而忠孝，留之，遂得脱。后之苗裔因留曰姓，故曰刘。至元八年，蒙圣恩添蒙古军力，每军拨赐草场地七顷，以赡军役，遂得至于营丘。为是弓马熟娴，累有功效，至元卅年蒙圣恩，公充本翼镇抚，不幸而卒。（略）弟忽都奉承兄命，惬力同心，谨舍囊箧之资，敬赎翠岩之玉。（略）孤哀次子僧住。家谱不具，请鉴之。

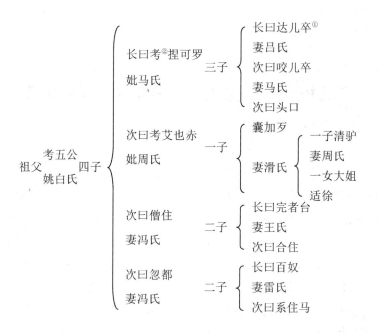

（原载《历史教学》1991 年第 1 期）

---

① 谱中的考、妣指其人已死，考称父，妣称母。

② 捏可罗二子"达儿卒""咬儿卒"二"卒"字言其人已死，不应看作人名。

"以色列""犹太""希伯来"的由来

今年（1992 年）元月二十四日，我国与以色列国建立外交关系。

以色列国的主要民族是犹太人，语言是希伯来语，宗教是犹太教。希伯来、以色列、犹太，这三个名称紧密相连，由来已久。希伯来一词出现最早，据说，他们本来居住在古巴比伦地区，其后越过了幼发拉底河（今伊拉克境内）来到迦南地区（今巴勒斯坦、叙利亚、黎巴嫩沿海地区古称），被当地人称为希伯来人，意为"来自河那边的人"或"过河人"。约在公元前十四世纪（一说十三世纪），他们占据今巴勒斯坦。当时有十二个部落（一般称十二支派），其中以以色列和犹太两支派为著名。以色列的得名始于他们的先祖雅各。据《旧约·创世纪》说，雅各与一神人角力获胜，那人说，你可改名以色列，因为你同神和人较力，都得了胜利。这当然是一个传说或神话，不过希伯来文"以色列"确有"战斗"和"神"即与神比武的意义，也许因此而有这个神话吧。犹大的得名则由于雅各的第四子犹大而来，汉译又把"大"改写为"太"作为民族名称以示区别。这十二个支派都是雅各的子孙，这同中国古代认为各国都是黄帝的子孙一样，不管其真实与否，但它对于增强民族向心力和凝聚力却起了极大的作用。

公元前十一世纪末，希伯来人在大卫王的领导下，建立了统一的国家，一般称希伯来王国或以色列—犹大王国，定都于耶路撒冷。约公元前 935 年（一说 928 年），王国分裂为南北二部：南部称犹大王国，仍都耶路撒冷，北部称以色列王国，建都于撒马利亚。公元前 722 年，以色列王国为亚述帝国所灭，大批居民被迁境外，领土并入亚述，人民逐渐为其他民族所同化。犹大王国则维持到公元前 586 年始被新巴比伦王朝所灭，其后波斯王于公元前 538 年灭巴比伦，又将被俘于巴比伦的犹太人放回耶路撒冷。在经受希腊人建立的几个王朝的统治后，曾一度复国，公元前 63 年又被罗马征服。公元后曾几次爆发起义，俱被罗马军队镇压。公元 135 年，几十万犹太人被杀，幸存者流徙域外，散居世界各地。由于他们在流亡生活中仍然保持着民族特征，罗马帝国又将犹大王国置为行省，因此，犹太人一词即指原属于犹大王国的人，犹太人的称呼遂普遍为世人所用。

犹太人很早就来到我国。据阿拉伯人阿布·赛义德说，唐末黄巢起义军占领广州后，在广州被杀的伊斯兰教徒、犹太教徒、基督教徒和拜火教徒有十二万人。这个数字无疑是夸大的，但可以说明，广州有不少的犹太人。南宋时期，金朝统治下的开封已有犹太人建立的寺院。元代中西交通大开，犹太人来得更多。元朝国都大都（今北京）及杭州等地都有不少的犹太人，而且很富有。他们被称为术忽、主鹘或主吾，这是波斯文犹太人的称谓的译音，也是见于中文记载的最早的称呼。明朝开封的犹太人更多，他们重修了犹太教的寺院，称为"清真寺"，称其教为"一赐乐业"，这是最早的也是更准确的对"以色列"一词的译音。当时开封有李、俺、艾、高、穆、赵、金、周、张、石二百多户人。此外，宁波、扬州、宁夏等地也有些犹太人。到清朝后期，又有从海外、泉州来的犹太移民，他们多半经营工商业，对上海的经济发展起到一定作用。

（原载《今晚报》1992 年 2 月 20 日）

元代西域人的华化与儒学

引　言

20世纪20年代，陈垣先生撰《元西域人华化考》八卷，对元代西域人在儒学、佛老、文学、美术、礼俗、文学等方面华化情况，述之甚详。材料翔实，条理明晰，博得了中外史学家的盛誉。今天看来，虽有个别地方可以商榷，但其总的体系依然完整坚实。它所蕴含的民族融合的观点，至今仍然给人以启迪。至于结构的严密，文词的典雅，尚其余事。

陈先生论述西域人的华化，首先提到儒学，这是很有见地的。因为西域人的华化，主要是通过儒学的熏陶。他们受到儒学的启蒙教育，认识到中华文化的崇高华美，从而忻慕之，服膺之，并以儒者自居，对儒学在元代的延续与发展作出了贡献。至于文学、美术，那是儒者的基本训练与业余爱好，礼俗是儒者的生活规范，佛老则是儒者在遭遇不虞时的一种寄托或隐遁，这些都可视为儒学的附庸。儒学是西域人华化的关键，或者说，西域人通过儒学的大门才进入华化的堂奥。这个看法，在陈先生的这部论著中可以找到不少印证。

本文是在陈先生论著的启发下，在其翔实的材料的基础上写作的。旨在说明西域人学习儒学后的表现，着重指出他们在政治上的表现及其影响，这一点陈先生书中虽有反映，但不集中突出。元代的儒学以程、朱的理学为主，但本文不打算涉及理学在元代的传播和发展问题，而是把儒学作为一个整体，即以孔孟之道为核心的思想和文化体系来对待，把握住儒学的这一共性，也就符合本文的需要了。探讨理学本身的问题，反而轶出本题的范围之外。

（一）为儒学张目

元代西域人学习儒学，酷爱儒术，不仅以儒道自勉，而且利用一切机会，宣扬儒家学说，为儒学张目。如西夏人高智耀对元宪宗蒙哥说："儒者所学尧舜禹汤文武之道，自古有国家者，用之则治，不用则否。"当宪宗问他儒家和巫医哪个好时，他说："儒以纲常治天下，岂方技所得比。"元世祖忽必烈即位后，他又在世祖面前反复阐述儒学对治国的裨益，受到世祖的称赞①。

畏兀儿人廉希宪，笃好经史，手不释卷。一天，正读《孟子》，被召见，因携以进。元世祖问他《孟子》是什么书，即以孟子讲的"性善、义利之分、爱牛之心扩而充之，足以恩及四海"为对，得到世祖赞许，称他为"廉孟子"。当时西藏大喇嘛八思巴受到优礼，尊为国师。世祖令希宪受国师戒，希宪说："臣已受孔子戒。"世祖问："汝孔子亦有戒耶？"对曰："为臣当忠，为子当孝，孔门之戒，如是而已。"②廉希宪真可谓孔孟之道的忠实信徒了。

另一畏兀儿人阿鲁浑萨里，其父、祖俱精佛学，父且曾为释教都总统，他本人也曾受业于国师八思巴。后习儒学，通经史百家之书。至元二十一年，他劝元世祖"治天下必用儒术"，并建议"招致山泽道艺之士以备任使"，得到世祖嘉纳，遣使求贤，置集贤馆以待之③。以佛教世家子弟而劝皇帝用儒术，可见其心目中必以儒学优于佛学。

康里人不忽木曾从著名儒士许衡受学，日记数千言。至元十三年（1276），他上书世祖，请立学校以兴儒学，引经考史，说明学校对培育人才、辅助政治的重要性④。他的儿子巎巎，也是自幼肄业国学，博通群书，其正心修身之要，得诸许衡及父兄家传。他雅爱儒士甚于饥渴，四方士人萃于其门。有一权势达官对此不满，质问他："儒有何好，君酷爱之？"巎巎举出世祖重视儒学，曾召其父不忽木，听讲陈《四书》及古史治乱之迹，备加称许的故事反驳该人，并说："今汝言不爱儒，宁不念圣祖神宗笃好之意乎？且儒者之道，从之则君仁、臣忠、父慈、子孝，人伦咸得，国家咸治；违之则人伦咸失，家国咸乱。汝欲乱而家，吾弗能御，汝慎勿以斯言乱我国也。儒者或身若不胜衣，言若不出口，然腹中贮储有过人者，何可易视也。"说得那个达官羞愧而退⑤。巎巎真不愧为儒学的卫道士了。

出身雍古（即汪古）部的马祖常，他的家族信奉也里可温教（基督教中聂斯脱里派），但他却是一个纯正的儒家。他自称"吾生赖陶化，孔阶力攀跻"⑥，以得受孔子之道陶化为幸，以力攀孔门之阶自勉。元仁宗时，他当监察御史，

---

① 《元史》卷一二五《高智耀传》。

② 《元朝名臣事略》卷七《平章廉文正王》。

③ 《元史》卷一三〇《阿鲁浑萨里传》。

④ 《元史》卷一三〇《不忽木传》。

⑤ 《元史》卷一四三《巎巎传》。

⑥ 《石田文集》卷一《饮酒》之五。

上《建白一十五事》书，其中有劝仁宗以礼乐为治，赞扬仁宗"进儒术而抑吏道"的"用儒之效"，但仍以儒学之臣所用不多为憾①。他撰文盛赞："孔子道大，天地日月，不可象也。"②又说："学必有所师，师莫若圣，圣莫若孔子。"③对孔子的歌颂崇拜可谓登峰造极。

回回人赛典赤·赡思丁是伊斯兰教创始人穆罕默德的后裔，但他对孔子还是很尊崇的。他自称他的世家"同中国孔子宗系"④。这个比喻倒很恰当，也说明他颇以世系与孔子后裔相同为荣。早在元世祖至元初年，他当陕西行省平章政事时，即在西安修建孔庙⑤。至元十一年，他出任云南行省平章政事后，又在昆明创建了孔子庙、明伦堂，购经史、授学田，使"文风稍兴"，初步改变了云南"俗无礼仪，子弟不知读书"的风气。他的儿子忽辛当云南行省右丞时，赡思丁所拨的学田被佛寺占夺，忽辛按庙学旧籍夺归之。又下令诸郡邑遍立庙学，选文学之士为教官，结果"文风大兴"⑥。以穆罕默德的裔孙，而申张孔子之教，无怪陈垣先生说："此孔教徒所不及料者也。"⑦

（二）行儒家之政

这些华化或儒家化的西域人，在他们参与政治、有所作为的时候，自然要把他们所受的教导、所抱的理想付诸实施，具体说来就是行儒家之政。

儒家之政，用最简明的语言概括起来就是"仁政"。这是以孔子的仁学为核心，经过孟子的发展而形成的一套治国平天下的政治纲领。其主要内容为爱民或保民，即要保障人民的生活条件，关心人民的疾苦，不过分剥削和役使人民，以伦理道德教育和感化人民，维护纲常名教，反对犯上作乱等等；总之，以发政施仁为手段，达到长治久安的目的。这些准则，在元代华化的西域人的施政中，大都能体现出来。

以畏兀儿人廉希宪为例。他从1250年入侍忽必烈的"潜邸"开始，到至元十七年（1280）死时为止，辅佐元世祖凡三十年。对元世祖的夺取帝位、平定内乱、征服南宋和建制立法等都起过重要作用。而他的施政特点则带有儒家色

---

① 《石田文集》卷七。
② 《石田文集》卷十《安丰路孔子庙碑》《光州孔子新庙碑》。
③ 《石田文集》卷十《安丰路孔子庙碑》《光州孔子新庙碑》。
④ 王恽《秋涧文集》卷八二《中堂事记》下。
⑤ 虞集《道园学古录》卷三五《奉元路重修先圣庙学记》。
⑥ 《元史》卷一二五《赛典赤赡思丁传》。
⑦ 《元西域人华化考》卷二《回回教世家之儒学》。

彩。如：

（1）体恤民艰

1254 年，廉希宪受忽必烈委任，为其分地京兆地区（今西安及其附近一带）的宣抚使。他到任后，"讲求民病，抑强扶弱"。其时富民（多为西域商人）放高利贷，以息为本，利上滚利，称"羊羔利"。他下令最多只许本息相等，减轻了贫民痛苦①。

1260 年，忽必烈即位，廉希宪为陕西、四川等路宣抚使。当时因用兵，诏括京兆诸郡马牛以济河西。他以关中兵乱凋敝，人民不堪负担，请求免括，得到免税二年、马牛免括的准许。

至元十一年（1274），因镇守辽阳地区的国王头辇哥扰民，忽必烈令廉希宪为北京（治今内蒙古宁城县西北）行省平章政事。有一西域人自称驸马，在城外扎营，逮捕富民，诬称其祖父曾借他的钱，逼其还债。廉希宪把此人收捕，治以私设公堂之罪，吓得他拔营夜遁。头辇哥罢职回朝，在城郊纵猎扰民，又强征车辆及民财。希宪以上告胁之，国王被迫退还民财。从此，贵人过者，都不敢放纵胡为。

（2）关心民生

至元十二年，元军攻下南宋的江陵后，一时秩序混乱，人心惊疑。元世祖委任廉希宪镇守。他到任后，"禁剽夺，通商购，兴利除害，兵民安堵"。又下令禁止杀害俘获，敢杀者，以故杀平民论，典卖妻子者，重罪惩处。此前江陵城外蓄水以御元军，希宪命决之，得良田数万亩，给民耕种。沙市有不入官籍的仓粮二十万斛，为豪右私取，他下令发其粮以赈公安县饥民。这就安定了社会秩序，恢复了生产。

（3）绥徕远人

孔子说："远人不服，则修文德以来之。"这就是以德感人，以德服人，而不以力服人。廉希宪对南宋就采取这一方针。江陵初定，宋故官惊疑思去。希宪到后，即量材录用宋宣抚、制置二司幕僚能任事者二十余人，安定了人心。不久政声远播，贵州思、播二州的田、杨二族和南宋重庆制置使赵定应，过去坚持不下，此时都越境请降。江陵人写信，歌颂希宪政绩，元世祖知道后称赞说："希宪坐致数千里之坚城劲士，其仁政为何如也。"又说："希宪不嗜杀人，故能致此。""仁政"和"不嗜杀人"，正是儒家政治的特征。

---

① 《元史》卷一二六《廉希宪传》，《元朝名臣事略》卷七《平章廉文正王》以下不另注明。参看匡裕彻《元代维吾尔族政治家廉希宪》，《元史论丛》第二辑，中华书局 1983 年版。

（4）重视教育

廉希宪在任京兆宣抚使时，暇日从名儒许衡、姚枢等咨访治道，并推荐许衡"提举京兆学校，教育人才，为根本计"。从此，"郡县皆建学校，民大化之"[1]。镇守江陵时，在社会秩序基本安定后，他认为"风教不可后"，于是大兴学校，修复"竹林书院"，置书一万四千卷，还经常到学校主讲，使"学者日盛"。

他保护儒士。京兆豪右，无视儒士不隶奴籍的规定，多以儒士为奴。他到后，"悉令著籍为儒"。有些稍通章句的人要求援例，但他们的主人不放，他拿出自己的钱把他们赎出来。在跟随忽必烈攻取鄂州（今湖北武昌）时，他引儒生百余见忽必烈，并建议："凡军中俘获士人，宜官购遣还，以广异恩。"因而得还者五百余人。

（5）维护纲纪

在京兆时，有一民户妻子伙同一算卦人用毒药害死其夫，被判死刑。当时天旱，僚属们主张减算卦人死刑以祈雨，廉希宪却坚持原判。可见事关纲常名教，他一点也不让步。

廉希宪是一个典型的"具有儒家正统思想的政治家"[2]。类似他的政治表现，在其他一些华化的西域人中也不少见。

回回人赛典赤·赡思丁在元宪宗时任燕京路总管，即以"多惠政"知名[3]，"轻财安民，甚有人望"，被儒臣王恽称为"回纥之有良德者"[4]。元世祖时他出镇四川，与宋将昝万寿对垒，"一以诚意待之，不为侵掠"，使昝万寿为之心服。他任云南行省平章后，仍采取绥徕远人的方针。过去交趾（今越南北部）"叛服不常"，湖广省发兵屡征不利，赛典赤遣人谕以逆顺祸福，且约为兄弟。交趾王大喜，亲至云南，赛典赤郊迎，待以宾礼，遂乞永为藩臣。在处理境内各族关系上，他也喻之以理，结之以恩，而不依靠武力，使"西南诸夷翕然款附"。他死后，交趾王遣使致祭，文中有"生我育我，慈父慈母"之语。

康里人不忽木在元世祖执意征交趾时，也劝世祖不用兵而遣使"谕以祸福"，收到了"交趾感惧，（遣使）诣阙谢罪"的效果。有人劝元世祖征流求和赋江南包银，也为不忽木劝阻。

和廉希宪一样，不忽木也是恪守儒家伦理纲常道德的。元成宗时，有奴杀

---

① 《元史》卷一五八《许衡传》。按，本传未提廉希宪推荐事。

② 前引匡裕彻文中语，《元史论丛》第二辑，第244页。

③ 《元史》卷一二五《赛典赤赡思丁传》，以下不注出处者皆引自本传。

④ 《秋涧文集》卷八二《中堂事记》下。

主、妻杀夫者，他们贿赂西僧（喇嘛），以释罪人祈福为名，得到释放。不忽木争论说："人伦者，王政之本，风化之基，岂可容其乱法如是。"有奴告其主，主被杀，诏以其主所任官与此奴。不忽木说："若此必大坏天下之风俗，使人情愈薄，无复上下之分矣。"有一官吏之子受贿，御史追其证其父罪。不忽木反对说："风纪之司，以宣教化、励风俗为先，若使子证父，何以兴孝！"①。

同样，雍古部的马祖常也是儒家纲常名教的维护者。元顺帝时，祖常为御史中丞，山东廉访司上书言孔氏讼事，祖常"以事关名教，不行。按者亦引去"②。"孔氏讼事"为何，史未详言，大约是一桩丑闻。马祖常以其事关名教，又是孔府的事，竟不了了之，以维护孔府尊严，用心良苦。祖常又曾上书建言："今国族及诸部既诵圣贤之书，当知尊诸母以厚彝伦。"则可能是令蒙古及色目人改变婚姻习俗的建议③。这种看似无关大体也没有什么积极意义的事情，他们却认真对待，说明这些华化的西域人所接受的儒家思想真是深入骨髓了。

（三）反言利权臣

孔子说："君子喻于义，小人喻于利。"孟子反对言利，主张仁义。重义反利已成为正统儒家的一贯思想。中国历史上有些政治派别的冲突斗争往往由此而起。其是非评价，颇为复杂，姑置不论，但这一现象却值得治史者重视。在元代，尤其在元世祖时代，这一现象也很突出。

元世祖即位后，励精图治，用汉人，采汉法，使民安业力农，关心生产事业，完成国家统一，不愧是有作为的开明君主。由于他出身的族属（蒙古）和所处的时代环境（宗室斗争、伐宋战争、赏赐宗族等）等原因，整理财政、开辟财源便成为他政治中的重要问题。因此他任用了一些言利之臣如王文统、阿合马、卢世荣、桑哥等。这些人的族籍、出身、经历等各不相同，他们晋用后的政绩不尽一致，但也有共同之点：他们都有一套理财之术，都遭到攻击，都不得善终，最后都蒙受恶名，被列入《叛臣传》和《奸臣传》。其中，除王文统当政时受到汉人儒臣姚枢、窦默、许衡等反对外，其他三人还受到华化的西域人的反对和抨击。

阿合马是从中亚来的回回人，他以能开辟财源得到元世祖的信任。自至元

---

① 《元史》卷一三〇《不忽木传》，《元朝名臣事略》卷四《平章鲁国文贞公》。

② 《元史》卷一四三《马祖常传》。《石田文集》所附许有壬撰《神道碑》同此。

③ 《元史》卷四〇《顺帝纪》至元六年七月，"禁色目人勿妻其叔母"，不知与马祖常建议有关否。马卒于至元四年。

元年到至元十九年，执政近二十年。虽然遭到许多人的攻击弹劾，但元世祖信之不疑。在反对派中除汉人如许衡、张文谦、史天泽、崔斌等外，西域人中则以廉希宪为代表。

阿合马在至元元年进入中书省为平章政事之前，领中书省的左右部（吏、户、礼为左三部，兵、刑、工为右三部）专管财赋之事。有一次，他的部下内讧，互相攻击。元世祖令中书省审核，省臣以阿合马有权势，不敢追问。只有廉希宪（时为平章政事）无所畏惧，穷治其事。情况弄清后，阿合马受到杖刑①。这是廉希宪和阿合马正面冲突的开始。

至元五年，元政府设立御史台，继而又立各道提刑按察司。阿合马认为这妨碍他部下规划财务之权，廉希宪反驳他说："立台、察，古制也。内则弹劾奸邪，外则视察非常，访求民瘼。裨益国政，无大于此。若去之，使上下专恣贪暴，事岂可集耶！"这些针锋相对的话，刺痛了阿合马。使他无言可对，但无疑会增加他对廉希宪的忌恨。

至元七年，廉希宪因事罢官家居。一天，元世祖问侍臣，希宪居家何为，侍臣对以在家读书。阿合马乘机进谗说："希宪日与妻子宴乐尔。"元世祖虽不相信，但这显然是阿合马借机报复。

一次希宪害病，医生说须用沙糖。当时很难买到，阿合马派人送他二斤，并向他致意，希图和解。希宪把糖扔到地上，说，要是这东西能治病，我也不要奸人送的来求活命。表示他不和阿合马妥协的坚决精神。

廉希宪病重时，皇太子真金遣侍臣探视，并问治国之道。希宪说："君天下在用人，用君子则治，用小人则乱。……大奸专政，群小阿附，误国害民，病之大者。殿下宜开圣意，急为屏除。不然，日就沉疴，不可药矣。"这当然是针对阿合马的专权而发。君子、小人之分，正是正统儒家评价人物的标尺。

阿合马被杀后，元世祖任用了阿合马的旧部下汉人卢世荣，令他掌握整理财政大权。这又遭到一些汉人儒臣的反对。西域人中，则有康里人不忽木。

卢世荣执政前，自言他若掌权，可使国家财赋收入十倍于前。元世祖以此询之不忽木。不忽木说："自昔聚敛之臣，如桑弘羊、宇文融之徒，操利术以惑时君，始者莫不谓之忠，及其罪稔恶著，国与民俱困，虽悔何及。臣愿陛下无纳其说。"元世祖不听，起用卢世荣为右丞，并让不忽木为参议中书省事，不忽木拒不受命。卢世荣执政一年，即因成效不显和朝臣的弹奏而被杀。元世祖对

---

① 《元史》卷一二六《廉希宪传》。以下不注出处者皆引自本传。

不忽木表示歉意说："朕殊愧卿。"①

卢世荣的理财主张、措施及其实行效果如何，尚可研究。就《元史·卢世荣传》而论，他并不像阿合马那样恃权为非，引起民愤②。而不忽木在卢世荣尚未履行职责时，仅因其倡言财利，即率而加以反对，并引历史上言利之臣为例（桑弘羊、宇文融功过也不易轻下断语），这充分说明不忽木承袭了儒家的反对言利的立场。

同一个不忽木，在桑哥执政时，依然坚持反对态度。桑哥，《元史·奸臣传》不言其族籍。波斯史家拉施特《史集》称其为畏兀儿人。近来我国藏族学者仁庆扎西据藏文史书《汉藏史集》断其为藏族人③，颇有可能。桑哥以好言财利事为元世祖所喜，卢世荣即以其推荐而执政。卢世荣被杀后一年，他被任命为尚书省平章政事，发行新币，清理财政，开发财源。以亏欠钱谷为名，杀参政杨居宽、郭佑等，不忽木争之不得，为桑哥所忌，"责以不坐曹理务"（不到机关办公），欲加之罪，遂以疾免官。不忽木在这一冲突中敌不过"势焰熏天"的桑哥，只好引退。但桑哥对不忽木也有戒心，曾对他妻子说，将来抄我家的，定是此人。果然，四年以后，当有人揭发桑哥罪行时，不忽木在元世祖面前证实其罪，使元世祖下定了处死桑哥的决心。

桑哥被诛，他的同党也受株连。只有一个叫忻都的，元世祖因此人"长于理财，欲释不杀"，不忽木力争，世祖最初不从，不忽木一连上奏七次，终把他明正典刑。不忽木对言利之臣可谓深恶痛绝，除恶务尽。

除反对言利之臣外，儒士对于执掌大权而恃权弄势权臣，也多持反对或不与合作的态度。

元仁宗时，中书省右丞相铁（帖）木迭儿贪纵不正，擅弄威福，作为监察御史的儒臣马祖常，即率同列劾奏其十罪，使其暂时罢官④。另一雍古人赵世延，"天资秀发，喜读书，究心儒者体用之学"，至元二十六年任监察御史、曾与同列五人劾丞相桑哥不法。仁宗时，任御史中丞，亦弹劾铁木迭儿罪恶十三事。他因此受到铁木迭儿的报复和打击，身陷囹圄，仍坚定不屈⑤。

泰定帝时（1324—1328 年），回回人倒剌沙当政，许多西域人都攀附他。

---

① 《元史》卷一三○《不忽木传》。

② 李干《元代的理财家——卢世荣》肯定了卢世荣的才能（《内蒙古社会科学》1983 年第 5 期），可以参看。

③ 《西藏研究》1984 年第 2 期《元代中央王朝中的藏族宰相桑哥》。作者认为，桑哥的被杀及列入奸臣传是冤枉的。

④ 《元史》卷一四三《马祖常传》。《石田文集》卷七《弹右丞相帖木迭儿》只有开头案由与最后结语，所劾内容则以"当时不曾存稿"而遗失。

⑤ 《元史》卷一八○《赵世延传》。据卷六《仁宗纪》及卷二○五《铁木迭儿传》，其事应在延祐六年。

但阿拉伯（《元史》称大食，即回回）人赡思却不去见这个权臣。倒剌沙屡次派人招致他，赡思即以奉养双亲为名离开朝廷。这个赡思九岁时即"日记古经传至千言"，及长，博极群籍，深通经学，尤精《易经》，旁及天文、地理、算术、水利及外国之书，著述甚多，是个博学的儒家。顺帝后至元二年（1336），任陕西监察御史，即上封事十条：法祖宗，揽权纲，敦宗室，礼勋旧，惜名器，开言路，复科举，罢数军，一刑章，宽禁网。当时宰相伯颜"专权自恣，变乱祖宗成宪，虐害天下"，赡思所言，意有所指，皆一时群臣所不敢言者。有一皇室戚里在陕西行省作官，恣为非法，赡思揭发其罪上告，其人惧而弃职夜遁。朝廷下诏勿逮问，赡思仍杖其私人。以后巡察云南，又察核省臣之不法者，其人即挂印以去。其嫉恶如仇、不避权势的气概，灼然可见①。

（四）作用和影响

以上就华化的西域人在政治上的作为，说明儒学思想在这些人行动上的体现。至于他们在立身处世、交游癖好等方面，也具有儒士学者的浓厚色彩，这里就不缕述了。

这里要探讨的是，他们在当时的地位和作用，或者说，他们在元代的历史上发生过什么影响。

这个问题很大，可从四方面来分析。

其一，治元史者都知道，元世祖是有意识地采用汉法的第一个蒙古皇帝。他采用汉法，当然与他在潜邸时大量接近和任用汉人有关，但他同时也接近和任用了一些华化的西域人，如廉希宪、不忽木等。这些人，由于历史上（征服较早）和种族上（色目人）的原因，更容易对元世祖施加影响。如元世祖曾与康里人不忽木讨论治道及古今成败之理，至忘寝食。称赞他说："曩与许仲平（即许衡——引者）论治，仲平不及汝远甚。"并问他，是许衡有所隐讳，还是不忽木比他老师更贤？不忽木谦让了一番说："臣师起于布衣，君臣分严，进见时有时言不克究。臣赖先臣（指其父燕真，曾侍世祖于藩邸——引者）之力，陛下抚臣兄弟如家人儿子，朝夕左右，陛下又幸听其言，故得尽言至此。"②不忽木以与元世祖的亲疏远近关系来解释他和许衡进言的优劣，是真实的、有道理的。

---

① 《元史》卷一九〇《儒学·赡思传》。关于伯颜，见《元史》卷一三八《伯颜传》。

② 赵孟頫《松雪斋文集》卷七《鲁国公谥文贞康里公碑》。

还可补充一点，即不忽木懂蒙古语，而元世祖不懂汉语①，这种语言上的隔阂与否，也是使元世祖更容易接近不忽木的因素。

陈垣先生在引用元世祖对不忽木的问话之后说：

> 当是时，百汉人之言，不如一西域人之言；一西域人儒者之言，不如一西域人释者之言之尤为有力，而得国主之信用也。许衡、吴澄之徒之所以能见用于时者，纯恃有二三西域人后先奔走之，而孔子之道之所以能见重于元者，亦纯赖有多数异教西域人诵其诗、读其书，倾心而辅翼之也。②

这是很有见地的论断。不忽木的父亲燕真，从六岁起就作为俘虏收养在忽必烈的母亲庄圣皇后处，皇后令其服侍忽必烈；不忽木少年时又奉侍忽必烈的儿子真金。廉希宪的父亲是在十八岁时随畏兀儿国主内附，作为成吉思汗的宿卫，以后又作为庄圣皇后的管家，元世祖的真定路宣抚使；廉希宪十九岁起即奉侍作皇弟的忽必烈。他们和元世祖这种长期相处、亲如家人父子的关系是汉人儒士所不能比拟的，因而他们能在世祖面前畅所欲言，少所顾虑，他们的话自然更有分量，更容易为元世祖所信任和接受。他们对元世祖采用汉法起到了推动和巩固的作用，这一点是不能忽视的。

其二，如前所述，这些华化的西域人是按儒家的政治思想推行儒家的仁政政治的。这在当时的情况下，对于安定社会秩序，恢复和发展社会生产，缓和社会矛盾，无疑会起一定的作用。前举廉希宪的事例已可证明。此外，赛典赤·赡思丁在云南"教民播种，为陂池以备水旱，创建孔子庙、明伦堂，购经史，授学田"；以及适应当地习俗，不行钞法，仍用贝以代钱；各地置镇以维护治安；协调与境内各族关系等措施，对发展生产，振兴教育，稳定货币，安定社会秩序，促进民族团结等都起了良好的作用。他死后，"百姓巷哭……帝思赛典赤之功，诏云南省臣尽守赛典赤成规，不得辄改"③。说明赛典赤的政绩为朝野一致纪念。这对于边疆地区的开发，国家统一的巩固，都有深远的影响。

像廉希宪、赛典赤这些人物，因其地位显赫，影响较大，自不待言。即使官品不高、位居下僚者，在其所辖地区，仍能发挥应有作用。如回回人萨都剌，是著名的华化诗人。他在任镇江路录事司（掌城中民户之事，秩正八品）达鲁

---

① 参看《廿二史札记》卷三〇《元诸帝多不习汉文》；《元史》卷一七六《李元礼传》有"不忽木以国语译而读之"的记载。

②《元西域人华化考》卷二《儒学篇·佛教世家之儒学》。

③《元史》卷一二五《赛典赤赡思丁传》。

花赤时（1328—1331 年），平抑物价，发仓赈民，裁抑豪奴，破除迷信，做了许多好事①。华化的钦察人泰不华在绍兴路总管任上（顺帝时）"革吏弊，除没官牛租，令民自实田以均赋役。行乡饮酒礼，教民兴让"，使"越俗大化"②。《元史》列传的西域人中，凡读书习文的官吏，在地方上兴利除弊的事例不少。这里不一一列举了。

其三，这些华化的西域人也起了缓和民族矛盾、促进民族融合的作用。

元朝以蒙古族统治全国，同时又任用了许多西域人（色目人）帮助统治。蒙古、色目、汉人、南人之间的政治地位和待遇又不平等，这就必然引起各族之间的摩擦和矛盾。华化的西域人虽然具有色目人的身份，但他们却接近汉人，吸收儒家思想，实行儒家政治，操守言行，一如儒者，这就会使汉人儒士赞赏，使一般汉人受到实惠而感戴，因而在一定程度上缓和了统治者与被统治者的民族矛盾（当然也包括阶级矛盾）。可以说，华化的西域人在当时的民族摩擦和矛盾中起着滑润剂和缓冲器的作用。

如前节所述，华化的西域人反对言利之臣和权臣，而这些权臣除卢世荣外又大都是西域人，也就是他们的同族或近族的人。相反，他们所接近或相为师友的，却都是汉人，如廉希宪曾从名儒许衡、姚枢等咨访治道，并推荐许衡提举京兆学校，保释真定名士李槃出狱；不忽木受学于王恂与许衡，其子嵘嵘雅爱儒士，甚于饥渴；诗人萨都剌则多与汉族文人学士如虞集、杨维桢、干文传、李孝光等为友，互相倡和（见《雁门集》）。在当时汉人儒士看来，这些人是他们志同道合的同志（这是一个古老名词）和知己，对他们的政绩，交口称赞；对他们的文学，击节称赏。他们之间，已经没有民族的界限和隔阂了。儒学把他们融为一体，这也可以作为民族融合的一个侧面。

其四，华化西域人的成就，丰富和发展了中国的文化。

中国的传统文化以儒学为主流，以文学艺术为支派。元代华化的西域人在这几方面都有显著的成就。以儒学而言，雍古人赵世延和钦察人泰不华被列人黄宗羲、万斯同等所编的《宋元学案》中，说明清初学者对二人学术的重视。赵世延，史称其"天资秀发，喜读书，究心儒者体用之学……凡军国利病，生民休戚，知无不言，而于儒者名教，尤拳拳焉"③。《宋元学案》列为"絜庵同调"（卷九五）。絜庵即同恕，《元史》列入《儒学传》，称其学"由程、朱上溯

① 《光绪丹徒县志》卷二一《名宦》。
② 《元史》卷一四三《泰不华传》。
③ 《元史》卷一八〇《赵世延传》。

孔、孟，务贯浃事理，以利于行"。泰不华为浙东名儒周仁荣弟子，"好读书，能记问……尚气节，不随俗浮沉"①。《宋元学案》列为"本心门人"（卷八二），本心即周仁荣之字。仁荣父敬孙，从王柏受朱熹之学，仁荣则承受其家学。

此外，如哈剌鲁人伯颜（一名师圣，字宗道）"自弱冠，即以斯文为己任……其为学（不？）专事讲解，而务真知力践；不屑事举子词章，而必期措诸实用"②。陈垣先生比之清儒颜元。其时，"四方之来学者，至千余人"，可谓一代宗师。而前节提及的阿拉伯人赡思，也是"博极群籍，汪洋茂衍，见诸践履，皆笃实之学"。他著述繁富，其经学著作《四书阙疑》《五经思问》虽已不传，但在当时，对儒家典籍的研究也是有贡献的。他现存的《重订河防通议》，也为历代治河工程留下一份珍贵的文献。

儒家而外，华化西域人的成就以文学为最出色。如葛逻禄（即哈剌鲁）人迺贤，雍古人马祖常，回回人萨都剌、丁鹤年等，都是被当时汉族文人推崇的著名诗人。其诗文集流传至今，在我国文学史上据有一定地位，是我国宝贵的文化遗产。

结　言

以上这些事实能说明什么问题呢？

第一，它说明，儒家的学说对西域人很有吸引力，它不是凭宣传或暴力强行灌输给他们，而是凭它自身的精神道德感化的魅力"征服"了他们，使他们心悦诚服地接受的。

第二，它说明，接受了儒家学说的西域人，不仅自己信守不渝，而且见之于实行，而其实行的效果是积极的，影响是好的。他们是受到当时的肯定和赞誉的。

至于儒学在中国历史上的地位和作用问题，这是一个复杂而有争论的问题，不是本文所应和所能解决的。这里只是提供一个事例，一个侧面，是否对于这个问题的探讨有所裨益，那就提请关心这个问题的同志们指正了。

---

① 《元史》卷一四三《泰不华传》。

② 《元史》卷一九〇《伯颜传》。按"学专"二字间似应有"不"字，方与全文语气、文意相符，但现所见诸刊本，皆无"不"字。

海瑞是否回族

明代政治家海瑞，据说出于回族。这一说法最早见于 1935 年金吉堂所撰之《中国回教史研究》，其后中国回民文化协会编的《回回民族的历史和现状》（初稿，1957 年 9 月；同年 10 月民族出版社第 1 版，白寿彝等编）一书从之。但二书都是正面提出，并未举出证据。

我觉得海瑞出于回族的说法是可信的，文献上也可以找到证据。

最有力的证据是明人梁云龙所作的《海公行状》（见《海刚峰文集》附刻；《海忠介公集》亦收入，文字上有删节）。梁云龙是海瑞的同乡，对海瑞的世系应当很了解。《行状》上说：

> 公讳瑞……其上世以来未详。在国初，以军功世广州卫指挥某者，隶籍番禺，今为番禺人。洪武十六年，答儿从军海南，著姓于琼，遂为琼山人。

答儿就是海答儿，略姓称名，这是作传记的习惯。从此可知，海瑞的先世是明初的军官，其中有一个名叫海答儿的，到海南岛从军，定居在琼山，他或他的后人便以海答儿的第一个字"海"为姓，从此海姓便在琼山蕃衍起来。

海答儿是信奉伊斯兰教的人常用的名字，还原作 Haydar 或 Haidar。在元代的回回人中，就有叫海答儿的。在当时的镇江，有一个叫海答儿的回回人，他的父亲卓麻儿曾在 1297 年至 1300 年间作镇江路的达鲁花赤，他本人则官至绍兴路治中[1]。还有一个在 1304 年做嘉兴路达鲁花赤的，也叫海答儿[2]。另外，也可以写作赫德尔或黑的儿[3]。在元朝统治的后期，大批来华的色目人（西域人）的子孙，由于受到汉人文化和风俗习惯的影响，也模仿汉人，采用一个字作姓。其得姓的方式之一便是取某一先人名字的首字为姓，如伯笃鲁丁的后人

---

[1] 《至顺镇江志》卷十九《侨寓》。

[2] 《两浙金石志》卷十四《嘉兴路儒人免役碑》。

[3] 《至正四明续志》卷二、卷一。

姓白，哈散的后人姓哈之类；也有用原名最后一字作姓的，如职马禄丁的后人姓丁之类；另外，也有任取先人名字的任一字的，如纳速剌丁可以分为四姓之类。海瑞家的海姓，即由海答儿的首字得来，从答儿"著姓于琼"及《行状》只称"答儿"也可以推知，当时已经把"海"字作姓，而以"答儿"作名了。

从《行状》所说，还可以推知海瑞的先世从元朝就定居在中国。因为明初的军官，可能就是元朝的军人归附明朝的，而在元朝，回回人经商的、从政的和从军的都很多。也有可能是参加过元末农民起义而为朱元璋所收编，或者一开始就在朱元璋的起义部队中。

关于海姓，也应该附带说明一下。

今天海姓同胞，大部为回族，这可以作为海瑞出于回族的旁证。但他们不一定和海瑞的家世有关，因为，如我们在上面所说，在元代，以海答儿为名的并不只海瑞的祖先一家；而且，元代的回回人中还有叫海鲁丁的[①]，他的子孙也可以以海为姓。另外，海姓在中国古代姓氏书中也早有著录。如公元5世纪（南朝刘宋时）何承天所撰《姓苑》[②]，唐人林宝所撰《元和姓纂》，北宋邵思所撰《姓解》以及南宋郑樵所撰《通志》中都有海姓。但海姓著名的人物在明朝以前却没有什么人。明人凌迪知所撰《万姓统谱》中，海姓人物，明以前仅举出唐人海鹏，而此人正史无传，事迹不可考。古代的历史著作只为帝王将相、达官贵人作传，这本无足奇，但由此也可以看出，海姓在明以前有名人物大概很少。《万姓统谱》举出明朝的海姓七人，除海瑞外，有三个是广东人，可能都非汉族。

原文附记：中华书局版《海瑞集》（1962年12月第1版，1981年8月北京第2次印刷）下册《附录》王国宪《海忠介公年谱》序篇说："公名瑞……上世囗南宋始祖官指挥讳俅，由闽来广，籍番禺。俅生钰，钰生甫震、甫云。甫云生逊之，逊之生答儿，洪武十六年，答儿从军海南，居琼山，为公高祖。"与梁云龙所述颇有不同：梁云"其上世以来未详"，而以答儿（即海答儿）为有名可考的始祖；此则于答儿前上溯四代，而以俅（海？球）为始祖。此其一。梁云："答儿从军海南，著姓于琼。"明言海之得姓，始于答儿，此前无可考；此则径言"答儿从军海南，居琼山"，似海之得姓，自昔已然，与答儿无关。此其二。这两点关系重要，不可不辨。

---

① 《元史》卷一九四、一九五、一九六记有两个海鲁丁的事迹。

② 郑樵《通志》引。

按：梁云龙是海瑞的同乡和同时代人，又是海瑞的侄女婿，和海瑞关系很深（吴晗《论海瑞》），对海瑞的家世应该是最了解的；而王国宪的年谱作于清末（宣统元年），年谱序说"参用公家谱与公（上）乡诸先生书、梁云龙公行状"，此家谱当系海氏后代所编，难免有编造傅会之处，令人可疑。如答儿前确有四代，梁云龙何不著于《行状》而云"其上世以来未详"？

又可疑者，《年谱》所记答儿以前四代名氏，都沿用汉人传统称呼，何以逊之之子竟以毫无文义的"答儿"二字为名？这只能认为，答儿是海瑞最早可考的先祖，也即元代回回人常叫的海答儿，所谓"著姓于琼"，即从海答儿开始其后人才以海为姓。而《年谱》著录的答儿以前的四代名字，则是海氏的后人（可能很后期）于编《家谱》时有意编造的。文雅的称号和粗俗的名字摆在一起，可谓不伦不类，尤其是，连续四代的雅名的父辈忽然给儿孙取个没有任何意义的称号，更是于理不通。《家谱》的作者未必不意识到这一点，但不好给答儿改个文雅的名字，因为那是梁云龙早就登记在册不容改易的，改了就露出编造篡改的马脚，但不改不也同样叫人看出伪造的痕迹么？

因此，我认为，《年谱》所载答儿以前的世系是海瑞的后人编造的，是不可靠的。海瑞的先世有名字可考者始自海答儿，这是一个元代回回人的通用名号。

寒食禁火与介之推

在我国农历清明节的前一天或二天，称为寒食节，因为古人在这一天（或节前三天甚至一月）不能生火，要吃冷食。据说这是为了纪念介之推。

一、介推何许人也何故为之寒食

介之推，也叫介子推或介子绥，春秋时晋国人。约公元前 655 年，晋国公子重耳避难外逃，介之推随之流亡十九年。公元前 636 年，重耳返国即位，是为晋文公。文公赏赐功臣，忘记赏他。他并不争功，却和他母亲隐居绵上（今山西介休县南）。文公找不到他，遂以绵山一代作为他的封地。此事见于《左传》和《史记》，是可信的[①]。但在战国时，竟出现了文公放火烧山，想逼他出山，他坚守不出一直被烧死的传说。如《庄子·盗跖篇》说："介子推至忠也，自割其股以食文公。文公后背之，子推怒而去，抱木而燔死。"屈原《楚辞·九章·惜往日》："吴信谗而弗味兮，子胥死而后忧；介子忠而立枯兮，文君寤而追求。封介山而为之禁兮，报大德之优游。"说明伍子胥与介子推都是悲剧人物。抱木燔死与立枯同义，指抱着树被烧枯。西汉刘向《新序》，后汉桓谭《新论》，蔡邕《琴操》（称介子绥，并云禁火在五月五日），东汉周举吊书与宣示，三国时曹操《明罚令》，西晋陆翙《邺中记》，虽有个别差异，但对子推被焚而寒食，则众口一词，坚信不疑。

二、从东汉到北魏绵上禁火寒食

东汉顺帝时，并州（治今太原）刺史周举在了解到老人和儿童因冷食一月多有死亡的情况后，在介子推庙前作吊书说"盛冬去火，残损民命，非贤者之

---

① 《左传》卷一五，僖公二十四年；《史记》卷三九，《晋世家》第九。二书俱未提及割股之事。

意"，并"宣示愚民，使还温食"。据说"众惑稍解，风俗颇革"①。但实际效果恐怕很小。曹操当权时，听说今山西省太原、上党、西河、雁门四郡，冬至后一百五日为纪念介子推而"绝火寒食"，为此他下《明罚令》说，伍子胥沉江而死，吴国人不因此而断水，为什么要为子推寒食？况且北方是冷冻之地，老人和幼儿身体瘦弱，寒食将有难以忍受的祸害。令下之日，不得寒食。犯者家长半年徒刑，主管人员百日徒刑，地方长官停一月俸。这一严厉的措施也许一时有效，但不会经久②。后赵主石勒（公元 319—333 年在位）时又下令禁寒食。第二年暴风大雨，又在介山一带下大雹子，死人不少。大臣徐光说，这是得罪了介子推。另一大臣韦谀反驳说，介子推以前下的雹子是推搞的？介子推是贤人，怎会如此暴虐？这是阴阳失常所致，建议只在绵、介一带寒食，其他地方禁行，石勒遂下令"并州复寒食如初"③。北魏太和二十年（公元 496 年）二月下诏："介山之邑，听为寒食，自余禁断。"④

三、宗懔道出原委唐代不重介推

南北朝时期的文士宗懔，在所著《荆楚岁时记》中列举蔡邕《琴操》及陆翙《邺中记》等四人说法，并据《左传》《史记》予以驳斥外，说：按《周书·司烜氏》，"仲春以木铎循火禁于园中"。注云：为季春将出火也。今寒食准节气是仲春之末，清明是三月之初，然则禁火盖周之旧制⑤。

按：宗懔的结论很正确。他引的《周书》即《周礼》，"循火禁"原作"修火禁"。修火禁即管理和执行火禁。木铎是以木为舌的铃。"修火禁于国中"即在仲春（夏历二月）末、清明节前敲铃向国中人宣布火禁。注中的"季春将出火"的"火"指火星，但不是今天行星中的火星，而是恒星天蝎座中的 α 星，我国古代称为"心宿二"，又因其色红似火，称为"大火"。此星在季春（夏历三月）夜初见于东方。古人怕火气太盛，与人不利，因而禁人用火以避之。

宗懔的见解已为唐玄宗时曾任秘书监令与集贤院学士的徐坚所著《初学记》接受和引用。终唐一代，即不见有介子推被焚而寒食禁火的记载。

---

① 《后汉书》卷六一《左周黄列传》。

② 《明罚令》，据《太平御览》卷八六九《火部下》；卷二八《冬至》，卷三〇《寒食》。

③ 《晋书》卷一〇五《石勒》下。

④ 《魏书》卷七下《帝纪·高祖》。

⑤ 宗懔《荆楚岁时记》译注，据谭麟译注本："宗懔生卒年代姑定为公元 501—565 年。"湖北人民出版社 1982 年。

唐玄宗开元二十六年（公元738年）正月敕"比来流俗之间，每至寒食日，皆以鸡、鹅、鸭子（即三者之卵）更相饷遗。既顺时令，固不可禁……"

天宝十载（公元751年）三月，敕："礼标纳火之禁，语有钻燧之文，所以燮理寒燠，节宣气候。自今以后，寒食并禁火三日。"

德宗贞元十二年（公元796年）二月，以寒食节，麟德殿内宴。于宰臣位后施画屏封，图汉魏名臣，仍纪其嘉言美行，题之于下①。

三者的共同点是不提介子推，特别是第三文只提汉魏名臣，更为突出。从开元敕文可见，寒食节在民间是一个盛大的节日，并互送礼物。唐人以寒食咏诗者极多。如元稹《寒食夜》："红染桃花雪压梨，玲珑鸡子斗餐时。今年不是明寒食，暗地秋千别有期。"说明唐人在这一天晚间不像白天那样，要互相馈送鸡蛋并打秋千游戏。其《寒食日》："今年寒食好风流，此日一家同出游。碧水青山无限思，莫将心道是涪（一作通）州。"可见这一天也是全家出游的日子。更重要的是，这一天还是扫墓的日子。唐末文人于濆《寒食》："二月野中芳，凡花亦能香。素娥泣新冢，樵柯鸣柔桑。田父引黄犬，寻狐上高岗。坟前呼犬归，不知头似霜。"

天宝十载敕文至为重要，应仔细研求。所谓"礼标纳火"之禁，即《周礼·司煊氏》"仲春以木铎修火禁于国中"；"语有钻燧之文"语即《论语·阳货》篇"钻燧改火"。据《周礼·夏官》："司爟掌行火之政令，四时变国火以救时疾。"注说："春取榆柳之火，夏取枣杏之火。季夏取桑柘之火，秋取柞楢之火，冬取槐檀之火。"这就是"改火"或"钻燧改火"。古人认为，四季用一种木头钻火就会有毒，如《管子·禁藏篇》说"钻燧易火，杼井易水，所以去兹毒也"。在改火前，特别在春夏之交，要禁一日或几日的火，这就是"寒食"。李崇嗣《寒

---

①《唐会要》卷二九《节日》。按：本稿所引《唐会要》文字不完整。据《唐大诏令集》卷一〇九，第518页（上海学林出版社1992年）《禁断寒食鸡子相饷遗敕》全文为：

敕：天地之德，莫大于生成，阳和之时，先禁于卵殰。比来流俗间，每至寒食日，皆以鸡鹅鸭子更相饷遗。既行时令，固不合然，自今以后，永宜禁止。朕每思俭朴，深恶浮华，诸色雕镂等，已令变革。其公私宴会，比者多假果及楼园之类，虚为损耗，竞务矜夸，亦宜禁绝。有违者，准今月八日敕。

但《唐会要》开元二十六年正月敕中亦有个别文字可更正《诏令集》此敕之处。如确定此敕年月；"固不合然"之"然"字作"禁"，此"然"字应在"诸色雕镂等"之前。但《诏令集》在此句后之"已令变革"及"其公私宴会，比者多假果及楼园之类，虚为矜夸，亦宜禁绝"，则较《会要》完整明确。但《诏令》之"多假果"，《会要》作"多造假果"；《诏令》之"虚为矜夸"则《会要》所无。《诏令》之"亦宜禁绝"，则不如《会要》之"并宜禁绝"，因《敕文》不仅禁饷遗一事也。至《诏令》之"有违者……"则《会要》所无。"准今月八日敕"可能即《会要》之正月敕。或另有敕文，但《诏令》则未记载。又，《诏令》虽禁鸡子相饷遗，但如本稿所引元稹《寒食夜》诗之"玲珑鸡子斗餐时"句，则此禁敕似纸上文章，未见实效。或一时有效，久则受人民习惯势力的影响而恢复旧习。

食》："普天皆灭焰，匝地尽藏烟。"元稹《连昌宫词》："初过寒食一百六，店舍无烟宫树绿。"寒食后新钻的火，称"新火"。唐代佚名《辇下曲岁时记·钻火》说，长安每年清明节，"尚食内园官小儿于殿前钻火，先得火者进上，赐绢三匹金碗一口"。新火并赐予近臣。王濯《清明日赐百寮新火》："御火传香殿，华光及侍臣。"韦庄《长安清明》："内宫初赐清明火。"民间也钻新火。宋人王禹偁《清明》："昨日邻家乞新火，晓窗分与读书灯。"可证。

四、绵上仍禁火食迄元始告结束

寒食禁火与介子推之死无关，已如上述。宋人洪迈在其《容斋随笔》第三笔第二卷中有《介推寒食》条，亦据《左传》《史记》证烧死说之误。又据《后汉书·周举传》"士民每冬中辄一月寒食"及"盛冬去火"文字，认为："然则所谓寒食，乃是冬中，非今节令二、三月间也。"其读书之精细，令人钦佩。介子推死期，本无史证，正如蔡邕《琴操》所谓子推抱木死后"文公哀之，令人五月五日不得举火"，宗懔批之说"云五月五日，与今有异，皆因流俗所传"。

南宋遗老周密在其《癸辛杂识别集》中说："绵上火禁，升平时禁七日，丧乱以来犹三日。相传，火禁不严，则有风雹之变。"又说，病人和老人不能冷食的，可到介子推庙中算卦，封吉则可烧木炭，不吉则至死不敢用火，只能把食物在阳光下晒，或在羊马粪窑中埋食器令暖。宋代如此，可推知，唐代虽不关心介子推事，但在山西绵上一带当地人民仍恪守旧规，奉行不逾。

在元朝，寒食和清明并提，也是作为文体娱乐活动的节日。元人《析津志辑佚·风俗志》记："清明寒食，宫廷于是节最为富丽。起立采索秋千架，自有戏蹴秋千之服……中贵之家，其乐不减于宫闱。达官贵人豪华第宅，悉以此为除祓散怀之乐事。"[1]已不提禁火之事，大约从此禁火即已绝迹。清朝嘉庆时修的《介休县志·风俗》卷说："寒食，旧志缺而不载，得毋以此风久革，故删去耶？"[2]这里的旧志应为明代的介休县志。介休是介子推的死地，这时已不重寒食，则他处可想而知。其《杂志》卷又说："自胡元入中国，卤莽之政也。"

---

① 本书原名《析津志典》或《析津志》，元末学人熊梦祥著。明朝晚年已佚，1981 年由北京图书馆善本组辑出。1983 年 9 月北京古籍出版社出版。

② 据南开大学历史系教授常建华《明代岁时节日生活》第八章《寒食与清明》，《明代一地寒食、清明二节内容比较表》统计，山西省只有与介休县相距不远的曲沃县（曲沃志）。其中寒食节是"祭墓，树秋千，放纸鸢"；清明节是"携酒赏济溪，踏青，看花，游温泉"。无祭念介子推而禁火的记载。此书是常与冯尔康教授合著《中国历史上的生活方式与观念》，台湾馨园文教基金会 1998 年版。本注所引常文为该书 65—66 页。

归咎于元朝，实不公允。乾隆时的《燕京岁时记》"清明"条说："清明即寒食，又曰禁烟节。古人最重之，今人为不节，但儿童戴柳祭扫坟茔而已。"竟混寒食与清明为一。这也难怪，因为寒食本不在二十四节气之内。据家乡（山东淄博市周村区）人说，在寒食这一天还要到野外修整墓地，第二天清明扫墓。据山东《邹平县志》（中华书局 1992 年出版）《风俗》："清明节前一日为寒食节，是农村扫墓祭祖的日子。"章丘《政协文史资料》第 12 辑《章丘风俗》载："冬至后 105 天谓之寒食，禁火，冷食。"当然，这里说的是过去的情况，而且禁火寒食只是山西绵山一带的旧习，章丘从无此习。（以上周村为温玉琪同志提供；邹平、章丘为郭济生同志提供。谨此致谢！）类似的记载在各地想不在少数。

五、结语

总起来说，寒食禁火与介之推无关，禁火与改火是我国古老的习俗，但后人为纪念介之推而把禁火和他的死联系起来，正像为了悼念屈原而把五月五日作为他的死期一样，这是我国崇敬先贤的传统心态的表现，值得民俗学家研究。

（原载《今晚报》1990 年 4 月 3 日、5 日）

公冶长懂鸟语吗？

"公冶长，公冶长，南山有个虎驮羊，尔食肉，我食肠，当亟取之勿彷徨。"小时私塾老师讲《论语·公冶长》"子谓公冶长可妻也，虽在缧绁之中，非其罪也，以其子妻之"时告诉我们这个故事：公冶长懂鸟语，他听到这样唱时，到南山去，果见一死羊，他把肉取走，被羊主人发现告官，关进监狱。以后又听鸟叫说，齐国来侵，公冶长告知狱官，事先采取防御措施，打败齐国，冶长获释。《论语》上并未明言公冶长犯的什么罪，总之是无故受累，所以孔子肯把女儿嫁他。上面的故事出自明人邓林所著《四书备旨》上，时代很晚，显系后人附会编造。最早三国人何晏的《论语集解》无此注释。其后南朝梁人皇侃（488—545 年）作《义疏》，引一名为《论释》的书说，公冶长听到一鸟叫他到清溪吃死人肉。一会儿见一老妇当道而哭，说他儿子当日出行，至今未回，不知所在，当已死去。公冶长告他到清溪去，果见其儿。老妇说其子为冶长所杀，告到官府，拘入狱中。冶长辩明其解鸟语，狱长初不信，两月后有麻雀在狱门相叫，说：某地翻车覆粟，可去啄食，狱长验之果然，冶长得释。皇侃引此书说："然此语乃出杂书，未必可信，而亦古旧相传云'冶长解鸟语'，故聊记之也。"可见公冶长解鸟语的传说在此以前已有流传，不过私塾老师那套顺口溜是更后期的人编造而已。唐代诗人沈佺期《同狱者叹狱中无燕》诗："不如黄雀语，能免冶长灾。"白居易《池鹤八绝句诗序》："予非冶长，不通其意。"他们是相信皇侃的《义疏》的。宋人邢昺《论语注疏》则以其"不经"而不取。

公冶长懂不懂鸟语，是否因懂鸟语而入狱而获释，自然不易考证。但解鸟语的人和事在古籍上却屡见不鲜。《周礼·秋官司寇》："闽隶，掌役畜养鸟而阜番教扰之，掌与鸟言。"（原为夷隶，此用王引之说）可见古时有专管养鸟并和鸟对话的奴隶。《史记·秦本纪》说秦的祖先伯翳（一作伯益）佐舜调训鸟兽，鸟兽多驯服。孔颖达注《诗经·秦风·车邻》，认为伯益知禽兽之言。这可能是传说，但伯益之后秦仲，却"知百鸟之音，与之语皆应焉"（《太平御览》卷九一四"羽族"引《史记》，今本《史记》无）。《太平御览》卷九二二引《敦煌实录》说，侯瑾解鸟语（《后汉书》卷八〇下说他是敦煌人，著书颇多，未言其解鸟语事）。最著名的解鸟语专家当推三国时的管辂。《三国志·魏书》卷二九《方技传》说，他到郭恩（字义博）家，有鸠飞在梁头悲鸣。他说：当有老公从东方来，携豚一头酒一壶。主人虽喜，当有小故。次日果有客带肉酒来。郭射鸿作食待客，其小女却被箭射伤。他到刘长仁家，刘不信他懂鸟语，同他辩论，忽有鸟鹊在阁屋上急声鸣叫。管说，鹊言东北有妇杀夫，诈说西邻人与其夫有仇杀之，黄昏时有人来告状，到时果验，长仁乃服。郭恩想跟他学鸟鸣术，他说，你天才欠缺，又不懂音律，不行。他著有《鸟鸣书》，已佚。此外，北齐的张子信也解鸟语。他听见鹊鸣，劝他朋友夜间有人召唤时，千万别去，果免于难（《北齐书》卷四九《方伎列传》）。《隋书》卷三四《经籍志》有很多讲鸟情的书，如《鸟情占》《鸟情逆占》《鸟情书》《鸟情杂占禽兽语》《占鸟情》《六情决》《六情鸟言内秘》等，今皆失传。《聊斋志异》有《鸟语》一则，虽小说家言，证之于史，恐事出有因，未可全以荒诞目之。如果以上所说未足征信，倒有现实例证。1989 年 5 月 3 日《人民日报》（海外版）在《人与鸟的语言交流》的标题下报道说，我国台湾省新竹县徐锦海自幼即通鸟语，能听懂 15 种鸟的35 种声调，并能以它们的声调与之交谈。一次他听到一只百灵鸟说："台风要来啦！"果然当夜台风袭来，风雨交加。世界鸟类专家认为，徐锦海是当今唯一能通鸟语的专家。假如那位鸟类专家知道我国古代有许多通鸟语的人和解鸟语的书，不知有何评说。更巧的是，《周礼》提到的"闽隶"，即指从福建一带俘虏的人。看来，福建和台湾同胞懂鸟语还有历史传统哩。我们这个文明古国有丰富的文化遗产，其中有些科技知识和信息需要我们发掘、整理和研究，并用现代科学方法加以总结和提高。

也许有一天，我们能够破译鸟类的语言，使公冶长的传说变为现实。到那时，人类对自然界的认识也就更进一步了。

（原载《今晚报》1991 年 1 月 22 日）

"宰予画寝"说

《论语·公冶长》："宰予昼寝。"子曰："朽木不可雕也，粪土之墙不可圬也。于予与何诛！"

旧日注释家（如三国魏何晏等《正义》，南宋朱熹《集注》），一般认为，这是孔子对其弟子宰予白天晚起或打磕睡的严厉批评。但是，也有人认为昼（繁体作晝）应是画（繁体作畫）字，画寝即绘画或装饰寝室。清人刘宝楠《论语正义》征引摘录《韩李笔解》《资暇集》《齐东野语》《好云楼集》及《汉书·扬雄传》等书，从字形及礼制方面证成此说。其摘录语焉不详，今据所引原著录下，以明原委。

唐人韩愈及其弟子李翱《论语笔解》注云："旧文作畫字。"解释说："韩曰：昼当为画字之误也。宰予四科、十哲，安得有昼寝之责乎？假或偃息，亦未足深责。"

晚唐人李匡义《资暇集》卷上《昼寝》："《论语》宰予昼寝：郑司农（玄）云：'寝，卧息也'，梁武帝读为寝室之寝，昼作胡卦反，且云：'当为画字，言其绘画寝室，故夫子叹朽木不可雕，粪土之墙不可污。'"李氏评云："然则曲为穿凿也。今人罕知其由，咸以为韩文公愈所训解也。"

据此，知李匡义不同意梁武帝之说。但他引萧衍（即梁武帝）之说，可见画寝之说，南朝时已有，此前有无已不可考。清人马国翰《玉函山房辑佚书》据此书之"郑司农云"谓东汉郑康成（玄）首倡画寝说，不知"寝，卧息也"非寝室之寝。误矣。

南宋人周密《齐东野语》卷十八《昼寝》："尝见侯白所注《论语》，谓'昼'字当作'画'字，盖夫子恶其画寝之侈，是以有朽木粪墙之语。然侯白隋人，善滑稽，尝著《启颜录》，意必戏语也。及观《昌黎语解》，亦云'昼寝'当作'画寝'，字之误也。"

清人李联琇《好云楼集初集》卷十七《昼寝》："朽木不可雕，孔疏谓，不可雕琢刻画以成器物也。第两喻皆似就土木之工言，故有疑'昼寝'为'画寝'

者。琇按，《汉书·扬雄传》云：'非木摩而不雕，墙涂而不画。周宣所考，盘庚所迁，夏卑宫室，唐虞探椽，三等之制也。'暗用《论语》，可证'画寝'之说，汉儒已有之，不自梁武帝始也。至如孟子宿于昼（晝）……今本《水经注》作'潬'。或云当作晝。后汉耿弇进军晝中，《史记》晝邑人王蠋，《通鉴》作晝邑。皆'昼寝''画寝'之类也。"

按，所引《汉书》之文见《汉书》卷八十七上《扬雄传》，乃班固引扬所作《甘泉赋》后所撰评语，非赋中文。但评语确如李氏所说"暗用《论语》"之"画寝"。至如孟子宿昼，"昼"应作"画"，《齐东野语》卷十八《孟子三宿出昼》条已先言之。

刘宝楠在摘引以上诸书后，还根据《三礼》《三传》有关天子、诸侯、大夫、士的居室等级规范礼制加以解释。他说，春秋时，这些礼制已不受重视，其时"士大夫多美其居，故土木胜而知氏亡（晋大夫知伯，为赵、韩、魏三家所灭），轮奂颂而文子惧（晋献文子赵武成室，张老以美轮美奂颂之，赵武以能免于刑戮为幸）。意宰予画寝，亦是其比。夫子以不可雕不可圬讥之，正指其事。此则旧文，于义亦可通也"。此前之周密与李联琇亦从礼制角度证"画寝"之说，刘氏之论，则更较全面充分。

按：《说文解字》第三，"畫，界也。象田四界，聿所以畫之。晝，日之出入，与夜为界。从畫省从日。"二者相差只田与日之微，如田去其中竖划，日加其中竖划，则更易混同（虽可指田日二字之方、窄区别）。况如前引李联琇所指出，"孟子去齐宿于晝"（《孟子·公孙丑下》）晝亦作晝，笔者少时塾师读乡音为"怀"，不读"昼"。总之，从字形而论，晝与畫极相似，不似今简体之截然分明。

梁武帝是否如李匡义所说读昼为画，以寝为室，史无明文，但有丝迹可寻。《梁书·武帝纪》说他"少而笃学，洞达儒玄"（卷三）。"及长，博学多通"（卷一）。他"虽万机多务，犹卷不辍手"。他著述丰硕，对《周易》《尚书》《毛诗》《春秋》《论语》《中庸》及《老子》、佛经等都有阐述，或名《义》，或名《答问》，或名《大义》，或名《讲疏》，他的《孔子正言》应是对《论语》的阐解。这些著作"并正先儒之迷，开古圣之旨"。每逢"王侯朝臣皆奉表质疑，高祖皆为解释"（卷三）。可见，臣下对他的新见解有所质疑时，他能耐心为之解释，不像后代皇帝之纶音一发即成定论。"画寝"是新说，臣下当有质疑。详情如何，不得而知。姑妄言之，尚乞高明指正！

此外，再从孔子对宰予及其他弟子等的问答及评价方面作进一步的论证。

《论语·八佾》：哀公问社于宰我（宰予字）。宰我对曰："夏后氏以松，殷人以柏，周人以栗。曰：使民战栗。"子闻之曰："成事不说，遂事不谏，既往不咎。"

宰我以栗为战栗之栗，是望文生义，又"启时君杀伐之心"（朱注），但话已说出，只好以既往不咎责之。朱注说，这是"厉言以此深责之"。

《论语·阳货》：宰我问："三年之丧，期已久矣。君子三年不为礼，礼必坏；三年不为乐，乐必崩。旧谷既没，新谷既升，钻燧改火，期（周年）可已矣。"子曰："食夫稻，衣夫锦，于女（汝）安乎？"曰："安。""女安则为之！"……宰我出，子曰："予之不仁也。子生三年，然后免于父母之怀。夫三年之丧，天下之通丧也。予也有三年之爱于其父母乎？"

孔子以"不仁"责宰我，不仅责其忘父母之恩，还因为宰我不遵守"天下之通丧"的礼制。而且"人而不仁如礼何"（《八佾》）？对不仁的人讲礼也是无用的。

三年之丧是不是"天下之通丧"？不见得。滕文公丧父，派人向孟子请教丧礼，孟子告以三年之丧。滕国的父兄百官都不同意，说："吾宗国鲁先君莫之行，吾先君亦莫之行也。至于子之身而反之，不可。"（《孟子·滕文公上》）已故学者傅斯年先生认为，三年之丧是殷礼，孔子是殷人，因而恪守殷礼。这使其弟子及再传弟子孟子和儒家遵守不违，也为历代帝王所沿用。事实上，名为三年，并办不到，或二十七月甚至以日易月。

在责宰予昼寝之后，还有一段话说："始吾于人也，听其言而信其行；今吾于人也，听其言而观其行。于予与改是。"在此段言前，还有"子曰"二字。注释家认为，"子曰"可能是"衍文，不然，则非一日之言也"（朱注引胡氏曰）。不管是否同日之言，总是对宰予而发的。假如仅因其昼寝而一再斥责，似乎不会发此牢骚；只有对违背礼制的行为，才会惹得老夫子这样不满。可见，宰予不是昼寝而是画寝。

虽则如此，孔子对宰予的优点并未抹煞。他说："从我于陈、蔡者，皆不及门也。德行：颜渊，闵子骞，冉伯牛，仲弓。言语：宰我，子贡。政事：冉有，季路。文学：子游，子夏。"（《论语·先进》）这是孔子在困于陈、蔡时对未随他同行的学生的怀念。可见他对宰予的娴于辞令还是很赏识的。韩愈所谓"四科十哲"即据此而来。宰予也没有因受孔子的批评指责而减低对老师的尊重和崇敬。他说："以予观于夫子，贤于尧舜远矣。"（《孟子·公孙丑上》）他们的师生关系还是很融洽的。

另一言语科高徒子贡"欲去告朔之饩羊",孔子说:"赐也,尔爱其羊,我爱其礼。"(《论语·八佾》)按古制,每年冬十二月,天子把次年十二个月的历法朔日颁发给诸侯,诸侯将历法藏于祖庙。每月初一,他们将一活羊祭庙,请出历书,谓之"告朔"。此时诸侯已不行告朔之礼,而每月朔日其下级官吏仍供此羊,因此子贡建议取消之。孔子则以为,有羊在,还不忘旧礼甚至可恢复之,虽实亡名存,但名亡实更难恢复。于此见孔子对古礼的一往情深。

再看孔子对政事科弟子冉有(名求)的评论。冉有是鲁国大夫季孙氏的家臣(宰)。其时鲁国政权为孟孙、叔孙、季孙三家操纵,鲁君已形成傀儡。某次,季氏"旅(祭名)于泰山"。按礼制,只有诸侯才能在其辖境内祭山,季孙氏以大夫而祭山是违礼行为。为此,孔子对冉有说:"汝弗能救与?"对曰:"不能。"孔子叹息说:"呜呼!曾谓泰山不如林放乎?"(《论语·八佾》)此前,林放曾以"礼之本"请教孔子。孔子高兴地说:"大哉问!"(同上)用褒扬林放来教育冉有,贬斥季氏。

孔子赏识冉有的政事之才,但对他帮助季氏聚敛百姓却大为不满。"季氏富于周公(指鲁君),而求也为之聚敛而附益之。子曰:'非吾徒也,小子鸣鼓而攻之可也。'"(《论语·先进》)老夫子真动火了。因为这不仅不仁,也违背了当年周公规定的赋税之制。这只是一时激愤之言,事实上,孔子对冉有也有褒有贬,称其所长。如季康子问:"求也可使从政也与?"孔子说:"求也艺,于从政乎何有?"(《论语·雍也》)以冉求的多才多艺,从政有什么难呢。类此之例尚多。不仅对冉有,对其他门徒也是一样:称其所长,指其所短,宽严结合,循循善诱。从爱护、教育的心地出发,使弟子虽受批评而无怨言,爱夫子如严父慈母。正如《论语·述而》所说:"子温而厉,威而不猛,恭而安。"不愧是为人师表的伟大教育家。

对当权的季氏,孔子却深恶痛绝。季氏"八佾舞于庭",孔子说:"是可忍也,孰不可忍也。"(《论语·八佾》)佾是舞队,每队八人。礼制:天子八佾(64人),诸侯六佾,大夫四,士二。季氏以大夫,只能四佾,用八佾是僭越背礼。是可忍,则弑父与君,无恶不作。这七字之诛,在"文革"中为"革命小将"广为使用,作为批判"牛鬼蛇神"和"批孔"的咒语,这是孔子意料不到的。可谓"即以其人之道,还治其人之身"吧。悲哉!

"三家者,以《雍》彻",孔子说,"'相维辟公,天子穆穆',奚取于三 家之堂?"《雍》(原作雝)是《诗经·周颂》的一篇,是周天子祭祖后撤(即彻)去祭品时唱的。"相维辟公,天子穆穆"是《雍》诗中句。大意是:诸侯来助祭,天子肃而穆。孟、叔、季三家以大夫而用天子之乐,是僭越行为,无怪夫子大发牢骚。

以上诸例,说明孔子对礼制的极端重视。"昼寝"算不上违礼,最多不过一时懒散或有其他原因,而"画寝"不然。这是孔子责备宰予的缘由。

蔡尚思先生最近发表《〈论语〉真相与有关名著》一文(《传统文化与现代化》1998 年 3 期),综合、归纳诸家学说,认为孔子以礼为本,孔子的仁学及其他见解也是以礼为实,离不开礼。这是精辟之论,道出了《论语》的真相。拙文如能提供一点佐证,能"附骥尾",则幸甚焉。尚希蔡先生及其他方家教正!

春秋之世,礼坏乐崩,政权下移,新陈代谢。这是大势所趋,时代潮流。孔子以匹夫之身,欲挽狂澜之既倒,无异以卵击石。他"知其不可为而为之",抱济世救民之志,周游列国而不遇,只得回老家删诗书,定礼乐,授门徒,从事文教工作,对保存古代典籍,传播祖国历史和文化做出了重要贡献。

孔子坚持恢复古礼,是保守派。他的尊君学说,为封建统治者所利用,应该批判。但他的治学和教学方法,律己处世之道,特别是他的人格魅力,为其弟子及后人所崇敬和景仰;他的一些言行,对提高人们的道德修养,改善人际关系,净化社会风气,也有其独特作用。取其精华,弃其糟粕,在建设社会主义精神文明的今天,也有值得借鉴的地方。

(原载《传统文化与现代化》1998 年第 5 期)

不知老之将至的孔夫子

公元前 489 年，孔子率领他的弟子们来到楚国的叶邑（今河南叶县南）。叶邑的守令叶公除了向孔子请教从政之道外，还私下向孔子的门生子路打听他老师的为人，子路一时不知怎样说才好，没有回答。孔子知道后对子路说，你怎么不这样说："其为人也，发愤忘食，乐以忘忧，不知老之将至。"（《论语·述而篇》）

这年孔子 63 岁，按现在的年龄标准来说，已算得上老人，可以退休了。但他依然风尘仆仆，周游列国，忘记了自己是老人。这种不服老的精神，着实令人叹服。

之所以不服老，我想当与他的发愤忘食，乐以忘忧有密切关系。

据清人刘宝楠旧注："发愤忘食者，谓好学不厌几忘食也；乐以忘忧者，谓乐道不忧贫也。"（《论语正义》）这个解释是有根据的，孔子就说过，他是"学而不厌，诲人不倦"的。《卫灵公篇》又说："君子忧道不忧贫。""德之不修，学之不讲，闻义不能徙，不善不能改，是吾忧也。"（《述而篇》）但旧注未把这两句和下一句"不知老之将至"联系起来，未免有些欠缺。

"发愤忘食"，说明孔夫子的进取和追求精神。当今科学已经证明，人的大脑细胞在年老时多半减少和老化，但勤于学习和思考的老人则可避免或减缓此过程。孔子所以精力充沛，不知老之将至，而且活到 73 岁（这在当时是高寿），当与此有关。再者，一个人如果专心致志从事于学术研究而心无旁骛，自然不会斤斤计较个人的利害得失或荣辱否泰，这就减少了许多无谓的烦恼，保持精神愉快和身体健康。有一年在郑国，孔子和门生弟子走散了，独自在东郭门外，弟子子贡向人打听老师的下落。那人把孔子的形象描述了一番后说他"累累然若丧家之狗"。子贡找到孔子后如实以告。孔子欣然笑曰："形状，末也（无关大体），而谓似丧家之狗，然哉！然哉！"（《史记》卷四《孔子世家》）在陈国被围绝粮，弟子们饿得站不起来，孔子却弦歌不辍。子路恼了，质问老师："君子亦有穷乎（穷困潦倒）？"孔子说："君子固穷，小人穷斯滥矣。"（《论语·卫灵公篇》)。老夫子的涵养有非寻常人所能及者。

当然,"发愤忘食"不是经常饿肚子,而是表示在学习和思考问题时,精神专注,顾不上甚至忘了吃饭,极言其思想集中毫无杂念之态而已。

"乐以忘忧",说明孔夫子的乐观开朗的精神状态。他说:"君子坦荡荡,小人长戚戚。"(《述而篇》)他当然属于胸怀坦荡的君子。他瞧不起患得患失的人,称之为"鄙夫"(《论语·阳货篇》)。他认为,即令是吃粗粮,喝冷水,弯着胳膊当枕头,"乐亦在其中矣"(《述而篇》)。对于富贵,他说"不义而富且贵,于我如浮云"(《述而篇》),全不放在心上。

对此不要误会,认为孔子提倡人人贫贱,越穷越好。他说过:"富与贵,是人之所欲也,不以其道得之,不处也。贫与贱,是人之所恶也,不以其道得之,不去也。"(《里仁篇》)可见他并不反对富贵,也不喜欢贫贱,而是要看富贵之得失是否合乎道义。如不合道义,则宁肯安于贫贱,也不会钻营奔走或发不义之财。他在卫国时,看到卫国人丁兴旺,赞道:"庶矣哉!"(人真多啊!)门生冉了有问,庶了以后还要怎样,他说:"富之!""富了以后呢?""教之!"(《子路篇》)要说孔子主张富民政策,该不算牵强附会吧。

使孔子乐以忘忧的还有一件事,就是他酷爱音乐。他在齐国听到演奏韶乐(传为舜乐),高兴得三月不知肉味(一说学之三月不知肉味),赞叹道,想不到奏乐竟然达到这一境界(《述而篇》)。他还会弹琴、鼓瑟、击磬和唱歌。听人唱歌时,如唱得好听,一定请人再唱一遍,他也和一遍(《述而篇》)。他还有一套奏乐的理论。音乐是他教学的课程之一(礼、乐、射、御、书、数,合称六艺)。《诗经》当时是可以歌唱的歌词,他用以教学生,还加以整理,使"雅、颂(《诗经》中的两类)各得其所"(《论语·子罕篇》)。总之,除他外出吊丧,他不吃饱,这一天也不唱歌。其他日子,他是开怀高歌的(《论语·述而篇》)。音乐能陶冶情操,振奋精神,调节情绪,使人心旷神怡,在美的享受中得到宁静和休息,达到身心健康的效果。在这一美的享受中,孔子自然也就乐以忘忧,不知老之将至了。

（原载《天津老年时报》1993 年 5 月 15 日）

我国最早的技术转让

战国时代（公元前 403—前 221 年）的庄子讲了这样一个故事：宋国有人会做不龟手，即不皲（jūn，冻裂）手的药。他家世代以漂洗丝绵絮为业。有个客人要求出黄金百斤买他的药方。他召开家族会议，商量说："我家世代洗絮，不过赚几斤黄金。如今把技术卖了，一下就得百金，卖了吧。"客人得药方后游说吴王，正逢越国来侵，吴王让他带兵，在冬天和越国打水战，因军士用药后手不皲裂，将越军打得大败。吴王把大片土地分封给这位客人（《庄子·逍遥游篇》）。这恐怕是我国甚至是世界上最早的购买技术和转让技术的事例了。

按：此事不见于《史记》卷三十一《吴太伯世家》与卷四十一《越王勾践世家》中，因该传只记战争结果，不记过程。庄子当据传闻得悉。

（原载《陋室文存》，中华书局 2002 年版）

论秦末"六国称王"问题

一

在秦末农民战争中，继陈胜称王之后，被秦所灭亡的旧六国之地，也兴起了一些称王的武装势力，如赵地的武臣，齐地的田儋，燕地的韩广等。史学界流行的看法大都是把这些势力称为六国贵族的或领主残余的割据武装，不把他们当起义军看待。我认为应该根据当时的实际情况，对这一说法重新估计。

当时继陈胜之后最先称王的是武臣。武臣没有专传，出身不详。据《史记·陈涉（即陈胜）世家》所说，他是奉陈胜之命，和张耳、陈余一块去经略赵地的。到赵地以后，他听了张耳、陈余的话，自立为赵王。这一举动当然不对，应该批评，但不能因此说他是企图恢复六国割据势力的六国贵族之一。《史记·陈涉世家》称"陈人武臣"，《张耳陈余列传》说武臣是"陈王以故所善陈人"，看起来，武臣和陈胜的出身大概差不多，否则不会成为朋友。无论如何，武臣决不是什么贵族，应该可以断言。

至于怂恿武臣称王的张耳和陈余，据《史记》所载，张耳曾做过信陵君无忌的食客，陈余好儒术，曾游亡赵国，两人都不曾得志，最多不过是"魏之名士"而已，也算不得贵族。

武臣称赵王后，遣故上谷卒吏韩广带兵北略燕地。韩广到燕后，受"燕故贵人豪杰"的劝说，自立为燕王。韩广称王确实是受了旧贵族的影响，但韩广本人不过是个小小的卒吏，也就是地方上的下级官吏，不是贵族。

据齐地称王的田儋，是"故齐王田氏族"（《史记·田儋列传》），这倒是个贵族，虽然他同齐王的族属关系还不明确，大概是个疏族。

据魏地称王的是魏国的前宁陵君魏咎，当然是魏的贵族。但据《史记·陈涉世家》和《魏豹列传》所说，魏咎之立乃出于魏人周市（fú）的拥戴和陈胜的批准，而周市是陈胜所派遣的农民军将领。

据韩地称王的韩成也是韩国贵族，但他的被立为王是出于项梁的主意（《史记·韩王信列传》），也不是要乘机复辟的。

在陈胜死后，秦嘉拥立了景驹做楚王。秦嘉、景驹身世不详。景姓是楚国大姓，就算是个贵族之后吧，但他是秦嘉立的，而秦嘉是在陈胜败亡后才立他，目的在于继承陈胜的王统，也不能说成是阴谋恢复楚国的势力。

从以上的分析可以看出，继陈胜称王之后的六国诸王，除了田儋是齐国贵族而且是主动地自立以外，其他则或非贵族（如武臣和韩广），或是由于非贵族出身的农民军所拥立（如魏咎和景驹；拥立韩成的项梁虽是楚将项燕之子，但一般还是把他看作农民军的），因此，把他们一律看成和农民起义军对立的六国割据势力，是不够公允的。

二

同这个问题有密切联系的是：对这些称王的举动，应该怎样评价呢？

一般的看法是：一方面承认他们在削弱秦朝的势力方面有一定作用，但另一方面，却认为这些人抱有个人的野心和目的，想乘机攘权夺势，据地称王，以恢复过去割据的局面，所以称他们为"割据武装""复辟活动"。总之，基本上是否定他们的。

这些意见当然有正确的地方，但似乎把问题看得太简单了，没有对当时的具体情况作具体的分析。

在陈胜、吴广起义之前，他们密谋诈称公子扶苏和楚将项燕，以"为天下唱"，假托狐鸣，喊出"大楚兴、陈胜王"的口号；起义后，称"大楚"，称王后，号"张楚"。看起来，陈胜是以复兴楚国为号召，来反对秦朝的。陈地的三老、豪杰说陈胜是"伐无道，诛暴秦，复立楚国之社稷"（《史记·陈涉世家》），足见，在当时人的心目中，复兴楚国是合理的、有号召力的得人心的举动。

为什么陈胜一定要称为楚王？一方面，固然因为陈胜是楚人，另方面，则如范增所说："秦灭六国，楚最无罪。自怀王入秦不反，楚人怜之至今。"（《史记·项羽本纪》）说明楚人对楚国尚有好感（当然是同秦朝的暴政相比而言），复兴楚国容易取得楚人的同情。而最重要的是，在当时的情况下，农民起事若毫无凭借，便难于号召和争取群众，所以只有用旧日的国号作为反秦的旗帜。《史记·陈涉世家》说陈胜的诈称公子扶苏和项燕是"从民欲也"，不能说这里的"民"只是地主和贵族，而没有人民在内。因为在当时的情况下，推翻了秦朝，也只能建立一个比秦朝好一点的统治政权，而除了秦朝以外，旧的政权，旧的国号（六国），是最现成的可以拿来和秦朝对抗的组织。当时的客观情势是这样，人们的思想认识也只有这样。

所以，在范增看来，陈胜虽然称楚王，但没有真正立楚国之后而自立，还是不彻底的，因而推测陈胜"其势不长"。他劝项梁立楚后以争取人心，项梁果然听他的话，找到楚怀王的孙子立为楚王，目的是为了"从民所望也"（《史记·项羽本纪》）。在这里，不能说这是范增复辟楚国旧势力的阴谋，也不能说项梁是个傻子，他竟不自立，而找个牧羊的小儿作国王。只能说，在当时这样做是有号召力的，是合适的。否则这个"好奇计"的范增便不会这样献策，而名将之后的项梁也不会采纳。

既然在楚地起义的可以称为楚王，甚至把旧日的王室扶立起来，那末，在其他各地起义的，为什么不可以自己称王，或拥立旧日的王室之后呢？

事实上，"立六国后"在当时已被有些人作为反秦的策略而提出来。如张耳、陈余就曾劝陈胜立六国后。理由是，这样可以"自为树党，为秦益敌"（《史记·张耳陈余列传》）。也就是说，可以争取同盟者而孤立敌人。这一主张正确与否且不必管，但这总算是一个反秦的策略，不应该看作是为六国贵族复辟的阴谋。

从魏咎和韩成的称王也可以反映当时人的看法。陈胜派周市经略魏地，魏地平定后，大家公推周市作魏王。但周市怎么也不干。他说："天下昏乱，忠臣乃见。今天下共畔秦，其义必立魏王后乃可。"（《史记·魏豹列传》）在这里，既不能说周市，也不能说魏咎有什么野心和阴谋。

韩成之立，据《史记·韩王信列传》说，项梁立楚怀王以后，燕、齐、赵、魏都有了王，唯韩无后，所以立韩成为韩王，"欲以抚定韩故地"。据《史记·留侯世家》所说，这是出于张良的建议。张良的理由是这样可以"益树党"，这就同张耳、陈余的看法不谋而合。

也许有人会说，张良是韩国宰相之后，他建议复立韩后，正足以表明他有复辟韩贵族势力的阴谋。但是同一个张良，在以后楚汉相争，有人建议立六国后而且被刘邦采纳时，却竭力反对立六国后（《史记·留侯世家》），这又该如何解释呢？

所以我认为，六国称王或立六国后，在当时绝不是少数人的主张，而是代表一般人的看法。不仅是贵族，就是农民也有这样想法或做法。至于陈胜没有采纳张耳、陈余立六国后的建议，可能是因为张、陈反对陈胜先称王，而陈胜想做王，所以不听他们的话。把这一点理解为六国封建割据势力和农民要求统一的对立，未必符合当时的实际情况。

因此，单纯地把在各地称王的称为割据势力和个人野心家，不和当时的具体情况联系起来观察，至少是不全面的。

当然，这并不是说那些割地称王的没有个人野心，他们当然有，岂止他们，陈胜不是也说过"苟富贵，无相忘"，"王侯将相宁有种乎"的话吗？武臣、张耳等到了赵地，以"成封侯之业""成割地有土之业"号召赵地的豪杰，结果"豪杰皆然其言，乃行收兵，得数万人"（《史记·张耳陈余列传》）。不能说这些豪杰全是赵国的贵族。孔子说："富与贵，是人之所欲也。"（《论语》）蒯通说："秦失其鹿，天下共逐之，于是高材疾足者先得焉。"（《史记·淮阴侯列传》）在当时，谁不想称帝称王？所以问题不在于有没有个人野心，而要看这个野心是不是符合当时人民的利益。在秦朝末年，人民苦于秦朝的暴政，久思反抗。抱有"鸿鹄之志"的陈胜揭竿而起，不管他是为了"死国"也好，为了"举大名"也好，总之是符合人民的愿望和要求的。这比起和他共同佣耕的同伴来，真有鸿鹄与燕雀之别。同样，其他的起义军，无论是贵族也好，农民也好，不管抱有什么样的动机和野心，只要能起来反抗暴秦，便都能得到人民的响应和支持，便都应当肯定。

三

最后，再把我的意见归纳和阐述一下：

一、在陈胜、吴广起义后，其他各地也纷纷响应。其中有些是旧六国的贵族，但大部是农民军的分支，或农民军拥立的旧贵族，把他们一律看成为六国贵族的残余势力，是不够确切的。

二、在秦末，为了推翻秦朝，"立六国后"被作为反秦的策略而提出来，它得到一切反秦力量的拥护和利用，农民起义军也没有例外。这就是陈、吴起义后其他各地区都以六国的名义甚至拥立六国贵族为王的原因。陈胜称楚王事例的本身其实已是很好的启示和证明了。因此我认为，把在六国称王的武装力量称为六国贵族的复辟阴谋活动，是不确切也不够公平的。

若把陈胜以外称王的武装势力解剖一下，事情就更看得清楚。如上所述，除了齐国的田儋是齐的贵族而且是自动称王，他的武装可能是旧齐国的残余力量（当然，也可能是临时召集的军队）外，其他地区称王的有的是农民军的首领，有的是由农民军拥立的贵族，这些武装势力都是农民新组成的军队。所以，与其把他们视作六国贵族的残余势力，倒不如把他们看成农民的新兴武装更符合实际。可以推想，旧日六国的军事力量，早在对秦的战争中被消灭，或在秦统一后被扫除净尽，溃不成军了。

三、农民起义却要用旧政权的旗号或甚至拥立旧政权的人物作首领，这并没有什么奇怪。这正说明农民阶级的局限性和时代的局限性。在以后农民起义的过程中尚有其例，何况是中国历史上的第一次农民起义呢？我们这样说，并不是低估了这次起义，而是企图恰如其分地认识这次起义。陈胜、吴广起义的伟大意义和光辉的业绩是不会因此而损失或缩减的。相反，像我们所说的，在秦朝末年，能够起而反抗秦朝的，不是六国贵族的残余势力，而是揭竿而起的农民武装，而那些六国旧贵族，也只有在农民军的支持和拥立下才能勉强据地称王，这不正说明了农民力量的强大和不可战胜吗？

（原载《文汇报》1962 年 10 月 14 日）

"专地盗土"解

"专地盗土"是西汉时发生的一桩公案。

匡衡在汉元帝建昭三年（公元前 36 年）做了丞相，封乐安侯，食邑六百户。他的封邑乐安乡共有三千一百顷土地，但过去的地方行政区域图（郡图）却划错了界，把乐安乡的界至向南多划了四百顷地。以后虽然发现了郡图的错误，但匡衡却将错就错，依然把这四百顷地的田租收去了。到了成帝建始四年（公元前 29 年），有人告发他"专地盗土"，匡衡因此被免为平民。（见《汉书·匡衡传》）

"专地盗土"是诸侯在其封邑外多要土地多收田租的行动，而这在汉代是被人认为非法的。侯外庐同志认为"专地盗土"是汉武帝为了对付豪族地主占有土地所定的法律，我觉得是值得商榷的。

侯外庐同志说："豪族的土地占有权是不固定的，秦汉皇帝大都在强弱或本末之间，采取一定的优遇办法，以安定豪族地主的占有制，作为皇权与豪权的联系。因此，所谓'限'、所谓'占'，是以占有若干顷的土地数目以及若干'户数'的农民，为最高限额，这是消极的规定，而不是私有制的积极的承认。汉武帝为了对付豪族地主，还有"专地盗土"的法律，一经被此条法律所干触的地主，那就要遭受重大的处罚。《汉书》卷八十一《匡衡传》：'有司奏衡专地盗土衡竟坐免。……匡衡封地多四百顷，司隶校尉骏，少府忠行廷尉事，劾奏春秋之义，诸侯不得专地，所以一统，尊法制也。衡位三公……而背法制，专地盗土以自益。'又说：'附下罔上，擅以地附益大臣，皆不道。'匡衡是元成间的人，但刘向《新序》说：'孝武皇帝时重附益诸侯之法。'既然'附益'和'专地'意义相应，那么这法律可以说是武帝制定的。"（见其《论中国封建制的形成及其法典化》，《历史研究》1956 年 8 月号，第 37 页，又见《中国古代思想通史》第二卷，1957 年版，第 23 页）

这里有几个问题值得商榷：

1. "专地盗土"是否限制豪族地主土地占有的法律？如前引《匡衡传》所

说，"专地盗土"只是被封的贵族官僚在其封土之外多要土地、更确切地说是多收田租的行动。封君们受封的土地，虽然可以"衣食税租"，但土地既然是皇帝所封给的，当然不能私有，皇帝随时可以用各种借口收回；封地的多寡是根据受封者的爵位、出身和功勋，特别是根据皇帝对他的爱好而定的。因此，除了有皇帝的命令，封君们当然不能在其封土外多要土地。总之，封土的性质和地主（无论是豪族地主或庶人地主）所占的土地是不同的，后者有私人所有权，而前者则没有。对地主的土地占有也要限制（虽然多半无效），但那用不上"专地盗土"的禁令，因为他们的土地不是受封的，而是自己弄来的。和匡衡同传的张禹的事迹是一个很明显的例子。张禹在成帝时受封食邑八百户，以后又加封了四百户。但是他还不满足，本传说他"家以田为业，及富贵，多买田，至四百顷，皆泾渭溉灌，极膏腴上贾"。为什么有了食邑一千二百户还要再买田？除了张禹的"地癖"外，应该是由于食邑不是自己的土地，而自己买的土地，则可视为己业，传之子孙。张禹多买了四百顷地，没有人告发他"专地盗土"，因为这是他自己买的，并不是扩张了自己的封土，像匡衡这样。同是四百顷，两个人的遭遇不同，这不很明显地说明，"专地盗土"不是对豪族地主地土占有的限制吗？

2."专地盗土"是不是汉武帝所制定的法律？如《匡衡传》所引，"春秋之义，诸侯不得专地"，已明显地说明这是"春秋之义"。按《春秋公羊传》桓公元年"郑伯以璧假许田"条下即说："有天子存，则诸侯不得专地也。"所以这是廷臣引用春秋大义，说明匡衡的过失，并不是援用汉武帝制定的法律。

当然，这里牵涉到"附益"的问题。按《汉书》卷十四《诸侯王表》序云："武（即武帝）有衡山、淮南之谋，作左官之律，设附益之法。"《汉书》注引张晏曰："律郑氏说：封诸侯过限曰附益。"又《汉书》卷三八《高五王传》赞说："自吴楚诛后，稍夺诸侯权，左官、附益、阿党之法设。"这些可以证明"附益"和"专地"意义相应，如侯外庐同志所说，也似乎可以证明这条法律是武帝制定的。但即令如此，也只能说是汉武帝的附益之法是根据或依托春秋之义而制定的，不是他的独创。因为诸侯封地本不应过限，过去可能执行得不严格，到汉武帝时不过把它执行得更认真而已。

总之，我觉得"专地盗土"并不能用来证明汉代的土地国有制，更说不上是土地国有制形式的法典化。

（原载《光明日报》1959 年 11 月 26 日）

甘露尚未建寺何来刘备招亲

——兼谈孙刘联姻

在江苏省镇江市的北固山上，有一座著名古刹甘露寺。甘露寺所以出名，不仅因为它雄踞山上，气势宏伟，风景秀丽，还因为它有一段刘备在此招亲的故事。据传说，三国吴主孙权和大将周瑜为使刘备归还荆州，设美人计骗刘备过江招亲，欲拘为人质以胁迫之。不想孙权因吴太夫人在甘露寺相中刘备，招为女婿，结果弄假成真，使孙、周妙计落空，"赔了夫人又折兵"。至今甘露寺尚有相亲楼及狠石、走马涧、祭江亭等遗迹，使游人发思古之幽情，为"天下第一江山"生色不少。

可惜，传说只是传说，事实并非如此。

这传说并不太悠久，据我所知，是从罗贯中的《三国演义》来的。罗贯中生当元末明初，距三国初期已一千一百多年。这传说可能是根据元英宗至治（1321—1323 年）时期刊行的《三国志平话》和元杂剧无名氏作的《两军师隔江斗智》而来，但二者都未提甘露寺，而是说把孙夫人送到荆州成亲，这比较符合事实（见下）。《三国演义》把场景移到甘露寺，则与历史事实不合。

最重要的事实是，在刘备招亲时，还没有甘露寺。甘露寺是什么时候建的？据现存最早的镇江方志《嘉定镇江志》（南宋嘉定六年，公元 1213 年修）记载，甘露寺是唐人李德裕于宝历年间（825—826 年）为唐穆宗祈"冥福"而建的。苏轼的《甘露寺》诗序说，在宋神宗熙宁年间（1068—1084 年）（诗作于熙宁七年，1084 年），"近寺僧发古殿基，得舍利七粒并石记，乃卫公（即李德裕）为穆宗皇帝追福所葬者也"。为此诗序作注的林致约又据南宋作的《图经》，断定甘露寺即李德裕于唐宝历中所建（《集注分类东坡诗》卷五）。实际上，李德裕所建的是铁塔（即今卫公塔），建塔时间在唐文宗大和三年（829 年）二月，他的石记（题记）说："余创甘露寺宝刹，重瘗舍利，以资穆皇之冥福也。"（《玉壶清话》）①刹本指佛塔，但也可借作佛寺，因而宋人误会为李德裕建寺。实际上李德裕是在上元县发现了舍利（佛骨），才把它重新埋于甘露寺并建宝刹（即铁塔）于其上的（参看清人周伯义编《北固山志》卷二）。李德裕在大和三年八月即调离润州（即镇江），而在这以前，他早已和甘露寺的和尚有来往（《唐语林》中有几条记载），说明甘露寺在李德裕以前已经存在。

李德裕虽非甘露寺的创建者，但甘露寺的显名却和李德裕有关。在李德裕以前，还没有发现有关甘露寺的名字。梁武帝曾登过北固山，当时山上只有一个小亭，而且山路窄狭难行（《南史·梁宗室正义传》），可见当时山上无寺。在李德裕以后，唐人以甘露寺为题作诗的人才多起来。因此，南宋的润州知州事陈天麟所著《甘露寺重建多景楼记》说"寺兴于唐"（《至顺镇江志》卷九），大概是不错的。

认为甘露寺建于三国时期的说法到元朝才出现。元文宗至顺四年（1333 年）修的《至顺镇江志》中据当地《图志》说："寺建于三国甘露年间，至唐李德裕割地以辟其址。"（卷九）可能是附会甘露二字而来。对此，清人杨棨的《京口山水志》、周伯义的《北固山志》以及光绪五年修的《丹徒县志》都予以驳斥，可以参看。即便是甘露年所建，那也是孙权的孙子孙皓在位的年号（265 年），上距刘备招亲的年代（建安十四年，209 年），已经五十多年了。

而且，根据镇江各方志以及元人胡三省的说法（见《资治通鉴》卷二五九，景福元年，892 年注），最早的甘露寺并不在北固山上，而是在北固山支麓的土山上，到北宋真宗时（998—1022 年）才移到今北固山上。因此，无论从时间上和地点上说，现今的甘露寺都不可能是刘备招亲的地方。

至于小说中促成刘备招亲的关键人物吴国太和乔国老，虽然实有其人，但当时已不在人间，看《三国志·吴书·妃嫔传》和《后汉书·桥玄传》便知分晓。

以上辨明刘备并不在甘露寺招亲。这并不是说，刘备招亲一事纯属小说家虚构。在正史《三国志》上，确有孙、刘联姻的记载。

据《三国志·蜀书·先主传》记载，建安十三年（208 年）赤壁之战后，刘备势力发展很快。他征服了湖南的武陵、长沙、桂阳、零陵四郡，适逢荆州刺史刘琦病死，又被部下推为荆州牧，驻扎在公安（今湖北公安）。在此情势下，"（孙）权稍畏之，进妹固好"。孙权把其妹许配刘备，固有拉扰讨好刘备之意，

---

① 此据《京口山水志》及《北固山志》所引，现存文莹《玉壶清话》或（《玉壶野史》）及《湘山野录》中均无此条。但此条非伪作，姑录之待查。

也难免有安置内线以便侦查、控制刘备的企图。但不像《三国演义》所说的是巧设骗局的美人计。

《先主传》于"进妹固好"下说："先主至京见权，绸缪恩纪。"似乎刘备是到京口（镇江）结的婚。但胡三省注《资治通鉴》于"刘郎浦"三字下说："江陵府石首县沙步有刘郎浦，蜀先主纳吴女处也。"（卷二七六《后唐纪》天成三年，928 年）《读史方舆纪要》卷七八荆州府石首县条说："绣林山，县西南二里……昭烈娶孙夫人于此。"（明、清《一统志》同）则似乎是在湖北举行的婚礼，而"至京见权"则似是婚后的事，而且见后不久即刻"昼夜兼行"赶回公安了（《先主传》引《山阳公载记》）。仔细玩味"进妹固好"的"进"字，则把妹妹送到刘备驻扎的地方颇有可能。这样，甘露寺不仅不是刘备招亲的地方，镇江也不是刘备的洞房所在。

刘、孙婚礼举行于建安十四年（209 年）。这年刘备四十九岁，孙权二十九岁，孙权的妹妹最大不过二十六七，也许还小，夫妻相差二十多岁。孙夫人"才捷刚猛"，有诸兄之风，侍婢百余人，皆持刀侍立。刘备每入洞房，心常凛惧不安（《三国志·蜀书·法正传》）。诸葛亮说，刘备在公安时，"北畏曹公之强，东惮孙权之逼，近则惧孙夫人生变于肘腋之下"（同上）。可见这种政治联姻，谈不到什么夫妻感情（更不用说爱情），而是互相猜忌和提防。公安县西有个孙夫人城，是孙夫人所筑。据说，因她与刘备"相疑，别筑此城居之"，"不与备同住"（《元和郡县图志·山南道阙卷逸文》）。不为无因。

据《三国志·蜀书·赵云传》，这位孙夫人还相当"骄豪"。她不但有武装侍婢百余人，还带来一些吴国的"吏兵"。这些人"纵横不法"，不好对付。刘备由于赵云有威严（"严重"），能管束（"整齐"）他们，特别委任他"掌内事"，也就是管内勤工作以监视控制之。建安二十年（215 年），孙权听说刘备西征四川，便派遣许多船只把他妹妹接回。临行，孙夫人把刘备的儿子、九岁的阿斗带走。赵云和张飞知道后，"勒兵截江，乃得后主还"。孙权为什么要接他妹妹回去，显然是为夺取荆州作准备；而把阿斗带走，自然也不怀好意。"勒兵截江"，《三国志》仅此四字，《三国演义·赵云截江夺阿斗》一回，则叙述细致，且基本符合历史的真实。说明作者不仅有丰富的想象力与生动的笔法，对三国的历史背景也是烂熟于胸中的。

孙夫人自此一去不返，刘备另娶刘瑁的寡妻吴氏为夫人，是为穆皇后，孙、刘的姻缘从此结束。北固山上的凌云亭又称祭江亭，传说是刘备死后孙夫人曾在此望江而祭刘备。此事连《三国演义》也没有记载，显系好事者杜撰。孙权自建安十六年起已迁都建业（今南京），孙夫人回娘家当然要到建业，不必再到京口了。

根据《三国志》的叙述，孙夫人似乎悍泼无情；实际上，她是一个很值得同情的人。以她的英武豪俊，若嫁一个英俊青年，满可以过幸福美满的生活；若教她带兵，也可能驰骋疆场，成为巾帼英雄。然而以妙龄华年，竟嫁一个年近半百的老头，而且是嫁到一个名为盟友实则勾心斗角的异国去。她像一个政治筹码，被她哥哥抛出去，收拢来，毫无自主权。她和刘备的互相猜疑以至分居，未始不是对被迫出嫁的抗议。这种出于利害考虑的政治联姻，不但葬送了她的青春，对刘备也无好处，而孙权控制、要挟刘备的企图也并未如愿以偿，到头来不免兵戎相见。假如她要祭江的话，倒可能是申诉她的不幸遭遇，控诉封建的包办婚姻吧。

北京出版社 1985 年《京剧大观》有《祭江》一出，说孙尚香（孙夫人正史中无此名）讹闻刘备死，痛哭不已。悔恨自己对刘的某些做法，叹息刘一生的困厄遭际。唱辞哀惋凄绝，最后投江而死。戏虽编得好，可惜与事实大相径庭。

[原载《文史知识》1984 年第 6 期。本文收入《陋室文存》（中华书局 2002 年）时有增补]

大乔、小乔和铜雀台

看过《三国演义》的人都知道东吴有两个美女——大乔和小乔，大乔嫁孙策，小乔嫁周瑜。还知道曹操南下进攻东吴，东吴君臣犹豫不决时，是诸葛亮故意劝周瑜献二乔于曹操以求罢兵，才激怒周瑜决意抗曹，因而演出了赤壁大战的雄壮场面。

《三国演义》是历史小说，它根据正史又加以想象和虚构，才写成一部引人入胜的佳作。其中所述，虚实相参，二乔的故事也是如此。

据《三国志·周瑜传》，孙策和周瑜攻皖城（今安徽怀宁县），得桥公二女，都是"国色"，孙策娶大乔，周瑜娶小乔，时在建安四年（公元 199 年）。孙策和周瑜开玩笑说："乔公二女虽然流离失所，得吾二人为婿，也可以高兴了。"可见二乔是在皖城攻破、兵荒马乱之际被得到的。

乔公是谁，史书并未提名。清人沈钦韩《三国志补注》认为是后汉的乔玄，理由是，汉制做三公的才能称公，而乔玄曾做太尉，所以乔公非他莫属。此说到现在还被一些人接受，实际上是错误的。第一，在汉代和三国时，不做三公而被人称为公的例子很多。第二，二乔的父亲乔公是舒州怀宁县人，而乔玄是梁国睢阳县人（今河南商丘县南）。第三，据《后汉书·乔玄传》，乔玄死于汉灵帝光和六年（公元 183 年），享年 75 岁。二乔出嫁在公元 199 年。按中国人习惯早婚早生育，就算乔玄五十岁后生二乔，到她们出嫁时已是四十多岁的老处女，是不会被孙、周看中的。第四，《乔玄传》上没有他女儿嫁给孙、周的记载。所以，乔公绝不会是乔玄。因而，《三国演义》和京剧《甘露寺》说建安十四年（公元 209 年）刘备到东吴招亲时乔国老（指乔玄）帮了大忙，那更是荒唐可笑。

再说诸葛亮用二乔激怒周瑜出兵问题。据《三国演义》第 44 回《孔明用智激周瑜》载，诸葛亮对周瑜说，曹操曾说："愿得江东二乔，置之铜雀台，以乐晚年。"并举出曹植《铜雀台赋》中"揽二乔于东南兮，乐朝夕之与共"二句为证，使周瑜勃然大怒，表示与曹操誓不两立。这一记载，有无历史根据呢？

回答是否定的。问题很简单：诸葛亮见周瑜时在建安十三年（公元 208 年），而铜雀台则建于建安十五年。就算诸葛亮未卜先知（这当然是不可能的），预料曹操会建铜雀台而且会有《铜雀台赋》出现，周瑜难道会相信这种无中生有的谎言吗？事实上，《三国演义》自身已否定了这个离奇的编造了：在第 56 回《曹操大宴铜雀台》中即明言："时建安十五年春，造铜雀台成。"（按史载，铜雀台建于当年冬天）这种前后自相矛盾情况的出现，可能是编者的一时疏忽。

可能有人会提出唐代诗人杜牧的《赤壁》诗来，作为曹操想得到二乔的证明。该诗说：

> 折戟沉沙铁未销，
> 自将磨洗认前朝。
> 东风不与周郎便，
> 铜雀春深锁二乔。

这是把二乔和铜雀台联在一起的最早的诗篇。意思是说，假若赤壁之战东吴失败，二乔就有被曹操俘去作为铜雀台姬妾的危险。但这只是诗人的设想，并不能证明曹操早就有据二乔为己有的邪念。不过，可能受诗人这一奇特联想的启发，才使《三国演义》的作者编造出"智激周瑜"的事故吧。

在湖南岳阳有清末重修的小乔墓，其中有一凭吊小乔的楹联，上联说：

> 铜雀有遗悲，豪杰功随三国没。（见《历史大观园》1987 年 11 期《小乔真墓何处寻》）

我想，这是不是受了《三国演义》的影响呢？"铜雀有遗悲"这句话不好理解。是说铜雀台因为没有二乔莅临而有遗悲吗？显然不是，那等于为曹操遗憾了。是否这里的铜雀不是铜雀台而另有所指呢？

但我从"遗悲"二字倒想起，二乔的一生确实有遗悲。建安四年二乔结婚时，孙策、周瑜都是 25 岁，二乔的年龄也当在 20 左右。婚后次年 4 月孙策即死去，只活到 26 岁（按，是虚岁，不满 26 年）；建安十五年，周瑜又死，年 36 岁。因此，这姐妹俩都是年轻守寡，凄凉度日。红颜薄命，千古同悲，读史至此，不禁掩卷太息。

（原载《历史大观园》1988 年 6 月号）

赵云空营破曹兵及其为人

赵云（?—229 年）字子龙，常山真定（今河北正定——定州市）人。勇猛善战，才识过人。后汉献帝建安二十四年（公元 219 年），曹操与刘备争夺汉中，其大将夏侯渊攻定军山（在陕西勉县西南），为刘备讨虏将军黄忠所斩。曹操亲率大军到汉中，运米数十万袋于汉水北山下。黄忠以为可以袭取，赵云遣兵随忠取米。黄忠过期不还，赵云带数十骑轻行出营迎接黄忠，正遇曹操领兵大举前来，赵云破其前锋，其众继至，散而复合。赵云且斗且退，将至本营，得悉部将张著受伤被围，又杀人曹军中，把张著救回入营。此时云将张翼欲闭门拒守，赵云却大开营门，偃旗息鼓。曹操疑有伏兵，退去。云擂鼓震天，并不追击，只以劲弩于后射曹兵。曹军惊骇，自相蹂践，堕汉水中死者甚多。次日刘备到云营视察阵地，说："子龙一身都是胆也！"

此事见于《三国志·蜀书·赵云传》注引《云别传》，《资治通鉴》节录于建安二十四年三月记事中，可见其为实录，与传说的诸葛亮设空城计不同，时间又在马谡失街亭（公元 228 年）前九年，可视为三国时期运用空城计取得胜利的战例。《三国演义》第 71 回《据汉水赵云寡胜众》亦有记载，较《云别传》及《通鉴》详尽生动。虽有增饰夸大之处，但基本属实，与同书第九十五回《武侯弹琴退仲达》之纯属虚构者迥乎不同。

赵云不仅有胆略和计谋，也很有政治头脑。刘备取得四川以后，一些官员建议把成都城内房舍和城外园地桑田分赐诸将。赵云反驳说："霍去病曾说'匈奴未灭，无以家为'，当今国贼（指曹操——引者）比匈奴还厉害，不可苟安。等天下皆定，各返故乡，归耕本土，才是正事。成都人民，初遭兵革，田宅皆可归还，令安居复业，然后才能服役交税，得其欢心。"刘备采纳了他的意见，使四川人民免遭"劫（接）收"之害，也稳定了蜀国的政局。

魏文帝黄初二年（公元 221 年）刘备因东吴孙权夺荆州、杀关羽，欲出兵报仇雪耻。赵云劝谏说："国贼是曹操，非孙权，若先灭魏，则吴自服。曹操虽死，子丕篡盗，当因众心，早图关中，居河、渭上流以讨凶逆，关东义士必裹粮策马以迎王师。不应置魏，先与吴战。兵势一交，不得卒解，非策之上也。"刘备不听，终遭兵败夷陵、火烧连营的更大耻辱，忧愤而卒。

赵云的私德也值得一提。他跟随刘备平定桂阳郡（治所在今湖南郴州市）后，代原太守赵范为太守。赵范的寡嫂樊氏有美色，赵范要把她嫁给赵云。赵云拒绝说，我和你同姓，你兄即我兄，哪能娶寡嫂。有人劝他收纳，赵云说，赵范是被迫投降，其心未可测，天下女子不少，何必一定要她。赵范果然逃走了，赵云未受牵连，也未上"美人计"的当。这是很难得的。

关羽、张飞、赵云都是西蜀的名将。但"羽刚而自矜，飞暴而无恩"，都"以短取败"（陈寿评语）。只有赵云性情平和，识见过人，"忠以卫上，君念其赏；礼以厚下，臣忘其死"。这是《云别传》记云死后，大将军姜维等议予以谥号的话。谥为顺平侯。可谓智勇双全、德才兼备的一员大将了。

（原载《今晚报》1990 年 2 月 13 日）

老当益壮说马援

"老当益壮，宁知白首之心；穷且益坚，不坠青云之志。"这是王勃在《滕王阁序》中说的两句激动人心的话。"老当益壮，穷且益坚"，并非王勃首创，而是从马援的"丈夫为志，穷当益坚，老当益壮"演化而来。

马援（公元前14—公元49年）字文渊，东汉扶风茂陵（今陕西兴平东北）人，是东汉初年的开国功臣之一，《后汉书》卷二四有传。他少有大志，王莽代汉时，他做督邮（地方监察官），因同情重罪囚犯，纵之，自己也亡命他乡。遇赦后，经营畜牧业，变成富翁。"穷当亦坚，老当益壮"就是这时说的。他又说，人有了财产，贵在施舍，"否则守钱虏（奴）耳"。于是把财产散给兄弟朋友。"守财奴"一词就是这样来的。

王莽末年，群雄并起。马援先事陇西魏嚣，嚣使他到西蜀公孙述处，见述妄自尊大，最后到洛阳见刘秀。他见到刘秀恢弘大度，有汉高祖刘邦气象，遂归心光武帝。后魏嚣反汉，光武亲征，召援问计。马援在帝前聚米为山谷，指画形势，揭示进军途径，分析清晰，昭然可晓。刘秀说"虏在吾目中也"。进军后大获全胜。这可能是沙盘用于战争的滥觞。

马援一生，南征北战，屡建功勋。公元41年，交趾征侧、征贰攻破岭南诸郡，威胁边疆安全，马援奉命出征，冒酷暑，触毒气，两年平之，被封为新息侯。军还受贺。马援说："方今匈奴、乌桓尚扰北边，欲自请击之。男儿要当死于边野，以马革裹尸还葬耳，何能卧床上在儿女子手中也？"豪言壮语，听者动容、也激励了后人。唐朝的大将、扶风人马璘青年时读后汉书《马援传》至此，慨然叹曰："岂使吾祖勋业坠于地乎！"于是仗剑从戎，投军安西（今新疆库车）。安史乱起，从李光弼平乱，又西御吐蕃，功勋卓著。累封节度使、左仆射、扶风郡王。（《旧唐书》卷一五二本传）

毛泽东同志在闻悉其爱子毛岸英于抗美援朝牺牲后写了两句诗"青山处处埋忠骨，何须马革裹尸还"，其思想境界和道德情操是古人难以比拟的。

公元48年，住今湖南的五溪蛮骚动，派去平乱的将军刘高战死，马援请行。

当时他已六十二岁，光武帝怜其老不许。马援说他还能披甲上马，于是在马上据鞍顾盼，以示可用。刘秀笑着说："矍铄哉是翁也！"矍铄原义是"勇貌"，就是说"这个老头真勇敢"。后世把矍铄和老年人联系起来，作为形容年老勇健和有精神的词汇，已非原义。但这倒证明，马援确实是"老当益壮"的。

马援在这次行军中，因战地险恶，又中暑疫，死于军中，实现了他"马革裹尸还"的豪言，但也为其仇人梁松陷害，其新息侯印绶被追收。

马援不仅武功彪炳，文笔和见识也颇有可述。传中的《诫兄子严、敦书》，被收入《古文观止》，作为范文。内容是，他的两个侄儿马严和马敦爱讥议人，和侠客过从甚密。他谆谆告诫他们，不要这样。他说："吾欲汝曹闻人过失，如闻父母之名，耳可得闻，口不可言也。"又说，你们都知道我最讨厌议人长短，今次再复提起，是使你们不要忘记。他举出两个人为例：一个是龙伯高，为人敦厚周慎，口无择言，谦约节俭；一个是杜季良，为人豪侠好义，与人共忧乐，广交天下士。他说这两个人他都爱重，但要侄儿们效法龙伯高，不要学杜季良。因为"效伯高不得，犹为谨敕之士，所谓刻鹄不成尚类鹜"，而"效季良不得，陷为天下轻薄子，所谓画虎不成反类狗也"。他并为季良的前途"寒心"。果然，季良以后为仇人所告免官，伯高则擢拜零陵太守。

马援好骑马，也会相马。他曾从相马名家受相马骨法。他用铜铸为马式，把相马名家指出的好马特点备于一身，以为名马标本，又著《铜马相法》，指出名马必备的条件。他还懂医学，在交趾时，常吃薏苡实（即薏米），因此能轻身省欲，以胜瘴气。还军时载回一车，想做种子。他死后被人诬告，说载回来的全是明珠文犀，其仇人梁松居然证实其事，光武帝大怒。援妻孥惶惧，不敢以援尸归葬祖茔，只好在城西买地暂时埋葬，并诣阙请罪，前后六次，才得归葬祖旧茔。"薏苡明珠"遂成为无端被谤的成语。功高受嫉，令人磋叹，好在历史自有公论，也不必计较一时的荣辱得失。

事后，马援的同郡挚友——县令朱勃上书为马援诉冤，除举出马援功绩外，并以历史事实劝帝不应轻信谗言。情词恳切，未得采纳。此后，马援之侄马严上书光武帝，请将马援十三岁幼女入宫侍太子（刘庄），得光武帝允准。因其德才兼备"婉静有礼"，甚得太子及光武帝之皇后赞许和"宠异"，光武帝死后，太子庄继位，是为明帝。此据《后汉书》卷十上《皇后纪·明德马皇后》永平初年（公元 58 年）援女立为皇后，才得平反，又因其为正后，礼应避嫌，未将其父列入"云台二十八将"之一。至章帝建初三年（公元 78 年）才得还其旧封，并谥为忠成侯。这距马援之死已三十年了。

（原载《今晚报》1989 年 10 月 31 日）

娘子关与娘子军

乘石太铁路列车从河北到山西，要经过雄伟的娘子关。提起娘子关，人们会联想起有名的娘子军，而且认为娘子关即由娘子军得名。如《辞海》（1979年版）"娘子关"条说："一称苇泽关。在山西省平定县东部。建于唐初，旧因平阳公主曾率娘子军驻此，故名。"修订本的《辞源》也这样说。一篇题为《娘子关前忆巾帼》的报导（1982年3月10日《北京晚报》）说得更有声有色。它说："相传，平阳公主曾驻兵于此，故名。当时，平阳公主率兵百万，皆由妇女组成。这支队伍扼守险关，固若金汤，时人便称他们为娘子军。"并说，至今在娘子关一带，还有许多与平阳公主有关的历史遗迹，如"宿将楼""点将台""避暑亭"云云。

这个传说是否可信，要用历史事实来检验。

平阳公主新、旧《唐书》有传，《唐会要·公主·杂录》中也有记载。她是唐高祖李渊的三女儿，嫁给柴绍。李渊在太原起兵时，她夫妇在长安。她劝柴绍投奔太原，她则回到户县自己的庄园，散家财，招引"山中亡命"几百人起兵响应李渊。由于她"申明法令，禁兵无得侵掠"，得到群众拥护，"群盗"归附，发展到七万人。李渊进军关中，公主引精兵万余与李世民会军渭北，她和柴绍各置幕府，包围京城长安，营中称她为"娘子军"。长安平，受封为平阳公主。她在武德六年（公元 623 年）唐朝建立不久后即死去，根本没有奉命镇守苇泽关的记载。至于"率兵百万，皆由妇女组成"，更是无稽之谈。所谓"娘子军"者，不过是说这一营的指挥是位娘子而已。

明末清初的学者顾祖禹在其名著《读史方舆纪要》卷一四和四〇中明确指出：娘子关是由于其附近有"妒女祠"而得名。这是有根据的。

妒女祠最早见于《魏书·地形志》，该书载乐平郡的石艾县有苇泽关、妒女泉及祠。唐李吉甫的《元和郡县志》"广阳县"说，苇泽故关有妒女泉，泉旁有祠，"土人祀之。妇人袨服靓妆，必兴雨电，故曰妒女"（卷一三）。有一年唐高宗要到汾阳宫（在山西岢岚县），途经妒女祠。太原地方官怕御驾盛装通过要引起风雨雷雹之灾，征调了几万民夫要另开御道。随行的狄仁杰说，天子出行，千乘万骑，风伯来清尘，雨师来洒道，怕什么妒女？下令停工。高宗称赞狄仁杰说，真是个大丈夫！（《旧唐书·狄仁杰传》；《唐会要·行幸》）可见妒女祠在唐朝还受到崇奉。妒女是谁？传为梁朝人任昉所作的《述异记》认为是春秋时介之推的妹妹。这并没有信史可据。不过娘子关由于这个妒女而得名倒是真的。

苇泽关什么时候又叫娘子关，不大清楚。《元和郡县志》还称苇泽关，可见在唐宪宗时（806—820 年）尚无此名。但在宋太祖建隆元年（960 年）已经下令"升镇州娘子关为承天军"（《续资治通鉴长编》卷一），可见至迟在北宋建立之前已有此名。大概在唐晚期这个名称已经出现了。

娘子关和娘子军联在一起的说法出现很晚。不仅《元和郡县志》没有，就连宋、元时期的有关文献如《太平寰宇记》《元丰九域志》《文献通考》诸书也都无记载。明英宗时修的《大明一统志》，关于太原府平定州的记叙依然无闻。直到清乾隆时修的《大清一统志》中，才在正定府的"娘子关"条下说："相传唐平阳公主驻兵于此，故名。"（卷一八）但该书在山西平定州的"苇泽故关，一名娘子关"中则一点不提平阳公主驻兵的事（卷一一）。《嘉庆重修一统志》照抄前书，无所补订。看来，光用"相传"二字，其后，干脆不提此事，说明修志者对此毫无裁判。光绪十八年（1892 年）修的《山西通志》"娘子关"3条，先引《读史方舆纪要》的说法，后引《平定州志》（光绪八年修）说："唐平阳公主驻兵于此，故名。"（卷四七）自相矛盾，不负责任。说明有些地方志书杂抄旧籍，拼凑成书，不甚可靠。历史研究贵在实事求是，对于传说口碑，不应轻易相信，而要追根求源，查清它的来历，不能以讹传讹，让不可靠的道听途说掩盖了历史的真实面目。

按：乾隆时修《介休县志》卷一四《杂志》引《桩楼记》说"妒女是介之推妹"。较任昉更远了。

（原载《历史教学》1983 年第 3 期）

关于陈圆圆的一桩公案

"痛哭六军俱缟素，冲冠一怒为红颜。"明末清初诗人吴梅村《圆圆曲》中这两句鞭挞吴三桂因其爱妾陈圆圆被李自成部将刘宗敏掠夺而降清的名句，长期以来即作为信史而被人传诵，郭沫若在其名著《甲申三百年祭》中也把此事作为导致大顺军失败的一个错误。直到1980年，著名作家姚雪垠发表了《论〈圆圆曲〉》，才对此说提出异议。他认为，李自成进北京以前，陈圆圆已死于宁远（今辽宁兴城，其时为吴三桂驻地），所谓刘宗敏占陈圆圆以及吴三桂引清兵败农民军复得陈圆圆，后与俱归云南等事全属虚构，是地主阶级对农民军的诬蔑和对吴三桂降清的诛心鞭挞。此说一出，辩者纷起。据笔者所知，黄裳、朱则杰、童恩翼、谷斯范、陈生玺等作家学者一一著文，引证史料，剖析事理，各抒己见，呈现出一派百家争鸣、生动活泼的气象。

说陈圆圆死于宁远，根据是《甲申传信录》的记载：刘宗敏向吴三桂父吴襄要陈圆圆，"襄具言遣送宁远，已死。宗敏坚疑不信，故掠襄"。但此书版本甚多，多数版本和南开大学馆藏手抄本"已死"俱作"已久"，而陈圆圆之曾到云南则有大量史料和口碑传说可证，况且还有与《传信录》记事、文字相近的《庭闻录》也作"已久"。此外《再生纪略》更明确记载，甲申年"四月份初七日……遍传田府有吴下歌伎陈沅（即圆圆）、顾寿与男优私约潜逃……"可见陈圆圆当时确在北京。

至于说刘宗敏抢占陈圆圆是否就是诬蔑农民军，黄裳认为这是农民军及其领导人必然带有的历史局限性。陈生玺更举出大量事实，说明进京不久，农民军的纪律即愈来愈坏，刘宗敏及各首领分占妇女的事例也不少。还举出外国传教士汤若望见到刘宗敏室内有献技之女优女伶等。这种实事求是的治学态度，有利于借鉴历史，教育人民。黄裳也说："按照历史的真实进行艺术的反映，是会带来应有的良好效果的。"

但陈生玺并不认为"冲冠一怒为红颜"是吴三桂降清的决定原因。在《清兵入关与三桂降清之真相》一文中，他根据翔实的资料，指出吴三桂本已投降李自成，但李自成在北京的追赃政策使许多投降的明官大为后悔，连吴三桂家属也未能免祸，而清朝又屡次对吴招降，因此陈生玺说："吴三桂的降而复叛，是李自成进北京后所实行的错误政策的影响所造成的。"至于爱妾陈氏被掠对之并无决定影响。他分析，后来所以渲染此事，在明遗老方面是为了讽刺吴三桂的降清，在清官方则因其后吴三桂叛清，用此以贬责吴三桂的人格。这样，他和姚雪垠一样，否定了《圆圆曲》的信史价值，虽然是从另一个角度。可谓"对立统一"，"殊途同归"了。学术问题只有经过反复讨论，互相切磋，在相反相成的过程中，使认识向更深层次迈进。

注：本文所引诸作者出处如下：姚雪垠《论圆圆曲》，《文学遗产》1980 年 1 期。黄裳《陈圆圆》，《读书》1980 年 10 期。朱则杰《姚雪垠先生论〈圆圆曲〉献疑》，《文史知识》1981 年 1 期。童恩翼《圆圆曲辨》，《文学遗产》1982 年 2 期。《应当全面评价〈甲申三百年祭〉》，《新华文摘》1981 年 10 期。陈生玺《陈圆圆其人其事考》，《明清易代史独见》，中州古籍出版社 1981 年；《清兵入关与吴三桂降清之真相》，《新华文摘》1981 年 10 期。

（原载《今晚报》1992 年 7 月 28 日）

哪吒是印度人

提起哪吒，天津人都把他认为老乡，说他是陈塘庄人，托塔天王李靖的三公子。此说不确。

哪吒最早写作那咤，是印度梵文的简译，全称是"那咤俱伐罗"或"那罗鸠婆"，一也译作那拿。据佛经说，他是毗沙门天王的三太子（一说是其孙）。毗沙门是佛教守护北方的天王，他护持佛法，守卫国土，还能降伏妖魔。他有宝塔，多半由那咤捧着，那咤也有同样的职守。那咤的故事在唐朝才为人所知，这和密宗的传入有关。据说，唐玄宗时，西域五国来犯，毗沙门天王率二子独健（不是木咤）和三子那咤，击退敌军。又一故事说，唐僧道玄夜行跌倒，忽觉有人捧足扶起，乃是一个少年。道玄问少年何人，少年说，我非常人，乃毗沙门天王之子那咤，专管护法，早就保护您了。

那时那咤还是一个"色相殊妙，面现微笑"的翩翩少年，他手持日月和兵器，腰系龙绦，能变化，还能降龙求雨。到宋代，他已变成三头六臂的神童，以后又成了"八臂那咤"。

大约因那咤是北方守护神，他的事迹在北方颇为流传。据说，元世祖令大臣刘秉忠监修大都（今北京）城时，刘秉忠根据那咤三头六臂两足的形象，在京城开了十一个门：南面三门象征三头，东西六门象征六臂，北面两门象征两足，因而大都又称那咤城。到明朝，又有刘伯温建造八臂那咤城的传说。除了那咤能保护京城外，也和他有降龙求雨的本领有关。

那咤写作哪吒，大约是从明人所编《封神演义》开始的。该书第十二回《陈塘关哪吒出世》说哪吒是陈塘关总兵官李靖之子，生而灵异，以下又用了两回叙说他的神通。恰巧天津有陈塘庄，又有通海的海河，因而哪吒闹海的故事很容易为天津人接受，何况哪吒又是一个神通广大，活泼可爱的英俊少年，把他作为同乡当然要引以为荣了。但陈塘关在何处，书中并未交代，关与庄又有区别，扯在一起，未免牵强。好在哪吒本来是神话中的人物，说他是哪里人都无所谓，也就不必较真了。

至于李靖，他是唐初名将，富于韬略，战功卓著，是唐太宗倚重的开国元勋。把他作为哪吒的父亲，可能出于英雄崇拜心理和"老子英雄儿好汉"的传统观念吧。李靖是陕西人，也没做过陈塘关总兵官，《封神演义》把他作为商末西周人，时间颠倒了不少。作为小说，也无可指责，况且书中并未指明李靖是唐代人，我们倒要佩服作者的丰富的想象力与创造精神：把一个出自印度的佛教神话人物毗沙门天王之子变成了中国人的后代，李靖从此也成为托塔天王，使哪吒的故事越来越离奇古怪，充满了魅力，丰富了中国人民的文化生活。这也说明，中国人民是善于吸收和消化外来的精神文化，使之变为自己民族的东西，变成群众喜闻乐见，容易接受的东西。同时，它也是中国和印度文化交流的生动体现。

本文除有关天津情况外，哪吒部分全用香港中文大学客座教授美籍陈学霖先生《元大都城建造传说探源》（原载《汉学研究》第五卷第一期，1987 年 6 月）一文，至为感谢！（2001 年 4 月，此文与陈先生多篇论文结集称《学林漫识》，由中国友谊出版公司出版，蒙惠赠一册。在此再致衷心感谢！）

（原载《今晚报》1989 年 8 月 8 日）

历史上的地道战

地道战很早就在我国运用。《左传》载，鲁襄公二十五年（公元前 548），郑国伐陈，"宵突陈城，遂入之"。杜预注："突，穿也。"即在夜间穿地攻入陈国城门。《墨子·备城门》篇提到了攻城之法十二种，其中有"突"和"穴"。据研究，二者都是用地道攻城，可能稍有不同。书中《备穴》篇说："古人有善攻者，穴土而入，缚柱施火，以坏吾城。"即穿地道至城门，放火把城门柱烧坏。如何防备，《备穴》讲得很详细。大致是，在城中建高楼，观察敌情，发现敌人聚土筑垣或水质浑浊，即知敌人在"穴土"。守方应在城内挖沟，在井中放大瓮，令耳聪者听之，听到穴土方向，即凿穴迎之。穴高广各十尺（约合今六尺），穴内放一狗，狗吠即知人来……可见在春秋战国时期，地道和反地道战法运用已颇成熟。

三国时期，战争频仍，地道战例多次出现。建安三年（公元 198 年），曹操与张绣、刘表战于安众（今河南镇平县东南）。张、刘据险而守，曹军前后受敌。曹操"夜凿险为地道，悉讨辎重，设奇兵"。天明，敌方以曹兵已遁，全军来追，曹操纵奇兵，步骑夹攻，大破之。地道之名始见于此。但这次不是用于攻城。而是作为掩体，迷惑敌人。建安九年，曹操围攻袁尚（袁绍子）的邺城（今河北临漳），筑土山、地道，守城的审配在城内作堑以应之，久攻不破。最后，遂自毁土山、地道作围城。决漳河水灌城始破之（《三国志·魏书一·武帝纪》）。魏文帝黄初四年（公元 223 年），曹真围吴江陵（今属湖北），起土山、立楼橹临城。守城吴将朱然应付有方，魏军围攻六月，无功而返（《三国志·吴书·朱然传》）。魏明帝太和二年（公元 228 年），诸葛亮出大散关，围魏陈仓（今陕西宝鸡市东），守将郝昭有备，攻之不克。诸葛亮又为"地突"想从城内涌出，郝昭于城内穿地横截之，相持二十余日，蜀军粮尽退兵（《三国志·魏书·明帝纪》）。地突即地道，可与《左传》《墨子》相互印证。

《周书》卷三一《韦孝宽传》叙地道战甚详。《传》说：北齐河清三年（公元 564 年），其神武帝高欢率大军攻北周的玉壁（今山西稷山县西南汾河南岸）。

于城南凿地道，又于城北起土山、攻具，昼夜不息。北周大将韦孝宽则掘长堑（沟）以对其地道。令军士屯堑内，北齐兵穿至堑即擒杀之。北齐又于城四面穿地二十一道，于其中施梁柱，以油灌柱，放火烧之，柱折城崩。孝宽随崩处竖木栅捍之，敌不得入，一一拒之。神武军苦战六旬，伤及病死者十之四五。智力俱困，发疾夜遁，不久即死。

按：神武皇帝早于公元 545 年去世。但《北齐书·神武帝纪》也有他攻玉壁失败，次年即死的纪事。此次率兵者乃北齐第六代皇帝高湛，他于次年（公元 565 年）因此战失利死去。《韦传》作者可能因二者记事相同而致误。

从以上战例可见，作为攻城手段的地道战，在双方坚守有方的情况下，往往难以奏效。相反，如下举诸例：守城人利用地道，则可给对方以打击。如梁武帝太清二年（公元 548 年），叛将侯景攻建康（今南京），起土山以逼城楼，守将羊侃命做地道以取其土，外山崩，压贼军极多（《梁书》卷三九《羊侃传》）。

隋末唐初，农民起义军窦建德率兵二十万进攻幽州（今北京），已爬上城堞。守城部将薛万均与其弟万彻率敢死士百人从地道而出，直掩窦军之背击之，窦军溃败而去（《旧唐书》卷六九《薛万彻传》）。

唐肃宗至德二年（公元 757 年），叛将史思明率军十万攻太原，守将李光弼选善穿地道的铸钱工三人凿地道出城，叛军在城外骂阵，光弼派人从地道中拽其脚，斩于城上。从此叛军走路都看地。叛军造飞楼、土山攻城，光弼以地道陷之。又在叛军营地周围挖地道，用木支撑，诈约投降，派几千人出城。史思明正在高兴，忽然营中地陷，几千叛军沉没地下，在惊慌中为唐军所破，俘斩万计，太原解围〔《旧唐书》卷一一○《李光弼传》；《资治通鉴》卷二一九，肃宗至德二载（公元 757 年）正月丙寅〕。

北宋太平兴国四年（公元 979 年）秋七月，宋太宗亲征，攻辽燕京（今北京），围城三圈，穴地而进。辽将耶律学古悉力备御，城得不陷。辽援军至，大败宋军，是为高梁河之捷，对北宋则是败绩。又一次说明地道攻城的无力（《宋史》卷四《太宗纪一》；《辽史》卷八三《耶律学古传》）。

北宋与辽接壤，为防辽进攻，在边境上要构筑防御工事，地道应为工事之一。虽史无记载，但遗迹犹存。河北永清县城南一带即发现多处。二十几年前，县有关部门进行了三次调查，结果引人注目：地道规模宏大壮观，分布点纵横交错，密如织网；内部结构复杂，延伸曲折。地道用巨型青砖砌成，工程浩大，前所未有。他们据明修《霸州志》所载，认为系杨延朗（杨六郎）所修的"引马洞"，可备一说，还应继续探讨。但在抗日战争中则颇发挥作用。是否为抗战时重修或加固，值得研究。

（原载《今晚报》1990 年 5 月 1 日）

历史上的空城计

　　一提空城计，人们立即会想到诸葛亮在西城上扮演的那个机智而镇定的角色。这一故事由于小说和戏剧的渲染而家喻户晓，奉为信史。其实，在正史《三国志》上，并没有这样的记事。只是在裴松之为《三国志》卷三五《诸葛亮传》作的一段注中，引用了郭冲讲述的关于诸葛亮的一件遗事说，诸葛亮驻军阳平关，派魏延领兵东下，只有万人守城。司马懿率二十万大军至距阳平关六十里处，探知城内兵少力弱，诸葛亮却令大开城门，洒水扫地。司马懿以诸葛谨慎持重，疑有伏兵，引军而退。这就是小说中诸葛亮在西城演空城计的由来。但裴松之引用此事后立即以历史证据反驳此说，否定此事。因此，诸葛亮演空城计的事只是一个不可靠的传说。

　　但这并不是说，历史上就没有以空城计退敌的事。同书卷三六《赵云传》即曾以空城计大胜曹操的故事。详见拙文《赵云空营破曹兵及其为人》。

　　再以唐朝而论，据个人所见，也有空城计那样吓退敌兵的故事。

　　唐高宗时，右领军大将军、积石道经略大使李谨行在青海湟中一带驻防。一次吐蕃军十万人入侵湟中。正巧李谨行的军队外出打柴，没有防备。李谨行探知敌军临近，并不惊慌。他下令在城楼上竖立多面军旗，大擂战鼓并大开城门。吐蕃兵见此情势，疑有伏兵，竟不敢进。城池得以保全〔《旧唐书》卷一九九下《北狄传》。积石道治今青海贵德县西，此事约在上元二年（公元 675 年）〕。

　　唐玄宗开元十五年（公元 727 年），吐蕃兵一度占领甘肃的瓜州，不久退出。唐廷命张守珪为瓜州刺史，领军士修筑州城。动工不久，吐蕃军忽然来到城下，城中人相顾失色。虽然登上城墙，却没有防守的决心。张守珪对部下说："彼众我寡，又经过战争创伤，不能用弓箭和他们硬拼，要用权变之法对付。"他在城上会聚将士，置酒作乐。吐蕃怀疑城中有防备，竟不敢攻城而退，张守珪放军士出击，打败了他们。于是修复残破的公署，招集流亡，恢复旧业。（《旧唐书》卷一〇三《张守珪传》）

　　唐朝初年，住在今青海和甘肃的两个部族——吐谷浑和党项，联合进犯唐朝边境。唐高祖李渊派他的女婿、平阳公主（娘子军的统帅）的丈夫柴绍率兵抵抗。敌军居高临下，射唐军阵中，矢下如雨。柴绍遣人在阵前弹胡琵琶，令二女子对舞。敌军感到奇怪，停下弓矢看热闹。柴绍看出敌军阵营不整，令精骑自敌后袭击，敌军大溃，斩首五百余级。这虽不是空城计，但临阵不慌、故示镇静、设计以麻痹敌人，与空城计有异曲同工之妙。（《旧唐书》卷一五八《柴绍传》）

还有一例，与以上情况不同，却同样取得胜果。唐太宗攻高丽，行军大总管张亮进兵屯于建安城（今辽宁营口市南）下，营垒未固。敌兵奄至，军中惶骇。张亮素怯懦无计策，但坐胡床，直视而无所言。将士见之，反以为他有胆气。副总管张金树乃鸣鼓令士众进击，竟破敌军。这是假镇定、真胆怯，歪打正着，侥幸取胜，当然不足为训。但也说明战争之千变万化，无奇不有。录之以备一粲。（《旧唐书》卷六九《张亮传》）

孙武说："兵无常势，水无常形。"（《孙子兵法·虚实篇》）岳飞说："运用之妙，存乎一心。"（《宋史》卷三六五《岳飞传》，岳飞对其上级宗泽所言）。战争是错综复杂、变化无穷的，全在随机应变、出奇制胜，不可拘泥一格，但临事镇定，方寸不乱，则是兵家必备的品质。

（原载《今晚报》1989 年 12 月 26 日）

古代的人体特异功能

　　人体特异功能，亦称人体潜能，近些年已引起我国和世界各大国的重视，并在实践上发挥了重大作用。返观历史，我国早就有这方面的记载。

　　两千多年前，西汉武帝在位时，有个文人叫东方朔，他善于"射覆"（猜东西）。有一次，汉武帝把一只守宫（壁虎）扣在盂下，叫大家猜。旁人都猜不中，东方朔做算卦状后说："说它像龙大无角，说它是蛇又有脚，且行且看善爬壁，不是守宫就是蜥蜴。"有一郭舍人不服气，说东方朔是侥幸猜中，要和他打赌再猜，如朔猜中，甘愿挨一百大板，如不中，则郭应得绢帛。结果东方朔又胜了。看来，东方朔确有隔物透视的功能。

　　此见《汉书·东方朔传》。北宋时沈括在《梦溪笔谈》中记，其长兄见一山阳县女巫，假托神鬼之附体，能知千里外事物，甚至人心中动一念头，她也能知道。有客正在下围棋，事先数好一把棋子握在手中，问她数目，一点不差；随便握一把不点数目，她就说不出来了。沈括解释说："盖人心所知者，彼亦知之，心所无则莫能知。"就是说，你心里知道的，她也能知道：你心中没有数，她也不清楚。又问她巾箱中物，她也能说出，因为主人对自己巾箱中物早已一清二楚了。这大概是遥感功能吧。

　　在唐朝，张果（即传为八仙之一的张果老）也能遥感。唐玄宗很赏识张果的神奇，想把他妹妹玉真公主嫁给张果，还未宣布，张果忽然同两位官员说："谚谓娶妇得公主，平地生公府，可畏也。"二人听了莫名其妙，一会有使者来下诏书说："玉真公主欲降先生。"张果笑而坚辞。

　　唐玄宗时，有一方士罗思远会隐身法。玄宗跟他学，总是学不好。自己试时，衣带仍显露着，和罗思远同试，则全身隐而不露。玄宗赏他许多金帛，还学不好，一怒之下，令人用布裹起他来，把他压死。几天后，有宦官从四川来，说遇见罗思远，罗笑着说："皇帝这玩笑开得太厉害了！"此事见《新唐书·方技传》。

　　以上仅举数例，若仔细搜求，一定更多，过去总把这类事看作荒诞不经，或斥为迷信，或断为虚构。在人体潜能科学被承认和重视的今天，应该重新认识和估价了。

（原载《今晚报》1988 年 10 月 13 日）

释"龙水"

我国传统绘画题材中，有"龙水"一科。如北宋郭若虚《图画见闻志》卷二说，唐末画家孙遇"善画人物、龙水、松石、墨竹"；刁光胤"工画龙水、竹石、花鸟、猫兔"。"龙水"何指，画坛外人难以理解，一般辞书亦未收目。日本诸桥辙次《大汉和辞典》十二本龙部收有此条，其第一义项释云：

> 龙水瀑布。《图绘宝鉴》："董源善画山水，兼工龙水，无不臻妙。"

台湾《中文大辞典》三十八册龙部所收此条释义，与诸桥解者完全雷同。龙水何以释为瀑布，令人费解。诸桥所引《图绘宝鉴》诸语并不能确切指明。按《图绘宝鉴》原文为："董源……善画山水，树石幽润，峰峦清深，得山之神气……兼工龙水，无不臻妙。"是山水与龙水乃两种画题，故曰"兼"。诸桥氏似以山水释龙水，还可能把"山水"理解为从山上流下的水，此从高而降之水犹如挂布，因名瀑布。果真如此，这解释不仅和"龙水"毫不沾边，用以解说山水画中的"山水"一词，也很不周延。

按"龙水"一词，据著者所知，最早出现于晚唐人朱景玄所著《唐朝名画录》中。该书"妙品下十人"一节中，第一人为冯绍正，其文云：

> 冯绍正，善鸡鹤、龙水，时称其妙。开元中，关辅大旱，京师渴雨尤甚。亟命大臣遍祷于山泽间而无感应……因诏太府监冯绍政于四壁间各画一龙。绍政乃先于四壁画素龙……绘事未半，若风云随笔而生……设色未终，有白龙自檐间出，入于池中，风波汹涌……俄顷阴云四布，风雨暴作。（注：出《明皇杂录》）

可见，"龙水"即画龙，画龙需有水衬托，故称龙水，犹画马之称"鞍马"。龙与云又相连，故牛景玄又称吴道玄（即道子）能画云龙，但此词后不多见，而龙水一词则延用不断，成为专名。

明乎此，则孙遇之工龙水，即善画龙（当然，他也善画水，但善画水者不能称画龙水）。《宣和画谱》卷二说孙位（即孙遇）：

> 至于鹰犬驰突，云龙出没，千状万态，势若飞动。

同书卷十六说五代画家黄筌的师承关系是：

> 山水师李昇，鹤师薛稷，龙师孙遇。

元人夏文彦《图绘宝鉴》卷二则说黄筌：

> 山水师李昇，鹤师薛稷，人物、龙水师孙位。

龙水与龙互称，其为画龙，无可置疑了。

现在再看《大汉和辞典》所引董源工龙水的问题。《图绘宝鉴》只说董源工龙水，但未加引申，语焉不详，致使诸桥氏产生误解。而《宣和画谱》卷十一关于董源（该书源作元）的记载则言之较详。原文说：

董元（注：一作源）江南人也。善画，多作山石水龙。然龙虽无以考按其形似之是否，其降升自如，出蛰离洞，戏珠吟月，而自有喜怒变态之状，使人可以遐想。……大抵元所画山水，下笔雄伟……使人观而壮之，故于龙亦然。

这就明白地告诉人们，董源是善于画龙的，同时，他也工于山水，这是两种画题。这里不作"龙水"而作"水龙"，也许是作者的笔误或刻版之误，也许原来就是这样，"龙水""水龙"本来无甚差别。此文最后说，宋朝的御府中，藏有董源画七十八幅，其中即有八幅为龙画。如《水石吟龙图》《风雨出蛰龙图》《出洞龙图》《戏龙图》《升龙图》《跨龙图》等。假如诸桥氏引这一段作书证，也许会作出正确的释文。

又，《宣和画谱》卷九《龙鱼叙论》说：

> 龙虽形容所不及，然叶公好之而真龙乃至，则龙之为画，其传久矣。吴曹弗兴尝于溪中见赤龙出水上，写以献孙皓，世以为神。后失其传……到本朝董羽，遂以龙水得名。

这又是一个说明画龙即称"龙水"的证据。类似的事例还有，不一一列举了。

如上所说，画龙名家最早者为三国孙吴之曹弗兴（《历代名画记》，"弗"作"不"），至唐除吴道子外，则有冯绍正、孙遇。可是，成书于唐宣宗大中元年（公元 847 年）的张彦远《历代名画记》虽载曹、吴、冯三家绘画（孙遇在唐末，不及载），但无龙水之名，只在稍后之朱景玄《唐朝名画录》中始见此词。《名画录》著作时代虽不得确知，但其"冯绍正"条引《明皇杂录》，而该书成于大中九年（公元 855 年，据《四库提要》），则《名画录》之写作应在其后。据作者自称，他在宪宗元和初（公元 806 年）曾到长安应举（"吴道玄"条）；《新唐书·艺文志三》说他是武宗会昌（公元 841—846 年）时人；《直斋书录解题》卷十四说他曾任翰林学士；《全唐诗》卷五四七说他官至太子谕德。我们关于他的事迹就知道这些。看来，他大约生于德宗时期（公元 780—805 年），宪宗时（公元 806—820 年）参加科举，步人仕途，历穆、敬、文、武诸朝（公元 821—846 年），至宣宗时（公元 847—859）犹存，享年应在七十以上。在未发现其他资料以前，我们只能说，"龙水"一词，由他提出，时间则在晚唐宣宗时期。当然这词可能已在画坛形成，不过首先见于他的书中而已。

（原载《中国历史大辞典通讯》，1987 年）

苏轼论"八面受敌"法

毛泽东同志在 1941 年作的《关于农村调查》的重要讲话中有一段说:"苏东坡用'八面受敌'法研究历史,用'八面受敌'法研究宋朝,也是对的。今天我们研究中国社会,也要用个'四面受敌'法,把它分成政治的、经济的、文化的、军事的四个部分来研究,得出中国革命的结论。"(见《红旗》杂志 1979 年第 1 期,第 5 页)

"八面受敌"一词见于苏轼(东坡)《又答王庠书》(载《经进东坡文集事略》卷四十六中)。王庠是苏轼的侄婿,他为准备参加科举考试,向苏轼请教读书方法。苏轼回答他说:"实无捷径必得之术。"要他不要图省事,求速成,而要"强力积学数年,自有可得之道"。意思是努力钻研,功到自然成。下面苏轼谈他的治学方法说:

> 但卑意欲少年为学者,每一书皆作数过(即数遍)尽之。书富如海,百货皆有,人之精力,不能兼收尽取,但得其所欲求者尔。故愿学者每次作一意求之。如欲求古今兴亡治乱、圣贤作用,但作此意求之,勿生余念。又别作一次,求事迹故实、典章文物之类亦如之。他皆仿此。

大意是,书籍内容丰富,人的精力有限,不可能一下全部掌握它。因此,一部书要多读几遍。每读一遍,要有一个中心题目,一心注意与这个题目有关的材料,不管其他;下一次选定新题,再注意与新题有关的材料。如此循环几遍,自然能够深入。苏轼最后说:"此虽迂钝,而他日学成,八面受敌,与涉猎者不可同日而语也。"就是说,这看起来是个笨工夫,但日积月累,使自己掌握了各方面的知识,遇到问题,自能应付裕如。好比打仗一样,对敌情了解得透彻,虽然八面受敌,也无所畏惧。这较之那些读书漫无目的,走马观花,浮光掠影,读后毫无心得的人,真有天渊之别了。

苏轼这个读书法,无疑是从他读书的实践中总结出来的经验之谈,确实很有用,值得重视。我们今天研究历史,要搜集、整理史料,基本上还是用这个方法。毛泽东同志把它推荐给我们，不仅是对这一方法的肯定，也指示给我们一个重要的治学之道。

（原载《历史教学》1979 年第 2 期）

因势利导二例

灾荒之年，粮价上升，是强行平抑粮价还是任其涨价？我国历史上有两件事例，饶有兴味。

唐宪宗时（806—820年），卢坦做宣歙（今安徽芜湖、徽州地区）观察使。适逢干旱，米价日增。有人劝卢坦下令平抑米价。卢坦说，这一带土地狭小，产粮不多，全靠外地来货，价钱低了，商贩不来，日子更不好过，不如听其自然，不加干涉。不久米价涨到二百钱一斗（唐玄宗时一般一斗十几文，宪宗时一般五十文左右，最贱时二文钱一斗），商贩因之源源而来。卢坦又将军粮上市出卖，米价平稳了（《新唐书·卢坦传》；《通鉴》宪宗元和三年七月纪事）。

北宋神宗时（1048—1085年），两浙（浙东、浙西）旱蝗为灾，米价踊贵，人民饿死者十之五六。各州官长都在大路要道张贴榜文，禁止抬高米价。只有越州（今浙江绍兴）知州赵抃却张榜下令，准许有米的人加价出售。这一来，各地米商纷纷到越州粜米，而米价却随之而贱，人民得以不死（《三朝名臣言行录》卷五）。

这两位封建时代的官僚虽然不是经济学家，但他们却知道物价升降和产品供应多少有直接关系，因而没有按长官意志办事，而是随行就市，使物价趋于平稳。马克思说："君主们在任何时候都不得不服从经济条件，并且从来不能向经济条件发号施令。"看来，卢坦、赵抃二人的行动皆由因势利导而奏功。

（原载《今晚报》1985年6月13日）

"三不欺"说

"三不欺"是古人根据历史典故总结出来的成语。据说，郑国子产治郑，使民不能欺；孔子弟子宓子贱治单父，使民不忍欺；魏国西门豹治邺，使民不敢欺。此说首见于《史记·滑稽列传》褚少孙的结语，褚最后问道："三子之才能谁最贤哉！"曹魏文帝也问群臣："三不欺，于君德孰优？"意思是，作为君主，叫臣民对君哪一种不欺才显得其德之优？大臣钟繇、华歆、王朗回答："君任（用）德则臣感义而不忍欺；君任察则臣畏觉而不能欺；君任刑则臣畏罪而不敢欺。"结论是，以任德使臣感义不忍欺为优。

这个对答符合儒家一贯主张的以道德仁政感化臣民的思想，看来容易被接受而无异议，但北宋政治家王安石对此却另有看法。他作了一篇《三不欺》的论文，认为子产、子贱、西门豹三人是"未闻圣人为政之道"。他举事实为证说，尧可算最任德之君了，但尧时的臣子谨兜却荐举了淫辟的共工，欺骗了尧。子产很明察，有次人送他一条活鱼，他令下人把鱼放到池里，那人把鱼烹食后骗子产说，刚放时鱼无精打采，慢慢缓上气来，最后欢蹦乱跳地游到深水里去了。子产高兴地说："得其所哉！得其所哉！"这就是"君子可欺以其方"。可见，单任察并不能使人不欺。至于西门豹的任刑使人不敢欺，正是孔子不赞成的"道之以政，齐之以刑，民免而无耻"。王安石的结论是三者应当兼用。他说："盖圣人之政，仁足以使民不忍欺，智足以使民不能欺，政足以使民不敢欺。"这论点看起来很全面，但在封建社会里，三者兼具的统治者是没有的。王安石的说法只不过是乌托邦式的理想而已。

我们生活在社会主义社会里，人与人的关系既无君臣之分，也无君民之别，各级领导干部都是人民的公仆和勤务员。但作为一个干部像王安石要求的仁、智、政三者倒应该具备。仁就是全心全意为人民服务的思想和高尚的道德情操，就是德；智就是精通业务，善于调查研究，就是才；政就是依法办事，严格执行国家的政策法令。德才兼备、奉公守法，不是为了使人民不忍欺、不能欺和不敢欺，而是为了做一个使人民信任的合格的公仆。最低限度，要做到不以假话空话欺骗人民，不以权势地位欺压人民，不以弄虚作假、谎报成绩欺骗组织。这可以说是新"三不欺"吧。

（原载《天津日报》1991 年 3 月 14 日）

"学贵自得"解

1999 年 12 期《群言》月刊摘录已故国学大师吕思勉先生的治学格言,名曰"学贵自得",全文十四句(不计标点)。文虽简短,但极精练,文曰:

> 学问之道,贵自得之。欲求自得,必先有悟入处。而悟入之处,恒在单词只义,人所不经意之处,此则会心各有不同,父师不能以喻之子弟者也。昔人读书之弊,在于不甚讲门径,今人则又失之太讲门径而不甚下切实工夫:二者皆弊也。

这就是说,要自得,首先要"悟入",即深入理解,对常人所不注意而放过的单词只义作仔细的推敲,看出问题来。这全在各人的领会,家长和老师也难以对其子弟说清楚。过去读书人多半不讲究门径(窍门),现今读书人则过于讲门径而不下切实工夫深思钻研。两者都有毛病。

笔者认为,吕老的话虽简短,却大有分量,可谓一言九鼎,掷地有声。兹就个人读书体验举例申述之。

(一)明修《元史》有《札八儿火者传》,他是从中亚来的穆斯林,"火者"是尊称。晚清学者屠寄的《蒙兀儿史记》和柯劭忞的《新元史》却把他认为是《元朝秘史》中的"阿剌浅",为之立《阿剌浅传》。不仅如此,两先生还把《长春真人西游记》中的河西人"阿里鲜"与《金史》中的"乙里只"也当成"阿剌浅",其根据是这几个人的名字对音相近或事迹相同。王国维先生从出生籍贯不承认阿里鲜和札八儿是一个人,这很正确,但他也认为阿里鲜和阿剌浅、乙里只是一个人。笔者研考了这几个人的事迹,认为阿里鲜、阿剌浅和札八儿是三个不相干的人,但从对音上和事迹上着眼,乙里只却正是札八儿其人。原来,乙里只是蒙古语,义为"使臣"。《元朝秘史》(本称《蒙古秘史》)的汉译蒙语作"额勒赤"或"额勒臣"与乙里只对音极近。《元史》《金史》都说札八儿多次出使金朝,只是《金史》多称其名为乙里只,但有两次称"乙里只札八来"。王国维先生据此认为这是两个人,是未曾考虑"乙里只"是蒙语的官称而非人名。笔者这一见解是 1948 年形成的，其后才发现，法国汉学家伯希和早在 1931 年已持此说，可谓不谋而合。（见拙著《新元史阿剌浅传证误》，载《元史三论》，163—170 页）

（二）上世纪五十年代，时为北京市副市长的著名明史学者吴晗先生响应党中央号召写作了一些关于海瑞的文章和剧本。1959 年夏季，南开大学请他到校作关于海瑞的讲演。讲后笔者请教他海瑞是否回族的问题。他说，有此传说，尚无书面根据。这引起笔者追究海瑞族属的好奇心和兴趣。最初查了些书都无结果。最后在自有的《丛书集成》本《海刚峰文集》上找到与海瑞同乡同时代的梁云龙的《海公行状》，其中有这几句话：“公讳瑞……其上世以来未详……洪武十六年，答儿从军海南，著姓于琼，遂为琼山人。”“答儿”和“著姓”四字至关重要。原来，海瑞的祖先有一个叫海答儿的，从他或他的子孙起，才以海为姓，而海答儿则是元代回回人常用名字。海瑞之为回族的证据终于解决了（见拙著《海瑞是否回族？》，载《元史三论》，237—240、286 页）。

上举二例，是否符合吕老“自得”“悟入”要求，笔者没有把握。尚乞高明指教！

自得一词，早在二千多年前的孟子已经提出。孟子说：“君子深造之以道，欲其自得之也。自得之则居之安，居之安则资之深，资之深则取之左右逢其源。故君子欲其自得之也。”孟子这段话，既指治学之道，也可指修身之道。吕老的“自得”是否沿用孟子，很有可能。一来，吕老学识淹博，经史子集无所不通；二来，《群言》此处摘录者恰是其《经子解题》一书的《自序》。

吕老的“自得”“悟入”箴言对笔者以及文史工作者确是治学的指路明灯，但要履行他的教导，却需要下番切实工夫，在实际操作中才能体会其真谛。这里用南宋诗人陆游的《冬夜读书示子聿》作为结语：

> 古人学问无遗力，少壮工夫老始成。
> 纸上来得终觉浅，绝知此事要躬行。

（原载《陋室文存》，中华书局 2002 年版）

从传统的观点解脱出来

看了二月二十六日学习版滑富强同志《千古长流水，难洗四郎羞》的文章，我应该承认，它有一定的道理，也有相当的代表性。在过去，以我国境内的少数族为异族或外族，以他们建立的政权为外国的说法相当流行，甚至有中国曾两次亡国（指元灭宋、清灭明）的论调，因而对投到少数族政权的汉族人（不管在什么情况下）总是深恶痛绝，斥为汉奸。这当然是可以理解的。

但是，这一传统的看法对不对？它的大前提是不是符合历史实际？这就是我那篇短文所谈的中心问题。只要我们承认我国历史上是一个多民族的国家，历史上民族间的矛盾和纠纷是一个国家内部的问题，那上面的传统说法就得修正，除非你还是站在以汉族国家为正统的立场上，把少数族和他们建立的政权视为异族和外国。

当然，历史上的民族矛盾和纠纷，也有是非曲直可说；而在少数族做官的汉人的情况也不一致，这需要具体分析，不能一概而论。对李陵、杨业、岳飞、秦桧以至文天祥等，都要根据当时的历史情况及本人表现做出符合实际的结论，我那篇短文并没有给他们定案或翻案的意思。我只是从历史上我国民族关系这个角度出发，论证不能把在少数族政权做官的汉人笼统地称为汉奸，然后根据戏剧中杨延辉的具体情况，说他"和那些甘心投降、背叛本国的人还有所不同，也不好称他为汉奸"，从这里并不能推论出关于岳飞和秦桧的评价的标准来。至于说"倒是这种叛变行为增进了民族和睦"，从个别性的事例上得出一个普遍性的结论来，这更非我的始料所及。

滑富强同志提出"切忌把今人的观点强加于古人，也不能让历史扭曲以适应今天的政策"，这自然是正确的。但不把今人的观点强加于古人，不等于不用今天的观点研究历史；不扭曲历史以适应今天的政策，不等于不正确阐明历史上的民族关系以加强民族团结和进行民族政策的教育。难道还要沿用旧的汉族正统主义观点看待历史上的民族关系吗？难道纠正传统偏见是扭曲历史吗？以历史上的少数民族为外国人，作为批判和抨击的对象，名之曰进行爱国主义教育,也不考虑少数族同胞的观感和反应,究竟是有利于还是有害于民族团结呢?我那篇短文目的在对这个问题提出自己的看法,但考虑不周,立论可能有片面和过头的地方。滑富强同志的文章给我启发,使我今后考虑这个问题时应该更全面周到,这是应当感谢的。

旧学商量加邃密,新知培养转深沉。

有的同志说:我国是多民族的大家庭,历史上的民族间的冲突和战争,不同于中国和外国的关系,这是祖国内部民族间的问题。这种意见是正确的,这是评价我国历史上民族关系的前提。但是,有另一点却不能忽视,就是历史上祖国内部民族间的冲突与战争,也存在是与非、正义与非正义的问题。不能因为是民族间的纷争或矛盾,就忽略或抹杀了是非界限。杨志玖同志在二月十二日发表在学习版的争鸣文章《从〈四郎探母〉谈到我国历史上的民族关系》只强调了前者而忽略了后者,因此有欠全面。

什么是评价我国历史上民族关系的是非标准呢?这个问题确实比较复杂,不能简单化,不能持民族偏见,更不能离开历史条件和环境,要用历史唯物主义的观点和方法去分析。我认为,应该根据当时的历史条件,凡是对祖国统一、民族团结和融合以及社会生产起积极作用的行动,都应该加以肯定。反之,则应予以否定。正因如此,在我国历史上民族间的冲突和斗争中的双方,客观上存在着先进与落后、正义与非正义的区别,因此也就必然有个民族气节问题。以宋辽之战而论,宋王朝地主阶级的统治压迫固然是十分残酷的;但比起辽政权的统治来,对社会的破坏性在某些地方要相对小一些。所以,当时抵抗辽的侵掠、保卫宋王 朝政权,不能说不带正义性。杨业为此捐躯,所以才名留史册。

有的同志认为,历史上的汉族和少数族人通婚的事例很多,如昭君出塞、文成公主入藏等,为什么杨四郎不可以和辽公主结婚?我认为二者的性质不同。昭君出塞、文成公主入藏,这些行动对于民族间的团结、文化交流、发展生产,都起了促进作用。因此,才被人民群众传为千古佳话。戏剧《四郎探母》中的杨四郎,则有所差别。在辽军进犯,破坏人民生活和生产,在广大人民群众抗击辽军进攻的情况下,他回家探母,并把辽军的军事机密通告宋军,这比起前人虽因情势不同而有所差别,异曲同工。能否"将功补过"呢?演了一出"大破天门阵"的精彩戏剧。

(原载《天津日报》1980 年 3 月 11 日)

交代与交待　不齿与不耻

不知从什么时候起，人们把交代写成交待。在"文化大革命"中，交待二字大量出现在大字报和"交代材料"中。时至今日，以"待"代"代"的遗风犹存。当然，坚持写"代"的人也不少。

交代是个古词。《汉书·盖宽饶传》："及岁尽交代。"颜师古注："得代当归者也。"再早一点，春秋时已有"及瓜而代"（瓜熟时来接替）的说法。晚唐宣宗曾下诏："观察使、刺史交代之时，册书所交户口如能增添至千户，即与超迁。"（《旧唐书·宣宗纪》）可见交代即把自己经手的工作移交给来接替的人，当然也须把工作经验及存在问题向来人介绍说明。这个"代"，是代替者而不是等待者。

"交待"也古已有之。《三国志·杨戏传》："交待无礼。"交待即交接、交际，"交待无礼"指待人无礼，它和"交代"是两个不同的概念。

一九七九年版《辞海》"交代"第二义项作："把事情或意见向有关人员说明。亦作'交待'。"而同年出版的《辞源》则无此义项。可见，以"交待"代"交代"是现代的"仓颉"所造。为何出现这一情况，我考虑了很久，最后才恍然大悟。原来，这是"反右"和"文革"的产物。那期间，对所谓有问题或"罪行"的人，勒令他们"坦白交代"。此后，"交代"二字遂成为贬义词，而一般人或高级干部向人民或干部交代事情或命令时，只能用"交待"代替"交代"了。是否如此，望读者指正！

假如以"待"代"代"还情有可原的话（虽然笔者绝不通融），那么，把"不齿"写作"不耻"则是不可原谅的了。

以"不耻"代"不齿"，近来报刊上不时出现。为证实计，恕我举一例：今年九月四日《光明日报》二版左下角有一句话说："就我们中国的知识分子的大多数来说，他们不耻、不愿、不肯或者说不习惯做'伸手派'。"

"不耻"是"不以某事为耻"。"不耻做伸手派"即"不以做伸手派为耻"，也就是愿当伸手派。这显然和作者原意大相径庭。纠正也不难，把"不耻"改作"不齿"就行了。

齿是牙齿，牙齿是排列整齐的，因而齿又有并列、同列齐一之义。不齿即不与同列，表示鄙弃、不屑与之为伍之义。如"不齿于人类"即不能算人。"不齿做伸手派"，这句话较生硬，原意大概是瞧不起或不屑做伸手派，这种表达法少见。一般是"不齿于……"或"人所不齿"，韩愈《师说》："巫医乐师百工之人，君子不齿。"改为"对做伸手派，他们是不齿的"，也许勉强可通，但总觉不大顺当。

"不耻"和"无耻"意近而有区别。"不耻"不一定坏："敏而好学，不耻下问"是美德；"巫医乐师百工之人，不耻相师"为韩愈所称许。编辑索稿，盛情难却，为此小文聊作交代。如不以琐屑而不齿，则幸甚焉。

（原载《今晚报》1986 年 9 月 27 日）

我怎样学元史

1934 年 9 月，我考入北京大学史学系。因为生在回族家庭，我想研究中国回族史（当时称回教史）。于是找些有关论文和书籍来看，如陈垣先生的《回回教入中国史略》，金吉堂先生的《中国回教史研究》以及英国人马歇尔（B. Marshall）的《清真教》（Islam in China）等著作。这些著作开阔了我的眼界，使我了解到一些回教在中国的情况，但只是增加了一些知识而已，至于如何发现问题，解决问题，从而对这一学科作点贡献，我当时既没有想，也不知道如何去做。这一方面是没人指导，另方面是，我看的是些转手材料，只能人云亦云，不能有所创新。

1938 年 8 月，我在云南蒙自县读完大学，转到昆明，作为当时的中央研究院历史语言研究所的所外研究生继续学习。这时我选了元史作为研究对象，因为回回人和回教在元朝最兴盛，材料也多。首先我披览《元史》，摘录有关回回人的资料，以此作为基础，辅以其他材料，在不到一年的时间里，写出了《元代回回考初稿》一文（将近两万多字）。虽然很粗糙，类似史料长编，但它总算是根据原始材料独立编排而成的，有些内容是前人没有说过或没有注意到的，更重要的是，通过这一年的实践，我才逐渐摸索到一点治学的门径。

在学校时，老师给我们讲"历史研究法"，讲到"史源学"，强调原始的也就是第一手资料的重要性。当时因为没有实践，体会不到它的意义，因而走了弯路，没有读几本重要的史籍。现在初读《元史》，才发现原始资料确实是重要的宝藏，从中可以发掘许多有用的东西，所谓"如入宝山不空归"。当然，后人以及当代人的著作也有参考价值，有些不仅给我们以专业知识，也告诉我们治学方法，是很好的入门向导，不可轻视，单读这些而不接触原始资料，也可以增加不少知识，但这样做等于开百货商店，纵然货架上琳琅满目，却不是自己的产品，只能做个转手商贩。而我们做学问的，却要开工厂，亲自发掘原料，制成商品、供人使用。

1939 年 9 月，我考进北京大学文科研究所，跟姚从吾先生学元史。我首先是精读《元史》，把自己的一部《四部备要》本《元史》标点一遍，并把钱大昕的《元史考异》和汪辉祖的《元史本证》抄到书眉上。我想以入所前的论文《元代回回考初稿》为基础，加以补充修正，作为研究生的毕业论文，于是把《元史》中不列传的回回人物一一做出卡片，同时也把《元典章》、元人文集中的有关史料加以抄录。在毕业前确定毕业论文题目时，姚先生不同意我的打算。他给我写信说："吾意'纂述'与'心得'相因而实不同。吾弟两年来两读《元史》、泛读元人集等而纂述《元代回回考》，此可以见弟治史之功力，而严格言之，此亦他人能作者，尚不能说是真有心得。研究所不能认为是一种满意之论文，除《元代回回考》为入所论文（按，指报考时交纳的论文，如不合格即不能加考试）之外，此亦一因。"姚先生还指示我应从元代回回人的特点及其得到蒙古帝王信任的原因方面选题作文。汤用彤（字锡予，任继愈、王明同学的导师）先生也告诉我，写论文尤其是毕业论文要有论点，西方叫作 Thesis（有论点、命题、论文诸义），在毕业论文答辩时，你提出你的 Thesis，旁人提出不同意见（Antithesis），这就展开了讨论。这些教导，教育和启迪了我，使我对论文的性质特点的理解加深了。于是我把论文题目改为《元世祖时代"汉法"与"回回法"之冲突》，主要是分析元世祖时代汉人和回回人的政治斗争及其原由，认为是两种不同的文化背景所致，这就是我的论点。因为已经积累了一些有关材料，论文很快就完成了。

在论文写出以前，我还搞出了一件副产品：在搜集资料时，我发现《永乐大典》中《站赤》部分有这样一段材料：

> （至元二十七年八月）十七日，尚书阿难答、都事别不花等奏：平章沙不丁上言："今年三月奉旨，遣兀鲁䚟、阿必失呵、火者取道马八儿，往阿鲁浑大王位下。同行一百六十人，内九十人已支分例，余七十人，闻是诸官所赠遗及买得者，乞不给分例口粮。"奉旨：勿与之！

我最初注意这段材料，是因为其中提到的沙不丁是回回人，他是江淮行省平章政事（等于省长）。《元史》中虽无专传，但《世祖本纪》中常提到他。其后发现，文中提到的三位使臣——兀鲁䚟、阿必失呵、火者，以及阿鲁浑大王，都在《马可波罗游记》中提到。阿鲁浑是当时波斯伊利汗的君主，三位使臣是他派来元廷向元世祖求婚的，马可波罗一家就是陪同他们和蒙古公主从泉州出发的。《站赤》这段材料，可以证明马可波罗记事的真实，证明马可波罗确实到过中国。（这一点直到现在还有人怀疑！）同时还可以考订马可波罗的离华年代——1291 年初（过去一直认为在 1292 年初）。我把这一发现告诉我的另一导师向达先生，他鼓励我写出来，我于是写成一篇《关于马可波罗离华的一段汉文记载》，寄给顾颉刚先生主编的《文史杂志》，得到他的较高评价。汤用彤先生知道后也很高兴，并建议把题目改为《新发现的记载和马可波罗的离华年代》。只是由于把信寄到重庆顾先生处时已经发排，没来得及改，仍用我那个拙朴的题目。事隔四十多年，想起这些先生对我的鼓励和关怀，不禁涌起感激和思念之情！

《站赤》这本书，在我之前中外学者早已看过，我之发现这段材料，事出偶然。但偶然之中有必然。若不是那几年我一直在搜集有关回回人的资料（包括《马可波罗游记》中的资料），我不会在发现那段材料后就敏感地和《马可波罗游记》那段记事联系起来并作出判断，可能对它等闲视之，交臂失之。因此，这里面并无捷径，也不能图侥幸。"踏破铁鞋无觅处，得来全不费功夫。"我虽然未能踏破铁鞋，却一直在"觅"，在"上下求索"。

根据我当研究生几年的经验，我觉得研究元史必须从精读《元史》入手，因为它材料丰富，特别是《本纪》部分，由于照抄《十三朝实录》，未加剪裁，保存的原始资料最多，比《新元史》详赡。《新元史》列传部分较《元史》多，可供参考，但不注材料出处，而且有不少错误，如把札八儿火者、阿里鲜、阿刺浅、阿三四个人合而为一，便是明证（参看拙稿《〈新元史·阿刺浅传〉证误》）。我到现在还觉得应该把《元史》本纪部分学深学透，融会贯通，而我并没有做到这一步。

因为对元代回回人名比较熟悉，使我在解决海瑞的族籍问题上得到帮助。1959 年夏，吴晗同志来南开大学作关于海瑞的报告。我问他海瑞是否是回族，他说，传说是，尚无根据。这就引起我追究海瑞族属的兴趣。最初查了些书，没有头绪；最后还是在我自己有的丛书集成本《海刚峰文集》上找到了。《文集》附录有梁云龙的《海公行状》，其中有几句说：

> 洪武十六年，答儿从军海南，著姓于琼，遂为琼山人。

答儿就是海答儿，海瑞之得姓就因为他的祖先有个叫海答儿的，而海答儿是元代的回回人名。以祖先名的首字（或末字）为姓是元代色目人的习惯。这一来，问题就解决了。真是"得来全不费功夫"呵！

1964 年，《辞海》修订本征求意见，其中《历代兵制》中有《探马赤军》一条说："元代在各重镇、州、县设置，强征十五岁到七十岁的契丹、女真、汉等非蒙古族的男子为兵，称为探马赤军。"这是根据日本学者箭内亘的说法；箭内在引用《元史·兵志》"蒙古军皆国人，探马赤军则诸部族也"后说："所谓诸部族者，无非指蒙古人以外之北族，即契丹人、女真人等。"箭内亘是日本研究蒙古史有成就、有声望的学者，算得上是"学术权威"，他的有些著作确实有功力，有创见。但他的说法是否正确，还要用详尽的有关材料来验证。要服从真理，不要盲从权威。我对照《元史》中有关资料，发现箭内亘的说法很成问题，因为最初的探马赤军是由蒙古的五个部族组成，所以有时称他们为"蒙古探马赤"，甚至也称"蒙古军"，而契丹、女真、汉人的军队则称为"契丹军""女真军"和"汉军"。我写出《元代的探马赤军》一文表明了我的看法，这是我在"文化大革命"以前发表的最后一篇元史论文……

十年以后，雨过天晴。我又有时间研究元史，而且，由于党的对外开放政策，可以了解到海外学者的研究情况，开阔了眼界。我已经写出了关于探马赤军问题的再探和三探，也写了几篇关于马可波罗研究的文章和回族史的文章。有些是和国内外学者探讨和商榷的，我不断从他们的著作、通信和交谈中受到启发，接受他们的正确意见，修正自己的看法，觉得深受教益，非常感谢他们的帮助。我要努力钻研，多出成果，以补偿白白浪费掉的时光。

元史是一门世界性的学问。一方面，与它有关的资料，除中国（包括汉文、蒙文、藏文、维吾尔文）的以外，还有域外的、主要是波斯文和阿拉伯文的；另一方面，世界各国的学者，很早以前就对它注意和研究，现在仍然继续探讨。因此，学习元史，应具有多种语文的知识，知道得越多越好。对此，我深感知识贫乏，力不胜任。但是，困难也是激励人们前进的一种力量。珠穆朗玛峰再高，不是也有人敢于攀登吗？而每当克服了一个困难，解决了一个问题后，总会感到胜利的喜悦。何况，元史范围广阔，课题多样，每个人尽可以根据自己的条件，选择自己能够解决的问题，只要不是安于现状，抱残守缺，而是力求创新，那么，集中每个人的点滴成就，我们的总水平也就可以提高了。就个人而言，我只是选了些小题目，在元史学的微观研究方面做了点事，真是微不足道，这只能从时代背景、教育因素和个人特性来理解了。我只希望，这些东西能够像石头子可以铺路，像螺丝钉可以固定机件，像竹头木屑可以存放以备不时之需。至于其中的谬误和不足，则诚恳地期待着同行和读者的纠正和补充。

（原载《文史哲》1983年第5期）

与历史系同学谈怎样写论文

一、什么叫论文

论点

顾名思义，论文首先要有论点，即你在这篇文章中想要亮明的观点或想要说明的问题。论不一定是议论或理论，只要你能说明或解决一个或几个问题就行。问题可以很大，如批判封建主义、说明社会性质；也可以较小，如弄清一个人的生卒年代，地名沿革，或就历史上某一事件、制度、人物做些说明、考证或评价。这里要注意：（1）你的论点一定是前人没说过或说错、或没说清楚、或证据不足的，总之，必须有新东西。（2）确实是自己发现的，不是抄袭的。可以是受别人的启发，有所继承和发展，但不能跟别人的论点完全一样（当然，也可以论点一样，但得到论点的方法和所据材料不同）。如今年三月《光明日报》发表的一个同学写的《赤壁之战辨》，认为赤壁之战不是大战而是小战，曹操统率的不是八十万或二十万大军，而是只有五千人。这就是同传统说法不同的新论点。作者声明他是在前辈史学家郭沫若、翦伯赞和吴晗同志的启发下得出这个论点的，但他却不是简单地抄袭前人现成的论点，而是经过自己对史料的钻研探讨得出的结论。虽然其中论据还不充分，且有矛盾之处，但这就有了独创性，有了新东西。

论据

论点是根据论据得出的。论据，即证明论点的事实或史料根据。论点不能凭想象，不能凭逻辑推理，也不能单凭经典理论得出，只能凭真凭实据得出。也就是恩格斯所说的，要"靠大量的、批判地审查过的、充分地掌握了的历史资料"得出（《马克思恩格斯选集》卷二，人民出版社 1972 年版，118 页）。但不能单纯地堆积资料，而要对资料进行审查，辨别真伪，分析矛盾，找出其内部联系，从中得出恰当的论点来，过去称这一功夫为考证或考据，实际上这就是一种"去粗取精，去伪存真，由此及彼，由表及里"的功夫，也是写论文的一种基本功。

分类

论文不要求一个类型，根据内容（或研究对象）和分量，可以多样化。清人赵翼的《廿二史劄记》，每条解决或说明一两个问题是论文，近人陈垣对《廿二史劄记》的订误，每篇不过二三百字，也是论文。同学们要作学年论文、毕业论文；研究生还要作硕士论文或博士论文。这就有分量（字数）多少的不同。另外还有史学理论的论文和史实考订的论文，这就有内容性质的不同。但不管是哪种类型的论文，都要有点新东西，都要言之有物。

还应注意，所谓新东西，是指根据确凿的材料得出来的，经得起检验的结论，而不是为新而新，故意标新立异，显示与众不同，强作惊人之论。如果那样，就不足为训了。

二、为什么写论文

对同学们来说，首先是为了巩固读书和听课的收获，加深对课程的理解。单读书或听课，不经过自己的思考，不经过自己动手写作，学来的东西不会扎实。

其次，是训练分析问题和解决问题的能力，学会独立思考，增强阅读原始资料（古书）的能力。

最后，写论文即是对历史进行研究，而历史研究的目的就是为了发现历史的规律。规律并不是高不可攀、神秘莫测的东西。规律即事物的内在联系。历史发展有其总规律，而各个阶段、各个具体历史事物也各有其规律。总的规律是由各个历史阶段和具体事物的规律组成的，正像一部机器是由不同的部件组成的一样。有些历史问题本身好像与规律无关，但对认识规律可能有直接的或间接的关系。比如鉴定一部书的真伪或一件古器物的时代，好像与历史发展规律无关，但假若把一部伪书当成真书，把晚期的文物当成早期的，据此而推论当时历史的发展情况和规律，那结论肯定是错误的。所以写论文对探讨历史发展规律总是有所裨益的。

三、怎样选题

初写论文往往不知道写什么题目，有时就问老师要题目。其实，题目还是自己找的好（当然可以同老师商量）。这里提示几种找题目的途径：

（1）从读书、听课中发现问题。读书或听课中对某些问题发生兴趣，或认为问题重要值得进一步研究，或不大清楚想把它弄明白，这都可以作为研究对象。尤其是在读书过程中，随时发现问题、经常积累资料，是找论文题目的可靠途径。

（2）从旁人论文中受到启发，发现问题。报刊上发表的论文是作者劳动的成果，应该学习。有些可以受到启发，使自己进一步发现问题，作深入的研究；有些则可发现其中的不足或错误处，值得自己再探讨。这种例子很多，史学界的一些争鸣问题不少是这样引起的。今年三月份北京一家报纸上有篇关于娘子关的考证和描述，虽然很生动，但文中说娘子关是唐朝李渊的女儿平阳公主驻兵之处，这就值得怀疑。查新、旧《唐书·平阳公主传》都没有她驻兵娘子关的记载。明末清初地理学家顾祖禹所作的《读史方舆纪要》上也没有这类记载，足见这是一种传说，而传说可能是由平阳公主所统军队曾称娘子军附会而来。这个问题虽然不大，但借此可以说明，在看旁人论文时，除了学习人家的长处外，还应多动脑筋，多问几个为什么，要看他所引用的材料是否可靠，对材料的解释是否准确。总之，要寻根问底，弄个明白。这样，就可以发现问题。

（3）从社会需要或现实生活中找问题。社会需要和现实生活中常常向我们提出问题，要求解答。如经过一次大地震后需要了解震区的地震史料，以研究其周期性；计划生育与历史上的人口问题；封建专制主义的历史及其对今天的影响；我国和邻邦的边界问题等等。对这些问题的研究和解决，不仅丰富了历史科学的内容，而且对促进我国的四个现代化建设也是有帮助的。

总之，历史题目无穷无尽，可大可小，论文选题大有用武之地。但对于初学，题目不要过大，写论文不是写书，要重点突出，论和证都要集中、精练。因为题目太大驾驭不了，也不好找材料。如能先学写小题目（如写读书札记），常常做点短文章则更好，这样循序渐进，由小而大，打好了基础，才可以盖高楼大厦。

四、写作步骤

（1）了解行情摸清你要研究的题目前人是否研究过，研究的成果如何？有哪些需要补充或修订？是否需要重新作？不要盲目上马，避免重复劳动。这就要经常翻阅史学论文索引或报刊索引一类的工具书

（2）收集资料主要是收集原始的即第一手的资料。这一工作，在平时读书时就应随手做，不应在确定题目后才开始，但确定题目后更应全力以赴。资料一般是写在卡片上，要把资料的出处即书名、版本、卷数、页数都注明以备查对。最好在卡片上面加个小标题，这就概括了资料的内容，便于应用。引录旁人的意见时，也应该抄下出处。

（3）草拟大纲打好框架设计，先说什么，后说什么，要合于事实发展的自然顺序，做到条理清楚，结构谨严。

（4）动手写作这是最后的也是最重要的一步。要求：①观点鲜明，围绕你想说明的主题（论点）进行论证，不要含糊不清。②层次分明，不是一下就说完，而是一步一步地进行论证，合乎逻辑地得出结论。③文字通顺简练，不说废话、空话，不掺水分。不要求华丽的辞藻，但必须合乎文法，没有语病，朴实、明白。④原始材料要引用恰当，不要长篇照抄，变成"资料汇编"，应尽量用自己的话概括原文，同时注明出处。非引用原文不可的，要选择典型的话，也不应大段地抄。⑤引用旁人的意见或与旁人相同的论点，要注明是引用谁的或谁已有此论点，以免有掠美或剽窃之嫌。⑥初稿写完后要多看几遍，对文章的结构、论点、材料、文字各方面进行调整、检查、核对和推敲。

五、对初学的建议

以上所提，可能太高，但做学问就要高标准，严要求。对于初学的人，当然可以灵活一些，不必机械照办。比如作为练习，就不一定非有新论点不可，正像做物理、化学实验可以重复前人的劳作一样。对于初学作论文的同学，我建议多看旁人的论文。一来可以丰富历史知识，二来可以学习写作方法。看多了，看懂了，可以看出门道，同时也可以发现问题，为自己选题撰文做好准备。对于重要的论文，最好作论文提要，可以加深对论文的理解；同时也可以就性质相同或相近的论文作综合报道（如对古史分期、农民战争、辛亥革命或隋唐

史等专题或断代史），这既是一种练习，同时也是对自己对别人都有用的参考资料。

（原载《文史知识》1982 年第 6 期）

附录：杨志玖先生学术年谱

1915 年

10 月 1 日（旧历八月二十三），出生于山东省长山县周村镇（现淄博市周村区）一个回族家庭。自小丧父，家境贫寒。

1923 年

8 岁，入半私塾半学堂的小学读书。

1934 年

夏，毕业于山东济南高级中学。在全省高中毕业生会考中取得第三名，获省教育厅和大陆银行奖金，以此为资前往北平考大学，以优异成绩同时考取清华大学和北京大学。之后在北平三年的生活、学习费用，主要依靠县贷金、省贷金和原初、高中校长和老师们的资助。

当年 9 月，入北京大学历史系。入学之后，因出身回族家庭，产生了研究中国回族史的想法，开始翻检收集有关回族的论著和资料。

1937 年

卢沟桥事变后，随北大迁到湖南长沙，在北大、清华、南开三校组成的长沙临时大学学习。

1938 年

随校迁到云南蒙自县。在郑天挺、钱穆二教授指导下，完成毕业论文《庄蹻王滇考》（后发表于北大《治史杂志》，昆明，1939 年第 2 期）。之后临大迁到昆明，改称西南联合大学。当年八月毕业，由于战争，同班毕业者仅 7 人。大学毕业后，被推荐到当时也在昆明的中央研究院历史语言研究所做院外研究生（因中研院当时未正式招研究生，故称院外）。开始以元史为研究方向。在将近一年时间里，完成约 5 万字的《元代回回考初稿》。

1939 年

9 月，考入北京大学文科研究所（中研院史语所所长傅斯年兼北大文科研究所所长、副所长郑天挺），导师为姚从吾、向达。学制二年。是年发表论文《说元史中的回回、回纥与畏兀儿》（《益民报》，昆明，1939 年 2 月）、《关于赛典赤》（《益世报》，昆明，1939 年 2 月 28 日）。

1941 年

9 月，完成毕业论文《元世祖时代"汉法"与"回回法"之冲突》。

12 月，发表论文《关于马可波罗离华的一段的一段汉文记载》（《文史杂志》一卷十二期，重庆，1941 年 12 月），依据《永乐大典》所录元代《经世大典·站赤》的一段公文史料，考证出马可·波罗在其《游记》中所述他伴随蒙古公主从泉州返波斯等事是真实的。马可·波罗确实到过中国。还订正马可波罗离华时间是在 1291 年初，而不是以前西方人所考订的 1292 年初。这一揭示是迄今所知汉文记载中唯一能见到的马可·波罗活动的考证和研究，被公认为是世界上最早对马可波罗来华真实性研究做出的重要建树。得到向达、顾颉刚、汤用彤、傅斯年等专家很高的评价，获得中央研究院学术评议会名誉奖。此文被译为英文，先后刊于英国《皇家亚洲学会学报孟加拉版》第十卷及美国《哈佛亚洲学报》。其结论此后也得到西方史家的相关研究成果的印证。

当年北大文科研究所研究生毕业，留西南联合大学暨南开大学历史系任教员。

1942 年

完成论文《元代回汉通婚举例》（后刊于上海文通书局《中国伊斯兰史纲要参考资料》，1948 年）。发表论文《咸阳王赛典赤赡思丁的生年问题》（《清真铎报》（杂志），昆明 1942 年 3 月）

1943 年

在西南联大师范学院史地系开设"元史"和"中国通史·宋辽金元部分"课程。

当年完成论文《"葡萄"语源试探》（后刊于《中兴周刊》第 6 期，青岛，1947 年 5 月）和《定宗征拔都》（后刊于《中华文史论丛》1979 年第 2 辑）。

1944 年

应傅斯年邀请，借调到四川南溪县李庄中央研究院历史语言研究所任助理研究员，编写中国边疆史清代部分。是年，论文《关于马可波罗离华的一段的一段汉文记载》英文翻译版刊于英国《皇家亚洲学会学报孟加拉版》第十卷（A New Discovery referring to Marco Polos Departure from the Chinese Source. Joumal of the Royal Asiatic Society of Bengal Letters. Volume, 1944 (印度)）。

1945 年

是年，论文《关于马可波罗离华的一段的一段汉文记载》英文翻译版摘录刊于美国《哈佛亚洲学报》（Marco Polo quits Cina. Harvard Joumal of Asiatic Studies.Volume 9, no.1, 1945）

1946 年

5 月，发表论文《释阿衡》（《清真铎报》（杂志），昆明，1946 年 5 月）。10 月，应南开大学文学院院长冯文潜之聘，回南开大学历史系任教。开设"宋辽金元史""蒙古史专题""中西交通史"，并为全校讲授"中国通史"。

1947 年

完成论文《阿保机即位考辨》（刊于《中研院历史语言研究所集刊》第 17 本，上海，1848 年 4 月）、《〈新元史·阿剌浅传〉证误》（刊于《文史研究》六卷二期，1948 年 5 月）、《元代中国之阿尔浑人》（刊于《天津民国日报·史与地》第 30 期，1947 年 8 月 11 日）、《寻寻法考》（刊于《边疆人文》第四卷，国立南开大学文科研究所边疆人文研究室编印，1947 年 12 月）。升任副教授。

1948 年

发表论文《回回一词的起源及其演变》（上海文通书局《中国伊斯兰史纲要参考资料》，1948 年）。

1949 年

新中国建立后，相继又开设"隋唐史""隋唐史专题""中国回族史""中国土地制度史""历史文选""史学名著选读"等课程。

1951 年

升任教授。

1953 年

发表论文《北宋的土地兼并问题》（《历史教学》1954 年第 2 期）。

1954 年

发表论文《黄巢大起义》（《历史教学》1953 年第 2 期）、《成吉思汗的历史地位》（《历史教学》1954 年第 10 期）。

1955 年

出版专著《隋唐五代史纲要》（上海新知识出版社，1957 年上海人民出版社再版），是为建国后第一部隋唐断代史著作和教材。

1956 年

发表论文《十世纪契丹社会发展的一个轮廓》（《南开大学学报》1956 年第 4 期）、《一行发起测量子午线长度的问题》（《科学通报》，1956 年第 4 期）。

1957 年

出版专著《隋唐史通俗讲话》（通俗读物出版社）。发表论文《关于隋唐船舶的二三事》（《历史教学》1957 年第 4 期）、《古代中国没有土地私有制的经典根据在哪里？》（《天津日报》1957 年 6 月 1 日）、《关于元朝统治下"经济的破坏"问题》（《史学月刊》1957 年第 6 期）、《关于北魏均田制的几个问题》（《南开大学学报》1957 年第 4 期）。

1958 年

出版专著《中国和阿拉伯人民的友好关系》（撰写第一部分）（河北人民出

版社）。

1959 年

发表论文《海瑞是否回族？》（《光明日报·史学》1959 年 11 月 26 日）。

1960 年

发表论文《方腊起义提出过平等口号吗？》（《光明日报·史学》1960 年 9 月 29 日）。

1961 年

发表论文《"专地盗土"解》（《光明日报·史学》1961 年 3 月 1 日）、《如何体会经典作家关于东方土地制度的理论？》（《光明日报·史学》1961 年 5 月 10 日）。

1962 年

主编《中国封建社会土地所有制形式问题讨论集》（三联书店 1962 年版）并在集中发表论文《关于中国封建社会土地所有制的理论和史实问题的一般考察》。发表论文《论均田制的实施及其相关问题》（《历史教学》1962 年第 4 期）、《论秦末的六国称王问题》（《文汇报》1962 年 10 月 14 日）、《关于成吉思汗的历史地位》（《历史教学》1962 年第 12 期）。

1963 年

发表论文《〈吕览·审分〉篇中所反映的战国时期生产关系》（《光明日报·史学》1963 年 3 月 13 日）。

1965 年

发表论文《元代的探马赤军》（《中华文史论丛》第六辑，1965 年 8 月）、《关于中国封建社会土地买卖的实质》（《光明日报·史学》1965 年 10 月 6 日）。

1978 年

《中国历史大辞典》编撰工程启动，与郑天挺、吴泽共同担任主编并与吴枫共同担任《中国历史大辞典·隋唐五代史卷》主编，此后一直到 20 世纪末，为这项工作耗费了巨大心力。是年开始招收隋唐史硕士研究生。发表论文《再论方腊起义没有提出平等口号》(《南开大学学报》1978 年第 4-5 期)、《戳穿"儒门卷舌"的谎言》(《天津日报》1978 年 7 月 12 日)。

1979 年

与南开大学历史系中国古代史专业同仁共同完成出版《中国古代史》(撰写隋唐宋元部分)(人民出版社)。是年任《历史教学》编委会副主任(以后任主任)。发表论文《苏轼用"八面受敌"法研究历史是怎么回事？》(《历史教学》1979 年第 2 期)、《定宗征拔都》(《中华文史论丛》1979 年第 2 辑)、《关于马可波罗的研究》(《南开大学学报》1979 年第 3 期)、《王安石与孟子》(《社会科学战线》1979 年第 3 期)。

1980 年

发表论文《从四郎探母说到我国历史上的民族关系》(《天津日报》1980 年 2 月 12 日)、《从传统的观点解脱出来》(《天津日报》1980 年 3 月 11 日)、《试论唐代的藩镇割据与儒家学说》(《南开学报》1980 年第 3 期)、《试论唐代藩镇割据的社会基础》(《历史教学》1980 年第 6 期)。

1981 年

发表论文《探马赤军问题再探》(《民族研究》1981 年第 1 期)。是年开始招收元史硕士研究生。

1982 年

发表论文《《探马赤军问题三探》》(《南开学报》1982 年第 2 期)、《回忆郑天挺师关于历史教学的一个意见》(《历史教学》1982 年第 3 期)、《关于马可波罗在中国的几个问题》(《中国史研究》1982 年第 2 期)、《马可波罗与中国》(《环球》1982 年 10 月号)、《马可波罗足迹遍中国》(《南开学报》1982 年第 6 期)、《和历史系同学谈怎样写论文》(《文史知识》1982 年第 6 期)、《藩镇割据与唐代的封建大土地所有制》(与张国刚合作)(《学术月刊》1982 年第 6 期)、《释"台参"并论韩愈和李绅的争论》(《社会科学战线》1982 年第 3 期)。

1983 年

发表论文《从〈至顺镇江志〉看元代镇江的回回人》（《江海学刊》1983 年第 1 期）、《马可波罗离开中国在 1291 年的根据是什么？》（《历史教学》1983 年第 2 期）、《娘子关与娘子军》（《历史教学》1983 年第 3 期）、《关于渔阳、范阳、蓟县的方位问题》（《天津社会科学》1983 年第 2 期）、《元代的阿儿浑人》（《南开学报》1983 年第 1 期）、《关于乌马儿任江浙平章的年代问题》（《中国历史大辞典通讯》1983 年第 1 期）、《元代的几个答失蛮》（《内蒙古社会科学》1983 年第 4 期）、《我怎样学元史》（《文史哲》1983 年第 5 期）、《〈元人传记资料索引〉评介》（《蒙古学资料与情报》1983 年第 3 期）、《萨都刺的族别及其相关问题》（《南开学报》1983 年第 6 期）、《关于隋唐的"御河"》（《中国历史大辞典通讯》1983 年第 3 期）、《〈马可波罗介绍与研究〉序言》（《书目文献出版社》1983 年版）。

1984 年

是年获国务院学位委员会博士生导师资格。发表论文《元代回回人的政治地位》（《历史研究》1984 年第 3 期）、《〈加役流〉辞条的编写》（《中国历史大辞典通讯》1984 年第 3 期）、《甘露尚未建寺，何来刘备招亲》（《文史知识》1984 年第 6 期）、《做好书评和索引工作》（《光明日报·史学》1984 年 6 月 27 日）、《怎样选择论文写作的题目》（《浙江日报·学海》1984 年 8 月 24 日）、《爱国主义、民族感情及其他》（《民族研究》1984 年第 3 期）。

1985 年

出版专著《元史三论》（人民出版社）。发表论文《"考竟"和"结竟"》（《辞书研究》1985 年第 2 期）、《"六赃"与〈福惠全书〉》（《中国历史大辞典通讯》1985 年第 1 期）、《学史使人聪明》（《天津日报》1985 年 1 月 23 日）、《十七史从何说起》（《天津日报》1985 年 2 月 2 日）、《关于元史研究中的几个问题》（《历史教学》1985 年第 4 期）、《"色目"是一个民族吗？》（《文史知识》1985 年第 3 期）、《达鲁花赤》（《文史知识》1985 年第 8 期）、《誉满寰宇的马可波罗》（《历史学习》1985 年第 1 期）、《因势利导二例》（《今晚报》1985 年 6 月 13 日）、《孔子的养生之道》（《今晚报·日知录》1985 年 7 月 16 日）。

1986 年

发表论文《交代与交待，不齿与不耻》（《今晚报》1986 年 9 月 27 日）、《〈唐太宗集〉序》（《陕西人民出版社》1986 年版）。

1987 年

发表论文《〈司马温公年谱〉序》（《中州古籍出版社》1987 年 2 月版）、《安禄山、史思明生年考辩》（《南开学报》1987 年第 2 期）、《元代西域人的华化与儒学》（《中国文化研究集刊》第 4 辑，1987 年 1 月）、《〈马嵬坡〉诗和他的作者》（《文史知识》1987 年第 6 期）、《陈垣先生关于〈元典章校补〉的一封信》（《书品》1987 年第 2 期）、《〈心史〉中记载的阿合马被杀事件——兼论〈心史〉真伪问题》（刊中国社会科学院民族研究所编《中国民族史研究》，中国社会科学出版社 1987 年 2 月版）、《释"龙水"》（《中国历史大辞典通讯》1987 年第 2 期）、《藩镇研究的新成果——〈唐代藩镇研究〉序》（《社会科学战线》1987 年第 4 期）、《元代的挞马与元代的探马赤》（刊上海古籍出版社《辽金史论集》，1987 年版）。

1988 年

发表论文《大乔小乔和铜雀台》（《历史大观园》1988 年 6 月号）、《元代中国伊斯兰教派试探》（刊西北民族学院编《西北民族研究》，1988 年版）、《古速鲁氏非回回辨》（《宁夏社会科学》1988 年第 5 期）、《古代的人体特异功能》（《今晚报》1989 年 8 月 8 日）。

1989 年

发表论文《〈元史·曲枢传〉补正》（《宁夏社会科学》1989 年第 1 期）、《哪吒是印度人》（《今晚报》1988 年 10 月 13 日）、《〈从政史鉴〉与廉政建设》（《天津日报》1989 年 9 月 21 日）、《〈两唐书回纥传回鹘传疏证〉序》（刊于刘美崧《两唐书回纥传回鹘传疏证》，中央民族学院出版社 1989 年版）、《老当益壮说马援》（《今晚报》1989 年 10 月 31 日）、《试论唐代蕃兵的组织和作用》（与张国刚合写）（《纪念陈寅恪教授国际学术讨论会论文集》，中山大学出版社 1989 年版）、《历史上的空城计》（《今晚报》1989 年 12 月 26 日）。

1990 年

发表论文《赵云空营破曹兵》(《今晚报》1990 年 2 月 13 日)、《寒食禁火与介子推》(上、下)(《今晚报》1990 年 4 月 3 日、5 日)、《历史上的地道战》(《今晚报》1990 年 5 月 1 日)、《〈周村商埠〉序》(刊于《周村商埠》,山东人民出版社 1990 年版)、《令狐约的生卒年》(《历史教学》1990 年第 8 期)、《中国吉普赛人的来历》(《今晚报》1990 年 10 月 4 日)、《陈垣先生对元史研究的贡献》(《北京师范大学学报》1990 年第 5 期)、《〈元代分封制度研究〉序》(《历史教学》1990 年第 11 期)、《辞书编余札记》(《郑天挺纪念论文集》,中华书局 1990 年版)、《〈淄博简史〉序》(《淄博简史》,济南出版社 1990 年版)。

1991 年

发表论文《山东的蒙古族村落和元朝墓碑》(《历史教学》1991 年第 1 期)、《公冶长懂鸟语吗?》(《今晚报》1991 年 1 月 22 日)、《回族杨姓来源考述》(《回族研究》1991 年 2 月创刊号)、《元史札八儿火者传译文证补》((台)《大陆杂志》1991 年 80 卷 2 期)、《"三不欺"说》(《天津日报》1991 年 3 月 14 日)、《元代的吉普赛人——啰哩回回》(《历史研究》1991 年第 3 期)、《元代的回回人》(《回族研究》1991 年第 1 期)、《补元史札八儿火者传》(《回族研究》1991 年第 3 期)、《别出心裁,耳目一新——读〈中华文化大观〉》(《天津日报》1991 年 5 月 17 日)、《马可波罗书的真伪问题》(《今晚报》1991 年 10 月 24 日)、《〈郑天挺学记〉序》、《回忆在云南和郑师相处的日子》(皆刊于《郑天挺学记》,三联书店 1991 年版)、《回忆傅斯年先生》(刊于《傅斯年》,山东人民出版社 1991 年版)。

1992 年

发表论文《"以色列"、"犹太"、"希伯来"的由来》(《今晚报》1992 年 2 月 20 日)、《谈历史作品的文风问题》(《历史教学》1992 年第 2 期)、《读〈元史探源〉》(《光明日报·史学》1992 年 5 月 17 日)、《关于元代回族史的几个问题》(《元史论丛》第 4 辑,中华书局 1992 年版)、《关于陈圆圆的一桩公案》(《今晚报》1992 年 7 月 28 日)、《元代回族史稿绪言》及《回族一词的起源和演变》(《回族研究》1992 年第 4 期)。《〈梦溪笔谈〉中"回回"一词的再认识》(中国社会科学院民族研究所编《中国民族史研究》四,改革出版社 1992 年版)。

1993 年

发表论文《回回人的东来和分布》（上、下）（《回族研究》1993 年第 1、2 期）、《〈魏文贞公故事〉与〈魏郑公谏录〉辨》（《文献》1993 年第 1 期）、《元代回回人的社会地位》（《回族研究》1993 年第 3 期）、《唐史三题》（《中学历史教学参考》1993 年 8—9 期）、《阿儿思兰汗家族事迹杂考》（《元史论丛》第五辑，中国社会科学出版社 1993 年版）、《回回人与元代政治》（一）（《回族研究》1993 年第 4 期）。

1994 年

发表论文《回回人与元代政治》（二、三、四、五上）（《回族研究》1994 年第 1 期、第 2 期、第 3 期、第 4 期）、《再论马可波罗书的真伪问题》（《历史研究》1994 年第 2 期）、《〈傅斯年：大气磅礴的一代学人〉序》（岳玉玺等《傅斯年：大气磅礴的一代学人》，天津人民出版社 1994 年版）、《回族历史人物的评价问题——读李松茂〈回族伊斯兰教研究〉》（《文史知识》1994 年第 7 期）、《再说"我独知"》（《今晚报》1994 年 8 月 3 日）。

1995 年

主编出版《中国历史大辞典·隋唐五代史卷》（上海辞书出版社 1995 年版）。发表论文《回回人与元代政治》（五下）（《回族研究》1995 年第 2 期）、《〈唐人年寿研究〉序》（《历史教学》1995 年第 7 期）、《〈唐代马政〉序》（刊于马俊民、王世平《唐代马政》，台湾五南图书出版公司，1995 年版）、《关于元代回回人的"华化"问题》（《文史知识》1995 年第 10 期）。

1996 年

发表论文《蒙古初期饮浑水功臣十九人考》（文载《内陆亚洲历史文化研究——韩儒林先生纪念文集》，南京大学出版社 1996 年版）、《百年来我国对〈马可波罗游记〉的介绍与研究》（上、下）（《天津社会科学》1996 年第 1 期、第 7 期）、《元代扬州的回回人》（《扬州研究》，台湾 1996 年 2 月）、《周村开埠原委》（载于《周村开埠与山东近代化》，山东大学出版社 1996 年版）、《〈山东护国运动〉序》（文载《山东护国运动》，山东人民出版社 1996 年版）。

1997 年

发表论文《春节可以固定在立春之日吗？——兼谈沈括与历法改革》（《今晚报》1997 年 3 月 30 日）、《马可波罗到过中国吗？》（《今晚报》1997 年 4 月 1 日）、《唐代的景教》（《历史教学》1997 年第 4 期）、《元代回回史学家察罕》（《回族研究》1997 年第 2 期）、《〈永乐大典〉与〈马可波罗游记〉》（《津图学刊》1997 年第 2 期）、《马可波罗到过中国》（《历史研究》1997 年第 3 期）、《马可波罗问题争论的焦点何在？》（《光明日报·史林》1997 年 10 月 4 日）。

1998 年

发表论文《马可波罗书中的长老约翰——附论伍德博士的看法》（文载《南开大学历史系建系七十五周年纪念文集》，南开大学出版社 1998 年版）、《议四库说光盘》（《中华读书报》1998 年 5 月 13 日）、《〈马可波罗游记〉（英文版）序言》（文载马斯登英文版《马可波罗游记》，外语教学与研究出版社 1998 年版）、《马可波罗到过中国吗？——从他所记元代节日和刑制谈起》（《文史知识》1998 年第 9 期）、《"宰予画寝"说》（中华书局《传统文化与现代化》1998 年第 5 期）、《我和〈马可波罗游记〉》（中华书局《学林春秋》（著名学者自选集）1998 年版）。

1999 年

出版专著《马可波罗在中国》（南开大学出版社）。发表论文《我对〈光明之城〉的初步观感》（《泉州晚报·海外版》1999 年 3 月 2 日）、《刺桐与缎子》（《历史研究》1999 年第 4 期）。

2001 年

发表论文《金朝皇位继承问题探讨》（《中国社会历史评论》第三卷，中华书局 2001 年版）。

2002 年

1 月，完成专著《元代回族史稿》（2003 年 7 月南开大学出版社出版）、出版文集《陋室文存》（中华书局"南开史学家论丛"，2002 年版）。

5 月 24 日，因病辞世，享年 87 岁。